北京大學中國語言學研究中心

早期北京話珍稀文獻集成

主編 劉雲

清代滿漢合璧文獻萃編

漢文主編 劉雲 陳曉
滿文主編 王碩 [日]竹越孝

滿漢成語對待

[清] 劉順 編著
[日] 竹越孝 陳曉 校注

卷二

北京大學出版社
PEKING UNIVERSITY PRESS

轉寫本

manju nikan -i fe gisun be jofo-ho aqabu-ha bithe-i uju debtelin
滿語　漢語　屬 古 語言　賓 聯繫-完　相應-完　書-屬 第一　卷

滿漢成語對待卷之一（一1a1）

siui（一1a2）
序
序

S-1　manju kai,（一1a3）
　　　滿洲人　啊

S-2　wesihun jalan -i manju ofi,（一1a3）
　　　崇高　　時代 屬 滿洲人 因爲

S-3　manjura-me bahana-ra-kv o-qi,（一1a3-4）
　　　説滿語-并　　能夠-未-否　成爲-條

S-4　adarame dubentele gisure-ra-kv de waji-qi o-mbi-ni,（一1a4）
　　　爲什麽　 直到末尾　 説-未-否　 位 完結-條 可以-現-呢

S-5　we qihangga gisun de gvtu-bu-me aldasi niyalma o-ki se-mbi,
　　　誰 自願　語言 與 玷污-被-并 半途而廢 人 成爲-祈 想-現
　　　（一1a5）

S-6　beye-i bi-sire akv -i xumin miqihiyan be weri de kemne-bu-me,
　　　自己-屬 有-未 否 屬 深　　淺　 賓 別人 與 較量-被-并
　　　（一1a6-7）

S-7　golmin foholon be gvwa de miyali-bu-mbi,（一1a7）
　　　長　　 短　 賓 他人 與 測量-被-現

S-8　gese adali banji-fi ilga-bu-me sita-ra sere-bu-me isi-ra-kv o-ho-de,
　　　同　 一樣 生活-順 區別-被-并 遲-未 知道-被-并 及-未-否 成爲-完-位

（一1a7-1b1）

S-9　　uthai wesihun kesi simen sain fiyanji daniyan bi-kini,（一1b1-2）
　　　　就　　崇高　恩惠　恩澤　好　屏障　　庇護　有-祈

S-10　　beye o-jora-kv de inu uju lasihi-bu-re,（一1b2）
　　　　自己 成爲-未-否 與 也 頭　甩-被-未

S-11　　falanggv alibu-re dabala,（一1b2-3）
　　　　手　　獻給-未　罷了

S-12　　ai baita,（一1b3）
　　　　什麽 事情

S-13　　tuttu se unde,（一1b3）
　　　　那様 歳數 尚未

S-14　　eiten taqin jabdu-re onggolo be amqa-me,（一1b3-4）
　　　　所有　教育　來得及-未　以前　賓　趁着-并

S-15　　daqi gisure-hei ji-he fe gisun be durun obu-me bu-fi,（一1b4-5）
　　　　起初　説-持　來-完 古 語言 賓 模式 作爲-并 給-順

S-16　　turgun forhoxo-bu-me taqi-bu-mbi,（一1b5）
　　　　原因　　轉換-使-并　　學-使-現

S-17　　gisun fe be wesihule-re-ngge,（一1b6）
　　　　語言 古 賓 尊敬-未-名

S-18　　emgeri niyalma-i gvnin de singge-he,（一1b6-7）
　　　　既然　　人-屬　　心　位　滲-完

S-19　　xan de xung-ke-ngge,（一1b7）
　　　　耳朵 位 通達-完-名

S-20　　ulhi-re de nohai ja,（一1b7）
　　　　理解-未 位 很　容易

S-21　　ere-be songkolo-me alhvda-ra-kv,（一1b7-8）
　　　　這-賓　模仿-并　　效法-未-否

S-22　　gisure-fi¹ donji-re niyalma be baibi yasa faha kat kat axxa-bu-me,
　　　　說-順　　聽-未　人　賓　祇是　眼睛　珠　轉動貌　動-使-并
　　　　（一1b8-2a1）

S-23　　xa-me tuwa-me bektere-bu-qi gvnin -i jorin be,（一2a1-2）
　　　　瞧-并　看-并　　驚呆-使-條　思想　屬　意圖　賓

S-24　　ainaha ufara-bu-ra-kv o-me mute-mbi,（一2a2）
　　　　爲什麼　失誤-被-未-否　成爲-并　能够-現

S-25　　mujilen be tuwa-ra,（一2a3）
　　　　心　　　賓　看-未

S-26　　temgetule-re-ngge,（一2a3）
　　　　做證據-未-名

S-27　　gisun de akda-ha-bi,（一2a3）
　　　　語言　位　依靠-完-現

S-28　　uthai sejen de heru fahvn be akv o-bu-qi o-jora-kv,（一2a4）
　　　　就是　車　位　輻條　車輞　賓　否　成爲-使-條　可以-未-否

S-29　　farhvn de tolon tuwa be tukiye-re adali,（一2a5）
　　　　陰暗處　位　火把　火　賓　抬-未　　一樣

S-30　　urunakv yaya onggolo gisun be urebu-me gama-hai,（一2a5-6）
　　　　必定　　諸凡　以前　語言　賓　復習-并　保持-持

S-31　　ini qisui angga iqi eye-me banji-na-ha manggi,（一2a6-7）
　　　　自　然　嘴　順應　流-并　産生-去-完　之後

1　gisurefi：雲林堂本作hisurefi。

S-32　　teni baita turgun¹ be yaru-bu-mbi,（一2a7-8）
　　　　纔　事情　原因　賓　引導-被-現

S-33　　doihonde umai gisun be belhe-me urebu-fi sinda-ra-kv,（一2a8-2b1）
　　　　預先　　全然　語言 賓　準備-并　復習-順　留心-未-否

S-34　　ji-he baita turgun² be　deng se-me ili-bu-fi,（一2b1）
　　　　來-完 事情　原因　賓　不出來貌　助-并　停住-使-順

S-35　　teni yaru-bu-re gisun be tamin aqabu-me bai-me seule-qi,（一2b2）
　　　　纔　引導-被-未 語言 賓　反對　相應-并　求-并　思考-條

S-36　　taka baha-ra-kv de sita-bu-ra-kv o-joro ai-bi,（一2b3）
　　　　暫且　得到-未-否　位　遲-使-未-否　成爲-未 什麼-有

S-37　　manju gisun -i amba muru kengse daqun,（一2b3-4）
　　　　滿洲　語言　屬　大　道理　果斷　敏捷

S-38　　getuken tomorhon turgun baktambu-re sain,（一2b4-5）
　　　　正確　　明晰　　原因　包含-未　好

S-39　　duibulen goiquka,（一2b5）
　　　　對比　　有道理

S-40　　mudan -i urgen fe,（一2b5-6）
　　　　音　屬 程度　古

S-41　　ujen weihuken boljonggo de waji-ha-bi,（一2b6）
　　　　重　輕　　　有規定　位　發音-完-現

S-42　　jaka de arbun bi-fi sabu-mbi,（一2b6-7）
　　　　東西 位 形象　有-順 看見-現

1　turgun：雲林堂本作turhun。
2　turgun：雲林堂本作turhun。

S-43　　　baita de jilgan bi-fi donji-mbi,（一2b7）
　　　　　事情　位　聲音　有-順　聽見-現

S-44　　　yasa xan de bakqila-bu-ha-ngge,（一2b7-8）
　　　　　眼睛　耳朵　與　相對-使-完-名

S-45　　　baita jaka ofi,（一2b8）
　　　　　事情　東西　因爲

S-46　　　aqinggiya-me aqabu-re de tumen kvbulin tuqi-nji-mbi,（一2b8-3a1）
　　　　　動-并　　　符合-未　位　一萬　變化　　出-來-現

S-47　　　aikabade gisun be la li -i ten de isi-bu-ra-kv o-ho-de¹,（一3a2）
　　　　　如果　　　語言　賓　機敏工　高　與　到-使-未-否　成爲-完-位

S-48　　　adarame mujilen -i sure-i sasa tengne-me tehere-fi,（一3a2-3）
　　　　　爲什麼　　心　　屬　聰明-屬　一齊　比較-并　　平衡-順

S-49　　　tang se-me toukan akv o-qi o-mbi,（一3a3-4）
　　　　　流利貌　助-并　延遲　否　成爲-條　可以-現

S-50　　　mujilen -i sure se-re-ngge,（一3a4）
　　　　　　心　　屬　聰明　助-未-名

S-51　　　banitai banin,（一3a4）
　　　　　生來　　性質

S-52　　　gisun hese se-re-ngge,（一3a4-5）
　　　　　語言　宗旨　説-未-名

S-53　　　niyalma-i hvsun,（一3a5）
　　　　　人-屬　　力量

1　ohode：先月樓本作ogode。

S-54   sita-ha de gisun baha-ra-kv be tuwa-me,（一3a5-6）
        遲-完 位 語言 得到-未-否 賓 看-并

S-55   eiqi dursule-me duibule-re,（一3a6）
        或是 模仿-并   比較-未

S-56   akv o-qi teudenje-me sidehunje-re,（一3a6-7）
        否 成爲-條 交換-并   隔開-未

S-57   waka o-qi ere-be jori-me tere-be fori-re,（一3a7）
        不是 成爲-條 這-賓 指示-并 那-賓 打-未

S-58   uttu faksikan -i gama-ra-kv o-qi,（一3a7-8）
        這樣 巧妙   工 處理-未-否 成爲-條

S-59   hefeliye-he tongga gisun,（一3a8）
        抱-完   不少   語言

S-60   aide mujilen sure-i sasa forgoxo-ro de aqabu-me mute-mbi,
        爲什麼 心   聰明-屬 一齊 轉換-未   位 相合-并   能夠-現
        （一3a8-3b1）

S-61   mangga urse sa-fi,（一3b1-2）
        出衆   人們 知道-順

S-62   inenggi-dari nonggi-bu-me,（一3b2）
        日子-每   加上-使-并

S-63[1] erin-dari neme-bu-qibe,（一3b2）
        時候-每   增加-使-讓

S-64   hono baitala-ra de tesu-bu-qi o-jora-kv ba-de,（一3b3）
        還   使用-未   位 足夠-使-條 可以-未-否 地方-位

---

1 二酉堂本無S-63至S-90一段内容。

S-65	hvsun qinggiya,（一3b3-4）	
	力量　淺薄	

S-66	gvnin jai jequhuri o-qi,（一3b4）	
	思想　又　不穩　成爲-條	

S-67	ai tuwa-ra ba-bi,（一3b4）	
	什麼 看-未 地方-有	

S-68	ememu gvnin tesu-fi,（一3b5）	
	或　　思想　足够-順	

S-69	gisun tesu-ra-kv-ngge bi,（一3b5）	
	語言　足够-未-否-名　有	

S-70	terei nimeku,（一3b5-6）	
	他.屬　病	

S-71	hvsun qinggiya ofi,（一3b6）	
	力量　淺薄　因爲	

S-72	duibule-me teudenje-re de taqin akv ofi kai,（一3b6-7）	
	比較-并　　交換-未　位 教育 否 因爲 啊	

S-73	ememu gisun tesu-fi,（一3b7）	
	或　　語言 足够-順	

S-74	gvnin tesu-ra-kv-ngge bi,（一3b7-8）	
	思想　足够-未-否-名　有	

S-75	terei nimeku,（一3b8）	
	他.屬　病	

S-76	hvsun tesu-fi,（一3b8）	
	力量　足够-順	

S-77   gvnin hafu akv ofi kai,（一3b8-4a1）
        思想　一貫　否　因爲　啊

S-78   ememu gvnin gisun sasa tesu-ke-ngge bi,（一4a1-2）
        或者　思想　語言　一齊　足够-完-名　有

S-79   tuttu o-ho-ngge,（一4a2）
        那樣　成爲-完-名

S-80   hvsun akvmbu-fi wembu-me hvwaliyambu-ha ofi kai,（一4a2-3）
        力量　盡到-順　改善-并　調和-完　因爲　啊

S-81   damu gisure-me tokto-ho fe gisun be jafa-fi kimqi-ha de,（一4a4）
        祇是　説-并　確定-完　古　語言　賓　取-順　調査-完　位

S-82   nenehe ferguweguke,（一4a4）
        舊時　奇妙

S-83   te-i moqo ba ilihai sere-bu-me tuyembu-mbi,（一4a4-5）
        現在-屬　笨拙　地方　立即　發覺-使-并　顯露-現

S-84   qingkai giyala-bu-ha be sar-kv-de,（一4a5）
        遠　隔開-被-完　賓　知道-未-否-位

S-85   hvturi fengxen de nike-bu-fi,（一4a5-6）
        福　禄　與　依靠-使-順

S-86   gaji-me ji-he-ngge de obu-mbi,（一4a6）
        拿-并　來-完-名　位　作爲-現

S-87   gerila-ha manggi,（一4a6-7）
        省悟-完　之後

S-88   ainaha gemu fe gisun -i kouli songkoi,（一4a7）
        爲什麼　都　古　語言　屬　道理　依照

S-89　　　hing se-me urebu-hei mutebu-he-ngge waka ni,（一4a7-8）
　　　　　一心　助-并　復習-持　　成就-完-名　　不是　呢

S-90　　　ere-be tuwa-ha de,（一4a8）
　　　　　這-賓　看-完　位

S-91　　　gisun -i qala boubai akv,（一4b1）
　　　　　語言　屬 之外　寶貝　否

S-92　　　hvsun qi tulgiyen mutebu-ra-kv be sa-qi aqa-mbi,（一4b1-2）
　　　　　力量　從　以外　　成就-未-否　賓 知道-條 應該-現

S-93　　　taqi-re-ngge,（一4b2）
　　　　　學-未-名

S-94　　　unenggi baita obu-fi amqada-me faqihiyaxa-qi,（一4b2-3）
　　　　　真實　事情　作爲-順　趕-并　　努力-條

S-95　　　tebke tabka be ai-se-he,（一4b3）
　　　　　小孩走路貌　賓 什麼-想-完

S-96　　　goida-ha de inu keleng kalang ni nikede-mbi,（一4b4）
　　　　　長久-完　位　也　鬆鬆　垮垮　工　將就-現

S-97　　　ai hendu-me,（一4b4-5）
　　　　　什麼　説-并

S-98　　　dere toko-me weihukele-bu-re,（一4b5）
　　　　　臉　指-并　　輕視-被-未

S-99　　　fisa jori-me jubexe-bu-mbi,（一4b5）
　　　　　後背　指-并　背後議論-被-現

S-100   mafari aka-fi pek[1] se-he,（一4b6）
　　　　祖先們　嘆氣-順　嘆息貌　助-完

S-101   sakda-sa fanqa-fi[2] waliya-ha se-he-ngge ai gvnin,（一4b6-7）
　　　　老人-複　發怒-順　　拋弃-完　説-完-名　什麽 想法

S-102   inu saliyan -i muse manju ofi,（一4b7）
　　　　又　普通　屬　咱們　滿洲人　因爲

S-103   koro se-he-be si ai-se-mbi,（一4b8）
　　　　狠毒　説-完-賓　你　什麽-説-現

S-104   manju waka o-qi,（一4b8）
　　　　滿洲人　不是　成爲-條

S-105   we ai halamba-ha,（一4b8-5a1）
　　　　誰　什麽　更换-完

S-106   tede ai dalji.（一5a1）
　　　　他.與 什麽 關聯

　　　　gisun -i kouli（一6a1）
　　　　語言　屬　道理

文法

G-1   manjura-ra de,（一6a2）
　　　　説滿語-未　位

G-2   mudan -i ujen weihuken bi-sire,（一6a2）
　　　　音　屬　重　輕　有-未

1　pek：二酉堂本作pei，雲林堂本作pak。
2　fanqafi：聽松樓本、先月樓本作wanqafi。

G-3　　　jergi ilhi be faquhvra-ra-kv,（一6a2-3）
　　　　等級 順序 賓 打亂-未-否

G-4　　　urgen giyan -i meni meni waji-qi aqa-ra ba-de waji-bu-qi[1],（一6a3-4）
　　　　程度 合理 工 各自 各自 發音-條 應該-未 地方-位 發音-使-條

G-5　　　tere-i tob be teni ufara-ra-kv o-mbi,（一6a4）
　　　　那-屬 公正 賓 纔 失誤-未-否 成爲-現

G-6　　　hergen mudan bilha de waji-re-ngge bi,（一6a4-5）
　　　　文字 音 喉 位 發音-未-名 有

G-7　　　heheri de waji-re-ngge bi,（一6a5）
　　　　上顎 位 發音-未-名 有

G-8　　　weihe de waji-re-ngge bi,（一6a6）
　　　　牙 位 發音-未-名 有

G-9　　　kamni-fi angga-i dolo waji-re-ngge bi,（一6a6-7）
　　　　閉-順 口-屬 裏面 發音-未-名 有

G-10　　nei-fi angga tule waji-re-ngge bi,（一6a7）
　　　　開-順 口 外 發音-未-名 有

G-11　　oforo dolo waji-re-ngge bi,（一6a7-8）
　　　　鼻子 裏面 發音-未-名 有

G-12　　ilenggu-i da de waji-re-ngge bi,（一6a8）
　　　　舌-屬 根本 位 發音-未-名 有

G-13　　ilenggu beye de waji-re-ngge bi,（一6a8-6b1）
　　　　舌 本身 位 發音-未-名 有

G-14　　ilenggu dube-de waji-re-ngge bi,（一6b1）
　　　　舌 尖端 位 發音-未-名 有

1　wajibuqi：聽松樓本、先月樓本作waqibuqi。

G-15　sundal-hai jibsibu-me gisure-qi aqa-ra ba-bi,（一6b1-2）
　　　　尾追-持　　重複-并　　説-條　應該-未 地方-有

G-16　elhei hergen neigenje-qi aqa-ra ba-bi,（一6b2）
　　　　慢慢地 文字　分開-條　應該-未 地方-有

G-17　hvdun hahila-qi aqa-ra ba-bi,（一6b3）
　　　　快　　急忙-條　應該-未 地方-有

G-18　ujen be weihuken -i gisure-qi aqa-ra ba-bi,（一6b3-4）
　　　　重　賓　輕　　工　説-條　應該-未 地方-有

G-19　weihuken be qira sai-fi gisure-qi aqa-ra ba-bi,（一6b4-5）
　　　　輕　　　賓　硬　咬-順　説-條　應該-未 地方-有

G-20　duibuleqi,（一6b5）
　　　　比如

G-21　kv ka se-re juwe hergen,（一6b5）
　　　　kv ka 説-未 兩個　文字

G-22　mudan -i urgen ujen,（一6b5-6）
　　　　音　屬 程度　重

G-23　bilha de waji-re-ngge,（一6b6）
　　　　喉　位 發音-未-名

G-24　hergen mudan be weihuken[1] -i gama-me gisure-qi,（一6b6-7）
　　　　文字　音　賓　輕　　工　處理-并　説-條

G-25　tere-i tob be teni baha-qi o-mbi,（一6b7）
　　　　那-屬 正好 賓　纔　得到-條 可以-現

1　weihuken：二酉堂本、雲林堂本作weihuuin。

G-26　heheri de guribu-fi qira gisure-qi ku k'a o-mbi,（一6b8）
　　　上顎　位　移動-順　硬　　説-條　　ku k'a 成爲-現

G-27　gi ki se-re juwe hergen,（一6b8-7a1）
　　　gi ki 説-未　兩個　文字

G-28　mudan -i urgen ilenggu -i beye,（一7a1）
　　　音　　屬　程度　舌　　屬　自身

G-29　heheri de waji-re-ngge,（一7a1-2）
　　　上顎　位　發音-未-名

G-30　ilenggu dube-de o-bu-fi weihe de bene-qi ji qi o-mbi,（一7a2-3）
　　　舌　　先端-位 成爲-使-順　牙　位　送-條　ji qi 成爲-現

G-31　ba guribu-he-de hergen mudan uttu taxarabu-me ofi,（一7a3）
　　　處　移動-完-位　文字　音　這樣　失誤-并　因爲

G-32　tuttu behe be jiju-me,（一7a4）
　　　那樣　墨　賓　畫-并

G-33　temgetule-fi,（一7a4）
　　　做記號-順

G-34　tere-i gisure-re giyan be tob baha-bu-mbi,（一7a4-5）
　　　那-屬　説-未　道理　賓　公正　得到-使-現

G-35　uttu wesihun mudakiya-me jiju-qi,（一7a5）
　　　這樣　上　　彎曲-并　　畫-條

G-36　hergen -i mudan den ofi,（一7a6）
　　　文字　屬　音　高　因爲

G-37　oforo heheri de waji-mbi,（一7a6）
　　　鼻子　上顎　位　發音-現

G-38 ┐ uttu fusihvn tata-qi,（一7a6-7）
　　　這樣　　下　　拉-條

G-39　hergen -i mudan ujen ofi,（一7a7）
　　　文字　屬　音　重　因爲

G-40　bilha ilenggu -i da de waji-mbi,（一7a7-8）
　　　喉　　舌　　屬 根本 位 發音-現

G-41 一 uttu hetu jiju-qi,（一7a8）
　　　這樣　　橫　畫-條

G-42　hergen -i mudan neqin -i waji-mbi,（一7a8-7b1）
　　　文字　屬　音　　平　工 發音-現

G-43 △ uttu xulihvn kvwara-qi,（一7b1）
　　　這樣　　尖形　　圍住-條

G-44　hergen -i mudan be sundala-hai jibsibu-fi hvdun -i hahila-mbi,
　　　文字　屬　音　賓 繼續-持　　重複-順　　快　工 急忙-現
　　　（一7b1-2）

G-45 ○uttu muheliyen -i kvwara-qi,（一7b2-3）
　　　這樣　圓形　　工　圍住-條

G-46　hergen -i mudan be sara-me faida-fi elhei neigenje-mbi,（一7b3-4）
　　　文字　屬　音　賓 展開-并 排列-順 慢慢　　均勻-現

G-47　aika ere songkoi jijun temgetu be tuwa-me,（一7b4-5）
　　　如果 這 仿照　字畫　圖章　賓 看-并

G-48[1]　jurqe-ra-kv taqi-me gisure-qi,（一7b5）
　　　違背-未-否　學-并　說-條

1　先月樓本無G-48至G-49一段內容。

G-49　　　tumen haqin emu -i xoxo-mbi.（一7b5-6）
　　　　　一萬　種類　一　屬　歸納-現

　　　　　turgun forgoxo-ro-ngge
　　　　　原因　　轉換-未-名
　　　　　雜話（一8a1）

B1　　　boigoji
　　　　　主人
　　　　　主（一8a2）

B1-1　　beye saiyvn,
　　　　　身體　好.疑
　　　　　身上好麼?（一8a2）

B1-2　　aibi-qi ji-he,
　　　　　哪裏-從　來-完
　　　　　打那里來?（一8a2）

B1-3　　bou-de ai gemu saiyvn,
　　　　　家-位　什麼　都　好.疑
　　　　　家下都好麼?（一8a2）

B1-4　　dosi-ki,
　　　　　進入-祈
　　　　　進來,（一8a3）

B1-5　　beleni buda,
　　　　　現成　飯
　　　　　現成的飯,（一8a3）

B1-6   hasa tukiye,
　　　　快　　抬.祈
　　　　快抬來，（一8a3）

B1-7   age ji-he-ngge sain,
　　　　阿哥 來-完-名　好
　　　　阿哥來的好，（一8a3）

B1-8   mini buda inu unde,
　　　　我.屬 飯　也　尚未
　　　　我也没吃飯，（一8a3-4）

B1-9   emgi sasa je-ki.
　　　　一起　一齊 吃-祈
　　　　大家一塊兒吃些。（一8a4）

A1   antaha
　　　　客人
　　　　賓（一8a5）

A1-1   akv,
　　　　没有
　　　　別，（一8a5）

A1-2   muse aqa-ha-kv kejine goida-ha,
　　　　咱們　會見-完-否　許久　久-完
　　　　咱們許久没會見，（一8a5）

A1-3   baha-fi qira sabu-ha-kv de aqa-ki se-me ji-he,
　　　　得到-順 臉　看見-完-否 位 見面-祈 助-并 來-完
　　　　因没得見來會會，（一8a5-6）

A1-4　　bou-qi buda je-fi tuqi-ke,
　　　　家-從　飯　吃-順　出-完
　　　　從家裏吃了飯出來的。（一8a6）

A1-5　　unenggi je-ke-kv yaduhvxa-qi,
　　　　果真　　吃-完-否　　餓-條
　　　　果若沒吃肚裏餓，（一8a7）

A1-6　　amtan hala-ra be esike se-re ai-bi,
　　　　味道　　改-未　實　充分　助-未　什麼-有
　　　　誰于改着頓兒吃好東西有讐呢？（一8a7-8）

A1-7　　suweni[1] bou[2] sinde bi geli manggaxa-mbi-o?
　　　　你們.屬　家　你.與　我　又　　害羞-現-疑
　　　　你們家你跟前我還裝假麼？（一8a8）

A1-8　　gasse-fi[3] je-qi aika o-jora-kv-n?
　　　　要-順　　吃-條　或是　可以-未-否-疑
　　　　要着吃還使不得麼？（一8a8-8b1）

B2　　　boigoji
　　　　主人
　　　　主（一8b2）

B2-1　　dambagu te-bu,
　　　　烟　　　在-使.祈
　　　　裝[4]烟，（一8b2）

1　suweni：二酉堂本、雲林堂本作duweni。
2　bou：聽松樓本、先月樓本作bau。
3　gassefi：意不詳，疑爲gaji sefi或gaifi之誤，語法標注據gaifi出。
4　裝：底本作"桩"，依文義徑改。

B2-2   qai benju,
　　　　茶　拿來.祈
　　　　送茶來。（一8b2）

B2-3   ere uquri bou-de aina-mbihe,
　　　　這　時候　家-位　做什麼-過
　　　　這一向在家裏作甚麼來？（一8b2-3）

B2-4   ainu niyalma inu emken takvra-ha ba akv,
　　　　爲什麼　人　　也　一個人　派遣-完　地方　否
　　　　爲甚麼一個人也不打發了來？（一8b3）

B2-5   bi hono buhiye-me aina-ha-ni,
　　　　我　還　疑惑-并　做什麼-完-呢
　　　　我還疑着怎麼了呢，（一8b3-4）

B2-6   tuwa-na-ki se-fi baita de hiyahala-bu-fi onggo nakv sinda-ha.
　　　　看-去-祈　想-順　事情　與　關聯-被-順　忘.祈　之後　放-完
　　　　要看去來着。事情絆住了，一下子就忘了。（一8b4-5）

A2   antaha
　　　　客人
　　　　賓（一8b6）

A2-1   inu,
　　　　是
　　　　是，（一8b6）

A2-2   suweni bou-i baita be bi iletu sa-mbi,
　　　　你們.屬　家-屬　事情　賓　我　明確　知道-現

你家裏的事我明知道，（一8b6）

A2-3　　ji-he se-me inu elhe baha-ra-kv,
　　　　來-完 助-并 也 平安 得到-未-否

　　　　來了也不得安然，（一8b7）

A2-4　　tuttu se-me tathvnja-ha.
　　　　那樣 助-并 猶豫-完

　　　　故意兒的打了個沉兒。（一8b7）

B3　　　boigoji
　　　　主人

　　　　主（一8b8）

B3-1　　banji-re bou,
　　　　生活-未 家

　　　　過日子的人，（一8b8）

B3-2　　we-i bou-de,
　　　　誰-屬 家-位

　　　　誰家（一8b8）

B3-3　　ya inenggi emu majige baita sita akv,
　　　　哪 日子 一 稍微 事 情 否

　　　　那一日些須没點子事？（一8b8-9a1）

B3-4　　baita anagan de niyalma aqa-ra-kv-ni-o?
　　　　事情 推托 位 人 會見-未-否-呢-疑

　　　　推着事故，就不會人麼？（一9a1）

B3-5　　ji-dere giyan -i ji-mbi,
　　　　來-未 道理 工 來-現

來的只管來，（一9a1-2）

B3-6　hon oyonggo baita waka o-qi,
　　　很　重要　事情　不是　成爲-條
　　　事情狠不要緊，（一9a2）

B3-7　baita be ai-se-mbi,
　　　事情　賓　怎麼-説-現
　　　管他呢？（一9a2-3）

B3-8　baita be daya-bu-fi xolo jalgiya-ra dabala.
　　　事情　賓　附和-使-順　空閒　通融-位　罷了
　　　把事情撩在一邊子，騰個空兒罷了。（一9a3）

A3　　antaha
　　　客人
　　　賓（一9a4）

A3-1　tuttu waka,
　　　那様　不是
　　　不是那們説，（一9a4）

A3-2　muse aqa-ra inenggi labdu,
　　　咱們　會見-未　日子　多
　　　咱們會的日子多，（一9a4）

A3-3　ya inenggi aqa-qi o-jora-kv,
　　　哪　日子　會見-條　可以-未-否
　　　那一日會不得，（一9a4-5）

A3-4　jiduji baitakv aqa-ra turgun-de baita be waliya-qi ai doro.
　　　到底　無用　會見-未　原因-位　事情　賓　抛棄-條　什麼　道理

因[1]白會誤了事甚麼道理。（一9a5-6）

B4　　boigoji
　　　　主人
　　　　主（一9a7）

B4-1　age mimbe tulgiyen obu-fi uttu dabala,
　　　　阿哥 我.賓　除外　作爲-順 這樣　罷了
　　　　阿哥外道我罷哩，（一9a7）

B4-2　unenggi minde touka-qi o-jora-kv baita bi-qi,
　　　　果然　　我.與　遲-條　可以-未-否 事情 有-條
　　　　果然我有脫不得的事，（一9a7-8）

B4-3　bi aina-ha-bi,
　　　　我 做什麼-完-現
　　　　我是咱的了，（一9a8）

B4-4　uthai iletu ala-mbi,
　　　　就　　明確 告訴-現
　　　　就明告，（一9a8-9b1）

B4-5　ede age si mimbe enqu haqin -i gvni-re ai-bi,
　　　　這.與 阿哥 你 我.賓　別的　種類-屬 想-未 什麼-有
　　　　這上頭阿哥豈有個異樣刁鑽的思量我麼，（一9b1-2）

B4-6　muse ishunde te-he-ngge goro,
　　　　咱們　彼此　住-完-名　遠
　　　　咱們彼此住的遠，（一9b2）

---

1 因：聽松樓本、先月樓本前有"必"。

B4-7   falha[1] giyala-bu-ha-bi,
        宗族   隔-被-完-現

        槅着鄉黨，（一9b2）

B4-8   qohome ji-fi aqabu-ra-kv unggi-qi,
        特意   來-順 見面-未-否 派遣-條

        特來了不叫見打發回去，（一9b3）

B4-9   age sini absi gvni-re be bi ainambaha-fi sa-ra,
        阿哥 你.屬 怎樣 想-未 賓 我 怎能得到-順 知道-未

        阿哥你是怎樣思量我怎得知道，（一9b3-4）

B4-10   bi geli adarame je-mpi tuttu o-qi o-mbi-ni.
        我 又   爲什麼 忍耐-延 那樣 成爲-條 可以-現 呢

        我昧着心兒怎麼使得呢。（一9b4-5）

A4   antaha
        客人

        賓（一9b6）

A4-1   bi emgeri ji-he-de tuwa-qi,
        我 一次   來-完-位 看-條

        我那一遭兒來見，（一9b6）

A4-2   suweni duka-i jaka-de morin ulha jalu hvwaita-ha-bi,
        你們.屬 門-屬 地方-位 馬 牲口 滿 拴-完-現

        你門前拴着一堆牲口，（一9b6-7）

A4-3   dolo we-qi bi-sire be bi geli baha-fi sar-kv,
        裏面 誰-從 有-未 賓 我 又 得到-順 知道-未-否

        裏頭有誰們我又不知道，（一9b7-8）

1　falha：聽松樓本、先月樓本作falga。

A4-4　　　dosi-ki se-re gvnin jalu jafa-ha bihe,
　　　　　進入-祈 助-未 心思　滿　拿-完　過
　　　　　滿心裏要進去來着，（一9b8）

A4-5　　　amala gvni-fi jou,
　　　　　後來　　想-順　算了
　　　　　後頭想了一想罷，（一10a1）

A4-6　　　weri jing amtangga de
　　　　　人家 正在　高興　　位
　　　　　他們正高幸呢，（一10a1）

A4-7　　　gvnin faqa-bu-rahv se-me tuttu naka-ha.
　　　　　心　　　散-使-虛　助-并 那樣　停止-完
　　　　　恐怕敗了幸頭因此撩開手了。（一10a1-2）

B5　　　　boigoji
　　　　　主人
　　　　　主（一10a3）

B5-1　　　ere absi,
　　　　　這　什麼
　　　　　這是怎麼說，（一10a3）

B5-2　　　mini guqu gemu musei dorgi,
　　　　　我.屬 朋友　都　咱們.屬 裏面
　　　　　我的朋友都是咱們堆兒裏的，（一10a3）

B5-3　　　umai ere tere akv,
　　　　　全然 這個 那個 否
　　　　　并没雜人，（一10a3-4）

B5-4　ainu jenquken -i waliya-fi gene-mbi,
　　　爲什麼 悄悄　工 拋弃-順　去-現
　　　怎麼悄悄的撩了去了，（一10a4）

B5-5　bou-i urse dosi-fi ala-ra jakade,
　　　家-屬 人們 進入-順 告訴-未 因爲
　　　家裏人進來告訴[1]，（10a4-5）

B5-6　bi mujakv gasa-ha,
　　　我　非常　埋怨-完
　　　叫我好不暴怨，（一10a5）

B5-7　ere ai doro,
　　　這　什麼 道理
　　　這是甚麼道理，（一10a5-6）

B5-8　amqa-bu-qi amqa-ha-kv,
　　　趕-使-條　　趕-完-否
　　　趕來着沒趕上，（一10a6）

B5-9　bokson de fehu-nji-fi dosi-ka-kv waliya-fi gene-he se-re-de,
　　　門口　位　踏-來-順　進入-完-否　拋弃-順　去-完　說-未-位
　　　走到門口見沒進來說是撩了去了，（一10a6-7）

B5-10　mini dolo waka waka-i[2] o-ho,
　　　　我.屬　心　不是　不是-工 成爲-完
　　　　我心里有個不着急的麼，（一10a7）

B5-11　dolo uthai we　ya bi-qi bi-kini aise,
　　　　裏面　就　誰　哪個 有-條 有-祈　想必

1　訴：底本作"訢"，依文義改。
2　waka waka-i：此爲固定用法，意爲"胡亂"。

裏頭憑他有誰們罷咱的，（一10a7-8）

B5-12　age　ai tuttu seuleku taqi-ha.
阿哥 什麼那樣　計較　學-完

阿哥學的這們多心。（一10a8-10b1）

A5　antaha
客人

賓（一10b2）

A5-1　mini ji-he gvnin kidu-ha jong-ko -i jalin dabala,
我.屬 來-完 心思 想念-完 思念-完 屬 因爲　罷了

我來爲的是淘情，（一10b2）

A5-2　bilha-i jalin waka kai,
喉嚨-屬 因爲 不是 啊

不爲嘴頭子，（一10b3）

A5-3　ton akv baha-fi aqa-mbi,
數　否　得到-順 見面-現

不時得見，（一10b3）

A5-4　aika ere emu inenggi de bi-o?
或者 這 一 日子 位 有-疑

只在這一日麼？（一10b3-4）

A5-5　jai aqa-ki se-he-ngge inu yargiyan.
再 會見-祈 助-完-名 也 真實

再會罷也是真情。（一10b4）

B6　boigoji
主人

主（一10b5）

B6-1　bi fiyan ara-ra-ngge waka,
　　　我 容貌 假裝-未-名 不是
　　　我不是面子情兒，（一10b5）

B6-2　gisun de boxo-bu-fi mimbe miyami-bu-mbi,
　　　語言 與 催-被-順 我.賓 粉飾-使-現
　　　叫話逼的我煤[1]洗，（一10b5-6）

B6-3　muse uhei da akv banji-re de sain se-he-ngge gemu aiba-be,
　　　咱們 共同 根本 否 生活-未 位 好 助-完-名 都 哪裏-賓
　　　咱們不分彼此的好是那一點兒[2]，（一10b6-7）

B6-4　meni bou niyalma dosi-mbu-mbi se-re-de si oron sar-kv o-qi,
　　　我們.屬 家 人 進入-使-現 助-未-位 你 全然 知道-未-否 成爲-條
　　　我家請人你都不知道，（一10b7-8）

B6-5　mini beye uthai sini beye o-kini,
　　　我.屬 自己 就 你.屬 自己 成爲-祈
　　　我就算是你把咱，（一10b8-11a1）

B6-6　si se-me ai-se-mbi,
　　　你 助-幷 怎麽-想-現
　　　你心裏是仔們的，（一11a1）

B6-7　da uttu bi-he-o?
　　　原來 這樣 有-完-疑
　　　原是這們者來麼？（一11a1）

---

1 煤：聽松樓本、先月樓本作"分"。
2 兒：聽松樓本、先月樓本作"遭"。

A7　　　antaha
　　　　客人
　　　　賓（一11a2）

A7-1　si　ainu mimbe bukda-me wakaxa-mbi,
　　　你 爲什麼 我.賓　屈服-幷　責怪-現
　　　你怎麼押派着派我的不是,（一11a2）

A7-2　niyalma be isa-bu-re baita ududu haqin bi,
　　　人　　賓 彙集-使-未 事情 多　 種類 有
　　　會人的樣數¹也多,（一11a2-3）

A7-3　donji-bu-qi aqa-ra aqa-ra-kv-ngge inu bi-sire-ngge,
　　　聽-使-條　 應該-未 應該-未-否-名　 也　有-未-名
　　　該叫人知道不知道也是常情,（一11a3-4）

A7-4　ai giyanakv holbo-bu-ha-bi,
　　　什麼 能有　 關聯-使-完-現
　　　有何關係,（一11a4）

A7-5　muse geli emu erin -i doko tuku de ilga-bu-mbi-o?
　　　咱們　又　一　時候 屬 裏面 表面 與　區分-被-現-疑
　　　咱們裏頭那在乎親悚?（一11a5）

A7-6　si bi uthai emu juwe mudan bontoholo-qi qihai bontoholo-kini dere,
　　　你我 就　一　二　 次　　落空-條　　 隨便　落空-祈　　　吧
　　　你我就空一兩遭憑他空去罷咱,（一11a5-7）

A7-7　ai geli kouli akv
　　　什麼 又 道理 否

---

1 數：聽松樓本、先月樓本作"子"。

豈有此理在沒的事，（一11a7）

A7-8　uttu tuttu se-me gvni-qi
　　　這樣　那樣　助-并　想-條
　　　若有別樣的想頭，（一11a7）

A7-9　ai-be　sa-ha tuwa-ha se-mbi.
　　　什麼-賓　知道-完　看-完　説-現
　　　怎麼叫作是知己。（一11a7-8）

B8　　boigoji
　　　主人
　　　主（一11b1）

B8-1　si udu　ai haqin gvni-ra-kv bi-qibe,
　　　你 雖然　什麼 種類　想-未-否　有-讓
　　　你雖沒有別的思量，（一11b1）

B8-2　mimbe adarame　sar-kv-i gese　oso se-qi o-mbi,
　　　我.賓　　爲什麼　　知道.未-否-屬 相似　成爲.祈 説-條 可以-現
　　　怎麼叫我裝個不知道使得呢，（一11b1-2）

B8-3　uthai dosi-fi inemene mimbe dangxa-ra,
　　　就　　進入-順　到底　　我.賓　責怪-未
　　　就進來到是數勞我，（一11b2-3）

B8-4　tede　bi hono urgunje-mbi,
　　　那.位　我 還　喜歡-現
　　　我到喜歡，（一11b3）

B8-5　manggai mini suimangga ba-be tuqi-bu-fi,
　　　不過　　我.屬　委屈　　地方.賓 出-使-順
　　　也就把我的委曲訴出來，（一11b4）

B8-6	waliya-me gama-ra be bai-qi,
	拋弃-并　處理-未　賓　求-條
	求寬待，（一11b4-5）
B8-7	emu baita baha-fi hoqikon -i getukele-bu-mbi,
	一　事情　得到-順　妥善　工　明白-使-現
	事情得明白，（一11b5）
B8-8	uttu amban -i mana-bu-me onqo gama-qi,
	這樣　大　工　磨破-使-并　寬宥　處理-條
	似這樣大憨皮兒的寬宥，（一11b5-6）
B8-9	taqi-ha de ehe kai,
	習慣-完　位　壞　啊
	慣了不好，（一11b6）
B8-10	ishunde urunakv gvnin karqa-bu-mbi.
	彼此　必然　心思　衝突-使-現
	彼此心性必定要各別。（一11b7）
A8	antaha
	客人
	賓（一11b8）
A8-1	muse utala banji-ha de,
	咱們　這麽　生活-完　位
	咱們這們好，（一11b8）
A8-2	kemuni akda-qi o-jora-kv o-qi,
	還　依托-條　可以-未-否　成爲-條
	還托不得，（一11b8-12a1）

A8-3　beye-i fiyo[1] de beye urhv-re basuqun be we　te qihangga,
　　　自己-屬 簽箕　位 自己 驚訝-未　笑話　賓 誰 現在　自願
　　　自驚自怪的褒貶誰肯，（一12a1-2）

A8-4　sinde uthai enqule-re gvnin bi-he se-me,
　　　你.與 哪怕　外道-未　思想 有-完 助-并
　　　你就有外道的心腸，（一12a2）

A8-5　bi inu damu enqule-qi aqa-me ofi enqule-he se-me gvni-re dabala,
　　　我 也 衹是　外道-條　應該-并 因爲 外道-完 助-并 想-未 罷了
　　　我也只是有可外道的去處纔外道那們思量罷了，
　　　（一12a2-3）

A8-6　muse dolo jai ai misha-ra nitara-ra enqu gvnin tuqi-nji-qi aqa-mbi.
　　　咱們　裏面 再 什麼 心冷-未　心淡-未 別的 心思 出-來-條 應該-現
　　　咱們裏頭還有個甚麼冷淡的別樣心腸出來呢。
　　　（一12a4-5）

B9　boigoji
　　　主人
　　　主（一12a6）

B9-1　inu kai
　　　是　啊
　　　可不是甚麼，（一12a6）

B9-2　gvnin be getukele-re-ngge,
　　　心　賓　明顯-未-名
　　　要明心腸，（一12a6）

1　fiyo：意不詳，或爲fiyou變體，語法標注據後者出。

B9-3　eitereqibe gemu qilqin fuka akv giyalu akv sain banji-ki se-re jalin,
　　　總是　　都　疙瘩　斑點　否　錯誤　否　好　生活-祈 助-未　由於

總[1] 爲的是没班點没異樣的好相交，（一12a6-7）

B9-4　juwe gvnin ishunde joula-bu-fi,
　　　二　　心　　互相　　交叉-使-順

二心合一，（一12a8）

B9-5　xuwe hafu getukele-qi tetendere,
　　　乾脆　透徹　明顯-條　　既然

既然徹底明了心，（一12a8-12b1）

B9-6　jai ai baita xada-ra ba akv-de xada-me dahvn dahvn -i angga be
　　　再 什麼 事情 疲勞-未 地方 否-位 疲勞-并 重複　重複 工 嘴 賓

emdubei jusi-bu-mbi[2].
頻繁　　 磨-使-現

何苦没的幹只管盡着磨牙。（一12b1-2）

fiyelen -i ton,（一13a1）
篇　　屬 數

目錄

fulu ujui fiyelen（一13a2）
强亮　第一　篇

eberi jai fiyelen（一13a3）
不及　第二　篇

1　總：聽松樓本、先月樓本此後有"都"。
2　jusibumbi：聽松樓本作fusibumbi。

sain ilaqi fiyelen（一13a4）

良善　三.序　篇

ehe duiqi fiyelen（一13a5）

凶惡　四.序　篇

wesihun sunja-qi fiyelen（一13a6）

高貴　　五.序　　篇

fusihvn ningguqi fiyelen（一13a7）

下賤　　六.序　　篇

bayan nadaqi fiyelen（一13a8）

富貴　　七.序　　篇

yadahvn jakvqi fiyelen（一13b1）

貧窮　　八.序　　篇

baita uyuqi fiyelen（一13b2）

事情　九.序　篇

jaka juwaqi fiyelen（一13b3）

東西　十.序　篇

1-1　　fulu uju fiyelen

　　　強　第一　篇

　　　強 亮 第一（一14a1）

1-2　　yebkesi

　　　能幹的人

　　　去 得 的（一14a2）

1-3   haha niyalma,
       男   人
       漢子家，（一14a3）

1-4   faxxa-fi aqabu-ra-kv o-qi waji-ha dabala,
       努力-順 成就-未-否 成爲-條 完結-完 罷了
       跋拮著營幹不遂心就罷了，（一14a3）

1-5   ai   koro,
       什麼 損害
       甚麼虧心呢，（一14a4）

1-6   kemuni beye-i erdemu bengsen de hvturi ali-fi,
       還   自己-屬 才能   本事   位 福   接受-順
       還是自己的武藝子本勢上受福，（一14a4-5）

1-7   yabu-qi inu etenggi,
       實行-條 也 強盛
       行著也硬氣，（一14a5）

1-8   bai-me sui-me enqehexe-me,
       求-并 尋-并 鑽營-并
       低三下四的鑽幹，（一14a5）

1-9   sukdun bukda-bu-fi banji-me,
       氣概   挫折-被-順 生活-并
       常折著氣概，（一14a6）

1-10   udu jabxabu-qibe ai higan.
       雖然 得饒倖-讓   什麼 稀罕
       雖繳幸甚麼趣兒。（一14a6）

1-11   kiyangkiyan.
        剛強

        剛強的。（一14a7）

1-12   haha fili,
        男   堅實

        漢子頗皮，（一14a8）

1-13   aqiha ete-mbi,
        馱子 擔任-現

        有担當，（一14a8）

1-14   si tede du suja-fi,
        你 他.與 胯骨 支持-順

        你望著他支著架兒，（一14a8）

1-15   onqohoxo-ro,
        傲慢-未

        擺款兒，（一14b1）

1-16   fusixa-me¹ fisa sinda-qi giru-ha se-me bodo,
        輕蔑-并   後背 放置-條 害羞-完 助-并 籌算.祈

        藐視他搭拉著他硼釘子，（一14b1-2）

1-17   ubu sibiya be ainaha se-me niyalma de anabu-ra-kv,
        職分 身份 賓 怎樣 助-并   人   與 讓-未-否

        身分再也是不讓人，（一14b2）

1-18   terebe hahvra-me ergele-qi,
        他.賓   扼-并   逼迫-條

        把他搯著逼迫，（一14b3）

---

1 fusixame：意不詳，或爲fusihvxame變體，語法標注據後者出。

1-19　　fiukon -i fiu¹,
　　　　胡謅　　屬屁
　　　　揚揚不采，（一14b3）

1-20　　suja-hai fakjila-hai sini baru bakqila-qi bakqila-ra dabala,
　　　　支持-持　依靠-持　你.屬　向　作對-條　作對-未　罷了
　　　　搶到底撐到底作對兒就作對兒，（一14b3-4）

1-21　　ba bu-re kouli akv.
　　　　處　給-未　道理　否
　　　　再不肯給人留分兒。（一14b4-5）

1-22　　etenggi.
　　　　強盛
　　　　硬正的。（一14b6）

1-23　　niyalma daqun yaya ba-be kafur se-mbi,
　　　　人　　　敏捷　諸凡　地方-賓　決然　助-現
　　　　有鋒芒的漢子到處裏敢作敢爲，（一14b7）

1-24　　si damu kengse lasha uksa faksa o-qi inde hojo,
　　　　你　衹是　果斷　堅決　斷然　直接　成爲-條 他.與　美滿
　　　　你只剛挪硬正斬釘截鉄的纔可他的心，（一14b7-8）

1-25　　niya-ha yali de sube ta-ha adali,
　　　　腐爛-完　肉　位　筋　絆-完　一樣
　　　　拉扯不斷，（一14b8-15a1）

---

1 fiukon -i fiu：此爲固定用法，意爲"耳旁風"。

1-26　　liyamburaja-me¹ uxan faxan o-ho-de,
　　　　稀粘-并　　　麻煩　紛亂　成爲-完-位
　　　　粘個咂兒的壘裏壘堆他仰著，（一15a1）

1-27　　xakxaha makta-mbi,
　　　　臉　　　拋弃-現
　　　　臉兒不理，（一15a2）

1-28　　damu ne de ne,
　　　　祇是　現在　位　現在
　　　　没影兒喜歡的是，（一15a2）

1-29　　je　de　je　be　wakai urgunje-mbi.
　　　　現在 位 現在 賓　胡亂　喜歡-現
　　　　爽俐的去處。（一15a2-3）

1-30　　bahana-ha-ngge.
　　　　懂得-完-名
　　　　得了主意的。（一15a4）

1-31　　xara fanqa-fi uju lasihi-mbi,
　　　　極　生氣-順　頭　甩-現
　　　　急個拉叉的擺下頭來不依，（一15a5）

1-32　　neqi-ki se-me bodo-me tokto-ho bihe,
　　　　招惹-祈　助-并　打算-并　決定-完　過
　　　　成心要惹他來著，（一15a5-6）

1　liyamburajame：意不詳，或爲liyar seme，語法標注據"粘"這一詞根及該詞構造出。

1-33　　　amala gvni-fi jou,
　　　　　後來　想-順　罷了
　　　　　後來想了一想罷呀，（一15a6）

1-34　　　ji-he baita oyonggo,
　　　　　來-完 事情　重要
　　　　　事情要緊，（一15a6）

1-35　　　hoxxo-ro de inu ai waji-mbi,
　　　　　欺騙-未　位　又　什麼 完結-現
　　　　　哄訟著費了我甚麼呢，（一15a7）

1-36　　　arha akv dere be fele-fi,
　　　　　辦法 否　臉　賓 拋棄-順
　　　　　沒法兒的老著個臉兒，（一15a7-8）

1-37　　　giquke boqihi be inu tuwa-ra-kv,
　　　　　耻羞　　醜　賓 也　看-未-否
　　　　　也顧不得羞耻，（一15a8）

1-38　　　ji-he be dahame baita mutebu-ki se-fi,
　　　　　來-完 賓　既然　事情　成就-祈 想-順
　　　　　既來了要成事，（一15a8-15b1）

1-39　　　ai　haqin -i hatara-ra de,
　　　　　什麼 種類　屬 暴怒-未　位
　　　　　任他施威，（一15b1）

1-40　　　ete-me kiri-fi damu janquhvn -i ali-me gai-mbi,
　　　　　承受-并 忍耐-順 祇是　甘甜　工 接受-并　取-現
　　　　　幹敝著性兒，（一15b2）

1-41　　uttu arbun iqi tuwa-me,
　　　　這樣　樣子　順應　看-并
　　　　這樣的看景兒，（一15b2-3）

1-42　　gisun ulebu-hei,
　　　　話　　養-持
　　　　討好兒，（一15b3）

1-43　　arkan qira bu-he-bi.
　　　　纔　　臉　給-完-現
　　　　纔給了個好臉兒。（一15b3）

1-44　　tob.
　　　　正直
　　　　正道的。（一15b4）

1-45　　yaya ba-be si tede fonji-me tuwa,
　　　　諸凡　地方-賓 你 他.與 問-并 看.祈
　　　　不管甚麼你只管去問他，（一15b5）

1-46　　jafa-ha sinda-ha gese,
　　　　拿-完　　放-完　　同等
　　　　拿的穩¹，（一15b5）

1-47　　ure-he banji-ha,
　　　　熟-完　　生長-完
　　　　活托兒，（一15b6）

1　穩：底本作"隱"，依文義改。

1-48　　tob　tob　aqana-mbi,
　　　　正好　正好　合適-現
　　　　件件兒都應，（一15b6）

1-49　　qende-he,
　　　　試-完
　　　　經過¹，（一15b6）

1-50　　akda-qi o-mbi,
　　　　信-條　可以-現
　　　　信得，（一15b6-7）

1-51　　niyalma de dere bi,
　　　　人　　位　臉　有
　　　　爲人體面，（一15b7）

1-52　　bahai balai ba-de feliye-ra-kv,
　　　　胡亂　胡亂　地方-位　走動-未-否
　　　　再不胡行亂走，（一15b7）

1-53　　yabu-qi fulingga inu ini　sa-ha tuwa-ha udu bou,
　　　　行走-條　天命　也 他.屬 知道-完 看-完　幾　家
　　　　走的也只是他對的著的幾家兒，（一15b8）

1-54　　yala　qi akv, ta se-mbi,
　　　　誠然　間隔 否　常 助-現
　　　　没有遍數的常去，（一16a1）

1-55　　baha-ra　sa-ra　ba-de fimene-re ba inu akv,
　　　　得到-未　知道-未　地方-位　靠近-未　地方 也　否
　　　　凡有指望的地方不傍影兒，（一16a1-2）

1　過：聽松樓本、先月樓本此後有"了"。

1-56　joqi-qi joqi-ha dabala etenggi.
　　　窮-條　窮-完　罷了　強盛
　　　窮就窮死罷了有志氣。（一16a2）

1-57　farfa-bu-ha-ngge.
　　　雜亂-被-完-名
　　　亂了綫兒的。（一16a3）

1-58　jada-ha niyalma fahvn akv,
　　　殘疾-完　人　　膽子　否
　　　不咱的個人兒沒胆子,（一16a4）

1-59　ai　tuttu oliha,
　　　什麼 那樣　膽怯
　　　怎麼那們肯胆怯,（一16a4）

1-60　aibi-i　fiyo de fekun waliyabu-fi,
　　　哪裏-屬 屁　位 跳　　抛弃-順
　　　那裏來的個屁放沒了主意[1],（一16a4-5）

1-61　borho-me uju aqa-fi,
　　　堆積-并　頭 相合-順
　　　攢的一堆兒交頭接耳的,（一16a5）

1-62　qu qa se-hei ne　je buqe-re adali,
　　　喊喊 喳喳 說-持 如今 現在 死-未 一樣
　　　嚼喳了個沒了當,到相立刻就死的是的,（一16a5-6）

---

[1] 意：聽松樓本、先月樓本此後有"了"。

1-63　　ere majige baita de youni dargiya fekqe-me,
　　　　這　稍微　事情　位　全然　脖頸動脉　鼓動-并
　　　　多大点子個事都嗐的脖子肋跳，（一16a6-7）

1-64　　umuhun tuhe-ke kai,
　　　　脚趾甲　掉下-完　啊
　　　　麻了爪兒了，（一16a7）

1-65　　ere-qi geli ambakan¹ baita o-ho-de aina-mbi.
　　　　這-從　又　大些　事情　成爲-完-位　怎麼做-現
　　　　比這個再大些兒的事可怎麼樣呢。（一16a7-8）

1-66　　gasa-ra-ngge.
　　　　抱怨-未-名
　　　　抱怨人的。（一16b1）

1-67　　ere seibeni mahala makta-me tuwa-ha niyalma bi-he,
　　　　這　以前　帽子　抛-并　看-完　人　有-完
　　　　他先是個可仰望的個人來著，（一16b2）

1-68　　te oyo-fi hesihi hasihi² o-ho-bi,
　　　　現在 衰落-順 零零　星星　成爲-完-現
　　　　如今促促的槽頓了，（一16b2-3）

1-69　　ini jakade je-ke yada-ha³ gvnin be tuqi-bu-me⁴,
　　　　他.屬　跟前　吃-完　貧窮-完　心　賓　拉-使-并
　　　　在他跟前有的没的心，（一16b3-4）

1　ambakan：聽松樓本、先月樓本此後有i。
2　hesihi hasihi：意不詳，或爲hexu haxu，語法標注據後者出。
3　jeke yadaha：此爲固定用法，意爲"不顧別人地做事"。
4　tuqibume：聽松樓本、先月樓本作goqibume。

1-70 fere heqe-me yala mutere ebsihe hvsun be waqihiya-ha,
      底　掬-并　誠然　才能　盡量　力　賓　完結-完
      抖底子都費盡了，（一16b4-5）

1-71 nememe ehe be gvwa de guribu-me nike-bu-fi,
      反而　壞　賓　別人　與　移動-并　依靠-使-順
      反把不好挪給別人，（一16b5-6）

1-72 beye-i ujen aqiha be jalgiya-ki se-mbi,
      自己-屬　重　行李　賓　通融-祈　想-現
      只圖輕省自己，（一16b6）

1-73 tuttu o-ho-de uthai baha-fi boloko o-mbi-o?
      那樣　成爲-完-位　就　得到-順　乾净　成爲-現-疑
      那們着就脱得幹净麽？（一16b6-7）

1-74 ebere-ke ai dabala,
      衰弱-完　什麽　罷了
      悖回了，（一16b7）

1-75 nenehe-qi labdu sosoro-ho.
      以前-從　多　退縮-完
      比先大抽抽了。（一16b8）

1-76 da-ra-kv-ngge.
      管-未-否-名
      不管閑事的。（一17a1）

1-77 da jokson de bi akv bihe,
      根本　當初　位　我　否　過
      起初可没有我來着，（一17a2）

1-78　amala musihvri dubeheri amqabu-ha,
　　　後來　將將　末尾　趕上-完
　　　後頭趕了個臨期末尾兒，（一17a2-3）

1-79　da dube be bi hono sar-kv,
　　　根本 末尾 賓 我 還 知道.未-否
　　　起根發覺我還不知道，（一17a3）

1-80　muri-me mimbe dube da be sa-mbi se-me nike-bu-qi,
　　　扭-并 我.賓 末尾 根本 賓 知道-現 助-并 依靠-使-條
　　　強派着説我知根底着落我，（一17a3-4）

1-81　si te mimbe ai-be baita obu-fi turgun tuqi-bu-mbi.
　　　你 現在 我.賓 什麼-賓 事情 作爲-順 原因 出-使-現
　　　你可叫我把甚麼當事情説原故呢。（一17a4-5）

1-82　ta-ha-ngge
　　　絆-完-名
　　　着了事的（一17a6）

1-83　alban hala akv si tede geli ai gana-ha,
　　　大 關聯 否 你 那.位 又 什麼 拿去-完
　　　有要没緊巴巴兒的你可往那裏作甚麼去，（一17a7）

1-84　hvturi waji-fi usiha tuhe-ke-bi kesi akv niyalma kekuhe feye,
　　　福 完結-順 星星 落-完-現 恩惠 否 人 樸鳩 巢穴
　　　福盡了吊了造化了冤家的路兒窄，（一17a7-8）

1-85　hojo,
　　　正合意
　　　該，（一17a8）

1-86　feshe-he-o?
　　　辛苦-完-疑
　　　可昏了麼？（一17a8）

1-87　emgeri feku-ne-fi yeke jobolon ta-ha kai,
　　　一次　跳-去-順　大　災禍　纏住-完 啊
　　　一遭兒跳的坑裏招出橫禍來了，（一17a8-17b1）

1-88　sukv emu jergi kobqi-ra-kv o-qi　aide uthai baha-fi ukqa-mbi,
　　　皮　一　層　掉落-未-否 成爲-條 爲什麽　就　得到-順 脫落-現
　　　不脫一層皮怎麽能觳脫呢，（一17b1-2）

1-89　inu hesebun,
　　　也　天命
　　　也是他的命，（一17b2）

1-90　ainara damu　ini jabxan be tuwa-ra dabala.
　　　無奈　祇是　他.屬 幸運　賓　看-未　罷了
　　　没奈何也只是看他的造化罷了。（一17b3）

1-91　tokto-bu-ha-ngge.
　　　確定-使-完-名
　　　拿定主意的。（一17b4）

1-92　ini o-jora-kv de muse uthai naka-mbi-o?
　　　他.屬 可以-未-否 位 咱們　就　停止-現-疑
　　　他不依咱們就撩開手麽？（一17b5）

1-93　xakxaha muri-ha se-he-de,
　　　　腮　　扭-完　想-完-位
　　　處心兒扭着，（一17b5-6）

1-94　　　i　te we-be aina-me mute-mbi,
　　　　　他 現在 誰-賓　做什麼-并 能够-現
　　　　　他¹能²把人怎麼的呢，（一17b6）

1-95　　　meke qeke³ tuwa-ki se-qi hojo,
　　　　　背面　　表面　　看-祈 助-條 美好
　　　　　要見個高低狠好，（一17b6-7）

1-96　　　beleni alixa-me bi,
　　　　　現成的 寂寞-并　現
　　　　　正閑的没有甚麼幹，（一17b7）

1-97　　　anda niyalma　ai tuttu xosiki,
　　　　　何等　　人　　什麼 那樣　性急
　　　　　甚麼人兒怎麼那們憋不住，（一17b7-8）

1-98　　　erin de isina-kini dere,
　　　　　時侯 與 到達-祈　　吧
　　　　　到跟前罷咱，（一17b8）

1-99　　　onggolo ai baita qurgi-me fiyaqu-mbi.
　　　　　以前　　什麼 事情　喧嘩-并　急忙-現
　　　　　來不來的唧唧咕咕的作甚麼。（一17b8-18a1）

1-100　　jili-ha-ngga.
　　　　　有氣性
　　　　　性氣的。（一18a2）

1　他：聽松樓本、先月樓本此前有"靠"。
2　能：聽松樓本、先月樓本此後有"彀"。
3　meke qeke：二詞連用比喻輸贏。

1-101　muse nantuhvn tere jili sukdun aibi-de isina-mbi,
　　　　咱們　污穢　　那　怒氣　氣息　哪裏-與　到達-現
　　　　咱們那一潙兒的性氣可到的那裏，（一18a3）

1-102　aka-bu-re-ngge ai dabala,
　　　　厭煩-使-未-名　什麼　罷了
　　　　累他把，（一18a4）

1-103　kesi akv,
　　　　造化　否
　　　　没造化的，（一18a4）

1-104　hvlhi dolo hamu giki-bu-ha-bi,
　　　　糊塗　心裏　屎　填滿-使-完-現
　　　　糊塗行子心裏渾了個没分兒，（一18a4-5）

1-105　aiba-be si ja tuwa-fi,
　　　　那裏-賓　你　輕　看-順
　　　　打那裏看出甚麼亮兒來了，（一18a5）

1-106　tuttu sekserje-me¹ sarbaxa-mbi,
　　　　那樣　　愤怒-并　　挣扎-現
　　　　那們樣的揸巴舞手的作怪，（一18a5-6）

1-107　sui　ai dabala,
　　　　罪　什麼　罷了
　　　　受罪的呀，（一18a6）

1-108　uttu tuttu se-re-nggge,
　　　　這樣　那樣　説-未-名
　　　　這們那們的，（一18a6-7）

1　sekserjeme：意不詳，或爲seherqeme變體，語法標注據後者出。

1-109　　pek[1],
　　　　呸
　　　　呸，（一18a7）

1-110　　buqe-re be　ainu amga-ra ara-mbi.
　　　　死-未　　賓 爲什麼 睡覺-未 假裝-現
　　　　把死仔們都當頑兒了。（一18a7）

1-111　　toso-ro-ngge.
　　　　準備-未-名
　　　　准備的。（一18a8）

1-112　　yarha boqo　oilo　niyalma boqo dolo se-me kemuni hendu-mbihe,
　　　　豹子　顏色 表面　人　　　顏色 裏面 助-幷 還　　　說-過
　　　　時常說是人心難忖，（一18b1-2）

1-113　　ai　kemun boljo-qi　o-mbi-o?
　　　　什麼 規則　 約定-條 可以-現-疑
　　　　有甚麼捆兒定得甚麼?（一18b2）

1-114　　yala we-i　dolo we dosi-ka-bi,
　　　　誠然 誰-屬 裏面 誰 進入-完-現
　　　　誰是誰肚裏的回虫，（一18b2-3）

1-115　　ini　　ai-be sa-ha-bi,
　　　　他.屬 什麼-賓 知道-完-現
　　　　見了他的甚麼了，（一18b3）

1　pek：聽松樓本、先月樓本作pei。

1-116　erin isi-ka qihe be hono ijifun de tuhe-mbi se-he-bi,
　　　　時候 到-完 虱子 賓 尚且 木梳 位 落-現 　助-完-現
　　　　該死的那裏不死，（一18b3-4）

1-117　gvwa be ai-se-mbi,
　　　　別人 賓 什麼-説-現
　　　　且別説別的，（一18b4-5）

1-118　talude ges¹ se-re baita tuqi-ke-de,
　　　　偶然　砍斷貌 助-未 事情　出-完-位
　　　　倘若有個嗑絆出來，（一18b5）

1-119　muse² dere be absi o-bu-mbi.
　　　　咱們　臉 賓 哪裏 成爲-使-現
　　　　咱們的臉放在那裏。（一18b5-6）

1-120　jombu-re-ngge.
　　　　提示-未-名
　　　　提拔人的。（一18b7）

1-121　niyalma be geli hon ja tuwa-qi o-mbi-o?
　　　　人　　　賓 又 很 輕 看-條 可以-現-疑
　　　　把人看輕了也使得麼？（一18b8）

1-122　ergen bi-qi sukdun bi se-he-bi,
　　　　生命 有-條 氣息 有 説-完-現
　　　　土還有個土性兒，（一18b8-19a1）

1　ges: 意不詳，或爲kes變體，語法標注據後者出。
2　muse: 聽松樓本、先月樓本此後有i。

1-123　　jombu-qi okto, xusihiye-qi hutu se-he-kv-bi-o?
　　　　　提示-條　葯　　挑唆-條　　鬼　說-完-否-現-疑
　　　　　沒聽見說勸人準有益挑人兩無功麼？（一19a1-2）

1-124　　beye-i unqehen be beye ainu gedu-mbi,
　　　　　自己-屬　尾巴　　賓　自己　為什麼　咬-現
　　　　　為甚麼搬磚打脚，（一19a2）

1-125　　boxo-me gama-hai hafira-bu-re　ten de isi-bu-qi,
　　　　　追趕-并　拿去-持　逼迫-使-未　極限 與　到-使-條
　　　　　逼到個沒分兒的田地，（一19a2-3）

1-126　　uthai isele-re,
　　　　　就　　抗拒-未
　　　　　就有個還崩子，（一19a3）

1-127　　oxoho[1] ali-bu-re boljon akv baita tuqi-mbi,
　　　　　暴虐　　接受-使-未　定準　否　事情　出-現
　　　　　動嗔持不測的事兒出來，（一19a4）

1-128　　taifin -i banji-re be doso-ra-kv yojohoxo-mbi-o?
　　　　　太平　工　生活-未　賓　忍耐-未-否　　癢-現-疑
　　　　　安安穩穩的過日子受作不的刺撓的慌麼？（一19a4-5）

1-129　　jiduqi yasa gedehun o-ho-de aika saiyvn?
　　　　　到底　眼睛　睜開　　成為-完-位　假如　好.疑
　　　　　定要到瞪了眼的時候纔好麼？（一19a5-6）

1　oxoho：意不詳，或為oshon變體，語法標注據後者出。

1-130　usa-ka-ngge.
　　　喪氣-完-名
　　　灰心喪氣的。（一19a7）

1-131　qe onggolo ge¹ ga se-me emu jergi qurgi-ha,
　　　他們 以前　吵嚷貌 助-并　一　陣　喧嘩-完
　　　預先他們大家大嚷小叫的咬扎了一會子，（一19a8）

1-132　mini dosi-ka de momohon -i gemu soksohori te-qe-he-bi,
　　　我.屬 進入-完 位 羞愧無言 工 都　静静　坐-齊-完-現
　　　趕我進去都咕嘟着嘴兒悄没聲兒的坐着呢，
　　　（一19a8-19b1）

1-133　si bi ishunde tuwaxa-me teni gisun ajabu-mbi,
　　　你 我 互相　看顧-并　纔　話語　開始-現
　　　齊打呼的捫着看景兒破口纔説，（一19b1-2）

1-134　gisure-qi geli getuken xetuhun² -i iletu akv,
　　　説-條　又　明顯　粗野　工 明確 否
　　　説呢又不明大明的説，（一19b2-3）

1-135　emdubei ujan sulabu-fi ursan sinda-mbi,
　　　祇管　盡頭　留-順　説話的伏筆 停止-現
　　　只是敞³着口兒銜着骨頭露着肉的，（一19b3-4）

1-136　iju-me dari-me gohoxo-me ta-bu-mbi,
　　　抹-并 擦過-并　鈎-并　絆-使-現
　　　抹着猷着圈套着籠撈着，（一19b4）

1　ge：二酉堂本、雲林堂本作be。
2　xetuhun：意不詳，或爲xetehuri之誤，語法標注據後者出。
3　敞：底本作"厰"，依文義改。

1-137　　umai　emu　hebe　akv,
　　　　　全然　一　商量　否
　　　　　并没個商量，（一19b4-5）

1-138　　taqakv¹　beye-be　gemu　yebken　obu-me　waji-ha　ba-de,
　　　　　沒有習慣 自己-賓　都　聰明　作爲-并 完結-完 地方-位
　　　　　把他自己死孤答的算了個能哥兒了，（一19b5-6）

1-139　　muse　tede　jai　ai-se-re.
　　　　　咱們　他.與　再　什麼-説-未
　　　　　咱們再合他有何説呢。（一19b6）

1-140　　goqishvn.
　　　　　謙虛
　　　　　謙遜的。（一19b7）

1-141　　bi　umai　wa　akv,
　　　　　我　全然　氣味　否
　　　　　我并不是打嗅了坑，（一19b8）

1-142　　ten　de　isina-fi,
　　　　　極限　與　到達-順
　　　　　到一個田地，（一19b8）

1-143　　niyalma　guqu　be　amtan　tuhe-bu-he　niyalma　waka,
　　　　　人　　朋友 賓　味道　落-使-完　　人　不是
　　　　　叫親友們吊了味兒的人，（一19b8-20a1）

1　taqakv：意不詳，或爲taqin akv，語法標注據後者出。

1-144　　ere koqo wai de jaila-fi giran seshe-re turgun ai,
　　　　這　幽僻處　彎曲　位　躲避-順　尸體　厭煩-未　原因　什麼
　　　　來這背噶喇子裏抖這把骨尸渣子是爲甚麼，（一20a1-2）

1-145　　niyalma-i gese　heu hiu¹ boigon minde akv se-re dabala,
　　　　人-屬　　相似　　慷慨貌　　財産　我.與　否　助-未　罷了
　　　　我没有相人家那樣狐假虎威的家當罷哩，（一20a2-3）

1-146　　turha qihe be sai-me,
　　　　瘦　　虱子　賓　咬-并
　　　　樽着過伙，（一20a3）

1-147　　ergen tuwakiya-qi aina-mbi,
　　　　生命　看守-條　　做什麼-現
　　　　度命²怕甚麼，（一20a3-4）

1-148　　kemuni nikede-qi o-mbi.
　　　　還　　　忍耐-條　可以-現
　　　　還能得。（一20a4）

1-149　　tuwaxa-bu-re-ngge.
　　　　看顧-使-未-名
　　　　叫人顧擅的。（一20a5）

1-150　　hvwanggiya-ra-kv se-qi,
　　　　妨得到-未-否　　説-條
　　　　説是不相干，（一20a6）

1　heu hiu：意不詳，或爲hou hiu之誤，語法標注據後者出。
2　命：聽松樓本、先月樓本後有"見"。

1-151　　si　aina-ha-bi,
　　　　　你　做什麼-完-現
　　　　　你是咱的了，（一20a6）

1-152　　unenggi aikana-ki se-qi,
　　　　　果然　　閃失-祈　助-條
　　　　　果要作甚麼，（一20a6-7）

1-153　　tere sinde dere banji-mbi-o?
　　　　　他　你.與　面目　產生-現-疑
　　　　　他給你留情麼？（一20a7）

1-154　　damu　sar-kv-i　gese bisu,
　　　　　祇是　知道.未-否.屬　樣子　有.祈
　　　　　只裝個不知道的是的，（一20a7-8）

1-155　　ini　aina-ra be tuwa-ki,
　　　　　他.屬 做什麼-未 實　看-祈
　　　　　看他是怎樣，（一20a8）

1-156　　aiseme emdubei uba tuba se-me toso-mbi,
　　　　　爲什麼　祇管　這裏 那裏 助-并 準備-現
　　　　　何苦只管這裏那裏的預備，（一20a8-20b1）

1-157　　jing uttu　o-qi ai　dube,
　　　　　總是 這樣 成爲-條 什麼 結尾
　　　　　儘着這們的有個甚麼了當，（一20b1）

1-158　　atanggi nuka-ra bethe be te tukiye-mbi.
　　　　　何時　　刺-未　脚　實 現在 拿起-現
　　　　　在那裏呢是的，先不先着的是甚麼急。（一20b2）

1-159　　dabaxa-bu-ra-kv-ngge.
　　　　諂媚-使-未-否-名
　　　　不叫人逗臉兒的。（一20b3）

1-160　　dabaxakv,
　　　　諂媚的
　　　　逗臉兒了，（一20b4）

1-161　　we de si uttu maktaxa-mbi,
　　　　誰 與 你 這樣 亂拋-現
　　　　你望着誰這們羊憨兒馬勢的，（一20b4）

1-162　　niyalma de lasihida-bu-ra-kv,
　　　　人　　　與　摔打-被-未-否
　　　　不叫人摔打，（一20b4-5）

1-163　　monjirxa-bu-ra-kv,
　　　　挫磨-被-未-否
　　　　挫磨，（一20b5）

1-164　　udu goida-ha,
　　　　幾　久-完
　　　　幾日了，（一20b5）

1-165　　muse tena[1] huwekiye-fi alhvda-me niyalma be isihida-me atanggi taqi-ha,
　　　　咱們　纔　　發奮-順　模仿-并　人　寔 摔臉-并 幾時　學-完
　　　　咱們多昝也會信着人的意兒，學的呲答人來着，
　　　　（一20b5-6）

---

[1] tena：意不詳，或爲teni之誤，語法標注據後者出。

1-166　joubai,
　　　　罷了

　　　　罷，（一20b7）

1-167　aina-ki se-mbi se-me uttu se-he dabala,
　　　　做什麼-祈 想-現 助-并 這樣 助-完 罷了

　　　　作甚麼也只是這們[1]罷了，（一20b7）

1-168　uthai bila-fi,
　　　　就　　折-順

　　　　就抉了，（一20b7-8）

1-169　gai-fi gama-mbihe bi-qi,
　　　　取-順　拿去-過　　有-條

　　　　你的尖子給你個硬揸子，（一20b8）

1-170　agu inu bai dolo gingka-ra dabala.
　　　　兄長 也 衹是 心　憂鬱-未　罷了

　　　　你也只是臌臌肚兒罷了。（一20b8-21a1）

1-171　fanqa-ra-ngge.
　　　　生氣-未-名

　　　　生氣的。（一21a2）

1-172　aiseme baita obu-fi gvnin de jing tuttu tebu-mbi
　　　　爲什麼 事情 作爲-順 心　位 總是 那樣 放-現

　　　　爲甚麼當個事兒儘着閣在心裏，（一21a3）

---

[1] 們：聽松樓本、先月樓本此後有"着"。

1-173　　fiukon -i hari,
　　　　胡謅　屬 偏斜
　　　　那裏的閑帳，（一21a4）

1-174　　we buqe-ra-kv,
　　　　誰 死-未-否
　　　　誰不死，（一21a4）

1-175　　ere na de enteheme bi-mbi,
　　　　這 地位　永遠　有-現
　　　　在世上儘着活着呢，（一21a4）

1-176　　ji-qi　jiu,
　　　　來-條　來.祈
　　　　要來就來，（一21a5）

1-177　　niyalma -i jili we we-de anabu-mbi,
　　　　人　屬氣 誰 誰-位　讓-現
　　　　氣性上誰肯讓誰，（一21a5）

1-178　　taxara-bu-ha-bi,
　　　　認錯-使-完-現
　　　　認錯了盆兒了，（一21a5）

1-179　　ya fiyanji de si　gvn hala-ha se-me,
　　　　誰　最後　位 你 羽毛 更換-完 助-并
　　　　誰掌着你的腰眼子長了公鷄翎兒了，（一21a6）

1-180　　uttu seshun tuwa-bu-mbi.
　　　　這樣 胡鬧　看-使-現
　　　　這們發兜。（一21a6-7）

1-181   kiri-ha-ngge.
         忍耐-完-名
         捱着的。（一21a8）

1-182   ai   yokto bi-mbi,
         什麼 意思 有-現
         在這裏甚麼意思，（一21b1）

1-183   tuwa-qina,
         看-祈
         瞧罷咱，（一21b1）

1-184   boigoji qira buqe nakv,
         主人   臉   死.祈 之後
         東家挂搭下臉來，（一21b1）

1-185   mongniuhon -i qihakv kai,
         沉默   工 不願意 啊
         膀着個嘴不大自在，（一21b2）

1-186   ini   tere ebi habi akv,
         他.屬 那 精神 神采 否
         他那個没意思搭撒的，（一21b2-3）

1-187   umai emu sain qira bu-ra-kv be,
         全然 一 好   臉   給-未-否 賓
         不給個好臉的上頭，（一21b3）

1-188   we ali-me mute-mbi,
         誰 接受-并 能够-現
         誰受的貫，（一21b3-4）

1-189　ai joujin¹ bi-he,
　　　　什麼　何苦　有-完
　　　　可是何苦來着，（一21b4）

1-190　gemu beye bai-ha sui,
　　　　都　　自己　尋求-完 罪
　　　　都是自家尋的孽，（一21b4）

1-191　yandu-me nanda-me bai-ha jaka,
　　　　依賴-并　　要求-并　尋-完　東西
　　　　央着求着要出來的東西，（一21b5）

1-192　je-ke se-me ai higan²,
　　　　吃-完 助-并 什麼 稀罕
　　　　吃着甚磨趣兒，（一21b5）

1-193　hendu-he balame,
　　　　説-完　　雖然
　　　　可是説的，（一21b6）

1-194　we omihon de kemki-me kengke-he-bi.
　　　　誰　飢餓　位　趕着咬-并　渴望-完-現
　　　　誰餓破了臉餓吊了牙了麼。（一21b6）

1-195　karaba.
　　　　愛護
　　　　護犢兒的。（一21b7）

1　ai joujin：此爲固定用法，意爲"何苦來呢"。
2　higan：聽松樓本、先月樓本作hihan。

1-196　dembei hasiba,
　　　　非常　　好庇護
　　　　老大的向熱，（一21b8）

1-197　mujakv ba-be gemu elbe-fi tuwaxa-me dalida-mbi,
　　　　着實　地方-賓　都　覆蓋-順　看顧-并　　遮蔽-現
　　　　没影兒的去處他都護攬着照看遮擅，（一21b8-22a1）

1-198　ini　tere senggime karmata-ra de,
　　　　他.屬　那　友愛　　保護-未　位
　　　　搭他那血心保護的上，（一22a1）

1-199　we baha-qi hanqi o-ki se-ra-kv,
　　　　誰　得到-條　近　成爲-祈　助-未-否
　　　　誰不要親近他，（一22a1-2）

1-200　unenggi aikabade abisikan dabisikan[1] -i tuwa-ra,
　　　　果然　　如果　　不正經　　不相干　工　看-未
　　　　果若是像不相干兒的看待，（一22a2-3）

1-201　ere　tere se-me ilga-me faksala-qi,
　　　　這個　那個　助-并　區分-并　分開-條
　　　　分別外道，（一22a3）

1-202　inde giyanakv ai bai-mbi se-me gene-fi gehuxe-mbi[2].
　　　　他.與　能有　什麼　求-現　助-并　去-順　點頭-現
　　　　求他的是甚麼給他討好兒。（一22a4）

1　abisikan dabisikan：意不詳，或爲abixaha dabixaha變體，語法標注據後者出。
2　gehuxembi：意不詳，或爲gehexembi變體，語法標注據後者出。

1-203　forgoxo-bu-re-ngge.
　　　　轉換-使-未-名
　　　　叫人回轉的。（一22a5）

1-204　jili nergin de　o-qi　esi,
　　　　怒氣 臨時 位 成爲-條 当然
　　　　氣頭兒上咱不呢，（一22a6）

1-205　burgin be dule-ke manggi,
　　　　一陣　賓　通過-完　之後
　　　　過了那一陣兒，（一22a6）

1-206　inu qirhv-fi gunire-qi aqa-mbi,
　　　　又　回-順　鬆-條　應該-現
　　　　也該回一步兒鬆一把兒纔是，（一22a6-7）

1-207　qingkai tuttu　o-qi o-mbi-o?
　　　　祇管　那樣　成爲-條 可以-現-疑
　　　　只管那們個兒使得麽？（一22a7）

1-208　fanqa-ha burgin de,
　　　　生氣-完　一陣　位
　　　　氣的那一會兒，（一22a8）

1-209　yaya demun o-qi　o-kini,
　　　　諸凡　樣子　成爲-條 成爲-祈
　　　　憑他仔們的罷，（一22a8）

1-210　aina-qi inu aina-kini se-qi　o-qi o-joro dabala,
　　　　做什麼-條 也 做什麼-祈 説-條 可以-條 可以-未　罷了
　　　　説要仔麼就仔麼使得罷了，（一22a8-22b1）

1-211　　beye-i urhu be umai forgoxo-me gvni-ra-kv,
　　　　　自己-屬 偏的 賓 全然　　轉換-并　想-未-否
　　　　　再也不思量自己的偏處，（一22b1-2）

1-212　　tuqi-me jabduha gisun be fuhali bi go-ra-kv se-qi,
　　　　　出-并　　妥當　　話語 賓 全然 我 反悔-未-否 說-條
　　　　　一遭說出來的話死個苔的說是我不拉鉤兒，（一22b2-3）

1-213　　ere ainaha o-joro.
　　　　　這　爲什麼　可以-未
　　　　　這個那裏使得。（一22b3）

1-214　　dosom-bu-re-ngge.
　　　　　忍耐-使-未-名
　　　　　叫人耐長的。（一22b4）

1-215　　akv ekiyehun de ai koro,
　　　　　否　缺少　位 什麼 損害
　　　　　缺少上有甚麼虧心，（一22b5）

1-216　　eye-me sekiye-me,
　　　　　流-并　　滴-并
　　　　　漂流下作，（一22b5）

1-217　　niyalma-i ogo fejile xa-me[1] tuwa-me banji-qi,
　　　　　人-屬　　胳肢 下面　盯-并　看-并　生活-條
　　　　　委在人的翅膀底下看着人家過日子，（一22b5-6）

1　xame：聽松樓本、先月樓本作xaxame。

1-218　　hvda wasi-mbi¹,
　　　　身份　下降-現

　　　　没身分，（一22b6）

1-219　　ama aja jobo-me hvwaxa-bu-ha be eldem-bu-ra-kv jou dere,
　　　　父　母　受苦-并　成長-使-完　賓　光輝-使-未-否　算了　吧

　　　　好爺好娘操心費力養的成人不能光輝罷了，（一22b6-7）

1-220　　fudarame gvtu-bu-me giru-bu-qi,
　　　　反倒　　玷污-使-并　恥辱-使-條

　　　　反倒玷辱，（一22b8）

1-221　　si ai gese faxxa-fi weile su-bu-mbi.
　　　　你 什麼相似 努力-順 罪 解除-使-現

　　　　你諍到甚麼田地免得無罪呢。（一22b8-23a1）

1-222　　niyeniyehunje-bu-ra-kv-ngge.
　　　　猶豫不決-使-未-否-名

　　　　不叫人拘拘遲遲的。（一23a2）

1-223　　haha hojo halba onqo se-he kai,
　　　　男人　美好　肩膀　寬廣　説-完　啊

　　　　人説是吉人天相，（一23a3）

1-224　　sini ere eldengge fiyangga de
　　　　你.屬 這 光亮　　漂亮　位

　　　　據你這個相貌驚人的上頭，（一23a3-4）

1　wasimbi：聽松樓本、先月樓本作wasimo。

1-225　　mekele banji-fi baibi waji-re ai-bi,
　　　　　枉然　　生活-順　白白地　完結-未　什麽-有
　　　　　有個白撩開手沒結局的道理麽，（一23a4）

1-226　　ehe qira sisa-fi gvnin be teng tang julesi o-bu-qi,
　　　　　壞　臉　灑-順　心　賓　結實　堅硬　前面　成爲-使-條
　　　　　舍着咧着的拿個往前奔的心腸出來，（一23a4-5）

1-227　　bakqin bi-o?
　　　　　敵人　有-疑
　　　　　有個擋模兒麽？（一23a5）

1-228　　gisun de ai temgetu,
　　　　　話　位　什麽　證據
　　　　　話雖無憑，（一23a6）

1-229　　qeqike -i fiyo be hono edun de tusa se-he-bi.
　　　　　小鳥　屬　簸箕　賓　還　風　位　利益　說-完-現
　　　　　可知道是在那上頭得力呢。（一23a6-7）

1-230　　fafuri.
　　　　　急躁
　　　　　掉莽的。（一23a8）

1-231　　alban qagan teisule-bu-he be tuwa-me funtu-re be abka dabta-ha dabala,
　　　　　公務　書籍　遇-使-完　賓　看-并　衝-未　賓　天　屢受福祉-完　罷了
　　　　　差事上碰到那裏走到那裏的自有個好處罷了，
　　　　　（一23b1-2）

1-232　　haha niyalma sonjo-me geli alban ka-mbi-o?
　　　　　男　人　挑選-并　又　公務　當-現-疑
　　　　　漢子家挑着地方也當差麽？（一23b2）

1-233　　sain ehe meni meni tokto-bu-ha uqaran,
　　　　　好　壞　各自　各自　確定-被-完　機遇
　　　　　好合歹是各自應該的際遇，（一23b3）

1-234　　umai sini jaila-ha de guwe-he,
　　　　　全然　你.屬　躲-完　位　脫-完
　　　　　并不在乎你躲[1]了就脫了，（一23b3-4）

1-235　　bi-he-de ta-ha -i haran waka.
　　　　　有-完-位　絆-完　屬　原因　不是
　　　　　在那兒就套住了。（一23b4）

1-236　　kiyangkiyaxa-bu-ra-kv-ngge.
　　　　　傲慢-使-未-否-名
　　　　　不叫人嘴硬的。（一23b5）

1-237　　gisun endebu-he-de,
　　　　　話語　失錯-完-位
　　　　　話失錯了，（一23b6）

1-238　　bi okjosola-ha-bi se-qi waji-mbi,
　　　　　我　冒失-完-現　助-條　完結-現
　　　　　只認我冒失了也就完了，（一23b6）

1-239　　fangnai o-jora-kv de kai,
　　　　　執意　成爲-未-否　位　啊
　　　　　打他那再不肯認錯的上[2]，（一23b7）

1　躲：底本作"採"，依文義徑改。
2　上：聽松樓本、先月樓本後有"頭"。

1-240　　murtei muri-re de kai,
　　　　　偏　　扭-未　位 啊
　　　　　偏要扭着説是的上¹，（一23b7）

1-241　　tede niyalma esi　hvr se-qi,
　　　　　那.位　人　自然 發火貌 助-條
　　　　　自然叫人起火，（一23b8）

1-242　　si momohon　o-ho balame,
　　　　　你　羞愧無言　成爲-完　好像
　　　　　你倒相羞的没的説的是的，（一23b8）

1-243²　angga mimi-qi niyalma hono waliya-me gama-qi　o-mbi,
　　　　　嘴　閉-條　人　還　抛弃-并　處理-條 可以-現
　　　　　咕嘟着嘴人也過的去，（一24a1）

1-244　　buqetei bungna-me baha-qi damu waka be miyami-ki se-qi,
　　　　　拼命　壓迫-并 能够-條 祇是 錯誤 賓 粉飾-祈 助-條
　　　　　死咕答的强派着只要煤洗自己的不是，（一24a1-2）

1-245　　dalba-i niyalma be si gemu absi bodo-ho-bi.
　　　　　旁邊-屬　人　賓 你 都　怎樣　打算-完-現
　　　　　你罷旁人都怎麽打算來着。（一24a2-3）

1-246　　onqodo-bu-re-ngge.
　　　　　寛容-使-未-名
　　　　　叫人從寛的。（一24a4）

1　上：聽松樓本、先月樓本後有"頭"。
2　二酉堂本、雲林堂本將1-243至1-252一段内容置於1-261之後。

1-247　　ememu jafa-ra sinda-ra hahi hatan jili de,
　　　　　或者　拿-未　放-未　緊急　暴躁　怒氣　位
　　　　　有一等霹雷閃電暴性兒人，（一24a5）

1-248　　gvnin daha-ra-kv niyalma geli fiyok¹ se-mbi,
　　　　　心　　隨從-未-否　人　　又　不理睬貌　助-現
　　　　　心不服的人還佯佯不采，（一24a5-6）

1-249　　heni niyalma² de jugvn baha-bu-ra-kv,
　　　　　稍微　人　　位　路　　得到-使-未-否
　　　　　一点路兒不給人，（一24a6）

1-250　　yasa faha toko-me mohobu-re-ngge ainaha youni uru ni,
　　　　　眼　　珠　指-并　究問-未-名　　爲什麼　全部　是　呢
　　　　　趕盡殺絕未必都行的是，（一24a7）

1-251　　ememu sisa-me waliya-me gama-ra-ngge,
　　　　　或者　灑-并　抛弃-并　處理-未-名
　　　　　有一等見一半不見一半，（一24a8）

1-252　　eiqi gvnin bi-fi dere,
　　　　　必然　心思　有-順　吧
　　　　　必然有個想頭在那裏，（一24a8）

1-253　　ainu gubqi be gemu muse qi eberi o-bu-fi bodo-mbi.
　　　　　爲什麼 全部 賓　都　咱們 從 不及 成爲-使-順 打算-現
　　　　　怎麼把普歷的人打算著都比咱們不濟。（一24b1）

1　fiyok：意不詳，或爲fiyokon變體，語法標注據後者出。
2　niyalma：聽松樓本、先月樓本作angga。

1-254　daba-bu-ra-kv-ngge.
　　　過獎-使-未-否-名
　　　不叫過獎人的。（一24b2）

1-255　bai　sese sasa emu niyalma,
　　　祇是　輕佻輕薄貌　一　　人
　　　白些須有一知半見的個人兒，（一24b3）

1-256　ainaha niyalma qi hon lakqa-ha　fulu erdemu bi,
　　　爲什麼　人　　從　很　出衆-完　有餘　能力　有
　　　未必有比人絶頂狠強的武藝子，（一24b3-4）

1-257　inu arsari dorgi-de tukiye-bu-fi imbe sektu se-he dabala,
　　　也　常人　中間-位　贊揚-使-順　他.實　伶俐　說-完　罷了
　　　也只是差不多兒的人裏頭顯得他機靈罷了，
　　　（一24b4-5）

1-258　atanggi terebe yebken jergi bakqin akv se-he-bi,
　　　幾時　　他.實　聰明　等級　敵人　否　說-完-現
　　　多咎說他本實無比無對兒的比人強來着，（一24b5-6）

1-259　unenggi algingga gebungge mangga ba　bi-qi,
　　　果然　　有名聲　　著名　　出衆　地方　有-條
　　　果然要是個有名望精緻人，（一24b6）

1-260　yabun ainu baibi oyombu-ra-kv buyara-me jujuri majari.
　　　行動　爲什麼　祇是　重視-未-否　　小氣-井　事情繁瑣嘮叨貌
　　　品行怎麼那們不着要碎個澇蛋兒的。（一24b6-7）

1-261　niulodo[1].
　　　　腻人
　　　　話多討人厭的。（一24b8）

1-262　gisun be ainaha se-me qohotoi tob qin -i gisure-ra-kv,
　　　　話語　賓　怎樣　助-并　特意　公正　正確　工　説-未-否
　　　　説話再不肯照直的實答實的説，（一25a1）

1-263　wanqara-me aibi-de terei yargiyan taxan be nambu-mbi,
　　　　譏諷-并　哪裏-位 他.屬　真　　偽　實　拿獲-現
　　　　調起灣子來那裏摸他的影兒，（一25a1-2）

1-264　usukile-me i geli yekerxe-me niyalma be kederxe-mbi se-re,
　　　　討厭-并　他又　招惹-并　　人　賓　譏諷-現　助-未
　　　　糙個咂兒的他也取笑着打趣人，（一25a2-3）

1-265　tede we o-mbi,
　　　　他.與 誰 成爲-現
　　　　誰肯容他，（一25a3）

1-266　yaksitai ka-me udu gisun faha-me makta-fi bu-re jakade,
　　　　執意　遮-并　幾　話語　抛-并　扔-順　給-未　因爲
　　　　噎脖子堵嗓子的話撩了幾句給他，（一25a4）

1-267　agu inu kvli-fi ebken tebken o-ho-bi.
　　　　阿哥 也 吃驚-順 愛理 不理 成爲-完-現
　　　　阿哥也毛的這們個兒也不是那們個兒也不是了。
　　　　（一25a5）

1　niulodo：意不詳，或爲niuloquka，語法標注據後者出。

1-268　buhiye-bu-ra-kv-ngge.
　　　　疑惑-使-未-否-名
　　　　勸人別疑惑的。（一25a6）

1-269　neqihiya-hai tohoro-ko akv bi-qi,
　　　　平整-持　　　安定-完　否　有-條
　　　　纔暖服的待好兒不好的，（一25a7）

1-270　gisun faquhvn de geli fahvn mada-ha,
　　　　話語　混乱　位　又　胆量　膨大-完
　　　　話不防頭又惹的發作了，（一25a7-8）

1-271　ele　ele-i　kvbuli-ki se-mbi,
　　　　愈發 愈發-工　改變-祈　助-現
　　　　設一設兒没要變卦，（一25a8）

1-272　je　si　te ere-be aina-mbi,
　　　　驚訝貌 你 現在 這-賓 做什麽-現
　　　　你説你如今可把他怎麽様的，（一25a8-25b1）

1-273　amala yerte-hei ibagan inenggi xun de maksi-re adali,
　　　　後來　羞耻-持　鬼怪　日子　太陽 位 跳舞-未 一様
　　　　後來羞惱變成怒，（一25b1-2）

1-274　angga jusi-me gisure-hei arkan neqihiye-bu-fi,
　　　　嘴　　磨-并　　説-持　　勉强　平整-使-順
　　　　説了個牙黄口嗅剛剛兒的暖服住了。（一25b2-3）

1-275　xolo jabdu-bu-ra-kv haqihiya-ra jakade,
　　　　閑暇　得到-使-未-否　催促-未　因爲
　　　　不容捯脚給了他個湊手不及，（一25b3）

1-276   teni uju gehexe-he.
        纔　頭　點頭-完
        他纔点了頭兒了。（一25b3-4）

1-277   hvsutule-re-ngge.
        努力-未-名
        緊箍兒咒的。（一25b5）

1-278   beye-i farxatai emgeri bu-re jakade,
        身體-屬　奮力　一次　給-未　因爲
        潑倒身子給了他一下子，（一25b6）

1-279   agu teni yasa xahvn habta habtala-mbi,
        哥哥　纔　眼睛　白　眨巴　眨巴-現
        阿哥纔揸巴揸巴的翻白眼兒，（一25b6-7）

1-280   ergeletei fangna-qi inu o-qibe,
        強迫地　執意-條　也　可以-讓
        壓派着賴他雖是使得，（一25b7）

1-281   fangnai bungna-me akv se-me o-ho-de,
        執意　壓迫-并　否　助-并　成爲-完-位
        死咕荅的強要說是没有，（一25b8）

1-282   tere be aina-mbi wa-mbi-o?
        他　賓　做什麽-現　殺-現-疑
        把他怎麽的殺了他不成？（一25b8-26a1）

1-283   gargitai heni ba bu-he-kv,
        捨身　稍微　地方　給-完-否
        破着一身一口給了個没分兒，（一26a1）

1-284　　tere teni axxa-qi o-jora-kv o-fi,
　　　　　他　纔　動-條　可以-未-否　成爲-順
　　　　　他纔動不得,（一26a1-2）

1-285　　ali-me gai-fi,
　　　　　接受-并　取-順
　　　　　應承了,（一26a2）

1-286　　kurbuxe-me banjina-ra-kv o-ho-bi.
　　　　　打滾-并　　　生成-未-否　　成爲-完-現
　　　　　不好打滾了。（一26a2）

1-287　　juwede-bu-ra-kv-ngge.
　　　　　二心-使-未-否-名
　　　　　心不二用的。（一26a3）

1-288　　faxxan -i nashvn tathvnja-ra jibgexe-re siden-de,
　　　　　功績　屬　機會　猶豫-未　　躊躇-未　期間-位
　　　　　營爲的機會只在打蹬兒懼懼遲遲的上,（一26a4）

1-289　　uthai kanggara-me o-fi,
　　　　　就　　通過-并　　成爲-順
　　　　　就會錯過,（一26a4-5）

1-290　　erin jing sini akvmbu-me bodo-ro be aliya-ra ai-bi,
　　　　　時候 正好 你.屬 盡心-并　籌算-未 賓 等-未 什麼-有
　　　　　好時候未必儘着等着你算計到地,（一26a5-6）

1-291　　arkan karkan -i nashvla-me teisule-bu-he-ngge be,
　　　　　勉勉　強強　工 逢機會-并　遇-使-完-名　賓
　　　　　剛剛兒的碰着個好機會,（一26a6）

1-292 yasa gehun tuwa-hai ufara-qi,
眼睛　睜開　看-持　　錯失-條
眼睜睜兒的看着錯了[1]，（一26a7）

1-293 si te koqo be bai-ra-kv,
你 現在 幽僻處 賓 求-未-否
你不往背噶拉子裏去，（一26a7）

1-294 jai ai-be ere-mbi.
再　什麼-賓　指望-現
還指望甚麼。（一26a8）

1-295 fiyokoro-ho-ngge.
胡謅-完-名
沒溜兒的。（一26b1）

1-296 beye-i fiyo de beye urhu-fi,
自己-屬 胡謅 位 自己 焦急-順
自驚自怪，（一26b2）

1-297 angga mongniuhon enggi-qi niyalma be gasa-me jabqa-mbi
嘴　　撅嘴　　背後-從　　人　賓　抱怨-并　責怪-現
莽鼓着個嘴在背地裏含怨別人，（一26b2-3）

1-298 tafula-me ili-bu-qi o-jora-kv,
勸-并　　停-使-條　可以-未-否
勸也勸不住，（一26b3）

---

1 了：聽松樓本、先月樓本作"過"。

1-299 fekuqe-re ba-de,
跳-未　　地方-位
跳塔的是的，（一26b4）

1-300 aimaka imbe we isibu-ha xuki-fi unggi-he adali,
似乎　他.賓　誰　送-完　陷害-順　派遣-完　一樣
到相誰送了他一下子挑小錢抽了他去的是的，（一26b4-5）

1-301 ai aldungga akv,
什麼　奇怪　否
好奇怪，（一26b5）

1-302 nememe fiktu bai-me niyalma de usga-mbi.
反而　嫌隙　尋-并　人　位　怨恨-現
反道屑樾兒尋着因由兒合人惱。（一26b5-6）

1-303 bengse-ngge.
有本事-名
有本實的。（一26b7）

1-304 muse haha ere-o?
咱們　男人　這-疑
咱們是這們個漢子麼？（一26b8）

1-305 we baisin sula -i banji-me,
誰　閑人　閑暇　工　生活-并
誰不要清閑自在的過，（一26b8）

1-306 ejen hafan akv erge-me jirga-ki se-ra-kv,
主人　官人　否　安息-并　安閑-祈　助-未-否
無拘無束的受用，（一26b8-27a1）

1-307　　qihangga nei taran tuqi-me beye beye-be adunggiya-ki se-mbi,
　　　　　自願　　汗　水　出-并　自己　自己-賓　　挫磨-祈　助-現
　　　　　情願要似水汗流的自己折多自己呢，（一27a1-2）

1-308　　inu ubu sibiya¹ fahvn silhi -i jalin o-fi　kai,
　　　　　也　職分　身份　　肝　膽　屬　爲了　成爲-順　啊
　　　　　也是爲身分氣魄，（一27a2-3）

1-309　　damu guwelke aina-ki se-mbi se-qi,
　　　　　衹是　　仔細　做什麼-祈　想-現　助-條
　　　　　只是怕看仔細作甚麼，（一27a3）

1-310　　tere uthai budun　o-fi,
　　　　　那　就　庸懦　成爲-順
　　　　　那就是屣行子，（一27a4）

1-311　　gvnin sukdun akv-ngge kai.
　　　　　思想　志氣　　没有-名　啊
　　　　　没志氣的。（一27a4）

1-312　　haha.
　　　　　男人
　　　　　是個漢子。（一27a5）

1-313　　qejen qekjehun,
　　　　　胸膛　胸脯
　　　　　叠着胸脯子，（一27a6）

1　sibiya：聽松樓本、先月樓本作qibiya。

1-314　　dara giyodohon,
　　　　　腰　　緊束
　　　　　筆管兒是的腰，（一27a6）

1-315　　arbuxa-ra-ngge kiyab kib se-mbi
　　　　　行動-未-名　　整整齊齊貌　助-現
　　　　　行動來的溜撒，（一27a6）

1-316　　jing qiksin -i se,
　　　　　正　壯年　屬　歲數
　　　　　正當年，（一27a7）

1-317　　koikaxa-qi oihori,
　　　　　顯露-條　　極好
　　　　　正該當施展，（一27a7）

1-318　　urulde-qibe inu tuqi-mbi faxxa-mbi,
　　　　　賽馬-讓　　也　出-現　　努力-現
　　　　　堵賽也出衆，（一27a7-8）

1-319　　qingkai uttu gardaxa-qi,
　　　　　祇管　　這樣　奔走-條
　　　　　只管如此蹬苔，（一27a8）

1-320　　aide isina-ra be si sa-ha-bi.
　　　　　哪裏 到達-未 賓 你 知道-完-現
　　　　　你知道他到甚麼田地呢。（一27a8-27b1）

1-321　　haqihiya-ra-ngge.
　　　　　催促-未-名
　　　　　勉勵人的。（一27b2）

1-322　hada-ha gvnin mangga on¹ doso-bu-mbi,
　　　銘記-完　心　　硬　　因爲　忍耐-使-現

　　　立心有根耐得常，（一27b3）

1-323　jafa-ha gvnin akdun beki akv o-qi,
　　　拿-完　　心　　堅　　固　否　成爲-條

　　　志向拿的不堅固，（一27b3-4）

1-324　ta-ra　afa-ra manggasika² be adarame heu　hiu se-mbi,
　　　絆-未　戰鬥-未　困難　　賓　爲什麼　足以　嘆息貌　助-現

　　　科拌的爲難處怎麼能彀不以爲然的呢，（一27b4-5）

1-325　dorgi uyan uttu　o-qi waka,
　　　裏面　軟　這樣　成爲-條 不是

　　　打心裏没觔兒，這們個兒也不是，（一27b5）

1-326　tuttu　o-qi waka,
　　　那樣　成爲-條 不是

　　　那們的也不是，（一27b6）

1-327　baibi　ba tuwa-ra,
　　　祇是　地方 看-未

　　　看地方，（一27b6）

1-328　tere geseke-ngge hvwaxa-qi udu,
　　　那　相似-名　　　成長-條　　幾

　　　像那樣的人出條了幾個，（一27b6-7）

1-329　qanggali eberhun -i ton kai,
　　　不耐煩　　懦弱　　屬 類 啊

　　　就是軟叉囊包之類，（一27b7）

1　on：聽松樓本、先月樓本作ofi。
2　manggasika：聽松樓本、先月樓本作manggasaka。

1-330   udu goro,
         幾多 遠
         差多少，（一27b7）

1-331   aibi-de gene-mbi.
         哪裏-與 去-現
         往那裏跑。（一27b7-8）

1-332   nukqi-bu-re-ngge.
         刺激-使-未-名
         縱人性的。（一28a1）

1-333   faxxan de nashvn bi,
         功績 位 機會 有
         營幹要機會，（一28a2）

1-334   erin waka o-ho-de
         時候 不是 成爲-完-位
         不是時候，（一28a2）

1-335   baibi aqun de qaqun[1],
         衹是 彼此 與 彼此
         偏偏的遇着偏偏兒，（一28a2-3）

1-336   ede sihele-bu-me tede xakala-bu-mbi,
         這裏 阻止-被-并 那裏 橫插-被-現
         不是這裏打破頭屑兒就是那裏旁插花兒，（一28a3）

---

[1] aqun de qaqun：意爲"彼此相差，互相矛盾"。

1-337　uquri sain,
　　　　機會　好
　　　　好時候兒，（一28a3）

1-338　mayan gai-ha de,
　　　　幸運　取-完 位
　　　　幸頭來了，（一28a3-4）

1-339　uba tuba　sar sir　se-me,
　　　　這裏 那裏　快速聚集貌　助-并
　　　　這裏那裏湊巧，（一28a4）

1-340　ini　qisui[1] la li se-mbi,
　　　　他.屬　任意　流利　助-現
　　　　自然而然的遂心，（一28a4-5）

1-341　aldungga,
　　　　奇怪
　　　　可不奇怪麼，（一28a5）

1-342　mujakv haran bi.
　　　　的確　理由　有
　　　　大有個講究。（一28a5）

1-343　dabu-ra-kv-ngge.
　　　　算數-未-否-名
　　　　不算數兒的。（一28a6）

1　ini qisui：此爲固定用法，意爲"自然而然"。

1-344　　oforo kobsohon,
　　　　　鼻子　　高

　　　　　抗¹着個鼻子，（一28a7）

1-345　　ini   tere yasa de,
　　　　　他.屬那　眼睛　位

　　　　　他那個眼裏頭，（一28a7）

1-346　　te we be se-me hafira-mbi,
　　　　　現在 誰　賓　助-并　逼迫-現

　　　　　如今把誰加得下，（一28a7-8）

1-347　　mujakv be den o-ho,
　　　　　的確　　賓　高　成爲-完

　　　　　你當還像先麽，（一28a8）

1-348　　ubiyada gvnin amba,
　　　　　討厭　　　心　　大

　　　　　討人嫌的心大，（一28a8）

1-349　　sukdun den,
　　　　　氣　　　高

　　　　　氣高，（一28b1）

1-350　　abka xun,
　　　　　天　　太陽

　　　　　天哪，（一28b1）

1-351　　nantuhvn inde ai bai-mbi,
　　　　　污穢　　　他.與 什麽 求-現

　　　　　誰求他那一潨兒的甚麽，（一28b1）

1　抗：聽松樓本、先月樓本作"仰"。

1-352　mini adali,
　　　　我.屬　一樣
　　　　像我是的,（一28b1-2）

1-353　muse daqi ai bi-he,
　　　　咱們　原來 什麼 有-完
　　　　咱原是誰來,（一28b2）

1-354　manggai tuqi-bu-qi mimbe fetereku se-re,
　　　　不過　　拿出-條　我.賓　挑毛病　說-未
　　　　待要說又說是肯撅根子,（一28b2-3）

1-355　we we-be sar-kv,
　　　　誰　誰-賓　知道.未-否
　　　　誰不知道誰,（一28b3）

1-356　aibi-de bi-he-bi.
　　　　哪裏-位　有-完-現
　　　　在那裏過日子來着。（一28b3）

1-357　hala-bu-re-ngge.
　　　　改過-使-未-名
　　　　叫人改過的。（一28b4）

1-358　te isi-ka,
　　　　現在 到-完
　　　　你又來了,（一28b5）

1-359　koikon geli dekde-he,
　　　　毛病　又　發-完
　　　　毛病又發了,（一28b5）

1-360　tuwa-qi si urui niyalma be jabdu-bu-ra-kv ura te-bu-mbi,
　　　　看-條　你 經常　　人　　賓 趕上-使-未-否 屁股 坐-使-現
　　　　我看你好肯給人個湊手不及的蹶子吃，（一28b5-6）

1-361　ehe kai,
　　　　壞　啊
　　　　不好家，（一28b6）

1-362　dara-ka de koro baha-mbi,
　　　　習慣-完 位 怨恨　得到-現
　　　　貫了吃虧，（一28b6-7）

1-363　kiyangkiyaxa-qi aqa-qi,
　　　　強迫-條　　　　應該-條
　　　　該要人強的，（一28b7）

1-364　niyalma gvnin daha-mbi,
　　　　人　　　心　　隨從-現
　　　　人打心裏服，（一28b7）

1-365　honin oso tasha sukv nere-fi horolo-qi,
　　　　羊　成爲.祈 虎　皮　　披-順　威嚇-條
　　　　瞎發狂連個公鷄翎兒也没有，（一28b8）

1-366　niyalma oforo deri suk se-he-de,
　　　　人　　　鼻子　經 笑貌 助-完-位
　　　　人打鼻子眼兒裏笑你，（一28b8-29a1）

1-367　bi absi sini funde jobo-mbi.
　　　　我 何其 你.屬 代替　擔心-現
　　　　我好替你難。（一29a1）

1-368　yohinda-ra-kv-ngge.
　　　　理睬-未-否-名
　　　　不怒持人的。（一29a2）

1-369　si　sa-qi tetendere,
　　　　你 知道-條　既然
　　　　你既知道我，（一29a3）

1-370　bi labdu　ai-se-re,
　　　　我　多　什麼-說-未
　　　　何用我多說，（一29a3）

1-371　esei　jergi-de dosi-mbu-fi dabu-re,
　　　　他們.屬 種類-與　進入-使-順　算-未
　　　　把我放在他們的堆兒裏算數兒，（一29a3-4）

1-372　gida-me jafa-fi mimbe wasi-mbu-me[1] gama-qi,
　　　　隱瞞-并　拿-順　我.賓　　低-使-并　　處理-條
　　　　額着把我下價兒，（一29a4）

1-373　bi　o-jora-kv,
　　　　我 可以-未-否
　　　　我不依，（一29a5）

1-374　qai moro jafa-ra alikv fan enqe-re　de,
　　　　茶　碗　拿-未　碟　盤　接待-未　位
　　　　給人家出力打勤勞兒，（一29a5）

1-375　bi　qende hanqi waka mujangga,
　　　　我 他們.與　近　不是　真實
　　　　我不是他們的意思是實，（一29a6）

1　wasimbume：聽松樓本、先月樓本作fusihvn。

1-376　　ne　je　ubu　sibiya　haha-i　edemu　minde[1]　ai　gaji-ha.
　　　　　如今 現在 職分 身份 男人-屬 武藝 我.與 什麼 拿來-完
　　　　　現在的身分兒作漢子的武藝子他們在那裏呢。
　　　　　（一29a6-7）

1-377　　qouha.
　　　　　兵
　　　　　武漢。（一29a8）

1-378　　hitha-i　alban　ka-me　goida-ha,
　　　　　甲葉-屬 公務 當-并 久-完
　　　　　當武差多年了，（一29b1）

1-379　　bi　se-re-ngge　ai　erin -i　niyalma,
　　　　　私 助-未-名 什麼 時候 屬 人
　　　　　我是個老家兒了，（一29b1）

1-380　　ere　ferge　de　inu　saliyan -i　gardaxa-ha,
　　　　　這 褲襠 位 也 充分 工 競爭-完
　　　　　憑着這條箭不知跳躍了多少，（一29b2）

1-381　　baji　sakda-ra　onggolo　suweni　sasa　koikaxa-me　tuwa-ki,
　　　　　一會兒 老-未 以前 你們.屬 一齊 攪混-并 看-祈
　　　　　襯着我未老和你們大家煉一煉瞧，（一29b2-3）

1-382　　we-i　amala　we　bi-sire　we　fulu　be　we　sa-ra,
　　　　　誰-屬 後面 誰 有-未 誰 優越 賓 誰 知道-未
　　　　　誰知道是誰在誰後誰比誰先，（一29b3-4）

1　minde：聽松樓本、先月樓本作tese。

1-383　aba de sirke dain de dalhvn gebu bi-he,
　　　　畋獵 位 貪欲 戰爭 位 黏 名字 有-完
　　　　我有個慣戰能征的名兒來着，（一29b4-5）

1-384　te o-jora-kv,
　　　　現在 可以-未-否
　　　　如今不中用了，（一29b5）

1-385　sakda-ka.
　　　　老-完
　　　　老了。（一29b5）

1-386　teqibu-re-ngge.
　　　　教-未-名
　　　　教人的。（一29b6）

1-387　fe urse uttu bi-he-o?
　　　　舊 人們 這樣 有-完-疑
　　　　老家兒們像這們來着麼？（一29b7）

1-388　qouha se-he-de gala monji-me fekuqe-mbi,
　　　　兵　　助-完-位 手　磨擦-并　跳-現
　　　　聽見兵的信兒磨拳擦掌喜歡的跳塔，（一29b7-8）

1-389　fahvn fehi be boihon de uqubu-ha de kekse-re dabala,
　　　　肝　腦　賓 泥土 位 摻和-完 位 滿意-未 罷了
　　　　肝腦塗地方趁其願，（一29b8-30a1）

1-390　niyalma-i dengsele-re demniyeqe-re be ali-me gai-qi,
　　　　人-屬　　計算-未　　計量-未　　賓 接受-并 取-條
　　　　要是受了人家的秤輕重掂分兩，（一30a1）

1-391　meni meni sike de inu sengsere-me buqe-mbi.
　　　　各自　各自　尿　位　也　　淹-并　　　死-現
　　　　自己撒泡尿也浸殺。（一30a2）

1-392　basu-bu-ra-kv-ngge.
　　　　嘲笑-被-未-否-名
　　　　不受人褒恥的。（一30a3）

1-393　mafari -i forgon de,
　　　　祖先們 屬　時候　位
　　　　老家兒們在的時候，（一30a4）

1-394　bata be aqa-ha se-he-de,
　　　　敵人　賓　遇見-完 助-完-位
　　　　要是遇了敵，（一30a4）

1-395　ini gala axxa-ra be aliya-ra-kv,
　　　　他.屬 手 動-未　賓　等-未-否
　　　　迭不的他動手，（一30a4-5）

1-396　uthai qouha latu-bu-fi tuye-me tuwa-mbi,
　　　　就　　士兵　靠近-使-順　攻擊-并　看-現
　　　　就貼上兵撼他的陣角，（一30a5-6）

1-397　mute-ra-kv ohode,
　　　　能够-未-否　若
　　　　若是不能了，（一30a6）

1-398　fumere-hei sasa beye waji-qi inu waji-re dabala,
　　　　攪混-持　一齊　身體 完結-條 也 完結-未 罷了
　　　　攬在一堆兒死[1]就死搭了罷了，（一30a6-7）

1　死：聽松樓本、先月樓本無此字。

1-399　gida-bu-fi tulfa-ka gebu burula-ra basuqun be unu-me gai-re kouli akv,
　　　　打敗-被 順彈回-完 名字 敗逃-未　嘲笑　賓 背負-并 取-未 道理 否
　　　　再不肯背着個打輸丈打趾丈的醜名兒，（一30a7-8）

1-400　da-ra qouha fiyanji be hono asuru oyonggo obu-ra-kv,
　　　　援護-未 兵　護兵 賓 還　甚　重要　作爲-未-否
　　　　把護兵救兵不大要緊，（一30a8-30b1）

1-401　fisa jori-bu-me qifele-bu-me banji-ha be,
　　　　後背 指-被-并　吐唾沫-被-并　生活-完 賓
　　　　叫人指着脊梁骨兒唾罵，（一30b1-2）

1-402　nantuhvn banji-ha se-qi o-mbi-o?
　　　　污穢　　生存-完 助-條 可以-現-疑
　　　　那一溻兒的也算是活着麼？（一30b2）

1-403　baturu.
　　　　勇敢
　　　　驍勇的。（一30b3）

1-404　fahvn bi,
　　　　膽量 有
　　　　有胆量，（一30b4）

1-405　yasa ai se-me kungguhun -i xungkutu,
　　　　眼睛 什麼 助-并　塌陷　屬 凹陷
　　　　眼睛凹凹的扣婁着，（一30b4）

1-406　beye giratu,
　　　　身體 大
　　　　骨膀子大，（一30b4-5）

1-407　dara hiyotohon naqin xongkon -i gese banji-ha-bi,
　　　　腰　　直挺　　游隼　　海青　屬 相似　長大-完-現

　　　　腰板兒喬生生的生禽活捉的個漢子，（一30b5）

1-408　haha nimequke,
　　　　男人　　厲害

　　　　利害漢子，（一30b6）

1-409　fulhv dorgi i¹ suifun,
　　　　袋子　裏面　屬　錐子

　　　　不是個善查兒的，（一30b6）

1-410　atanggi bi-qibe urunakv dube tuqi-mbi.
　　　　幾時　　有-讓　　必然　　尖端　出-現

　　　　多昝必出人一頭。（一30b6-7）

2-1　　eberi jai fiyelen
　　　　不及　第二　篇

　　　　不及第二（一31a1）

2-2　　taxara-bu-ha-ngge.
　　　　出錯-使-完-名

　　　　煩錯了的。（一31a2）

2-3　　beye be tuwakiya-me mute-mbihe-o akv,
　　　　自己　賓　看守-并　　能够-過-疑　否

　　　　自己的身命保得住保不住，（一31a3）

1　dorgi i：聽松樓本、先月樓本作dorgii。

2-4   fulu alban ka-me niyalma-i funde dangna-ra de ai gana-ha,
       多餘 公務 擋-并   人-屬   代替   充當-未 位 什麼 拿去-完
       多事替人家擋的是甚麼災，（一31a3-4）

2-5   unenggi mutebu-re erdemu bi-qi ai hendu-mbi,
       果然   能够-未   武藝 有-條 什麼 説-現
       果然有個能幹的武藝子也罷了，（一31a4-5）

2-6   ini tere hvman-de-o?
       他.屬 那 本領-位-疑
       他那個嘴巴骨上？（一31a5）

2-7   ai   jaka yandu-me bai-ha niyalma inu ferguweque,
       什麼 東西 依賴-并 求-完   人   也 奇怪
       是個甚麼兒煩他求他的人也奇，（一31a5-6）

2-8   yasa niqu nakv farxa-mbi.
       眼睛 閉.祈 之後 拼命-現
       閉目合眼的賴著。（一31a6-7）

2-9   korso-bu-ha-ngge
       怨恨-被-完-名
       心虧了的（一31a8）

2-10   angga dolo ulu wala se-me,
       嘴   裏面 言語不清貌 助-并
       嘴裏打兀嚕兒咕噥，（一31b1）

2-11   umai getuken tomorhon akv de,
       全然 正確   明確   否 位
       一點兒不明白不清楚的上，（一31b1-2）

2-12　we tere-be gisun obu-fi donji-ha,
　　　誰　那-賓　話　作爲-順　聽-完
　　　誰當個話聽來著，（一31b2）

2-13　ere-be akv se-qi,
　　　這-賓　否　説-條
　　　這個也説是没有，（一31b2-3）

2-14　abka de inu¹ geleque,
　　　天　位　也　可怕
　　　難瞞天，（一31b3）

2-15　gvni-ha-kv funqe-fi,
　　　想-完-否　剩餘-順
　　　不想惱得他，（一31b3）

2-16　mujakv gvni-bu-ha-bi,
　　　着實　想-使-完-現
　　　著實的盛在心裏了，（一31b4）

2-17　ere-be we sa-ha-bi,
　　　這-賓　誰　知道-完-現
　　　誰理論來著，（一31b4）

2-18　kejine giyala-fi aqa-ha-kv se-me gene-qi,
　　　許久　隔-順　會見-完-否　助-并　去-條
　　　許久没會他瞧他去呢，（一31b4-5）

2-19　mini baru munahvn -i dere yasa waliyata-mbi.
　　　我.屬　向　無聊　工　臉　眼睛　甩-現
　　　望著我没意思搭撒的調臉子。（一31b5-6）

1　inu：二酉堂本、雲林堂本作ereu。

2-20　longsikv.
　　　妄談的人
　　　憨說的。（一31b7）

2-21　donji-qi qargi-de gvlu gala se-me jing hvngsi-me pou faha-mbi,
　　　聽-條　那邊-位　粗聲　粗氣　助-并　正　胡說-并　炮　拋-現
　　　聽見在隔壁兒粗喉嚨大嗓子的嘮天話，（一31b8-32a1）

2-22　aldungga we-qi bi-he-ni se-fi,
　　　奇怪　誰-從　有-完-呢　助-順
　　　作怪是誰們呢，（一32a1）

2-23　tuwa-na-qi youni　qeni hoki duwali,
　　　看-去-條　都　他們.屬　夥伴　同類
　　　瞧時都是他們一夥一類的人，（一32a1-2）

2-24　emke qi emken niyalma be jeksi-bu-mbi,
　　　一人　從　一人　人　賓　討厭-使-現
　　　一個賽如一個的討人厭，（一32a2）

2-25　mimbe gaitai sabu-re jakade bektere-ke,
　　　我.賓　突然　看見-未　因爲　發怔-完
　　　猛然見了我都發了怔了，（一32a3）

2-26　kvlisita-me beye-de nimeku bi-sire-be beye ende-mbi-o?
　　　發呆-并　自己-位　毛病　有-未.賓　自己　欺瞞-現-疑
　　　賊眉鼠眼自己的毛病自己有個不覺的麼？（一32a3-4）

2-27　si bi yasa ara-me ebsi qasi o-qi waka o-ho-bi.
　　　你我　眼睛　假裝-并　前　後　成爲-條　不是　成爲-完-現
　　　大家遞眼色朝前也不好朝後也不好。（一32a4-5）

2-28　　elhengge.
　　　　太平
　　　　性慢的。（一32a6）

2-29　　si aika terebe takvra-qi waliya-ha,
　　　　你 如果 他.賓 派遣-條 拋弃-完
　　　　你要使了他去敢誤了，（一32a7）

2-30　　gvla eihun -i fun beye,
　　　　原來 愚昧 工 本人 自己
　　　　活托兒是個傻悶兒，（一32a7-8）

2-31　　ne　je hahi qahi be tere sar-kv,
　　　　現在 如今 緊急 着急 賓 他 知道-未-否
　　　　緊等著著急他也不知道，（一32a8）

2-32　　baba-de hesihixe-me ele-he manggi,
　　　　各處-位　閑游-并 滿意-完 之後
　　　　各到處裏賣呆穀了，（一32a8-32b1）

2-33　　teni lebde lebde miyasihida-mbi,
　　　　纔　發呆　發呆　搖腰走-現
　　　　纔幌阿幌的搖著膀兒來，（一32b1）

2-34　　tuwa turibu-he-de faqihiyaxa-ra be sa-mbihe-o akv,
　　　　火　失火-完-位　　着急-未　賓 知道-過-疑 否
　　　　失了火也不知道他著急不著急，（一32b1-2）

2-35　　ere-be inu sidenderi　o-bu,
　　　　這-賓 也　中間　　成爲-使.祈
　　　　把這個也放在兩下裏，（一32b2）

2-36　　niyalma aka-bu-re yali se-he-ngge,
　　　　人　　憂愁-使-未　肉　說-完-名
　　　　人罵人死肉，（一32b3）

2-37　　ainaha ere-i jalin waka ni.
　　　　爲什麼　這-屬　爲了　不是　呢
　　　　未必不是爲他罵的。（一32b3）

2-38　　nasa-ra-ngge.
　　　　悔恨-未-名
　　　　嘆¹惜的。（一32b4）

2-39　　jui faquhvn,
　　　　孩子　騷亂
　　　　孩子亂帳，（一32b5）

2-40　　gebu tuqi-ke-bi,
　　　　名字　出-完-現
　　　　出了名了，（一32b5）

2-41　　erei　ama　ai gese haha bi-he,
　　　　他.屬　父親　什麼樣子　男人　有-完
　　　　他老子是何等樣的漢子來著，（一32b5-6）

2-42　　emu erin -i haha se-me banji-ha,
　　　　一　時代　屬　男人　助-并　生存-完
　　　　當時也是個豪杰，（一32b6）

1　嘆：聽松樓本、先月樓本作"歎"。

2-43　　yabu-fi mujakv gebu gai-ha,
　　　　走-順　　非常　　名字　取-完
　　　　走的大揚名，（一32b6-7）

2-44　　baba xurde-me akvmbu-fi gebu baha,
　　　　各處　　轉-并　　盡力-順　名字　得到.完
　　　　走遍天下得的名，（一32b7）

2-45　　jono-qi we ya sar-kv,
　　　　提起-條　誰　哪個　知道.未-否
　　　　提起來沒有不知道的，（一32b7-8）

2-46　　tuta-ha gebu de juse sargan ne kesi tuwakiya-mbi,
　　　　留-完　名字　位　孩子.複　妻　現在　恩惠　看守-現
　　　　他的老婆孩子現今有益也是他留的聲名上，
　　　　（一32b8）

2-47　　ubu fayangga gama-ha,
　　　　身份　靈魂　　拿去-完
　　　　福分都是他帶了去了，（一33a1）

2-48　　akv oqi,
　　　　不是 若是
　　　　若要不是，（一33a1）

2-49　　aide ere gese ehelinggv jui be banji-mbi.
　　　　爲什麼 這 樣子　　壞　　孩子 寶　出生-現
　　　　是打那上頭養出這樣的不好兒子來。（一33a1-2）

2-50　　eberhun.
　　　　懦弱
　　　　囔包的。（一33a3）

2-51   tere simbe xumin eime-me ubiya-ha,
        他　你.實　深深　討厭-并　憎惡-完
        他把你厭的嫌透了，（一33a4）

2-52   dalbaki-qi aqabu-me bele-me ehequ-re niyalma geli faksi,
        旁邊-條　　凑巧-并　　誣害-并　誹謗-未　　人　　又　巧妙
        又搭著傍邊毀謗的人又巧，（一33a4-5）

2-53   agu si taksi-mbi-o?
        兄長 你　留存-現-疑
        阿哥你當的住麽？（一33a5）

2-54   aide si tuhe-ra-kv,
        爲什麽 你 倒下-未-否
        你搭那上頭不倒，（一33a5-6）

2-55   erhe de erdemu bi,
        青蛙　位　道德　有
        人說是泥有個泥性兒，（一33a6）

2-56   wakxan de hono wali bi se-he kai,
        蛤蟆　　位　還　戲法 有　說-完 啊
        土有個土性兒，（一33a6-7）

2-57   koro de yebe angga be majige juwa-qina,
        怨恨 位 稍好　嘴　實　稍微　　開-祈
        争氣你把口兒張張罷咱，（一33a7）

2-58   baibi kamni-fi aina-mbi,
        祇是　閉-順　做什麽-現
        只是合著作甚麽，（一33a8）

2-59　emu jilgan we-i akv,
　　　一　　聲音　　誰-屬否
　　　哼也不哼¹一聲兒，（一33a8）

2-60　damu waka be unu-me gai-mbi,
　　　祇是　錯誤　賓　背負-并　取-現
　　　只會背不是，（一33a8-33b1）

2-61　liyoliyo.
　　　沒有本事
　　　看你那屜腔兒罷。（一33b1）

2-62　fanqa-ra-ngge.
　　　發怒-未-名
　　　生氣的。（一33b2）

2-63　udu amqakvxa-qibe,
　　　雖然　逼迫-讓
　　　雖拔拮著學，（一33b3）

2-64　xan de baha-ngge gvnin de waliya-bu-re ba-de,
　　　耳朵 位 得到.完-名　心　位　拋弃-使-未 地方-位
　　　這個耳朵聽了那個耳朵裏去，（一33b3-4）

2-65　ai　baita,
　　　什麼 事情
　　　中甚麼用，（一33b4）

---

1 哼：底本作"哼"，依文義徑改。

2-66　　xan　galbi donji-re goro be sinde inu jou,
　　　　耳朵　聰靈　聽-未　遠　賓 你.與 也 罷了
　　　　也不要你撒金溺銀，（一33b4-5）

2-67　　sini　yasa-i julergi alban be si ka-me mute-qi,
　　　　你.屬 眼睛-屬 前面　公務　賓 你 擋-并　能够-條
　　　　你只當的過你眼頭裏的差事，（一33b5-6）

2-68　　jai　ai bai-re,
　　　　再　什麼 求-未
　　　　還和你要甚麼，（一33b6）

2-69　　jingkini oyonggo ba-be　umai unde-de,
　　　　真正的　　重要　地方-賓 全然　尚未-位
　　　　正竟要緊的去處一點兒没有，（一33b6-7）

2-70　　ai　xolo　hohodo-ro　be gemu taqi-ha-bi,
　　　　什麼 空暇 手在嘴旁合攏-未　賓　都　學-完-現
　　　　甚麼空兒把合著手兒吹哨子都學會了，（一33b7）

2-71　　ehe taqin　ai　uttu sinde ja,
　　　　壞　習慣 爲什麼 這樣　你.與 容易
　　　　學不好你怎麼這們快，（一33b7-8）

2-72　　ede　jai sini gvnin,
　　　　這.位 再 你.屬 想法
　　　　這上頭還指望你，（一33b8）

2-73　　baha-ra be erehunje-qi atanggi.
　　　　得到-未 賓　指望-條　　幾時
　　　　多咱成人呢。（一34a1）

2-74　　eime-bu-re-ngge.

　　　　討厭-使-未-名

　　　　討人厭的。（一34a2）

2-75　　dalhvn waji-ra-kv gisun fulu,

　　　　嘮叨　完結-未-否　話語　有餘

　　　　絮叨話多沒個開交，（一34a3）

2-76　　aqa-ha-dari sinde umai enqu baita akv,

　　　　遇見-完-每　你.與　全然　別的　事情　否

　　　　遭遭兒見了你并沒個別的事，（一34a3-4）

2-77　　damu gejing gejing se-me gihvxa-mbi,

　　　　祇是　絮煩　絮煩　助-并　央求-現

　　　　只是咕咕唧唧的央求，（一34a4）

2-78　　ali-me gai-ra-kv oqi,

　　　　接受-并 取-未-否 若是

　　　　要是不應承，（一34a5）

2-79　　lakdahvn -i farxa-fi elhe baha-bu-ra-kv,

　　　　下垂　　工　拼命-順　平安　得到-使-未-否

　　　　死咕搭的纏著叫你不受用，（一34a5）

2-80　　emgeri neqi-he se-he-de,

　　　　一次　招惹-完　助-完-位

　　　　一遭招惹了他，（一34a6）

2-81　　hoko-ra-kv ladura-mbi,

　　　　離開-未-否　亂叫-現

　　　　粘著沒了當，（一34a6）

2-82   niyalma usurxe-re be gemu   sar-kv ara-mbi-kai,
        人   討厭-未   實   都   知道.未-否 假裝-現-啊
        人家訾惱他都裝個不知道，（一34a6-7）

2-83   ere-i qala jai ai   arga bi.
        這-屬 以外 再 什麼 方法 有
        除此這個還有個甚麼法兒。（一34a7-8）

2-84   oliha.
        膽怯
        胆怯的。（一34b1）

2-85   ushaqun baha-de dorgideri geli hokso-mbi[1],
        怨恨   得到.完-位 悄悄   又   憂愁-現
        惹下煩惱了暗暗的又虧心愁楚，（一34b2）

2-86   onggolo si aina-mbihe,
        先前   你 做什麼-過
        早作甚麼來著，（一34b2-3）

2-87   neqi-fi ai baha-mbi,
        招惹-順 什麼 得到-現
        惹他有甚麼便益，（一34b3）

2-88   muse tehere-mbi-o?
        咱們 合適-現-疑
        咱們配麼？（一34b3）

1　hoksombi：聽松樓本作koksombi。

2-89　　arbun be tuwa-mbi,
　　　　樣子　賓　看-現
　　　　看個景兒，（一34b3-4）

2-90　　bakqin waka be sa-me uthai go-ha bi-qi oihori,
　　　　敵人　不是　賓　知道-并　就　反悔-完　有-條　甚好
　　　　知道不是他的敵手就拉勾兒何等的好來，（一34b4-5）

2-91　　emgeri neqi-fi uttu o-ho,
　　　　一次　招惹-順　這樣　成為-完
　　　　一遭惹了他是這們樣的了，（一34b5）

2-92　　terei qiha o-kini dabala,
　　　　他.屬　自由　成為-祈　罷了
　　　　憑他去罷了，（一34b5-6）

2-93　　aiseme enggi-qi gojor se-mbi.
　　　　為什麼　背後-從　嘮叨貌　助-現
　　　　何苦在背地裏撈叨。（一34b6）

2-94　　fihete.
　　　　愚鈍
　　　　傻悶兒。（一34b7）

2-95　　emu qisui akv,
　　　　一　隨意　否
　　　　再不老實實兒的，（一34b8）

2-96　　te-he ili-ha ba-de fiyaqu-mbi,
　　　　坐-完　站-完　地方-位　呻吟-現
　　　　到處裏鬧痰，（一34b8）

2-97　　yasa bouhon[1] ishun niyalma be ainaha getuken -i sabu-re,
　　　　眼睛　不明亮　對面　　人　　賓　爲什麼　明顯　　工　看見-未
　　　　睁著個死不瞪的大眼，迎頭的人也未必認的徹，
　　　　（一34b8-35a1）

2-98　　emgeri lolo se-me gisun sinda-ha se-he-de,
　　　　一次　嘮叨貌　助-并　言語　放-完　助-完-位
　　　　有遭兒溓裏溓叨的開了話口袋，（35a1-2）

2-99　　niyalma be ufuhu fahvn ure-me dolo waji-mbi,
　　　　人　　　賓　肺　　肝　疼-并　心裏　完結-現
　　　　叫人五臟都熟了打心裏受作不的，（一35a2-3）

2-100　　fiyoto-me loksi-re de giyanakv ai-bi,
　　　　放屁-并　說傻話-未　位　能有　　什麼-有
　　　　靠那呲叉的上頭有甚麼，（一35a3）

2-101　　badara-me gene-hei abka na be gemu dabu-mbi.
　　　　擴大-并　　去-持　　天　地　賓　都　　加上-現
　　　　說溜了口兒沒個把邊兒。（一35a4）

2-102　　qukule-re-ngge.
　　　　唆使-未-名
　　　　抽縱人的。（一35a5）

2-103　　si   ai uttu gele-re mangga,
　　　　你　爲什麼　這樣　害怕-未　善於
　　　　你怎麼這們肯害怕，（一35a6）

1　bouhon：意不詳，或爲bohokon，語法標注據後者出。

2-104　tere ai,
　　　　他　什麼
　　　　怕他甚麼，（一35a6）

2-105　simbe xoforo-fi gama-mbi-o?
　　　　你.賓　抓-順　　拿去-現-疑
　　　　他抓了你去麼？（一35a6-7）

2-106　umai emu fahvn jili akv,
　　　　全然　一　　膽　氣　否
　　　　一點兒没有個胆氣，（一35a7）

2-107　be gemu uba-de sehehuri jalu bi,
　　　　我們　都　這裏-位　并排　滿　有
　　　　我們大夥兒黑護護的都在這裏，（一35a7-8）

2-108　simbe aina-rahv se-mbi,
　　　　你.賓　做什麼-虛　助-現
　　　　他把你怎麼樣的呢，（一35a8）

2-109　ise-fi sabu-qi o-jora-kv dembei xurgeqe-re-ngge aide,
　　　　怕-順　看見-條　可以-未-否　非常　　戰慄-未-名　　為什麼
　　　　你打那上頭憷了怕見人堆尿的這們著，
　　　　（一35a8-35b1）

2-110　huwekiyen de gvnin ili-fi isele-me tuwa,
　　　　鼓舞　　　　位　志向　立-順　抵抗-并　看.祈
　　　　襯著我們立起志向來還個崩子看，（一35b1-2）

2-111　kouli akv,
　　　　道理　否
　　　　黄了天了，（一35b2）

2-112   ai geli,
　　　　什麼 又
　　　　豈有此理，（一35b2）

2-113   tere inu niyalma dabala.
　　　　他　也　人　　　罷了
　　　　他也是個人罷了。（一35b2-3）

2-114   heulende-bu-ra-kv-ngge.
　　　　怠慢-使-未-否-名
　　　　不叫懈怠的。（一35b4）

2-115   jafata,
　　　　約束.祈
　　　　管呀，（一35b5）

2-116   makta-me bi-hei taqi-mbi,
　　　　稱贊-并　有-持　習慣-現
　　　　撩搭著看貫了，（一35b5）

2-117   gosi-re ba-de[1] gosi,
　　　　慈愛-未 地方-位 慈愛.祈
　　　　疼的去處疼，（一35b5）

2-118   waka ba-be isebu-qi inu hvwaxa-mbi,
　　　　不是 地方-賓 懲戒-條 也 成長-現
　　　　見不是的地方兒給他個利害也出條，（一35b5-6）

---

1 gosire bade：二酉堂本、雲林堂本作gon de kede。

2-119　　sain ehe be inu ilga-ra-kv,
　　　　　好　壞　賓　也　區別-未-否
　　　　　不分個青紅皂白，（一35b6-7）

2-120　　tuttu barabu-fi uquda-qi,
　　　　　那樣　攪和-順　混雜-條
　　　　　攪和著胡鬧，（一35b7）

2-121　　atanggi gvnin baha-fi tulgun[1] galgan be ulhi-mbi.
　　　　　幾時　志　得到-順　陰天　晴天　賓　醒悟-現
　　　　　多咱成人纔知道好反[2]呢。（一35b7-8）

2-122　　isheliyen.
　　　　　窄
　　　　　器窄的。（一36a1）

2-123　　jaqi xofoyen,
　　　　　太　器量窄
　　　　　太氣窄，（一36a2）

2-124　　hon xosiki jaka be sabu-qi o-jora-kv,
　　　　　很　性急　東西　賓　看見-條　可以-未-否
　　　　　狠是個毛攪鷄東西上沒見什麼，（一36a2）

2-125　　niuro nakv kaltu multu boborxo-mbi,
　　　　　變青.祈　之後　馬馬　虎虎　酷愛-現
　　　　　慌手慌脚的顧不的甚麼，（一36a2-3）

1　tulgun：聽松樓本作tulhun。
2　反：疑爲"歹"之誤。

2-126　　banin geje gaja aqabu-me keqi maqi¹,
　　　　　性情　小氣　相接-并　吝嗇
　　　　　性情縮氣又搭著扣扣搜搜的，（一36a3-4）

2-127　　ini tuwa-qi o-joro,
　　　　　他.屬 看-條　可以-未
　　　　　他的那看得上眼，（一36a4）

2-128　　gai-qi aqa-ra ba se-re-ngge,
　　　　　取-條 應該-未 地方 助-未-名
　　　　　可取的去處是，（一36a4）

2-129　　tomso-me tunggiye-me banji-re,
　　　　　撿-并　　抓-并　　生活-未
　　　　　抓抓撓撓的過日子，（一36a5）

2-130　　jingjiri janjiri² bodo-mbi.
　　　　　零零　　碎碎　　籌算-現
　　　　　鷄零狗碎的小算計。（一36a5）

2-131　　nasa-ra-ngge.
　　　　　悔恨-未-名
　　　　　贊嘆的。（一36a6）

2-132　　baita de hvsi-bu-ha,
　　　　　事情　與　纏-被-完
　　　　　教事纏擾住了，（一36a7）

1　maqi：聽松樓本、先月樓本作meqi。
2　jingjiri janjiri：意不詳，或爲jingjiri janjari，語法標注據後者出。

2-133　farfa-bu-fi absi yabsi¹　o-joro be　sar-kv　o-ho-bi,
　　　　混淆-被-順　何其　怎麼說　成爲-未　賓　知道.未-否　成爲-完-現
　　　　迷了頭擺布不開了，（一36a7）

2-134　nei-bu-me we gene-fi tede ala-mbi,
　　　　開-使-并　誰　去-順　他.與　告訴-現
　　　　明明白白的誰去告訴他²，（一36a8）

2-135　siden-de ere　tere ji-fi ququ qaqa xakaxa-me³ golobu-mbi,
　　　　期間-位　這個　那個　來-順　喊喊　喳喳　窮詰-并　恐嚇-現
　　　　又搭著這個來一言那個來一語亂嗜他，
　　　　（一36a8-36b1）

2-136　qira　ai qira o-ho-bi,
　　　　臉　什麼 臉　成爲-完-現
　　　　模樣兒還像個模樣兒麼，（一36b1-2）

2-137　kos　se-me wasi-fi tuwa-ra ba　akv o-ho-bi,
　　　　消瘦貌 助-并　瘦-順　看-未　地方　否　成爲-完-現
　　　　一下子瘦了個不堪，（一36b2-3）

2-138　kimun bata be si we se-he-bi,
　　　　仇人　敵人 賓 你 誰　想-完-現
　　　　和他爲冤結仇的你當是誰，（一36b3）

2-139　gemu qeni senqehe be tuwa-me,
　　　　都　他們.屬　下巴　賓　看-并
　　　　都是瞅著他們的下巴嗑子，（一36b3-4）

1　yabsi：聽松樓本、先月樓本作yabki。
2　他：二酉堂本、雲林堂本無此字。
3　xakaxame：先月樓本作xakasame。

2-140　　kesi be tuwakiya-hai ji-he urse,
　　　　　恩惠 賓　看守-持　　來-完 人們
　　　　　受過恩惠的人們，（一36b4）

2-141　　je-ke omi-ha amtan wa tetele hono waji-ha-kv-bi.
　　　　　吃-完 喝-完 味道 氣味 至今 還 完結-完-否-現
　　　　　吃的喝的至今餘味還沒了。（一36b4-5）

2-142　　holo-ngge.
　　　　　說謊-名
　　　　　撒謊的。（一36b6）

2-143　　sibi-me gama-hai umesi mohobu-fi,
　　　　　捋-并　　拿去-持　非常　詰難-順
　　　　　擠了個狠沒分兒，（一36b7）

2-144　　yasa geri geri¹ ubasita-me angga gahv fiha o-ho-bi,
　　　　　眼睛 隱隱 約約　　翻-并　　嘴　張口 結舌 成爲-完-現
　　　　　眼睛擠咕擠咕的番白眼兒干張著嘴沒的說，（一36b7-8）

2-145　　gisun be miyami-me holto-ro eitere-re gvnin,
　　　　　話語 賓　粉飾-并　　說謊-未 欺騙-未 心
　　　　　哄人欺人的心，（一36b8）

2-146　　udu hafira-bu-ha qi tuqi-ke-ngge bi-qibe,
　　　　　雖然 逼迫-被-完 從 出-完-名　　有-讓
　　　　　雖出在憋住的時候，（一36b8-37a1）

1　geri geri：意不詳，或爲geri gari，語法標注據後者出。

2-147　adarame sijirhvn -i waka be　ali-re de isi-mbi.
　　　　爲什麼　正直　工　錯誤　賓　接受-未　與　達到-現
　　　　怎麼跟的上直認不是。（一37a2）

2-148　elbesu.
　　　　憨人
　　　　憨哥兒。（一37a3）

2-149　tuqi-ke dosi-ka gisun de,
　　　　出-完　　進-完　　話語　位
　　　　該不該就胡説，（一37a4）

2-150　ulhiqun nakv[1],
　　　　耳性　　　否
　　　　没個耳性，（一37a4）

2-151　hahi qahi be　sar-kv　emu maka-ha niyalma,
　　　　緊急　着急　賓　知道-未否　一　　發呆-完　　人
　　　　輕重不知道的個悶兒，（一37a4-5）

2-152　muse de geli　ai angga gaha de　ai sangga,
　　　　咱們　位　又　什麼　嘴　烏鴉　位 什麼 孔洞
　　　　咱們也趁不得嘴巴唧唧的，（一37a5-6）

2-153　ai　 ton bi se-me,
　　　　什麼 數 有 助-并
　　　　甚麼牌兒名，（一37a6）

1　nakv：二酉堂本、雲林堂本作akv。

2-154　inu touka-me sisi-me ji-fi angga senqehe tukiyeqe-mbi,
　　　　也　遲誤-并　插-并　來-順　口　下巴　贊揚-現
　　　　也來湊著接嘴接舌的，（一37a6-7）

2-155　angga mimi-ha-de we simbe hele hempe se-mbi,
　　　　嘴　閉-完-位　誰　你.賓　啞巴　結巴　說-現
　　　　泯著嘴誰說你是個啞吧，（一37a7-8）

2-156　kutule-fi simbe taqibu se-mbi-o?
　　　　牽-順　你.賓　教.祈　說-現-疑
　　　　叫人牽著你教導麼？（一37a8）

2-157　uju unqehen akv lolo se-re-de kai,
　　　　頭　尾　否　嘮叨　說-未-位　啊
　　　　打你那沒頭沒腦瞎嘮的上頭，（一37b1）

2-158　ede jai ai,
　　　　這裏　再　什麼
　　　　靠你還有甚麼，（一37b1）

2-159　gihi de fehi -i sain ba tuqi-mbi.
　　　　狍皮　位　頭腦-屬　好　地方　出-現
　　　　錦上添花的討彩處。（一37b2）

2-160　oihorila-bu-ra-kv-ngge.
　　　　輕視-被-未-否-名
　　　　不教忽略的。（一37b3）

2-161　foihori,
　　　　疏忽
　　　　漂阿，（一37b4）

2-162　yasa niqu nakv farhvn -i farxa-mbi,
　　　　眼睛 閉.祈 之後 昏昧 工 拼命-現
　　　　閉目合眼的昏頭搭腦挣命，（一37b4）

2-163　we-i kouli,
　　　　誰-屬 道理
　　　　見誰來，（一37b4）

2-164　umai be tuwa-ra-kv,
　　　　全然 我們 管-未-否
　　　　并不管，（一37b5）

2-165　baha-i qihai arbuxa-ra-ngge,
　　　　得到-屬 自由 動作-未-名
　　　　任著意兒放肆，（一37b5）

2-166　sa-ra bahana-ra niyalma bi-he bi-qi,
　　　　知道-未 領會-未 人 有-完 有-條
　　　　是會的若是個知道的人兒，（一37b5-6）

2-167　yaya ba-be uthai tengkime sa-qibe,
　　　　諸凡 地方-賓 就 明確 知道-讓
　　　　凡事就是知道的肯切，（一37b6-7）

2-168　hono sali-fi lashala-ra-kv,
　　　　還 自作主張-順 決斷-未-否
　　　　還不自己主杖著決斷，（一37b7）

2-169　geli beye de akda-ra-kv tuwaxa-mbi,
　　　　又 自己 位 依賴-未-否 照看-現
　　　　猶恐自己有不到的去處等待酌量，（一37b7-8）

2-170　　tuttu o-qi　ai hese se-qi,
　　　　　那樣 成為-條 什麼 宗旨 說-條

　　　　　說甚麼就是甚麼，（一37b8）

2-171　　tede　esi buqe-qi.
　　　　　那裏.與 自然 死-條

　　　　　不死會飛麼。（一37b8）

2-172　　menehun.
　　　　　傻呆

　　　　　半憨子。（一38a1）

2-173　　umai ulhiqun akv,
　　　　　全然 耳性 否

　　　　　一點沒有耳性，（一38a2）

2-174　　ai　tuttu konggolo den,
　　　　　什麼 那樣 嗓子 大

　　　　　咱們[1]那們嗓子大，（一38a2）

2-175　　ere geli ai baha,
　　　　　這 又 什麼 得到.完

　　　　　炸的是甚麼廟，（一38a2-3）

2-176　　jaqi gen　gan akv bai,
　　　　　太 心思 心緒 否 啊

　　　　　忒不理論了，（一38a3）

---

[1] 咱們：聽松樓本、先月樓本作"怎"。

2-177　　emdubei xik　xik¹ se-qi,
　　　　　祇管　　蹭撞貌 蹭撞貌 助-條
　　　　　儘著打哨子，（一38a3-4）

2-178　　uthai sa-qi aqa-mbi,
　　　　　就　知道-條 應該-現
　　　　　就該知道，（一38a4）

2-179　　gubqi gemu xu xa² se-me xan -i jakade xuxunja-ra be si sabu-ha-kv-n?
　　　　　全部　都　小聲貌　助-并 耳朵 屬 附近　小聲説-未　實 你 看見-完-否-疑
　　　　　普歷都悄言悄語的沒見在耳朵跟前低聲説話麼？
　　　　　（一38a4-5）

2-180　　gvnin akv -i ten,
　　　　　思想　否　屬 極限
　　　　　好個沒囊兒的，（一38a5）

2-181　　biyor se-me banji-ha mudan be tuwa-qina.
　　　　　稀軟　助-并 生長-完　樣子　實　看-祈
　　　　　你看他那屜搭拉的樣式子。（一38a6）

2-182　　jabqa-ra-ngge.
　　　　　抱怨-未-名
　　　　　含怨的。（一38a7）

2-183　　yabu-hai te dara de nimenggi akv o-ho,
　　　　　走-持　現在 腰　位　脂肪　否 成爲-完
　　　　　走的如今腰裏沒有舶兒了，（一38a8）

1　xik xik：意不詳，或爲xak xik變體，語法標注據後者出。
2　xu xa：意不詳，或爲xuxu xaxa，語法標注據後者出。

2-184　katunja-ra gvnin　ainu akv minde jalu bi,
　　　　忍耐-未　　心　爲什麼 否 我.與 滿 有
　　　　滿心裏要扎挣著走的心咱没有，（一38a8-38b1）

2-185　amqabu-fi enqehen hvsun,
　　　　趕上-順　　才能　　力量
　　　　赶上了能耐力量，（一38b1-2）

2-186　aba muri-me gida-me jafa-fi simbe ara-mbi se-mbi,
　　　　哪裏 扭-并　壓-并　拿-順 你.賓 假裝-現 説-現
　　　　那裏有昧著心兒説你裝著呢，（一38b2）

2-187　niubo-me niyalma be dolo fuye-bu-me,
　　　　戲弄-并　　人　　賓　心　滚開-使-并
　　　　嘔的你心裏滚油，（一38b3）

2-188　angga qi obonggi tuqi-bu-mbi,
　　　　嘴　　從　泡沫　　出-使-現
　　　　口裏漾沫子，（一38b3-4）

2-189　baita o-ho-de mute-re akv be bodo-ra-kv,
　　　　事情 成爲-完-位 能够-未 否 賓 管-未-否
　　　　有事管不得能不能，（一38b4）

2-190　teng teng nikebu-fi sinde gisun ule-bu-mbi,
　　　　結實 結實 依靠-順　你.與　話語　吃-使-現
　　　　結結實實的交給你給你話兒吃，（一38b5）

2-191　gala guribu-qi tetendere,
　　　　手　　移動-條　既然
　　　　既搗了手兒，（一38b5-6）

2-192　buqe-re banji-re-ngge sini qiha se-mbi,
　　　　死-未　生存-未-名　你.屬 自由　助-現
　　　　死活憑你去，（一38b6）

2-193　niyalma hami-re-ngge ai waka.
　　　　人　　　忍耐-未-名　什麼 不是
　　　　人還禁得住麼。（一38b6-7）

2-194　dangxa-ra-ngge.
　　　　責怪-未-名
　　　　數囉人的。（一38b8）

2-195　muse inu damu　gur se-me enggi-qi bodomi-re bengsen dabala,
　　　　咱們　也　衹是　囉嗦貌 助-并 背後-從　自言自語-未　本事　　罷了
　　　　咱們也只好是孤丟丟¹兒的在背地裏瞎咕噥的本式罷了，（一39a1）

2-196　enqu jai ai erdemu bi,
　　　　別的 再 什麼 武藝　有
　　　　另還有甚麼武藝子，（一39a2）

2-197　akv o-qi buya urse-i emgi aqa-fi kongsi-mbi,
　　　　否　成爲-條 小　人們-屬　一起 見面-順　亂説-現
　　　　要不是合小人們瞎撑揸，（一39a2-3）

2-198　tulgiyen fulu ba bi-fi simbe muri-bu-qi,
　　　　另外　　　優越 地方 有-順 你.賓 委屈-使-條
　　　　分外若比人有個强處委屈你，（一39a3）

---

1 丟：聽松樓本、先月樓本作"去"。

2-199　si　te　tuqi-bu.
　　　你　現在　出-使.祈
　　　你可說麼。（一39a4）

2-200　o-jora-kv-ngge.
　　　可以-未-否-名
　　　不中用的。（一39a5）

2-201　fiyalhv,
　　　圓滑人
　　　人溜滑，（一39a6）

2-202　ederi tederi fuhali emu xanggiyan nisiha[1],
　　　這裏　那裏　竟然　一　　白　　小魚
　　　這裏溜那裏蹭活托兒是個黃姑魚兒，（一39a6）

2-203　alban de giyangkv,
　　　公務　位　滑懶
　　　差事上滑，（一39a7）

2-204　baita de bulqakv,
　　　事情　位　懶惰
　　　事情上懶，（一39a7）

2-205　ja　de ibede-me,
　　　容易　與　前進-并
　　　就合容易，（一39a7）

1　nisiha：聽松樓本、先月樓本作isiha。

2-206　　mangga be silta-mbi,
　　　　　難　　賓　拒絕-現
　　　　　辭的是難，（一39a8）

2-207　　ede kai jai we imbe tukiye-me wehiye-re,
　　　　　這裏 啊 再 誰 他.賓　推薦-并　照顧-未
　　　　　打這個上頭誰肯提拔他，（一39a8-39b1）

2-208　　meihere-fi gisun dahabu-mbi,
　　　　　擔當-順　話語　保舉-現
　　　　　幫忖著保舉哩。（一39b1）

2-209　　langse.
　　　　　污穢
　　　　　邋遢的。（一39b2）

2-210　　sabu be guyele¹ se-qi,
　　　　　靴子 賓 提上.祈 助-條
　　　　　教他提上鞋呢，（一39b3）

2-211　　sisi-fi piyat piyat se-me yangxan gemu alimbaha-ra-kv,
　　　　　插-順 嘴快貌　　助-并 嘮叨　都　忍耐-未-否
　　　　　撒拉著瓜答答瓜答答的好不腥影，（一39b3-4）

2-212　　hendu-he-de jortanggi na be kvwas kis uxa-mbi,
　　　　　說-完-位　　故意　地 賓 擦地貌　拖-現
　　　　　說了呢一竟兒的撒拉撒拉的擦地，（一39b4-5）

1　guyele：意不詳，或爲tukiyele，語法標注據後者出。

2-213　elje-me niubo-ro adali,
　　　　抗拒-并　戲弄-未　一樣
　　　　倒像嘔誰賭憋兒是的,（一39b5）

2-214　tukiye-me yabu-ha de xada-mbi-o?
　　　　抬起-并　　走-完　位　疲勞-現-疑
　　　　抬起脚兒走害乏麼?（一39b5-6）

2-215　huwesi faita-ra gese,
　　　　小刀　　刺-未　相似
　　　　刀子刺的是的,（一39b6）

2-216　sabu gvlha　ai funqe-mbi,
　　　　靴子　鞋子　什麼 剩下-現
　　　　鞋靴子剩的下甚麼,（一39b6）

2-217　angga qukqure nakv,
　　　　嘴　　聲起.祈　之後
　　　　噘[1]著嘴,（一39b7）

2-218　ai　kesi akv geli bi-kini,
　　　　什麼 造化 否　又　有-祈
　　　　吊了造化的行子也有呢,（一39b7）

2-219　heside-me[2] niyalma se-mbi.
　　　　跟蹌-并　　 人　　叫作-現
　　　　這行子也算是個人。（一39b8）

1　噘：底本作"劈",依文義改。
2　hesideme：意不詳,或爲hesiteme變體,語法標注據後者所出。

2-220　endebu-he-ngge.
　　　　失錯-完-名
　　　　失錯了的。（一40a1）

2-221　sini bai-ha-ngge,
　　　　你.屬　尋-完-名
　　　　各人尋的，（一40a2）

2-222　we-de usha-mbi,
　　　　誰-與　怨恨-現
　　　　怪誰呢，（一40a2）

2-223　jou　naka se-qi o-jora-kv,
　　　　罷了 停止.祈 助-條 可以-未-否
　　　　罷呀撩開手罷不依，（一40a2）

2-224　qung　se-me gene-fi,
　　　　低着頭　助-并　去-順
　　　　一冲性兒去了，（一40a3）

2-225　sini baha-ngge ai,
　　　　你.屬 得到.完-名 什麼
　　　　你得了甚麼了，（一40a3）

2-226　momohon -i amasi ji-fi,
　　　　沉默　　工　返回　來-順
　　　　咕嘟了嘴回來了，（一40a3-4）

2-227　nememe angga xokxohon -i bodonggiya-mbi,
　　　　反倒　　嘴　盛滿　　工　自言自語-現
　　　　反倒噘著嘴咕噥，（一40a4）

2-228　　jai　eje,
　　　　　再　記.祈
　　　　　切記著，（一40a4）

2-229　　qende-he dule-mbu-he niyalma sinqi ai dalji.
　　　　　精煉-完　通過-使-完　　人　　你.從 什麼 相關
　　　　　經煉過的人自然比你不同。（一40a5）

2-230　　amqada-bu-ra-kv-ngge.
　　　　　追趕-使-未-否-名
　　　　　不叫趕人的。（一40a6）

2-231　　niyalma be amqada-qi o-jora-kv,
　　　　　人　　賓　追趕-條　可以-未否
　　　　　別趕人呀，（一40a7）

2-232　　amqabu-ha de suila-mbi,
　　　　　趕上-完　位　得罪-現
　　　　　日子趕上了受罪呀，（一40a7）

2-233　　on goro aqiha ujen,
　　　　　路　遠　行李　重
　　　　　日子比樹葉兒還多，（一40a7-8）

2-234　　juwen use weile daksa ara-hai bekdun tatala o-ho-bi,
　　　　　借　債　罪　過錯　做-持　債務　多　成為-完-現
　　　　　借債抬債的叫賬沫了脖兒了，（一40a8-40b1）

2-235　　juse　sargan omihon de,
　　　　　孩子.複　妻　飢餓　位
　　　　　老婆孩子受累，（一40b1）

2-236　angga gakahvn juwa-fi simbe tuwa-mbi,
　　　　嘴　　大　　開-順　你實　看-現
　　　　大張著口兒望著你，（一40b1-2）

2-237　gelhun akv¹ hetu bethe majige axxa-qi o-mbi-o?
　　　　敢　　否　横　脚　　稍微　　動-條　可以-現-疑
　　　　敢錯走一步兒麼？（一40b2-3）

2-238　jaqi fehi akv,
　　　　甚　頭脑　否
　　　　忒哈張了，（一40b3）

2-239　ai haqin -i joqi-fi juwan simhun angga de axu-ka se-me,
　　　　什麼 樣子　工 窮-順　十　　指　　嘴　位　含-完　助-并
　　　　隨你怎樣窮的要麼兒没麼兒，（一40b3-4）

2-240　si ya emu erin be naka-fi funtuhu bontoho² obu-fi dulembu-qi o-mbi.
　　　　你 那個 一 時候 實 停止-順　空缺　　騾馬　　作爲-順 經過-條 可以-現
　　　　你如今要把那一頓兒空過了使得呢。（一40b4-5）

2-241　eberi.
　　　　很差
　　　　不及的。（一40b6）

2-242　hvla-qi kvtu fata oso,
　　　　叫-條　　快　速　成爲-祈
　　　　叫一聲快快當當的，（一40b7）

1　gelhun akv：此爲固定用法，意爲"怎敢，哪敢"。

2　bontoho：意爲"騾馬"，但依據上下文，或爲bontoholombi（落空）變體。

2-243　　kas kis se-me arbuxa,
　　　　　堅決貌　助-并　行動.祈
　　　　　急急攛攛的行事,（一40b7）

2-244　　sini tere ai,
　　　　　你.屬 那 什麼
　　　　　你那是甚麼樣兒,（一40b7-8）

2-245　　nimenggi de tuhe-ke derhuwe -i adali,
　　　　　油　　位　落-完　蒼蠅　屬　一樣
　　　　　倒象雷震了的鴨子是的,（一40b8）

2-246　　lebdehun[1] yasa buling bulingja-mbi[2],
　　　　　呆呆的　　眼睛　愣怔怔　發怔-現
　　　　　微頭搭腦的眼不燈不燈的,（一40b8-41a1）

2-247　　niyalma-i gese kiyab kib se-me o-ho-de,
　　　　　人-屬　　樣子　整整 齊齊 助-并 成爲-完位
　　　　　象人家那們[3]溜溜撒撒的,（一41a1）

2-248　　taqi-rahv se-mbi-o?
　　　　　學-虛　　助-現-疑
　　　　　怕學會了麼?（一41a2）

2-249　　helmen geli bi-kini,
　　　　　影子　又　有-祈
　　　　　空是個人影兒,（一41a2）

1　lebdehun：聽松樓本、先月樓本作mabdehun。

2　bulingjambi：意不詳，或爲bulinjambi變體，語法標注據後者出。

3　那們：聽松樓本、先月樓本作"們伊"。

2-250　fanqa-me koro-me bahana-qi inu yebe bihe.
　　　　發怒-并　怨恨-并　得到-條　也　稍好　過
　　　　有個氣性也好來著。（一41a2-3）

2-251　fe-re-ngge.
　　　　胡說-未-名
　　　　糊粥的。（一41a4）

2-252　usun dakvla,
　　　　厭惡　肚囊
　　　　厭物點心，（一41a5）

2-253　ufa seshe-re mangga,
　　　　麵粉　拋撒-未　善於
　　　　肯[1]抖麵，（一41a5）

2-254　fuhali alaxan waji-ha,
　　　　到底　駑馬　完結-完
　　　　是個粗漢完了，（一41a5）

2-255　gerila-ha de emu gvnin farila-ha de emu gvnin,
　　　　一晃-完　位　一　心思　暗-完　位　一　心思
　　　　行好行歹的心性不定，（一41a6）

2-256　tata-bu-fi demesile-me,
　　　　拉-使-順　怪異-并
　　　　抽勑作怪的，（一41a6-7）

1　肯：聽松樓本、先月樓本作"昔"。

2-257　　waka　weke　juse　se-me,
　　　　　不是　誰　孩子.複　助-并
　　　　　學著這個那個的呼喚，（一41a7）

2-258　　we bi se-me ini qisui meifen bilha gvngka-me[1] akxun mada-mbi.
　　　　　誰 有 助-并 他.屬 任意 脖頸 喉 熱-并 臭氣 散發-現
　　　　　咱家裏有誰自抬高價兒的合粗。（一41a7-8）

2-259[2]　bahana-bu-re-ngge.
　　　　　領會-使-未-名
　　　　　教人得心的。（一41b1）

2-260　　o-joro bahana-ra niyalma bi-he bi-qi,
　　　　　可以-未 領會-未 人 有-完 有-條
　　　　　要是個人物知道好歹的人，（一41b2）

2-261　　aina-ha se-me tuttu hvluri malari se-me akv
　　　　　做什麼-完 助-并 那樣 寥寥 草草 助-并 否
　　　　　再不肯聊聊草草的，（一41b2-3）

2-262　　baita ele be urunakv giyan fiyan -i faksala-me jergi ilhi be banji-bu-mbi,
　　　　　事情全部 實 必然 仔 細 工 分開-并 種類順序 實 產生-使-現
　　　　　事事兒都要調停次序分悉層次，（一41b3-4）

2-263　　gvnin derishun niyalma talihvn se-re gebu we te[3] buye-mbi,
　　　　　心 叛離 人 猶豫不決 助-未 名字 誰現在 愛慕-現
　　　　　誰肯如今情願担一個心野不准成的名兒，（一41b4-5）

1　gvngkame：二酉堂本、雲林堂本作dungkame。
2　2-259至2-336一段內容，聽松樓本、先月樓本將其置於2-172之前。
3　te：聽松樓本作de。

2-264　dubentele ufaraqun o-fi,
　　　　直至末尾　失措　成爲-順
　　　　終身受累，（一41b5-6）

2-265　qihangga beye-be lifa-bu-me sarta-bu-ki se-mbi.
　　　　自願　　自己-賓　陷-使-并　遲誤-使-祈　助-現
　　　　誰愛陷在泥裏自己耽誤自己。（一41b6）

2-266　mentuhun.
　　　　糊塗
　　　　糊塗的。（一41b7）

2-267　lulu　　se-re emu niyalma,
　　　　碌碌無爲貌　助-未　一　人
　　　　是個迂老兒，（一41b8）

2-268　keler kalar[1] se-me ai sa-mbi,
　　　　馬馬虎虎貌　助-并　什麽 知道-現
　　　　著頭不著腦的知道甚麽，（一41b8）

2-269　farhvda-me baba-de qoubaxa-mbi,
　　　　糊塗-并　各處-位　搬弄是非-現
　　　　混攪河是的到處裏混搋，（一42a1）

2-270　qas inde isina-ra ai jaka,
　　　　恍惚 他.與 到達-未 什麽 東西
　　　　信他那個到的他跟前，（一42a1）

1　keler kalar：二酉堂本、雲林堂本作keleri kolar。

2-271　guwele gala bai faqihiyaxa-ra dabala,
　　　　躲躲　閃閃　白白　努力-未　　罷了
　　　　溜兒瞅兒的瞎挣揸罷了，（一42a2）

2-272　lahin fasilan tuqi-ra-kv o-qi muse aika mekte-ki.
　　　　繁瑣　杈枝　出-未-否　成爲-條 咱們 什麼 賭-祈
　　　　要不出個別外生枝的活亂兒咱們賭著麼。（一42a2-3）

2-273　gerixekv-ngge.
　　　　多心-名
　　　　心多的。（一42a4）

2-274　umai emu toktohon akv,
　　　　全然　一　定準　　否
　　　　一點兒没個定准，（一42a5）

2-275　yojo-ho¹ dekde-he se-he-de lokdo lokdo simbe dahala-hai banji-mbi,
　　　　發癢-完　浮-完　助-完-位　胖人跑不動貌　你.賓　隨從-持　　生活-現
　　　　那股子風順了遙到處裏跟著你不離，（一42a5-6）

2-276　iqakv aina-ha de fiyak se-me uthai biyalu-mbi,
　　　　不合意 做什麼-完 位 驚閃貌 助-并　　就　溜走-現
　　　　心裏的風不順了就撤開，（一42a6-7）

2-277　geri fari se-me uthai tuttu kai,
　　　　恍惚貌　助-并　就　那樣　啊
　　　　一會兒這們的一會兒那們的就是那們個人兒，
　　　　（一42a7-8）

1　yojoho：聽松樓本、先月樓本作kvtho。

2-278　higan nakv-ngge,
　　　　稀罕　没有-名
　　　　好叫人吊味兒，（一42a8）

2-279　hairaka niyalma-i sukv,
　　　　可惜　　人-屬　　皮
　　　　可惜了的人坯子，（一42a8）

2-280　inde nere-bu-fi niyalma se-mbi.
　　　　他.與 披-使-順　人　　叫作-現
　　　　披給他也算是個人。（一42a8-42b1）

2-281　oyombu-ra-kv-ngge.
　　　　緊急-未-否-名
　　　　不著要的。（一42b2）

2-282　gonggohon -i amba haha oso,
　　　　無聊　　　 工　大　男人 成爲.祈
　　　　是個大黑兒巴的個漢子，（一42b3）

2-283　baibi　juse-i　feniyen de kvthv-fi fumere-me,
　　　　衹是　孩子.複-屬　群　　位　混-順　　擾和-并
　　　　只好在孩子[1]們堆兒裏一般一配的混撞著，（一42b3-4）

2-284　gese sasa samda-mbi,
　　　　一樣 一齊　跳神-現
　　　　跟一樣兒學一樣兒的，（一42b4）

---

[1] 子：底本作"了"，依文義改。

2-285　biyor se-me banji-ha mudan uthai waka,
　　　　稀軟　助-并　生長-完　樣子　就　錯誤
　　　　屜腔調式子長的就不是,（一42b4-5）

2-286　yoyo si aika amban niyalma-i doro,
　　　　嘲笑貌 你 如果　大　人-屬　道理
　　　　抽抽了你拿出個大人的樣子來,（一42b5）

2-287　soksohon -i te-mbihe bi-qi,
　　　　煩悶　　工　坐-過　有-條
　　　　高高兒的臌著坐著,（一42b6）

2-288　we ya angga yoqa-ha-bi-o?
　　　　誰 哪個 嘴　癢-完-現-疑
　　　　那個嘴痒痒了麼?（一42b6）

2-289　baibi simbe qanggi uttu tuttu se-mbi.
　　　　祗是　你.賓　盡是　這樣 那樣 説-現
　　　　偏好在你跟前説長道短的。（一42b7）

2-290　mamgiyaku.
　　　　奢侈
　　　　奢華的。（一42b8）

2-291　gala porpa se-me hvlhitu ba-de,
　　　　手　大手大脚貌 助-并 糊塗　地方-位
　　　　手鬆糊裏糊塗的手脚子大,（一43a1）

2-292　ede ai funqe-mbi waji-ra-kv,
　　　　這.位 什麼 剩下-現 完結-未-否
　　　　這上頭剩得下甚麼[1],（一43a1）

---

[1] 麼：聽松樓本、先月樓本此後有"不了"。

2-293　agu　fede　hvturi　waji-fi　buqe-re　fengxen　gai-mbi-o,
　　　　兄長　加油　福　完結-順　死-未　幸福　取-現-疑
　　　　哥哥趁早兒想是擎受不起没日子過了，（一43a2）

2-294　sakda-sa niyaman -i senggi olgo-me,
　　　　老人-複　親戚　屬　血　畏懼-并
　　　　老家兒苦扒苦搜的，（一43a2-3）

2-295　wasihaxa-ha-ngge ja de buta-ha-ngge waka kai,
　　　　努力-完-名　　容易 位 捕捉-完-名　不是　啊
　　　　不是容易跋拮著挣的，（一43a3-4）

2-296　qargi-qi tokoxo-ro adali,
　　　　那邊-從　催促-未　一樣
　　　　倒像鬼摧的是的，（一43a4）

2-297　yasa tuwa-hai faya-me waqihiya-ra,
　　　　眼睛　看-持　浪費-并　完結-未
　　　　眼瞧著費盡了，（一43a4-5）

2-298　seshe-me getere-mbu-re de,
　　　　厭煩-并　洗凈-使-未　位
　　　　抖搜個精光，（一43a5）

2-299　sinde　ainu qihe use gese majige hairaquka akv-ni.
　　　　你.與　爲什麽 虱子 蚤子 一樣 稍微　可惜　否-呢
　　　　在你怎麽没有一星星兒的心疼。（一43a5-6）

2-300　goihoro-ko-ngge.
　　　　頽廢-完-名
　　　　没囊兒的。（一43a7）

2-301　talihvn kelfisite-mbi,
　　　　猶豫不決　心搖動-現
　　　　心活不穩當，（一43a8）

2-302　hebexe-mbi kengse akv,
　　　　商量-現　　決斷　否
　　　　好商量可不決斷，（一43a8）

2-303　memere-mbi lasha-ra-kv,
　　　　固執-現　　斷絕-未-否
　　　　肯認真没個剪絕，（一43a8-43b1）

2-304　fulu be nemxe-mbi,
　　　　多餘　賓　貪-現
　　　　好多事，（一43b1）

2-305　gai-me bahana-ra-kv,
　　　　取-并　　領會-未-否
　　　　没本式聽，（一43b1）

2-306　buhiye-me tubixe-me semki-re mangga,
　　　　疑惑-并　　揣度-并　　猜測-未　巧妙
　　　　肯猜肯度忒好冤屈個人兒，（一43b1-2）

2-307　umai niyalma gese emu fakjin saligan akv ba-de.
　　　　全然　　人　　　樣子　一　　主張　　價值　　否　地方-位
　　　　再不[1]人家是的自[2]家没點子主搶骨兒的主宰。
　　　　（一43b2-3）

1　不：聽松樓本、先月樓本此後有"像"。
2　自：聽松樓本、先月樓本此後有"已"。

2-308　farhvn.
　　　　昏昧
　　　　渾人。（一43b4）

2-309　emu ergen -i suju-me ji-fi angga niyangniyahun o-ho,
　　　　一　　氣息　工　跑-并　來-順　嘴　　　咧嘴　　　成爲-完
　　　　一憋氣跑了來喘的張了口兒了，（一43b5）

2-310　giyanakv sinde ferguwequke ai alban bi,
　　　　能有　　　你.與　　出奇　　　什麽　公務　有
　　　　你可有甚麽要緊差事，（一43b5-6）

2-311　ergen nakv ekxe-re-ngge,
　　　　氣息　否　　忙-未-名
　　　　奔的是甚麽命，（一43b6）

2-312　bilga qi xanggiyan tuqi-me,
　　　　嗓子　從　烟　　　　出-并
　　　　嗓子裏冒烟，（一43b7）

2-313　kata-me fa-fi sukdun gemu sirabu-ra-kv,
　　　　變乾-并　渴-順　呼吸　都　　供給-未-否
　　　　唾沫乾竭的氣都接不上來，（一43b7-8）

2-314　he fa se-me faha-bu-fi ergen temxe-re-ngge,
　　　　喘氣貌　助-并　摔-使-順　氣息　爭-未-名
　　　　一口迭不的一口[1]喘成一堆兒，（一43b8）

2-315　injeku sini ere-be bi yala ulhi-ra-kv.
　　　　笑話　　你.屬　這-賓　我　真實　懂-未-否
　　　　好不可笑這個我就不知道你了。（一44a1）

---

1 口：聽松樓本、先月樓本此後有"兒"。

2-316　gejenggi.
　　　　饒舌
　　　　嘴碎的。（一44a2）

2-317　giyalan lakqan akv gojor se-me gisun fulu,
　　　　間斷　 斷絶　否 嘮叨貌 助-并 話　多餘
　　　　不斷頭兒嘮裏嘮叨的話多，（一44a3）

2-318　qihangga donji-re niyalma hono xenggin hitere-re ba-de,
　　　　自願　　聽-未　　人　　 還　 額頭　 皺眉-未　地方-位
　　　　該聽的人還厭的皺眉，（一44a3-4）

2-319　qihakv niyalma be jai ai-se-re,
　　　　不願意　 人　 賓 再 什麼-說-未
　　　　何況不該聽的人，（一44a4-5）

2-320　gemu ebi habi akv hata-me donji-re,
　　　　都　 精 彩　 否 厭煩-并　聽-未
　　　　都没意思搭撒的憎惡著聽，（一44a5）

2-321　amtan simten akv xan waliya-qi,
　　　　味道　 滋味　 否 耳朵 抛弃-條
　　　　没滋没味的著耳，（一44a5-6）

2-322　udu beye-qi tuqi-ke jui o-qibe,
　　　　雖然 自己-從　出-完 孩子 成爲-讓
　　　　就是自己的孩子，（一44a6）

2-323　ini ere gorgon se-me¹ oyombu-ra-kv de,
　　　　他.屬 這 嘮叨　 助-并 要緊-未-否 位
　　　　打他那碎個嘮糟兒不著要的上頭，（一44a7）

1　gorgon seme：意不詳，或爲gojong seme，語法標注據後者出。

2-324　inu boxo-bu-fi anakv kanagan bai-mbi.
　　　　也　逼迫-使-順　托詞　口實　　求-現
　　　　也逼迫的尋空子扯縷子。（一44a7-8）

2-325　kimutule-bu-ra-kv-ngge.
　　　　抱怨-使-未-否-名
　　　　不叫結冤的。（一44b1）

2-326　ai　haqin -i baita de hiyahala-bu-fi,
　　　　什麼 種類 屬 事情 與　攪亂-被-順
　　　　隨你怎樣教事攪住了，（一44b2）

2-327　gvnin karqa-bu-ha se-me,
　　　　心　　碰撞-被-完　助-并
　　　　心不淨，（一44b2）

2-328　tafula-qi uthai waji-qi aqa-mbi,
　　　　勸-條　　就　完結-條 應該-現
　　　　人勸就該完，（一44b3）

2-329　jombu-qi uthai naka-qi aqa-mbi,
　　　　提示-條　 就　停止-條 應該-現
　　　　提播就該撩開手，（一44b3-4）

2-330　yamtun[1] ganiu kai,
　　　　怨恨　　 怪異　啊
　　　　結冤不是好事，（一44b4）

2-331　goida-bu-re kouli akv,
　　　　久-使-未　 道理　否
　　　　沒有久遠的規矩，（一44b4-5）

1　yamtun：意不詳，或爲yamdun，語法標注據後者出。

2-332　sinde o-ho-de aina-ha se-me tuttu akv,
　　　　你.與 成爲-完-位 做什麼-完 助-井 那樣 否
　　　　要是你再不那們著，（一44b5）

2-333　hihvn budun -i ududu inenggi qira forgoxo-ra-kv,
　　　　無精 打彩 工 幾 日子 臉 轉換-未-否
　　　　幾日家沒精神沒個好臉兒，（一44b5-6）

2-334　mekele baibi yali waji-mbi,
　　　　枉然 祇是 肉 完結-現
　　　　只是空叫自己的肉了，（一44b6-7）

2-335　sa-ha-de sain,
　　　　知道-完-位 好
　　　　你要知道，（一44b7）

2-336　kimun de amuran niyalma tere ai baha.
　　　　怨恨 位 善於 人 那 什麼 得到.完
　　　　好和人爲冤結仇的人便宜的是那一塊兒。（一44b7-8）

2-337　gete-ra-kv-ngge.
　　　　醒-未-否-名
　　　　不長俊的。（一45a1）

2-338　aqa-ha hoki duwali uthai waka,
　　　　相約-完 夥伴 朋黨 就 不是
　　　　結黨成類就不是，（一45a2）

2-339　youni[1] emu fusi,
　　　　都 一 下賤的
　　　　都是一個種兒，（一45a2）

---

[1] youni：聽松樓本、先月樓本作yoni。

2-340　　tungken de qarki,
　　　　　鼓　　與　竹板
　　　　　銅盆對著鉄刷軸，（一45a3）

2-341　　gvtu-bu-me banji-fi,
　　　　　耻辱-使-并　産生-順
　　　　　玷辱家們，（一45a3）

2-342　　feniyele-me fali-fi dakvla aqa-ha-bi,
　　　　　成群-并　　結交-順　肚囊　相接-完-現
　　　　　一群一夥厚的都連了手了，（一45a3-4）

2-343　　ai fayangga bi-he,
　　　　　什麼　靈魂　有-完
　　　　　是甚麼脱生的，（一45a4）

2-344　　we-be alhvda-ha,
　　　　　誰-賓　模仿-完
　　　　　像誰呢，（一45a4）

2-345　　niyalma eye-me sekiye-me banji-qibe,
　　　　　人　　流-并　　滴-并　　生活-讓
　　　　　人家流和，（一45a5）

2-346　　kemuni muru bi,
　　　　　還　　模樣　有
　　　　　還有個樣兒，（一45a5）

2-347　　esei sisa-me iru-ha be,
　　　　　他們.屬　灑-并　沉-完　賓
　　　　　他們這個下作不堪，（一45a5-6）

2-348　si　ai-se-he-bi,
　　　　你　怎麽-説-完-現

　　　　你説是怎麼的，（一45a6）

2-349　gubqi emu adali,
　　　　全部　一　一樣

　　　　普裏不差個魂兒，（一45a6）

2-350　gemu banji-qi hasa buqe-qi hasa se-mbi.
　　　　都　産生-條　急速　死-條　急速　助-現

　　　　都是火燒眉毛只顧眼前的。（一45a6-7）

2-351　hami-ra-kv-ngge.
　　　　忍耐-未-否-名

　　　　受不得的。（一45a8）

2-352　sihali sula,
　　　　腰椎　鬆

　　　　腰眼兒鬆，（一45b1）

2-353　uyalja-me miyasihida-ra arbun uthai waka,
　　　　悠蕩-并　晃悠走-未　樣子　就　不是

　　　　軟叉你看那搖兒晃兒扭搭的樣式就不是起，
　　　　（一45b1）

2-354　ai onggolo makta-bu-fi wai se-me xada-ha-bi,
　　　　什麽　以前　抛-被-順　彎曲　助-并　疲勞-完-現

　　　　動不動他乏的没了舫骨兒了，（一45b2）

2-355　niyanqan uhuken,
　　　　鋭氣　軟弱

　　　　不潑拉，（一45b2）

2-356　　banitai gvnin eberi,
　　　　　生來　　心　　懦弱
　　　　　打心裏屣，（一45b3）

2-357　　eiten de gemu o-jora-kv,
　　　　　全部　位　都　可以-未-否
　　　　　是處裏不中用，（一45b3）

2-358　　tukiye-re meihere-re ba-de inu jadaha,
　　　　　抬-未　　扛-未　　地方-位 也　毛病
　　　　　抬抗的去處也不咱的，（一45b3-4）

2-359　　qende-qi terin tarin -i sandarxa-mbi,
　　　　　試-條　　踉踉　蹌蹌　工　岔腿走-現
　　　　　試他一試浪浪滄滄的渣巴，（一45b4-5）

2-360　　majige ujen nike-bu-qi xeterxe-mbi.
　　　　　稍微　　重　依靠-使-條　彎腰-現
　　　　　略著些重兒壓的呲牙咧嘴兒的。（一45b5）

2-361　　o-jora-kv-ngge.
　　　　　可以-未-否-名
　　　　　不中用的。（一45b6）

2-362　　yasa bultahvn longtono-fi kubsuhvri amba beye,
　　　　　眼睛　露出　　打籠-順　　膨脹的　　大　身體
　　　　　叠暴著個眼睛大頭大腦的黑呼呼身量，（一45b7）

2-363　fiyangtana-fi[1] ili-ha manggi,
　　　　壯大-順　　站-完　之後
　　　　胖股轤粗的立在頭裏[2]，（一45b7-8）

2-364　alin emile-bu-he adali,
　　　　山　遮-使-完　好像
　　　　好像遮了一堵山，（一45b8）

2-365　tuwa-ra de oihori eldengge fiyangga banji-ha-bi,
　　　　看-未　位　甚　　光亮　　漂亮　　生長-完-現
　　　　看著何等的魁偉標緻的個生相兒，（一45b8-46a1）

2-366　niyalma lafihiyan lala-ha waji-ha,
　　　　人　　　不靈活　疲憊-完　完結-完
　　　　希鬆夯了個不堪，（一46a1）

2-367　baita se-he-de fihaxa-mbi.
　　　　事情　説-完-位　張口結舌-現
　　　　著了事情乾見他渣巴。（一46a2）

2-368　suisi-ka fayangga.
　　　　受罪-完　靈魂
　　　　僵遭瘟兒。（一46a3）

2-369　te huwekiye-fi niyalma-i baru mangga beri qa-ha-bi,
　　　　現在　興奮-順　人-屬　　向　　硬　　弓　拉-完-現
　　　　他如今逞臉兒和人家對撐著，（一46a4）

1　fiyangtanafi：聽松樓本、先月樓本作fiyardanafi。
2　裏：聽松樓本、先月樓本作"事"。

2-370　　unenggi haha　o-qi　　ai hendu-re,
　　　　　果然　　男人　成爲-條　什麽　說-未
　　　　　要是個漢子可說甚麽呢，（一46a4-5）

2-371　　bakqin qira　o-me uthai kvli-mbi,
　　　　　敵人　　臉　成爲-幷　就　　沉默-現
　　　　　見個硬對兒就影了，（一46a5）

2-372　　beye-be bodo-fi jai usukile-qina,
　　　　　自己-賓　估算-順　再　哆嗦-祈
　　　　　量量自己的身分再發抖，（一46a6）

2-373　　aiseme murakv murakv　ba-de gemu boqihi tuwa-bu-mbi.
　　　　　爲什麽　不該去　不該去　地方-位　都　　醜　　看-使-現
　　　　　何苦不該出醜的地方都去出醜。（一46a6-7）

2-374　　neibushvn akv-ngge.
　　　　　直爽　　　没有-名
　　　　　心不闊¹亮的。（一46a8）

2-375　　uthai tuttu emu niyalma,
　　　　　就　　那樣　一　　人
　　　　　就是那們個人兒，（一46b1）

2-376　　emgeri tuttu o-ho,
　　　　　一次　　那樣　成爲-完
　　　　　一遭是那們的了，（一46b1）

1　闊：聽松樓本、先月樓本作"豁"。

2-377　qihangga demun -i　o-fi banji-kini,
　　　　自願　　怪樣　工　成爲-順　生長-祈
　　　　憑他怎麼樣的罷，（一46b2）

2-378　gergen se-hei inu eime-fi dubi-ke-bi,
　　　　吵嚷　助-持　也　厭煩-順　習慣-完-現
　　　　咯叨的緒煩以爲常事了，（一46b2-3）

2-379　xuwe budun,
　　　　非常　庸懦
　　　　屉到了頭兒了，（一46b3）

2-380　wa-qi baibi na be tarhv-bu-mbi,
　　　　殺-條　祇是　地　賓　肥-使-現
　　　　殺了他也只嗅了塊地，（一46b3）

2-381　bi-kini fusen gai-qi waji-ha,
　　　　有-祈　種子　得到-條　完結-完
　　　　由著他罷留著打種兒罷，（一46b3-4）

2-382　tumen de aika gerila-fi,
　　　　一萬　位　如果　一晃-順
　　　　萬一要是醒了腔兒，（一46b4）

2-383　ara inu mini jalin dere se-qi,
　　　　哎呀　也　我.屬　爲了　吧　助-條
　　　　哎呀也是爲我來著呢，（一46b4-5）

2-384　inu koro de yebe.
　　　　也　怨恨　位　稍好
　　　　也給人爭口氣。（一46b5）

3-1　sain ilaqi fiyelen
　　　好　　三.序　　篇
　　　良善第三（一47a1）

3-2　juse.
　　　孩子.複
　　　説孩子們的。（一47a2）

3-3　sargan juse,
　　　女　　孩子.複
　　　女孩兒們，（一47a3）

3-4　banin -i nomhon mujilen dulba be,
　　　性格　屬　老實　　心　　懵懂　賓
　　　性情中的良善心性裏的唎吧，（一47a3）

3-5　sakda-sa saixa-me juse-i doro bi se-mbihe,
　　　老人-複　稱贊-并　孩子.複-屬　禮儀　有　説-過
　　　老家兒誇説是好家教來著，（一47a3-4）

3-6　inu se de teisu akv sure be xumin targa-me,
　　　也　歲數　位　相等　否　聰明　賓　深刻　戒-并
　　　也是深戒伶俐的早，（一47a4-5）

3-7　ehe taqin be hiri ubiya-ha-ngge kai,
　　　壞　習慣　賓　很　嫌惡-完-名　啊
　　　狠嫌的是習氣不好，（一47a5-6）

3-8　gulu unenggi banji-ha be dubentele hvturi obu-mbi,
　　　樸實　老實　生活-完　賓　直至末尾　福　作爲-現
　　　叫他老誠實在當作一生之福，（一47a6）

3-9   ememu bu-he ba-de isina-fi ijishvn dahasu akv-ngge,
       或   給-完 地方-與 到達-順 溫順   和順   沒有-名
       有一等到了人家不順從的，（一47a7）

3-10   ainaha gemu sure o xo se-hei,
       爲什麼 都 聰明 溺愛貌 助-持
       未必都不是看他伶俐如珍似寶，（一47a8）

3-11   gosi-me huwekiye-fi weri bou-i jobolon o-ho-ngge waka ni.
       慈愛-并 興奮-順   別的 家-屬 憂慮   成爲-完-名 不是 呢
       縱的成了人家的禍害子。（一47a8-47b1）

3-12   hvwaxabu-re-ngge[1].
       培養-未-名
       養活女孩兒的。（一47b2）

3-13   sargan juse damu gaihasu wesihun,
       女   孩子.複 祇是 聽話   貴重
       女孩家貴的是聽説，（一47b3）

3-14   ara-me haqihiya-qi uthai dube,
       造作-并 催促-條   就   末端
       造作就下作了，（一47b3-4）

3-15   juse-i   kouli gvnin akv o-qi buyequke,
       孩子.複-屬 道理 心   否 成爲-條 可愛
       愛的是小孩兒要他無心，（一47b4）

---

1 hvwaxaburengge：聽松樓本、先月樓本作hvwakaburengge。

3-16　urui haran akv damu gisun gai-re be tuwa-me gosi,
　　　盡是　理由　否　祇是　話　接受-未　賓　看-并　慈愛.祈
　　　不管那裏只聽説該疼，（一47b5）

3-17　uji-re de jiramin gvnin be qanggi jalgiya-fi bu-qi,
　　　養-未　位　厚道　　心　賓　盡是　通融-順　給-條
　　　養活他的時候擇著厚道心腸教他看[1]，（一47b6）

3-18　heherde-fi mutu-ha manggi,
　　　成人-順　　長大-完　之後
　　　成人長大了，（一47b6-7）

3-19　sakda-sa be amqa-me kidu-re erin bi.
　　　老人-複　賓　趕-并　想念-未　時候　有
　　　作老家兒的念想。（一47b7）

3-20　gosi-re-ngge.
　　　慈愛-未-名
　　　疼孩子的。（一47b8）

3-21　jui jeku[2] de fiyanqihiyan,
　　　孩子　食物　位　食量少
　　　這孩子東西上膕腴，（一48a1）

3-22　bilha bixungga,
　　　喉嚨　不饞
　　　吃東西遵貴，（一48a1）

1　看：聽松樓本、先月樓本此後有"他"。
2　jeku：聽松樓本、先月樓本作jei。

3-23　sabkala-qi xobkoxo-me je-qi qimkixa-mbi,
　　　用筷子吃-條　用手抓-并　吃-條　不想吃-現
　　　掉掉搭搭的動快子喃阿喃阿的吃,（一48a1-2）

3-24　yaya bu-qi qihan buyen akv,
　　　諸凡　給-條　喜好　欲望　否
　　　憑你給他甚麼待拿不拿的,（一48a2）

3-25　sonjo-me[1] waliya-me qebke qabka se-me,
　　　挑選-并　　拋弃-并　挑食貌 挑食貌　助-并
　　　挑挑剔剔的不大喜差,（一48a2-3）

3-26　emu sai-fi[2] juwe mangga de naka-mbi,
　　　一　 咬-順　兩　　口　　位　停止-現
　　　一匙兒兩箸兒就殼了,（一48a3）

3-27　ede mujakv niyalma be tuksite-bu-me mujilen niyaman xoforo-bu-mbi.
　　　這裏 非常　　人　　賓　怕-使-并　　　心　　　膽　　抓-使-現
　　　打這上頭好不叫人提心吊胆的。（一48a3-4）

3-28　hehe-si.
　　　婦人-複
　　　説婦人的。（一48a5）

3-29　hehe-si ujen fisin tob tab o-qi aqa-mbi,
　　　婦人-複　重　厚　正　道　成爲-條　應該-現
　　　婦人家穩穩重重的正正道道的纔是,（一48a6）

1　sonjome：聽松樓本、先月樓本作onjome。
2　saifi：二酉堂本、雲林堂本作teifi。

3-30　miyamisikv¹ ai baita,
　　　打扮　　什麼 事情
　　　比人異樣打辦作甚麼，（一48a6-7）

3-31　kemuni kemne-me malhvxa-ra²,
　　　還　　節用-并　儉省-未
　　　還是勉節省儉，（一48a7）

3-32　ijishvn dahasu de,
　　　温順　 和順 位
　　　順從的上頭，（一48a7）

3-33　saixaquka dabala,
　　　稱贊　　罷了
　　　討彩兒罷了，（一48a8）

3-34　wesihun sini tere koisikv³ de bi-o?
　　　尊貴　你.屬 那　傲慢　位 有-疑
　　　尊貴在乎你那喬樣麼？（一48a8）

3-35　arbungga.
　　　形象好
　　　像樣兒的。（一48b1）

3-36　umesi doronggo,
　　　非常　穩重
　　　狠尊貴，（一48b2）

1　miyamisikv：意不詳，或爲miyamixakv變體，語法標注據後者出。
2　malhvxara：聽松樓本、先月樓本作malgvxara。
3　koisikv：意不詳，或爲kanggasikv，語法標注據後者出。又，聽松樓本、先月樓本作kaisikv。

3-37　yangsangga,
　　　俏麗
　　　展樣，（一48b2）

3-38　giru eyeri hayari,
　　　容貌　飄　逸
　　　身子風流，（一48b2）

3-39　axxa-ra arbuxa-ra-ngge fiyar fir se-mbi,
　　　動-未　行動-未-名　行動快速貌　助-現
　　　行動丰彩，（一48b2-3）

3-40　hojo buyequke,
　　　俊俏　可愛
　　　姣嫩的愛人，（一48b3）

3-41　banin nesuken nemeyen,
　　　性格　溫良　柔和
　　　性兒溫柔，（一48b3-4）

3-42　banitai giugiyan kanggili,
　　　生來　緊束　細長
　　　生來的丁丁香香的，（一48b4）

3-43　ere-i hoqikon giyaji de,
　　　這-屬　俊美　好看　位
　　　他這個愛人好看的上頭，（一48b4-5）

3-44　ungga sabu-fi fisa hafixa-me,
　　　尊長　看見-順　後背　拍-并
　　　尊長見了拍打著愛，（一48b5）

3-45　　sakda-sa aqa-ha de gala qeqerxe-mbi.
　　　　老人-複　見面-完 位 手　緊握-現
　　　　會著老家兒們攢著手兒親。（一48b5-6）

3-46　　mama.
　　　　祖母
　　　　老婆兒。（一48b7）

3-47　　gebungge gosingga mama,
　　　　有名的　　有慈愛　祖母
　　　　出名疼人的個媽媽，（一48b8）

3-48　　juse se-he-de buqe-mbi,
　　　　孩子.複 助-完-位　死-現
　　　　孩子上命都不顧，（一48b8）

3-49　　bengsengge,
　　　　有本事
　　　　有本事，（一48b8）

3-50　　waji-ra-kv mergen bi,
　　　　完結-未-否 聰明　有
　　　　説不盡的賢良，（一48b8-49a1）

3-51　　angga senqehe be sabu-qi andubu-me mukiye-bu-me,
　　　　口　　下巴　　賓 看見-條 消愁-并　　熄滅-使-并
　　　　貫會滅口舌，（一49a1）

3-52　　gisun hese be donji-ha de jaila-bu-me maya-mbu-mbi,
　　　　話語 主旨 賓 聽-完 位 躲避-使-并　消減-使-現
　　　　消滅是非，（一49a1-2）

3-53　　lahin　fasilan　tuqi-ke-de,
　　　　繁瑣　枝枝　出-完-位
　　　　但有活亂兒，（一49a2-3）

3-54　　damu gubqi angga be jafata-fi geli jafata-mbi,
　　　　祇是　全部　口　賓　約束-順　又　約束-現
　　　　只是嚴緊普歷的口聲，（一49a3）

3-55　　yamka fiyente-me firge-mbu-he-de,
　　　　哪個　造謠-并　泄露-使-完-位
　　　　那一個信口兒泄漏了，（一49a4）

3-56　　hetu¹　dedu-fi²　dalita-mbi,
　　　　橫　　躺-順　　遮蔽-現
　　　　橫傥著護擅，（一49a4）

3-57　　koro gosihon baha-qibe,
　　　　怨恨　痛苦　得到-讓
　　　　自己吃了虧也罷，（一49a4-5）

3-58　　gvnin o-jora-kv,
　　　　心　依從-未-否
　　　　打心裏由不得，（一49a5）

3-59　　fuhali gasa-ra yohi-re be sabu-qi o-jora-kv ba-de.
　　　　全然　抱恨-未　輕視-未　賓　看見-條　可以-未-否　地方-位
　　　　再也見不得人的苦腦子。（一49a5-6）

1　hetu：聽松樓本、先月樓本作heku。
2　dedufi：聽松樓本、先月樓本作dedekai。

3-60　niyamara-ra-ngge.
　　　有親情-未-名
　　　叫人認親的。（一49a7）

3-61　niyaman hvnqihin -i kouli,
　　　親戚　　一族　　屬　道理
　　　親戚的規矩，（一49a8）

3-62　sile yali se-me ishunde gosi-me haira-mbi,
　　　骨　肉　想-并　互相　慈愛-并　愛惜-現
　　　想著骨肉彼此有個疼愛，（一49a8）

3-63　baita sita de beye sisa-ra,
　　　事　情　位　身體　灑-未
　　　事情上潑倒身子，（一49b1）

3-64　jobo-ro suila-ra ba-de sasa funtu-me faqihiyaxa-qi teni inu,
　　　受苦-未　得罪-未　地方-位　一齊　突入-并　努力-條　纔　正確
　　　勞苦的去處大家憤勇張羅纔是，（一49b1-2）

3-65　damu doro de aina-ra,
　　　祇是　道理　位　做什麼-未
　　　不過只是理兒上過不去，（一49b2-3）

3-66　ai halan se-qi,
　　　什麼　姓　說-條
　　　惹他做甚麼，（一49b3）

3-67　tere giranggi yali -i doro waka kai.
　　　那　　骨　　　肉　屬　道理　不是　啊
　　　那就不是個骨肉的道理了。（一49b3-4）

3-68　　senggime.
　　　　友愛
　　　　恤愛的。（一49b5）

3-69　　mukvn falha-i dolo,
　　　　家族　户-屬　裏面
　　　　户眾裏頭，（一49b6）

3-70　　da gemu emu bou,
　　　　原來 都　一　家
　　　　原是一家兒，（一49b6）

3-71　　umai ere tere akv kai,
　　　　全然 這個 那個 否　啊
　　　　并没個别人，（一49b6-7）

3-72　　ilga-me faksala-qi xahvra-mbi,
　　　　分開-并 區别-條　變冷-現
　　　　論遠分近惹人心寒，（一49b7）

3-73　　hvsun aqa-fi uhei tebeliye-fi hebengge hvwaliyasun banji-qi ehe-o?
　　　　力　相合-順 一起 抱-順　　商量　　和氣　　産生-條 壞-疑
　　　　大家協力抱籠著有商量和氣豈不好麼？（一49b7-8）

3-74　　elenggi duyen de eshure-fi fakqa-ha de saiyvn?
　　　　冷　　淡　位 變-順　　散-完　位 好.疑
　　　　没事人兒是的雁兒孤生冷的散了好麽？
　　　　（一49b8-50a1）

3-75　　ememu enggelqe-me dabaxa-ra,
　　　　或　　越分-并　　過分-未
　　　　有一等横兒憎兒的要強，（一50a1-2）

3-76　　jalan -i jergi ilhi be faquhvra-ra-ngge,
　　　　世代　屬　種類　次序　賓　　煩亂-未-名
　　　　犯亂輩數的次序，（一50a2）

3-77　　ainaha gemu bayan be sonjo-me ibede-re
　　　　爲什麼　都　富裕　賓　挑選-并　前進-未
　　　　未必都不打那挑瓜（一50a2-3）

3-78　　wesihun de aqabu-me daya-na-ra qi banji-na-ha-ngge waka ni.
　　　　尊貴　與　符合-并　附和-去-未　從　産生-去-完-名　不是　呢
　　　　挑揀的上頭起見。（一50a3-4）

3-79　　jiramin.
　　　　厚
　　　　厚實的。（一50a5）

3-80　　dorgi neqin,
　　　　裏面　平
　　　　心裏平靜，（一50a6）

3-81　　niyalma haqin akv,
　　　　人　　　種類　否
　　　　作人本分，（一50a6）

3-82　　nomhon gulu,
　　　　老實　　樸實
　　　　老實渾厚，（一50a6）

3-83　　ini jakade uthai majige murakv arbuxa-ha se-me,
　　　　他.屬　跟前　即使　稍微　放肆　行動-完　助-并
　　　　就在他跟前有些放肆，（一50a6-7）

3-84   inu damu xakxari xakxari inje-fi waji-mbi,
        也 衹是 呲牙   呲牙   笑-順 完結-現
        也只是笑笑兒撩開手，（一50a7-8）

3-85   dulemxe-me baktambu-mbi,
        疏忽-并   包含-現
        擔待容得人，（一50a8）

3-86   kemuni sakda-sa be amqa-bu-ha,
        還   老人-複 賓 趕上-使-完
        還是趕上老家兒們的，（一50a8-50b1）

3-87   fe de goqi-mbu-ha¹ xule-bu-ha niyalma ofi,
        古 與 抽-被-完   徵收-被-完 人   因爲
        古風人²，（一50b1）

3-88   suje gese ler se-mbi.
        綢緞 一樣 恬静貌 助-現
        爲人來的平静。（一50b2）

3-89   goqisholo-ro-ngge³.
        謙遜-未-名
        謙遜的。（一50b3）

3-90   mini tere hen -i tan -i folkolo-me donji-ha,
        我.屬 那 一點 屬 一點 屬 隔開-并   聽-完
        我這個一點點兒隔三跳四聽的，（一50b4）

---

1 goqimbuha：聽松樓本、先月樓本此後有xulebuha。
2 人：聽松樓本、先月樓本、二酉堂本、雲林堂本後有"多受過折磨的人"。
3 goqisholorongge：意不詳，或爲goqishvdarangge之誤，語法標注據後者出。

3-91 fekuteme eje-he ba-be ai dabu-qi aqa-mbi,
　　　斷斷續續　記-完　地方-賓　什麼　算-條　應該-現
　　　無頭無尾記的算得個甚麼，（一50b4-5）

3-92 se lakqa-ha ahv-ta aqa-ha-de,
　　　歲數　間斷-完　兄長-複　見面-完-位
　　　老哥們見了，（一50b5）

3-93 waliya-ra-kv,
　　　弃嫌-未-否
　　　不弃嫌，（一50b6）

3-94 gosi-me hvwaxabu-ki se-re-ngge,
　　　慈愛-并　培養-祈　助-未-名
　　　疼愛要教道，（一50b6）

3-95 bi ai teisu,
　　　我　什麼　相等
　　　我那裏稱的起，（一50b6）

3-96 ere ainaha gemu mini nenehe sakda-sa -i emu majige sain[1] ba bi-fi,
　　　這　怎麼　都　我.屬　先前　老人-複 屬 一　稍微　好　地方 有-順
　　　這個未必不是我的老家兒們有一點好處，（一50b7-8）

3-97 uttu o-ho-ngge waka ni.
　　　這樣　成爲-完-名　不是　呢
　　　積來的。（一50b8）

---

1 sain：聽松樓本、先月樓本作xain。

3-98   hirinja-bu-re-ngge.
        憂戚-使-未-名
        思慕的。（一51a1）

3-99   sakda-sa niyaman senggi be olho-bu-me,
        老人-複　心　　血　賓　畏懼-使-并
        老家兒們勞盡心血，（一51a2）

3-100   beye-i hvsun be waqihiya-ra de,
        自己-屬　力量　賓　完結-未　位
        費盡力量的時候子，（一51a2-3）

3-101   aika ergen haji,
        什麼　生命　親愛
        還有心要惜命，（一51a3）

3-102   hvsun be haira-me funqe-bu-me asara-ki se-he gvnin majige bi-he-na,
        力量　賓　愛惜-并　剩下-使-并　收藏-祈　想-完　心　　稍微　有-完-啊
        養身子來著麼，（一51a3-4）

3-103   akv-kai,
        沒有-啊
        并沒有，（一51a4）

3-104   jui　o-ho niyalma,
        孩子　成爲-完　人
        爲兒子的，（一51a4-5）

3-105   touda-me karula-ra gvnin eberi o-qi,
        還債-并　　報答-未　心　不及　成爲-條
        報達的心腸若是不及，（一51a5）

3-106　si　bodo,
　　　　你　估算.祈

　　　　你酌量著，（一51a5）

3-107　tehere-bu-me waka　be　ai weile tuhebu-qi aqa-mbi.
　　　　配合-使-并　　不是　賓 什麼 罪　確定-條　應該-現

　　　　配給他個甚麼罪纔合。（一51a6）

3-108　balingga[1].
　　　　有恩情

　　　　有恩情的。（一51a7）

3-109　bi　ai ferguwequke,
　　　　我　什麼　出奇

　　　　我有甚麼出奇處，（一51a8）

3-110　banji-nji-ha feten sain,
　　　　出生-來-完　　命運　好

　　　　有個緣法的造化，（一51a8）

3-111　fiyan ara-ra-ngge waka,
　　　　顏色　假裝-未-名　　不是

　　　　不是我特竟[2]兒的現好，（一51a8-51b1）

3-112　baibi aide gosi-bu-re be,
　　　　衹是　哪裏　慈愛-被-未　賓

　　　　不知是打那裏討愛，（一51b1）

1　balingga：意不詳，或爲bailingga變體，語法標注據後者出。
2　竟：疑爲"意"之誤。

3-113 bi inu ulhi-ra-kv,
我 也 懂-未-否
連我也不懂的，（一51b1）

3-114 ahv-ta sabu-ha manggi,
兄長-複 看見-完 之後
老哥們見了，（一51b1-2）

3-115 esi se-qi o-jora-kv
自然 想-條 可以-未-否
由不得，（一51b2）

3-116 keb se-mbi,
親近 助-現
一口氣兒是的，（一51b2）

3-117 hukxe-me baili jafa-ra gvnin,
感激-并 恩情 報答-未 心
親熱感情報恩的心，（一51b2-3）

3-118 tebiqi niyaman de hada-hai,
到如今 心 位 銘刻-持
到如今刻骨不忘，（一51b3）

3-119 dolo tebu-hei jalu bi,
心 留-持 滿 有
滿心裏儘力子有，（一51b3-4）

3-120 mini kesi akv be bi jai ai-se-re,
我.屬 造化 否 賓 我 再 什麼-說-未
我沒造化可叫我說甚麼，（一51b4）

3-121　aibi-i　sini gvnin de aqabu-mbi.
　　　　哪裏-屬 你.屬 心　位　相合-現
　　　　那裏得可¹你的心²。（一51b4-5）

3-122　hvwaliyasun.
　　　　和氣
　　　　和氣人。（一51b6）

3-123　keb kab kvwalar se-re emu niyalma,
　　　　親　近　樸實　助-未 一　人
　　　　親親熱熱的一個和朴人，（一51b7）

3-124　terei kundu,
　　　　他.屬　尊敬
　　　　人跟前尊敬，（一51b7）

3-125　xehun tala -i gese gehun ala -i adali,
　　　　曠　　野 屬 一樣 明亮 高原 屬 一樣
　　　　明堂打鼓的，（一51b7-8）

3-126　ai　bi-qi ai be tukiye-fi antaha tuwa-mbi,
　　　　什麼 有-條 什麼 賓　拿-順　客人　照看-現
　　　　有甚麼拿出甚麼來代人，（一51b8-52a1）

3-127　banitai somi-me dalda-me bahana-ra-kv,
　　　　生來　　隱藏-并　隱瞞-并　能够-未-否
　　　　再不會藏著拽著的，（一52a1）

---

1 可：聽松樓本、先月樓本作 "合"。
2 心：聽松樓本、先月樓本此後有 "兒"。

3-128　uttu ofi niyalma gemu ini jakade ildu-ka-bi.
　　　這樣 因為 人　　都 他.屬 跟前 相熟-完-現
　　　這上頭來往的人不斷。（一52a1-2）

3-129　akdun.
　　　信實
　　　信得的。（一52a3）

3-130　o-joro emu niyalma,
　　　能夠-未 一　人
　　　是個去得的人，（一52a4）

3-131　eiten de gemu ginggun olhoba,
　　　全部 位 都　恭敬　　謹慎
　　　事事兒都謹慎，（一52a4）

3-132　faxxa-mbi,
　　　努力-現
　　　有跋結，（一52a4）

3-133　udu fukjin kouli nei-re,
　　　雖然 最初 道理 開-未
　　　雖沒有創立規矩，（一52a5）

3-134　iqe durun ili-bu-re erdemu bengsen akv bi-qibe,
　　　新　規範 站-使-未 武藝　本事　否 有-讓
　　　新出榜樣的本事武藝子，（一52a5-6）

3-135　akda-qi o-mbi,
　　　依靠-條 可以-現
　　　人靠的，（一52a6）

3-136　sini nike-bu-me afabu-ha ba-be touka-bu-me sarta-bu-re kouli akv.
　　　　你.屬　依靠-使-并　寄托-完　地方-賓　遲誤-使-并　延長-使-未　道理　否
　　　　交給他個甚麼再也不耽誤。（一52a6-7）

3-137　faxxa-bu-re-ngge.
　　　　努力-使-未-名
　　　　叫人跋結的。（一52a8）

3-138　erdemu be taqi-fi,
　　　　武藝　　賓　學-順
　　　　學了武藝子，（一52b1）

3-139　jurgan giyan be gai-me yabu-re-ngge,
　　　　義理　　道理　賓　取-并　實行-未-名
　　　　按著道理兒行，（一52b1）

3-140　jabxande beye sonjo-bu-fi tukiye-bu-qi,
　　　　幸虧　　自己　挑選-被-順　提拔-被-條
　　　　爲的是一身顯達了，（一52b1-2）

3-141　niyaman be wesihule-me,
　　　　親戚　　賓　尊重-并
　　　　光輝祖宗，（一52b2）

3-142　duka uqe be elde-mbu-mbi,
　　　　門　户　賓　光輝-使-現
　　　　顯耀門户，（一52b2-3）

3-143　haha o-fi unenggi ere gese gvnin hada-fi yabu-qi,
　　　　男人　成爲-順　果真　這　樣子　主意　銘刻-順　實行-條
　　　　若果是個漢子拿定主意思照著這們行，（一52b3）

3-144　　yala fayangga sa-qi inu sela-bu-mbi.
　　　　　果然　靈魂　知道-條 也　喜歡-被-現
　　　　　祖宗果然知道也是喜歡的。（一52b4）

3-145　　mergen.
　　　　　聰明
　　　　　賢良的。（一52b5）

3-146　　habqihiyan,
　　　　　親熱
　　　　　响快，（一52b6）

3-147　　sabu-ha manggi,
　　　　　看見-完　之後
　　　　　見了，（一52b6）

3-148　　aimaka abka qi ebunji-he hibsu matan -i adali,
　　　　　好像　　天　從　光臨-完　蜂蜜　麻糖　屬　一樣
　　　　　倒象從天上吊下來的是的，（一52b6）

3-149　　ini tere alimbaharakv sebsihiyan de,
　　　　　他.屬 那　不勝　　　　和氣　　位
　　　　　他那一番的情快的上頭，（一52b7）

3-150　　niyalma gemu ali-me mute-ra-kv,
　　　　　人　　　都　　接受-并 能够-未-否
　　　　　叫人都當不得，（一52b7-8）

3-151　　uxa-me tata-me dere efule-mbi,
　　　　　拉-并　扯-并　臉　變-現
　　　　　拉著扯著放下臉來的怪，（一52b8）

3-152　golo-mbi-o hata-mbi-o se-me?
　　　　驚嚇-現-疑　討嫌-現-疑　助-并
　　　　刺嫌那個麼厭惡那個麼？（一52b8-53a1）

3-153　yala niyaman hvnqihin -i doro bi,
　　　　實在　親戚　同族　屬　道理　有
　　　　實在有個親戚的局面[1]，（一53a1）

3-154　amba jalan be se-he-de uthai weqeku[2],
　　　　大　世代　賓　說-完-位　就　神主
　　　　敬長輩如同天神，（一53a1-2）

3-155　wakai[3] kundu ginggun -i qikirxa-me ini ajige jalan -i doro be akvmbu-mbi.
　　　　分外　尊敬　謹慎　工　害羞-并 他.屬 小 世代 屬 道理 賓 儘量-現
　　　　分外[4]加小心尊敬進他做小輩兒的道理。（一53a2-3）

3-156　kidu-re-ngge.
　　　　思慕-未-名
　　　　思慕的。（一53a4）

3-157　kemuni sakda-sa gala de banji-ha niyalma ofi,
　　　　還是　老人-複　手　位　生活-完　人　因爲
　　　　還是在老家兒手裏過的人，（一53a5）

3-158　juse-i　fon qi uthai etuku xangga-bu-mbi,
　　　　孩子.複-屬 時候 從 就 衣服 完成-使-現
　　　　從小兒就會成裹衣裳，（一53a5-6）

1　局面：聽松樓本、先月樓本作"道理"。
2　weqeku：聽松樓本、先月樓本作weqere adali。
3　wakai：聽松樓本、先月樓本無此一詞。
4　分外：聽松樓本、先月樓本無此二字。

3-159　kubun sekte-fi,
　　　棉花　　鋪-順
　　　鋪上棉花，（一53a6）

3-160　tuku doko aqabu-fi,
　　　表面　背面　相接-順
　　　合上裏面兒，（一53a6-7）

3-161　ubaxa-mbi,
　　　翻-現
　　　翻過來，（一53a7）

3-162　si adasun dosilan be ufi-qi,
　　　你　大襟　　衫襟　　賓　縫-條
　　　你就縫大衿底衿，（一53a7）

3-163　bi golo jurgan goqi-mbi,
　　　我　脊　　條　　抽-現
　　　我杭脊梁，（一53a7-8）

3-164　ogo jafa-ra,
　　　腋下　拿-未
　　　殺胳肢窩，（一53a8）

3-165　monggon haya-ra,
　　　脖頸　　　盤繞-未
　　　上領子，（一53a8）

3-166　hethe huwexe-re,
　　　袖子　　烙-未
　　　烙袖子，（一53a8）

3-167　　tohon hada-ra jergi weilen be,
　　　　　鈕子　釘-未　種類　活計　賓
　　　　　頂鈕子的活計，（一53b1）

3-168　　mende ana-ra-kv,
　　　　　我們.與　依靠-未-否
　　　　　不靠我們，（一53b1）

3-169　　kemuni aja damu gvnin jobo-mbi.
　　　　　還是　母親　祇是　心　受苦-現
　　　　　還是老娘[1]勞心費力的。（一53b1-2）

3-170　　sain.
　　　　　好
　　　　　好的。（一53b3）

3-171　　sain banji-ha-bi,
　　　　　好　生長-完-現
　　　　　成人的人，（一53b4）

3-172　　tunggen nekeliyen[2],
　　　　　胸脯　　伶俐
　　　　　心裏亮，（一53b4）

3-173　　sure yasa jerkies-mbi
　　　　　聰明　眼睛　晃-現
　　　　　聰明來的敏，（一53b4）

---

[1] 娘：聽松樓本、先月樓本作"媽"。
[2] nekeliyen：聽松樓本、先月樓本作gedulken。

3-174　　ferkingge da-de geli xan fe[1],
　　　　　有見識　原本-位　又　耳朵　舊
　　　　　有度服又搭著記得多，（一53b5）

3-175　　yabun bi,
　　　　　品行　有
　　　　　有品行，（一53b5）

3-176　　labdu dere be haira-mbi,
　　　　　很　臉　賓　愛惜-現
　　　　　狠顧臉，（一53b5-6）

3-177　　asiga-ta dorgi-de tuwa-qi demu ere,
　　　　　年輕人-複　裏面-位　看-條　祇是　他
　　　　　年小的裏頭不出他，（一53b6）

3-178　　si tuwa,
　　　　　你　看.祈
　　　　　你看著，（一53b6）

3-179　　banji-me banji-me gene-hei durun tuwakv o-me,
　　　　　生活-并　生活-并　去-持　樣子　榜樣　成爲-并
　　　　　過來過去必出人一頭，

3-180　　uju-i qoko-de ere tuqi-mbi.
　　　　　頭-屬　雞-位　他　出-現
　　　　　可以給人作的樣子。（一53b7-8）

1　fe：聽松樓本、先月樓本作dun。

3-181　hvturingga.
　　　　有福氣
　　　　有福氣的。（一54a1）

3-182　amba dotori,
　　　　大　　內秀
　　　　大器皿，（一54a2）

3-183　funiyagan bi,
　　　　度量　　有
　　　　有度量，（一54a2）

3-184　julge te be hafu sa-mbi,
　　　　古　現在 賓 透徹 知道-現
　　　　博古通今，（一54a2）

3-185　erei gala de　ai niyalma hvwaxa-ha-kv,
　　　　他.屬 手 位 什麼　人　　成長-完-否
　　　　他手裏甚麼樣的人沒出條，（一54a2-3）

3-186　dasa-bu-ha-ngge inu labdu
　　　　改錯-使-完-名　　也　多
　　　　改過的也狠多，（一54a3）

3-187　kiyakiya-me qaksi-me simbe fafurxa-bu-me,
　　　　贊-并　　　嘆-并　　你.賓　發奮-使-并
　　　　贊著嘆著叫人努力，（一54a4）

3-188　makta-me saixa-me julesi huwekiye-bu-mbi,
　　　　誇-并　　贊揚-并　前面　　鼓舞-使-現
　　　　誇著獎著縱人朝前，（一54a4-5）

3-189　　fulehun kesingge,
　　　　　有恩惠　有造化
　　　　　有恩惠，（一54a5）

3-190　　gosingga gaji-me ji-he-bi,
　　　　　慈愛　　拿-并　來-完-現
　　　　　帶來的仁慈，（一54a5）

3-191　　yaya we sabu-qi,
　　　　　凡是　誰　看見-條
　　　　　憑你是誰見了，（一54a5-6）

3-192　　gvnin be silgiya-fi hukxe-mbi.
　　　　　心　賓　洗-順　　感激-現
　　　　　由不得洗心感激。（一54a6）

4-1　　ehe duiqi fiyelen
　　　　壞　四.序　篇
　　　　凶惡第四[1]（二1a1）

4-2　　gurehe
　　　　耍滑人
　　　　臉憨皮厚的（二1a2）

4-3　　asgangga singgeri,
　　　　蝙　　　蝠
　　　　倉耗子，（二1a3）

1　四：底本原作"二"，後有改作"四"的手寫體痕迹。

4-4　　　silkabu-fi　dara-ka-bi,
　　　　　奸滑　　　習慣-完-現
　　　　　久貫奸滑，（二1a3）

4-5　　　amtan tuhe-ke usa-qi aqa-ra　ba-de gvnin buqe-ra-kv,
　　　　　味道　落-完　灰心-條 應該-未 地方-位　心　　死-未-否
　　　　　吊了味兒沒想頭的去處他也不死心，（二1a3-4）

4-6　　　jaka xolo akv fili　ba-be inu uju silgi-mbi,
　　　　　處所 空閑 否 堅固 地方-賓 也 頭 鑽進-現
　　　　　沒縫兒不該指望的地方他也入腦袋，（二1a4-5）

4-7　　　udu aisi tusa akv bi-qibe,
　　　　　雖然 利　益　否　有-讓
　　　　　雖沒相應便益，（二1a5）

4-8　　　ere-i　gista　de　ai waji-mbi.
　　　　　這-屬　滑頭人 位　什麼　完結-現
　　　　　他這個積年的上頭費了他的甚麼。（二1a5-6）

4-9　　　elequn akv-ngge
　　　　　滿足　　沒有-名
　　　　　沒個盡藏的（二1a7）

4-10　　　fata-me bodo-ro-ngge tesu-ra-kv -i jalin,
　　　　　掐-并　　打算-未-名　足够-未-否　屬 爲了
　　　　　打算爲的是不彀用，（二1a8）

4-11　　　we simbe damu niyalma-i-ngge be　hiqu　kiqe se-he-ni[1],
　　　　　誰　你-賓　祇是　人-屬-名　　賓　尋隙.祈 勤勉.祈 助-完-呢
　　　　　何曾著你瞅人的空子算計別人來著，（二1a8-1b1）

---

[1] seheni：聽松樓本、先月樓本作sehei。

4-12　　aqabu-me gemu gai-fi sinde bu-kini,
　　　　湊巧-并　都　取-順 你.與　給-祈
　　　　湊¹巧兒都取了來給你著,（二1b1-2）

4-13　　ai   gese o-ho-de si ele-mbi,
　　　　什麼 樣子 成爲-完-位 你 滿足-現
　　　　到個甚麼田地你纔彀,（二1b2）

4-14　　haha niyalma baha-qi niyalma be elbe-ki se-ra-kv,
　　　　男　　人　　得到-條　　人　　賓 覆蓋-祈 助-未-否
　　　　作人爲人的人得個地步兒不說要照看人,（二1b2-3）

4-15　　jing ere gvnin hada-qi,
　　　　正好 這　主意　銘刻-條
　　　　拿定這個主意,（二1b3）

4-16　　abka be adarame simbe fatha sidara-bu-fi erge-mbu-mbi.
　　　　天　 賓 爲什麼　你.賓　脚　伸展-使-順　安息-使-現
　　　　你可叫天怎麼給你個高枕無憂的樂地呢。（二1b3-4）

4-17　　keike.
　　　　刻薄
　　　　克薄人。（二1b5）

4-18　　butemji yaya we-be bodo-ra-kv,
　　　　陰險的　凡是　誰-賓　籌算-未-否
　　　　爲人陰毒無論是誰,（二1b6）

---

1 湊：聽松樓本、先月樓本作"奏"。

4-19　gisun -i farga-me siga-me gama-hai moho-bu-mbi,
　　　言語　屬　追趕-并　究問-并　拿-持　　窘迫-使-現
　　　著言語追他個赶盡殺絶，（二1b6-7）

4-20　sakda-me gai-qibe,
　　　老-并　　取-讓
　　　雖有個老局面，（二1b7）

4-21　ai　se mulan baha[1] niyalma-i doro bi,
　　　什麽 歲數 凳子 得到.完 人-屬 道理 有
　　　那裏像個有年季的人，（二1b7）

4-22　ere-i kequ de niyalma gemu ededei adada se-me eime-mbi,
　　　這-屬 殘忍 位 人 都　打寒戰貌　　助-并 討厭-現
　　　因他這口苦的上頭人都厭的蝎子螫的是的，（二1b8）

4-23　fili fiktu akv giyalu bai-me latu-nji-re ba-de,
　　　理 由 否 破綻 尋-并 粘合-來-未 地方-位
　　　無故的找著空子尋著惹你，（二2a1）

4-24　we ini emgi dek dak se-hei banji-mbi.
　　　誰 他.屬 一起 嘮嘮 叨叨 助-持 生活-現
　　　誰和他終日家咯咯叨叨的以爲常呢。（二2a1-2）

4-25　nimequke-ngge.
　　　厲害-名
　　　利害的。（二2a3）

1　se mulan baha：此爲固定用法，意爲"上了年紀"。

4-26　　oshon jaqi fafungga,
　　　　暴虐的 非常 嚴格
　　　　爲人可惡忒王法大，（二2a4）

4-27　　fejergi de umesi qira,
　　　　下面 位 很 嚴謹
　　　　不給人留空子，（二2a4）

4-28　　inenggi-dari kokoli-me multule-fi kv qa se-hei banji-mbi,
　　　　日子-每　剝衣服-并 解開-順 撕打貌 助-持 生活-現
　　　　整日家剝衣裳褪褲子的乒乓的打叉，（二2a4-5）

4-29　　abka xun,
　　　　天 太陽
　　　　老天哪，（二2a5）

4-30　　uttu kouli giyan akv daixa-qi,
　　　　這樣 道理 規矩 否 亂鬧-條
　　　　像這樣没個規矩的胡鬧，（二2a5-6）

4-31　　wase kola-ra balame,
　　　　瓦　剝-未 一樣
　　　　溜瓦的是的，（二2a6）

4-32　　ai bi-he se-me taksi-mbi.
　　　　什麼 有-完 助-并 存在-現
　　　　存得下甚麼。（二2a6-7）

4-33　　hatan.
　　　　粗暴
　　　　性暴的。（二2a8）

4-34　　qihai gvbada-kini,
　　　　任意　亂跳-祈
　　　　由他跳搭去，（二2b1）

4-35　　jili waji-qi ini qisui naka-mbi,
　　　　怒氣 完結-條 他.屬 任意 停止-現
　　　　没了性兒自然了開手，（二2b1）

4-36　　elei tafula-qi elei qilqin mada-ra ba-de,
　　　　越發 勸諫-條 越發 疙瘩 腫-未 地方-位
　　　　越勸越發作，（二2b1-2）

4-37　　ai baita neqi-mbi,
　　　　什麼 事情 招惹-現
　　　　惹他怎麼，（二2b2）

4-38　　monggon -i jili jalu,
　　　　脖頸　　屬 怒氣 滿
　　　　滿脖梗子的性子，（二2b3）

4-39　　fotor fosok se-mbi,
　　　　水沸騰翻滾貌　助-現
　　　　一陣利害似一陣，（二2b3）

4-40　　weri fekuqe-me wa-ki je-ki se-re-de,
　　　　別人　跳-并　殺-祈 吃-祈 助-未-位
　　　　人家暴跳如雷的要活吃活咽，（二2b3-4）

4-41　　ai dalji,
　　　　什麼 關聯
　　　　甚麼相干，（二2b4）

4-42　bai-me gene-fi tede akxula-bu-mbi,
　　　尋-并　　去-順　他.與　罵-被-現
　　　尋著著人喪搭,（二2b4）

4-43　bargiyata-bu-re-ngge.
　　　收集-使-未-名
　　　叫人收攬著些兒的。（二2b5）

4-44　ergexe-me kekere-me,
　　　發喘-并　　打嗝-并
　　　冲鶯日粗,（二2b6）

4-45　beye-be aimaka o-bu-fi,
　　　自己-賓　好像什麼　成爲-使-順
　　　把他到像個甚麼,（二2b6）

4-46　taqin nakv beileqile-mbi,
　　　習慣　否　　驕傲-現
　　　那們一番的裝膨,（二2b6-7）

4-47　sini tere ambaki be majige goqi-fi yebu-ha de,
　　　你.屬 那　傲慢　賓　稍微　抽-順　實行-完　位
　　　你若把你那大道抽一把兒行,（二2b7-8）

4-48　yabun de tusa dabala,
　　　品行　位　利益　罷了
　　　與你品行上有益罷了,（二2b8）

4-49　qingkai¹ hala-ra-kv tuttu dabaxa-qi,
　　　祇管　　改-未-否　那樣　過分-條
　　　觸心不改儘著去過分，（二2b8-3a1）

4-50　ainaha amargi be hafirahvn o-bu-re-ngge waka ni.
　　　爲什麼　後面　賓　窄狹　　成爲-使-未-名　不是　呢
　　　未必不是給後頭個没道兒。（二3a1-2）

4-51　oshon.
　　　暴虐
　　　可惡的人。（二3a3）

4-52　doksin yasa bouhon² sabu-ha de niyalma sesukiye-mbi,
　　　急性子　眼睛　不亮　看見-完　位　人　　打冷戰-現
　　　爲人來的凶叠暴著個眼睛人見了打冷戰，（二3a4）

4-53　ada-fi yabu-qi koro baha se,
　　　排列-順　走-條　怨恨　得到.完　助.祈
　　　和他一塊兒走吃他的虧，（二3a4-5）

4-54　hamu tuqi-ra-kv o-qi sike eye-mbi,
　　　屎　　出-未-否　成爲-條　尿　流-現
　　　要不屎疼就是冒尿，（二3a5）

4-55　aibi-de buqe-qi o-jora-kv,
　　　哪裏-位　死-條　可以-未-否
　　　那裏死不得，（二3a6）

1　qingkai：疑爲qangkai之誤，語法標注據後者出。
2　bouhon：意不詳，或爲bohon變體，語法標注據後者出。

4-56　sa-me ergen be tuba-de bene-fi susa-mbi.
　　　知道-并 生命 賓 那裏-與 送-順 殺-現
　　　尋到那裏送死去。（二3a6）

4-57　nantuhvn.
　　　污穢
　　　可嗔的。（二3a7）

4-58　jabxa-bu-ha de jilerje-me sar-kv balame umai se-ra-kv,
　　　得便宜-使-完 位 恬不知恥-并 知道-未-否 一樣 全然 說-未-否
　　　便益了滲著到像不知道的是的不咨一聲兒，（二3a8）

4-59　ini-ngge be majige kokira-bu-me gasihiya-bu-ha se-he-de,
　　　他.屬-名 賓 稍微 傷害-使-并 損害-使-完 助-完-位
　　　要是傷耗他一點兒，（二3a8-3b1）

4-60　waliya-ha,
　　　完結-完
　　　吧咧，（二3b1）

4-61　terebe neqi-he,
　　　他.賓 招惹-完
　　　惹下他了，（二3b1-2）

4-62　we-be se-me guwe-bu-mbi,
　　　誰-賓 助-并 脫免-使-現
　　　他肯饒誰，（二3b2）

4-63　bai tuwa-ra de kemuni sain,
　　　衹 看-未 位 還 好
　　　常時看著還好，（二3b2）

4-64　　jiha menggun se-he-de buqe-mbi.
　　　　錢　　銀子　　助-完-位　死-現
　　　　到了銀子錢上命都不顧。（二3b3）

4-65　　qalhari.
　　　　迂闊
　　　　哈脹的。（二3b4）

4-66　　pulu pala emu niyalma,
　　　　大大　咧咧　一　　人
　　　　哈哩哈脹的個人，（二3b5）

4-67　　gvnin foihori,
　　　　心　　　疏忽
　　　　心裏嚇嚇咧咧的，（二3b5）

4-68　　baita be inu getukele-me yargiyala-ra-kv,
　　　　事情　賓　也　察明-并　　確認-未-否
　　　　事情他也不明明白白的酌量，（二3b5-6）

4-69　　kalu mulu uthai tuttu yabu-mbi,
　　　　馬馬　虎虎　就　　那樣　實行-現
　　　　渾頭馬腦的就是那們行，（二3b6）

4-70　　ere-i hvlhitu de niyalma arga baha-fi,
　　　　這-屬　糊塗　位　人　　計謀　得到-順
　　　　他這個糊塗蟲上人得了主意，（二3b7）

4-71　　gisun be dulin bukda-fi dulin akda-mbi,
　　　　話語　賓　一半　折-順　　一半　信-現
　　　　把他說的話折一半兒信一半兒，（二3b7-8）

4-72　ulhiqun akv-ngge.
　　　悟性　　没有-名
　　　没耳性的。（二4a1）

4-73　gadar　se-me　jeku-i ejen de ara sali-bu-ra-kv,
　　　不停說話貌 助-并 糧食-屬 主人 位 糠 支配-使-未-否
　　　寡他說話不給人說，（二4a2）

4-74　emhun qanggi ejele-fi gisure-mbi,
　　　單獨　盡是　占有-順　說-現
　　　獨自一把摟兒，（二4a2-3）

4-75　tuwa-hai hami-ra-kv ofi,
　　　看-持　忍耐-未-否　因爲
　　　瞧著瞧著受作不的了，（二4a3）

4-76　gisun be meite-he,
　　　話語　賓　截斷-完
　　　截住他的話，（二4a3）

4-77　agu-i gisun ele-qi,
　　　兄長-屬 話語 足够-條
　　　你的話說彀了，（二4a3-4）

4-78　funqe-he ujan dube-de,
　　　剩下-完　邊角　末尾-位
　　　剩下的臘角兒，（二4a4）

4-79　be inu angga juwa-ki,
　　　我們 也 嘴 張-祈
　　　也叫我們張張口兒，（二4a4）

4-80　　　ji-he-qi sini gisun umai lakqa-ha-kv,
　　　　　來-完-從 你.屬　話　全然　斷絶-完-否
　　　　　從來了你的話没個斷頭兒，（二4a5）

4-81　　　hendu-he balame,
　　　　　説-完　　一樣
　　　　　人常説，（二4a5）

4-82　　　niyalma hon jalu daba-na-qi bilte-mbi se-he-bi,
　　　　　人　　　很　滿　過-去-條　　溢-現　　助-完-現
　　　　　不可自滿了，（二4a5-6）

4-83　　　edena imbe kangsiri fori-ha se-me,
　　　　　這裏　他.賓　鼻根　　毆打-完 助-并
　　　　　打這上頭説我給了他個雷頭風，（二4a6-7）

4-84　　　jong jong mimbe gasa-mbi.
　　　　　咕咕　噥噥　我.賓　　抱怨-現
　　　　　儘著咕咕噥噥的抱怨我。（二4a7）

4-85　　　gvwaliya-ka-ngge.
　　　　　變-完-名
　　　　　改[1]變了的。（二4a8）

4-86　　　aba aibi-de bi,
　　　　　哪裏 哪裏-位 有
　　　　　他呢那裏有，（二4b1）

---

1 改：聽松樓本、先月樓本無此字。

4-87　aqa-ki se-me bou-de dosi-ka bi-qi,
　　　會見-祈 助-并　家-與　進入-完 有-條
　　　會一會兒進他家去呢，（二4b1）

4-88　kata fata akv se-re anggala,
　　　親熱 親近 否 助-未　與其
　　　且別說沒一盆火兒的光景，（二4b1-2）

4-89　kib¹ se-me ergen sukdun inu akv,
　　　安靜貌 助-并 呼吸 氣息 也 否
　　　鴉雀不動的鼻子口兒氣也沒有，（二4b2）

4-90　sini gene-he halukan -i gvnin be,
　　　你.屬 去-完 熱　屬 心 賓
　　　把你去的熱心腸，（二4b3）

4-91　xahvrun muke bura-ha gese,
　　　凉　　水　 澆-完　一樣
　　　凉水澆的是的，（二4b3）

4-92　seruken -i o-bu-ha ba-de,
　　　冷　　工 成爲-使-完 地方-位
　　　弄的冷冰冰的，（二4b4）

4-93　jai ai gvnin de geli ini baru kidu-ha jongko be ala-mbi.
　　　再 什麼 心 工 又 他.屬 向 想念-完 思念.完 賓 告訴-現
　　　還有個甚麼心腸和他敘寒温。（二4b4-5）

4-94　fanqa-bu-re-ngge.
　　　生氣-使-未-名
　　　叫人可惱的。（二4b6）

1　kib：或爲qib之誤，語法標注據後者出。

4-95　utala banji-ha guqu,
　　　許多　生活-完　朋友
　　　説是一塊兒過的，（二4b7）

4-96　banji-re de sain be gvni-me tuwa-na-qi,
　　　生活-未　位　好　賓　想-并　看-去-條
　　　想著對的著的好朋友瞧他去呢，（二4b7）

4-97　abka,
　　　天
　　　怪事，（二4b8）

4-98　inde aika bai-re gese,
　　　他.與 什麼 求-未 一樣
　　　合他還求甚麼去的是的，（二4b8）

4-99　ebken tebken -i uju unqehen akv gisun makta-me,
　　　愛理　不理　工　頭　尾　否　話語　扔-并
　　　有一搭兒没一搭兒著頭不著尾的撩給你個話兒，
　　　（二4b8-5a1）

4-100　niyalma be baxa-ra adali,
　　　　人　　賓　捻走-未 一樣
　　　　活是捻人的一樣，（二5a1）

4-101　tede bi waliya-ha,
　　　　那.位 我 失望-完
　　　　那上頭弄了我個灰心喪氣，（二5a1-2）

4-102　ere ainu gvwaliya-fi uttu o-ho-bi?
　　　　他 為什麼 變-順 這樣 成為-完-現
　　　　他怎麼變到這們個田地了呢？（二5a2）

4-103 neqi-bu-ra-kv-ngge.
　　　招惹-使-未-否-名
　　　不叫惹他的。（二5a3）

4-104 tere be aiseme neqi-mbi,
　　　他　賓　爲什麼　招惹-現
　　　惹他作甚麼，（二5a4）

4-105 jaila-qi hono ba baha-ra-kv ba-de,
　　　躲避-條　還　地方　得到-未-否　地方-位
　　　躲還躲不及，（二5a4）

4-106 sa-me ini jakade ergen bene-re-ngge,
　　　知道-并　他.屬　跟前　生命　送-未-名
　　　明知道往他那裏送死去，（二5a5）

4-107 duha sara-bu-ha de ai baha-mbi,
　　　腸　展開-使-完　位　什麼　得到-現
　　　豁出腸子來甚麼好呢，（二5a5-6）

4-108 simbe se-he-de hojo se-re dabala,
　　　你.賓　説-完-位　俊俏　助-未　罷了
　　　聽見是你他吃了密蜂兒屎了，（二5a6）

4-109 si　ainu fajuhv luksi-re,
　　　你　爲什麼　肛門　刺疼-未
　　　你把捉不住屎，（二5a6-7）

4-110 sike fiyar se-me eye-re be gemu yobo ara-mbi.
　　　小便　很快　助-并　流-未　賓　都　笑話　做-現
　　　喇喇尿都當頑兒呢。（二5a7）

4-111　silhata.
　　　　單身人
　　　　匹夫。（二5a8）

4-112　puk pak　se-re emu muwa niyalma,
　　　　言行粗魯貌 助-未 一 粗糙　人
　　　　渾頭馬腦的個粗魯人，（二5b1）

4-113　akxun da -i jili bi,
　　　　脖梗　根源 屬 生氣 有
　　　　一脖梗子的性子，（二5b1）

4-114　dok se-he-de¹ dule-re tuwa-i adali,
　　　　暴躁 助-完-位 燒-未 火-屬 一樣
　　　　暴燥起來性如烈火，（二5b2）

4-115　senggi sukdun -i haha,
　　　　血　　　氣　屬 男人
　　　　是個血氣的漢子，（二5b2）

4-116　ini hatan be i ete-ra-kv,
　　　　他.屬暴躁 賓 他 克服-未-否
　　　　自己押不下自己的性子，（二5b3）

4-117　si damu tuwa,
　　　　你 祇是 看.祈
　　　　你只瞧著，（二5b3）

4-118　atanggi bi-qibe emu ba-de afana-ra-kv o-qi,
　　　　幾時　有-讓　一 地方-位 撲打-未-否 成爲-條
　　　　多咱個不是惹出禍來，（二5b3-4）

1　sehede：二酉堂本、雲林堂本作segede。

4-119　eiqibe niyalma de wa-bu-re inenggi bi.
　　　　或者　　人　　與　殺-被-未　日子　有
　　　　或者被人殺的日子有。（二5b4-5）

4-120　ebere-mbu-re-ngge.
　　　　衰弱-使-未-名
　　　　回人的勉兒。（二5b6）

4-121　dabaxakv ja,
　　　　過分　　　隨意
　　　　你忒逞臉兒了，（二5b7）

4-122　sini beye be si ai obu-ha-bi,
　　　　你.屬 自己 賓 你 什麼 當作-完-現
　　　　你把你當作甚麼了，（二5b7）

4-123　ba bu-ra-kv o-ho-de hono sini jabxan,
　　　　地方 給-未-否 成爲-完-位 還 你.屬 造化
　　　　不給你留分兒還是你的造化，（二5b7-8）

4-124　hvi tuttu o-kini se-he-de,
　　　　任憑 那樣 成爲-祈 助-完-位
　　　　若是憑你去罷，（二5b8）

4-125　beye beye-be hvdula-mbi,
　　　　自己 自己-賓 加快-現
　　　　那就是自己催了自己了，（二6a1）

4-126　ergen be jafa-fi we-i baru elje-mbi.
　　　　生命 賓 拿-順 誰-屬 向 抗拒-現
　　　　拿著個命合誰賭憋兒呢。（二6a1）

4-127　ubiyaburu.
　　　　討人嫌
　　　　鹽礴。（二6a2）

4-128　meihe giranggi,
　　　　蛇　　骨頭
　　　　現世包，（二6a3）

4-129　yaya sabu-ha de gemu hoto finta-mbi,
　　　　凡是 看見-完 位 都 腦顧 疼-現
　　　　人人見了都腦袋瓜子疼，（二6a3）

4-130　ede geuden tuhe-bu-me,
　　　　這.位 誘騙　　落-使-并
　　　　給這個窟窿橋下，（二6a3-4）

4-131　tede hargi axu-mbu-mbi,
　　　　那.位 芥菜 含-使-現
　　　　給那個苦的吃，（二6a4）

4-132　embiqi ura te-bu-me akv-qi niyalma de gebu ara-mbi,
　　　　或者 屁股 坐-使-并 否-條 人 與 名字 做-現
　　　　要不是給人箍喇鉄吃不是就給人按名兒，（二6a4-5）

4-133　baita akv-de baita turgun akv-de turgun,
　　　　事情 沒有-位 事情 理由 沒有-位 理由
　　　　沒縫兒去下蛆，（二6a5-6）

4-134　uttu banji-bu-me gisun eye-bu-re emu faquhvn -i da kai,
　　　　這樣 産生-使-并 話語 流-使-未 一 騷亂 屬 根源 啊
　　　　這們個造言生事的個禍根兒，（二6a6-7）

4-135　bodo-me tuwa we-i ergen we-de haji akv-ni.
　　　料想-并　看.祈 誰.屬 生命 誰-位 親近 否-呢
　　　你想誰的命合誰有仇。（二6a7）

4-136　gosi-bu-ra-kv-ngge.
　　　慈愛-被-未-否-名
　　　不討人疼的。（二6a8）

4-137　jekxun,
　　　嘴損
　　　口苦，（二6b1）

4-138　gisun idun bi-me nukaquka,
　　　話語　粗糙　有-并　尖刻
　　　話不活動掉人的心，（二6b1）

4-139　geli buteri[1],
　　　又　　陰險
　　　打心裏幹事，（二6b1）

4-140　her har se-ra-kv terebe waliya-me makta-me biqi yebe,
　　　理會 理睬 助-未-否 他.賓　拋弃-并　扔-并　若有 稍好
　　　竟不理他撩搭著還好些，（二6b1-2）

4-141　majige derenggexe-me qira bu-he-de,
　　　稍微　　抬高-并　　臉　給-完-位
　　　略體面帶他給他個好臉兒，（二6b2-3）

1　buteri：意不詳，或爲butemji，語法標注據後者出。

4-142　huwekiye-fi makta-ha de mahala de hamta-mbi.
　　　　興奮-順　稱贊-完　位　帽子　位　拉屎-現
　　　　逗的他就濺上臉兒來了。（二6b3）

4-143　nantuhvn.
　　　　貪贓
　　　　贓官。（二6b4）

4-144　hafan hali esi derengge o-qi,
　　　　官　宦　当然　光榮　成爲-條
　　　　爲官作宦自然體面，（二6b5）

4-145　tuxan be gvtu-bu-ra-kv,
　　　　職務　賓　恥辱-使-未-否
　　　　不玷辱職分，（二6b5）

4-146　teisungge tehere-re niyalma de hvturi,
　　　　妥當　　相等-未　人　位　福
　　　　配作官的是福，（二6b6）

4-147　amba hvda obu-fi,
　　　　大　買賣　作爲-順
　　　　當作個大買賣，（二6b6）

4-148　huwekiyen de dosi-fi urkin be daha-qi,
　　　　興致　　與　進入-順　聲勢　賓　隨從-條
　　　　襯鐃鈸跟著燒紙兒，（二6b7）

4-149　buqe-ra-kv aibi-de gene-mbi,
　　　　死-未-否　哪裏-與　去-現
　　　　不死會飛麽，（二6b7-8）

4-150　uju delhe-bu-fi meifen qi ukqa-qi,
　　　　頭　分開-使-順　脖頸　從　脫逃-條
　　　　吊頭齊肩的，（二6b8）

4-151　we-be isebu-re[1] jalin de banji-bu-ha-bi.
　　　　誰-賓　懲戒-未　爲了　位　生長-使-完-現
　　　　可是爲誰作鑑戒生來。（二6b8-7a1）

4-152　dousi.
　　　　貪婪
　　　　貪酷的。（二7a2）

4-153　erdemu muten bi se-he-ngge,
　　　　武藝　才能　有　說-完-名
　　　　說有材能，（二7a3）

4-154　buta-ra sain baha-ra fulu be saixa-ha-ngge waka kai,
　　　　掙錢-未　好　得到-未　才能　賓　誇獎-完-名　不是　啊
　　　　不是誇他會掙錢得的多的上頭，（二7a3-4）

4-155　ainu gala golmin,
　　　　爲什麼　手　長
　　　　爲何把手長，（二7a4）

4-156　songko amba,
　　　　綫索　大
　　　　鑽幹大，（二7a4）

1　isebure：聽松樓本、先月樓本作asebure。

4-157　enqehengge be mangga ara-mbi,
　　　　能鑽營的　　賓　出衆　做-現
　　　　能幹當作奇特了呢，（二7a5）

4-158　terei horon hvsun -i etuhun forhon be eje-fi,
　　　　他.屬　威力　勢力　屬　強壯　時期　賓　記-順
　　　　把他那有勢力轟揚的好時候子你記著，（二7a5-6）

4-159　erin isi-ka de si jai tuwa,
　　　　時候　到-完　位　你　再　看.祈
　　　　到那倒運的時候你再瞧，（二7a6）

4-160　hvturi inu waka be,
　　　　福　　是　不是　賓
　　　　是福不是福，（二7a6-7）

4-161　eiqibe si sa-mbi.
　　　　自然　你　知道-現
　　　　你自然知道。（二7a7）

4-162　oshodo-bu-ra-kv-ngge.
　　　　暴虐-使-未-否-名
　　　　不叫凶惡的。（二7a8）

4-163　etenggi be kiyangkiyan bila-mbi,
　　　　強盛　賓　剛強　　　挫敗-現
　　　　強中只有強中手，（二7b1）

4-164　kimun de bata tuqi-mbi,
　　　　怨恨　位　敵人　出-現
　　　　結冤何愁無仇敵，（二7b1）

4-165　　jalan de sanggv o-ho-ngge,
　　　　世間　位　稱心　成爲-完-名
　　　　世上稱了人怨的，（二7b2）

4-166　　koki-ra-kv ofi goida-bu-qi o-jora-kv ofi kai,
　　　　殘酷-未-否 因爲 久-使-條　可以-未-否 因爲 啊
　　　　因他殘刻不能長久，（二7b2-3）

4-167　　sar-kv de buhiye-me baibi we we-be ete-he gaibu-ha se-me ferguwe-mbi,
　　　　知道-未-否位 猜疑-并　祇是 誰 誰-賓 贏-完 輸-完 助-并 驚奇-現
　　　　不知道喲略説奇的講輸贏[1]，（二7b3-4）

4-168　　abka unenggi tere gese gvnin de aqabu-qi,
　　　　天　果然　那　樣子　心　與　相合-條
　　　　天若果要應他的心，（二7b4-5）

4-169　　ai-be se-me geren de funqe-bu-mbi.
　　　　什麼-賓 助-并　衆人　位　剩餘-使-現
　　　　甚麼剩得下到衆人跟前。（二7b5）

4-170　　ehengge.
　　　　險惡的
　　　　惡人。（二7b6）

4-171　　niyalma-i kesi akv be sabu-fi,
　　　　人-屬　造化 否 賓 看見-順
　　　　見了人遭不幸，（二7b7）

1　贏：聽松樓本、先月樓本作"贏"。

4-172　beye tuxa-ha adali,
　　　　自己　遭遇-完　一樣
　　　　如同自己一樣，（二7b7）

4-173　qibsi-me nasa-me waji-ra-kv o-qi teni inu,
　　　　磋嘆-并　嘆息-并　完結-未-否　成爲-條　纔　是
　　　　嘆息不了纔是，（二7b7-8）

4-174　nememe kek se-fi sanggvxa-qi,
　　　　反倒　　稱心　助-順　稱願-條
　　　　反到可了心兒稱了願的，（二7b8）

4-175　gurgu -i dolo duha bi-fi kai.
　　　　野獸　屬　肚　腸　有-順　啊
　　　　就是個畜牲的肚腸了。（二8a1）

4-176　milara-bu-re-ngge.
　　　　張開-使-未-名
　　　　叫人閃開的。（二8a2）

4-177　tede ume akda-ra,
　　　　他.與　不要　相信-未
　　　　別信他，（二8a3）

4-178　simbe fide-mbi,
　　　　你.賓　坑害-現
　　　　坑你呢，（二8a3）

4-179　muke akv ba-de xuki-ha manggi,
　　　　水　否　地方-位　陷害　之後
　　　　入到你個沒爺娘的地方，（二8a3-4）

4-180　　abka be hula-mbi,
　　　　天　　賓　叫-現
　　　　你纔打石叫天呢，（二8a4）

4-181　　baibi neqin de hono niyalma be gejigexe-re ba-de,
　　　　平白　平坦　位　還　　人　　賓　撓腋下-未　地方-位
　　　　平白的還要胳肢個人兒，（二8a4-5）

4-182　　ainaha fere-i gvnin be sinde bu-mbi,
　　　　爲什麼　根底-屬　心　賓　你.與　給-現
　　　　那裏有個底心給你，（二8a5）

4-183　　misha-ra-ngge inu,
　　　　離開-未-名　　正確
　　　　離開他的是，（二8a6）

4-184　　we tede fifa-fi goro jaila-ra-kv,
　　　　誰　那.位　逃散-順　遠　躲-未-否
　　　　誰不撇的遠遠的躲著，（二8a6）

4-185　　ehelinggv jui.
　　　　庸劣　　　孩子
　　　　歹孩子。（二8a7）

4-186　　tete tata gvwaqihiyaxa-me,
　　　　蹦蹦　跳跳　吃驚-并
　　　　抖抖搜搜的抽觔八怪，（二8a8）

4-187　　dokdori dakdari moniqila-mbi,
　　　　猛然站起　搶先　像猴子行動-現
　　　　跳跳攛攛的活是個猴兒，（二8a8）

4-188　hanqi bi-he-de kemuni yebe,
　　　　近　　有-完-位　還　稍好
　　　　不離左右還好些，（二8b1）

4-189　majige alja-bu-qi tetendere fuhali abka-i ari,
　　　　稍微　　離-使-條　　既然　　全然　天-屬　通天鬼
　　　　離了俺的眼睛活托兒是個禍害精，（二8b1-2）

4-190　ai jui,
　　　　什麼 孩子
　　　　甚麼是孩子，（二8b2）

4-191　qohome kimungge fayangga banji-nji-ha-bi,
　　　　特意　　冤家　　對頭　　出生-來-完-現
　　　　是個冤家對頭，（二8b2）

4-192　damu bai-re-ngge aina-me kiyok se-fi yasa niqu-qi,
　　　　祇是　求-未-名　做什麼-并 乾脆 助-順 眼睛 閉-條
　　　　只求斷了這口氣閉了眼，（二8b3）

4-193　sar-kv-de abka be ubaxa-mbi-o na be xungku-bu-mbi-o ini qiha o-kini.
　　　　知道-未-否-位 天 賓 翻-現-疑 地 賓 塌陷-使-現-疑 他.屬 自由 成爲-祈
　　　　無了知憑他番天復地罷。（二8b3-4）

4-194　qokto.
　　　　傲慢的
　　　　驕傲的。（二8b5）

4-195　hon erki,
　　　　很　任性
　　　　忒硬氣，（二8b6）

4-196　jaqi kangsanggi,
　　　　很　　高傲
　　　　狠抗大，（二8b6）

4-197　yaya be dan dabu-ra-kv¹,
　　　　諸凡 實 繩套子 算數-未-否
　　　　憑他是誰眼框子大，（二8b6）

4-198　ini qala jai we bi,
　　　　他.屬 以外 再 誰 有
　　　　除了他還有誰，（二8b6-7）

4-199　ekterxe-me seherqe-me,
　　　　豪強-并　　憤怒-并
　　　　一味的豪橫惡狠狠的，（二8b7）

4-200　fodoro nakv banji-mbi,
　　　　撅嘴.祈 之後 產生-現
　　　　膿著個腮膀子，（二8b7）

4-201　uttu mihada-me aidahaxa-qi,
　　　　這樣　亂跳-并　發橫-條
　　　　要像這們的橫行霸道，（二8b8）

4-202　jobolon yasa habtaxa-ra siden kai,
　　　　災難　眼睛　眨-未　時候 啊
　　　　禍在展眼之際就到，（二8b8-9a1）

4-203　si udu goida-mbi se-mbi.
　　　　你 雖然　久-現　助-現
　　　　你可能跑多遠。（二9a1）

1　dan daburakv: 此為固定用法，意為"不屑一顧"。

4-204　　silhingga.
　　　　　嫉妒的
　　　　　黑心的。（二9a2）

4-205　　wasihvn bethe gai-ha be nekule-re-ngge muse de ai kimun,
　　　　　下面　脚　取-完　賓　乘便-未-名　咱們　位　什麼　怨恨
　　　　　喜歡人家跐歪了脚兒與咱們有甚麼仇氣，（二9a3）

4-206　　den ba-de fatha lakiya-qibe ai ferguwequke,
　　　　　高　地方-位　蹄　挂-讓　什麼　奇怪
　　　　　扒高攀高的算個甚麼出奇，（二9a4）

4-207　　niyalma-i waka ba-be damu baha-qi,
　　　　　人-屬　錯誤　地方-賓　衹　得到-條
　　　　　只要見了人的短處，（二9a4-5）

4-208　　emdubei nerebu-me nemsele-he niyalma gushe-qi,
　　　　　衹管　加害-并　增添-完　人　成器-條
　　　　　加一倍履一層的那樣的人若成了幸，（二9a5）

4-209　　gashv-qibe inu gashv-ki.
　　　　　起誓-讓　又　起誓-祈
　　　　　叫我起個甚麼誓我就起個甚麼誓。（二9a6）

4-210　　iju-me dari-re-ngge.
　　　　　抹-并　譏刺-未-名
　　　　　稍帶打趣人的。（二9a7）

4-211　　aide ubiya-bu-ha,
　　　　　爲什麼　厭惡-被-完
　　　　　是那上頭討你嫌，（二9a8）

4-212　urui oforo aqabu-me mimbe ura te-bu-mbi,
　　　　盡是　鼻子　相合-幷　我.賓　屁股　坐-使-現
　　　　只好挑托子給人個馬後屁，（二9a8）

4-213　heni sinde waka baha ba akv,
　　　　稍微　你.與　錯誤　得到.完　地方　否
　　　　一點兒沒有得罪你的處，（二9b1）

4-214　sabu-ha de amda musihi akv[1],
　　　　看見-完　位　愛理會　理會　否
　　　　見了待理兒不理兒的，（二9b1）

4-215　tuwa-qi baibi mini jakade ek se-mbi,
　　　　看-條　祇是　我.屬　跟前　嫌惡貌　助-現
　　　　在我跟前不待見，（二9b2）

4-216　simbe amqada-ha-ngge nememe bi waka o-ho-bi-o?
　　　　你.賓　追趕-完-名　反倒　我　錯誤　成爲-完-現-疑
　　　　上趕著你倒有了我的不是了麼？（二9b2-3）

4-217　bai muke-qi buda-i muke yebe se-he-kai,
　　　　祇是　水-從　飯-屬　水　稍好　說-完-啊
　　　　人常説人不親水土親來著，（二9b3-4）

4-218　guqu emken fulu de sini-ngge ai waji-mbi.
　　　　友　一個　有餘　位　你.屬-名　什麽　完結-現
　　　　多一個朋友費著你的甚麽呢。（二9b4）

---

[1] amda musihi akv：此爲固定用法，意爲"愛理不理"。

4-219　emteli.
　　　　單獨
　　　　雁兒孤。（二9b5）

4-220　mujilen xahvrun,
　　　　心　　寒冷
　　　　心裏冰井是的冷，（二9b6）

4-221　guqu niyalma de duyen,
　　　　朋友　人　　位　冷淡
　　　　沒親沒友的疏淡，（二9b6）

4-222　juse　 de elenggi,
　　　　孩子.複 位　懶散
　　　　不大照看孩子們，（二9b6）

4-223　fuqe-he usga-ha balame,
　　　　惱火-完　怨恨-完　一樣
　　　　到像合誰惱了的是的，（二9b7）

4-224　sabu-ha-dari baibi jili bi,
　　　　看見-完-每　平白 怒氣 有
　　　　遭遭兒使性謗氣的，（二9b7）

4-225　dere jilehun -i asuru kara fara se-me akv kai,
　　　　臉　恬不知恥　工　太　盛　盛怒貌 助-并 否 啊
　　　　枕著個臉子沒個和超氣兒，（二9b7-8）

4-226　jai adarame yabu-me feliye-mbi.
　　　　再　為什麼　行走-并　走動-現
　　　　這個再還有個行走的分兒麼。（二9b8-10a1）

4-227　latungga.
　　　　好攪事的
　　　　好事的。（二10a2）

4-228　ya terebe helne-me soli-ha,
　　　　誰 他.賓 邀請-并 請-完
　　　　那個邀請他來，（二10a3）

4-229　we imbe guile-fi boljo-ho,
　　　　誰 他.賓 會合-順 約會-完
　　　　誰約會他來著，（二10a3）

4-230　dalukan -i ji-fi baita da-ki se-mbi,
　　　　糾纏不休 工 來-順 事情 管-祈 助-現
　　　　巴巴兒的來這裏要管個事兒，（二10a4）

4-231　giyangga o-qi aiseme gasa-ra,
　　　　有道理 成爲-條 爲什麽 抱怨-未
　　　　有個理性抱怨甚麽，（二10a4-5）

4-232　dere ura be tuwa-ra-kv lor se-me,
　　　　臉 屁股 賓 看-未-否 喋喋 助-并
　　　　不看個眉眼高低的瞎呎叉，（二10a5）

4-233　angga iqi ai-se-mbi weise-mbi,
　　　　嘴 順應 什麽-説-現 向誰説-現
　　　　順著嘴兒不知説的是甚麽，（二10a5-6）

4-234　emgeri andubu-fi maya-me waji-ha baita be,
　　　　一次 消愁-順 消退-并 完結-完 事情 賓
　　　　一遭消滅完了的事兒，（二10a6-7）

4-235　inqi fukdere-fi dasame debke-mbi.
　　　　他.從 復發-順　　再　　反悔-現
　　　　因他忿了帳從新抖搜起來了。（二10a7）

4-236　nambu-bu-ra-kv-ngge.
　　　　拿獲-使-未-否-名
　　　　捉摸不著的。（二10a8）

4-237　koimali,
　　　　狡猾
　　　　鬼詐，（二10b1）

4-238　terei uku de dosi-rahv,
　　　　他.屬 籠子 與　進入-虛
　　　　看入了他的套兒，（二10b1）

4-239　hvbin labdu,
　　　　詭計　　多
　　　　狐媚子大，（二10b1）

4-240　terei uju unqehen be sinde nambu-mbi-o?
　　　　他.屬 頭　尾巴　　賓 你.與　拿獲-現-疑
　　　　他的頭腦你捉的住麼？（二10b1-2）

4-241　guwelke,
　　　　仔細
　　　　看仔細，（二10b2）

4-242　faha-fi geli fesixe-ki¹ se-mbi-kai,
　　　　扔-順　又　踢-祈　　助-現-啊
　　　　撩倒了還管那脚踢的個主兒,（二10b2-3）

4-243　ainaha se-me sain sisara jugvn be gai-me yabu-ra-kv,
　　　　怎樣　助-幷　好　正　　路　賓　取-幷　行走-未-否
　　　　再不肯走有好結果的道兒,（二10b3-4）

4-244　olgo-ho mou de xugi gai-mbi.
　　　　乾-完　樹　位　樹液　取-現
　　　　都走的是雞蛋裏尋骨頭的事兒。（二10b4）

4-245　buya.
　　　　小氣
　　　　小器的。（二10b5）

4-246　aquhiyan,
　　　　讒言
　　　　惑亂人的人,（二10b6）

4-247　xuxu xaxa se-me sini tere ai demun,
　　　　喊喊　喳喳　助-幷　你.屬　那　什麽　詭計
　　　　戚戚爻爻的你那是個甚麽²兒,（二10b6）

4-248　ere-be jing bengsen obu-fi erdemu ara-qi,
　　　　這-賓　正經　本事　作爲-順　武藝　做-條
　　　　把這個當個本事作武藝子,（二10b6-7）

1　fesixeki：意不詳，或爲feshexeki，語法標注據後者出。
2　麽：聽松樓本、先月樓本後有"樣"。

4-249　　hamu iju-re,
　　　　　屎　　墜-未
　　　　　不丟人，（二10b7）

4-250　　wa tuqi-ra-kv aibi-de gene-mbi,
　　　　　氣味 出-未-否 哪裏-與 去-現
　　　　　打嗅了坑飛麼，（二10b7-8）

4-251　　sabu-ha manggi keb kab gala jafa-fi,
　　　　　看見-完　之後　親　熱　手　拿-順
　　　　　人見了親親熱熱的拉手兒，（二10b8-11a1）

4-252　　sain-be fonji-qi,
　　　　　好-賓　問-條
　　　　　問好兒，（二11a1）

4-253　　ere gemu ehe-o?
　　　　　這　都　壞-疑
　　　　　這都不好麼？（二11a1）

4-254　　gemu uju lasihi-me esi-ke se-re-be si buye-mbi-o?
　　　　　都　頭　揮-并　夠-完 助-未-賓 你 愛-現-疑
　　　　　都搖著頭兒不惹你喜歡麼？（二11a1-2）

4-255　　haha niyalma guwele gala ai jaka.
　　　　　男　　人　　　躲躲 閃閃 什麼 東西
　　　　　漢子家溜兒瞅兒的是甚麼帳。（二11a2）

4-256　　neqibu-bu-ra-kv-ngge.
　　　　　招惹-使-未-否-名
　　　　　不叫惹他的。（二11a3）

4-257　fequhun,
　　　　醜
　　　　心路子歹，（二11a4）

4-258　tontoko[1] ekisaka banji-ra-kv,
　　　　正直　　肅静　　生活-未-否
　　　　再不肯安分守己的過，（二11a4）

4-259　doshon be jakanabu-me,
　　　　寵愛　賓　分裂-并
　　　　離間厚薄，（二11a4）

4-260　haji be efule-mbi,
　　　　親熱 賓　破壞-現
　　　　折開人家的親熱，（二11a5）

4-261　ere-be yasa gelerje-bu-me,
　　　　這-賓　眼睛　泪汪汪-使-并
　　　　叫這個含著眼泪兒，（二11a5）

4-262　tere-be xenggin hitere-bu-mbi,
　　　　那-賓　　額頭　　皺眉-使-現
　　　　那個縐著眉兒，（二11a5-6）

4-263　halbu-qi jobolon,
　　　　容留-條　灾難
　　　　招呼他就是禍，（二11a6）

4-264　uthai baxa-qi kimutule-bu-mbi,
　　　　就　趕走-條　結仇-使-現
　　　　遠了他就成仇，（二11a6）

1　tontoko：意不詳，或爲tondokon變體，語法標注據後者出。

4-265　damu amban -i mana-bu-me,
　　　　祇是　大　工　磨坏-使-并
　　　　也只是大胆湯兒，（二11a7）

4-266　osokon -i nitara-qi waji-ha,
　　　　小　　工　灰心-條　完結-完
　　　　漸漸兒的遠了他罷了，（二11a7）

4-267　yamtun we te qihangga ni.
　　　　冤仇　誰 現在 自願　呢
　　　　誰情願爲冤結仇的呢。（二11a7-8）

4-268　murakvngge.
　　　　不像樣的
　　　　没溜兒的。（二11b1）

4-269　simbe niyalma fafuri se-he-ngge,
　　　　你.賓　　人　　暴躁　説-完-名
　　　　説是你爲人撥得莽，（二11b2）

4-270　qohome gosi-me gardaxa-fi niyalma o-kini se-he-ngge,
　　　　特意　　慈愛-并 大步快走-順　人　成爲-祈 想-完-名
　　　　特爲你跳搭著成個人，（二11b2-3）

4-271　we simbe yasa niqu-fi dele wala akv felehude se-he-bi,
　　　　誰 你.賓　眼睛 閉-順　上　下　否　冒犯.祈 助-完-現
　　　　誰著你閉眉合眼的没上没下的冒犯來著，（二11b3-4）

4-272　sini ere nukqishvn be erdeken -i dasa-me hala-ra-kv o-fi,
　　　　你.屬 這　粗暴　　賓　趁早　工 改正-并 更換-未-否 成爲-順
　　　　你這個喪謗乘早兒不改，（二11b4-5）

4-273　akjuhiyan mou-i adali,
　　　　暴怒　　　樹-屬　一樣
　　　　性緊的木頭是的，（二11b5）

4-274　tokto-fi kafur se-me xaxon nakv meije-mbi.
　　　　必定-順　快　助-并　稀　爛　　粉碎-現
　　　　必定有個分身碎骨的時候子。（二11b5-6）

4-275　halai.
　　　　各樣的
　　　　要樣的。（二11b7）

4-276　niyalma qamangga[1],
　　　　人　　　　難纏
　　　　爲人異性，（二11b8）

4-277　ainaha se-me niyalma-i adali akv,
　　　　怎樣　助-并　　人-屬　一樣　否
　　　　再不和人一樣兒，（二11b8）

4-278　gvni-ha gvni-hai yabu-mbi,
　　　　想-完　　想-持　　走-現
　　　　想到那裏走到那裏，（二11b8-12a1）

4-279　baita iletu uttu bi-me,
　　　　事情　明顯　這樣　有-并
　　　　分明是這們個事兒，（二12a1）

---

[1] qamangga：聽松樓本、先月樓本作qashvn。

4-280　　xakxaha muri-me tuttu se-mbi,
　　　　　腮　　　　扭-并　那樣　説-現
　　　　　偏扭著説是那們的，（二12a1-2）

4-281　　terei bahai balai banin be niyalma tengkime sa-fi,
　　　　　他.屬　胡　　亂　性格　賓　人　　　熟悉　　知道-順
　　　　　他那個混來的性格兒人見透了，（二12a2-3）

4-282　　ijishvn -i baita be jafa-fi tede fudasihvn -i bai-mbi.
　　　　　順利　　屬　事情　賓　拿-順　他.與　反倒　　　工　求-現
　　　　　拿著順事兒望他倒求。（二12a3-4）

4-283　　faquhvn.
　　　　　混亂
　　　　　亂帳的。（二12a5）

4-284　　hai[1] ume,
　　　　　嗨　　不要
　　　　　再別，（二12a6）

4-285　　hvi bi-kini,
　　　　　任憑　有-祈
　　　　　由他去，（二12a6）

4-286　　elei　neqi-qi huwekiye-mbi,
　　　　　越發　招惹-條　　興奮-現
　　　　　招一招兒逗頭上臉的，（二12a6）

---

1 hai：意不詳，或爲漢語借音。

4-287　ememu fonde we-be niubo-ro adali,
　　　　有的　　時候　誰-賓　戲弄-未　一樣
　　　　一會家到像嘔誰的是的,（二12a6-7）

4-288　simbe inje-bu-hei duha muri-bu-mbi,
　　　　你.賓　笑-使-持　腸　扭-使-現
　　　　叫你笑的肚腸子疼,（二12a7）

4-289　we-i kouli erin dobori akv xohodo-me,
　　　　誰-屬　規矩　晝　夜　否　游蕩-并
　　　　誰家的規矩無晝夜的闖搭,（二12a7-8）

4-290　inenggi xun de fiuto-me amga-mbi,
　　　　日子　太陽　位　放屁-并　睡-現
　　　　精搭白日裏死睡,（二12a8-12b1）

4-291　tuttu emu haqin -i hala-i fudasi.
　　　　那樣　一　種　屬　家族-屬　反逆
　　　　就是那們異樣刁鑽的個怪性兒。（二12b1）

4-292　buya.
　　　　小氣
　　　　小人。（二12b2）

4-293　indahvn hono ulebu-he-de,
　　　　狗　　還　　喂-完-位
　　　　就是個狗味貫了他,（二12b3）

4-294　uju sihexe-me unqehen sirbaxa-mbi,
　　　　頭　搖-并　　尾巴　　擺-現
　　　　見了還知道搖頭擺尾的,（二12b3）

4-295　niyalma o-fi weri kesi be tuwakiya-fi,
　　　　人　成爲-順 別人 恩惠 賓 看守-順
　　　　爲個人受了人家的恩惠，（二12b4）

4-296　angga fu-me getere-re unde de,
　　　　嘴　擦-并 乾净-未 尚未 位
　　　　嘴還沒擦干净，（二12b4-5）

4-297　uthai urgede-re qashvla-ra baili akv gvnin be hefeliye-qi,
　　　　就　辜負-未 違背-未 恩情 否 心 賓 抱-條
　　　　就懷著個違背無恩的肚腸，（二12b5-6）

4-298　sini dolo tebqi-qi aina-me tebqi-kini,
　　　　你.屬 心 忍耐-條 做什麽-并 忍耐-祈
　　　　你心裏要忍忍得罷了，（二12b6-7）

4-299　abka be si tuwa,
　　　　天 賓 你 看.祈
　　　　你看看天，（二12b7）

4-300　ainaha gemu eitere-qi o-mbi-ni.
　　　　怎樣 都 欺騙-條 可以-現-呢
　　　　怎麽都欺得呢。（二12b7-8）

4-301　olhoquka-ngge.
　　　　可畏-名
　　　　險人。（二13a1）

4-302　yasa durahvn -i talixa-mbi,
　　　　眼睛 愣怔 工 亂轉-現
　　　　鮑頭是的個賊眼，（二13a2）

4-303　gakdahvri beye giratu kektehun -i emu amba haha,
　　　　瘦而高　身體　骨骼大　駝背　屬　一　大　男人

高大的個大骨膀子個身量，乾¹吃乎拉光骨頭的個大漢，（二13a2-3）

4-304　ainaha se-me emu qisui ekisaka banji-re niyalma waka,
　　　　怎樣　助-并　一　自然　悄悄　生活-未　人　不是

再不是個安分守已過的個人，（二13a3-4）

4-305　urunakv baita tuqi-mbi,
　　　　必定　事情　出-現

必定生出事來，（二13a4）

4-306　baibi-saka de niyalma be wa-me yabu-re ba-de,
　　　　平白-好像　位　人　賓　殺-并　實行-未　地方-位

平空裏只要殺人，（二13a5）

4-307　daruhai erei emgi goida-qi sengguwequke,
　　　　經常　他.屬　一起　久-條　畏懼

打成錘兒合他久在一塊兒担心，（二13a5-6）

4-308　urunakv ede holbo-bu-fi uxa-bu-mbi.
　　　　必定　他.與　連帶-被-順　拉-被-現

必定受他的連累。（二13a6）

4-309　hvlhi.
　　　　糊塗

糊塗人。（二13a7）

1　乾：底本作"幹"，依文義徑改。

4-310　　fuhali dungki,
　　　　　全然　　昏庸
　　　　　懵懂，（二13a8）

4-311　　xuwe farhvn,
　　　　　竟然　　昏昧
　　　　　渾了個動不的，（二13a8）

4-312　　suhele-he igan balame mur mar se-mbi,
　　　　　用斧砍-完　牛　　一樣　　執拗貌　　助-現
　　　　　到像著了斧子的牛是的混撞，（二13a8-13b1）

4-313　　terei emu haqin -i mukja-ra de,
　　　　　他.屬　一　　種　　屬　固執-未　位
　　　　　他那一番掘僵的上頭，（二13b1）

4-314　　niyalma dulemxe-me gama-ra be sar-kv oso,
　　　　　人　　　　忽略-并　　　處理-未　賓　知道-未否　成爲.祈
　　　　　人家担待他都不知道，（二13b1-2）

4-315　　nememe beye-be mangga ara-me uru gai-mbi.
　　　　　反倒　　自己-賓　　出衆　　做-并　正確　要-現
　　　　　反道説自己能幹行的是。（二13b2-3）

4-316　　miusihodo-bu-ra-kv-ngge.
　　　　　歪曲-使-未-否-名
　　　　　不叫走邪道兒的。（二13b4）

4-317　　damu beye boloko o-ki se-re jalin-de,
　　　　　祇是　自己　乾净　　成爲-祈　助-未　爲了-位
　　　　　只脱自己的乾净，（二13b5）

4-318 niyalma be hon muri-bu-qi,
　　　　人　　賓　很　委屈-使-條
　　　　過於冤屈人，（二13b5-6）

4-319 aqabu-me karula-ra-ngge aibi-deri ji-dere be sa-ha-bi,
　　　　相應-幷　報復-未-名　哪裏-經　來-未　賓　知道-完-現
　　　　報應你知道從那裏來，（二13b6）

4-320 yasa gehun je-mpi tebqi-fi yabu-ha kai,
　　　　眼睛　明亮　忍耐-延　忍心-順　實行-完　啊
　　　　眼睜睜忍心害理的行了，（二13b7）

4-321 tunggen -i dolo ainaha yabu-ha-kv -i adali.
　　　　胸　　屬　裏面　怎樣　實行-完-否　屬　一樣
　　　　胸中怎麼像沒行的是的呢。（二13b7-8）

4-322 waihvngga.
　　　　不誠實
　　　　歪骨頭。（二14a1）

4-323 jafa-ha gvnin ehe,
　　　　拿-完　　心　　壞
　　　　立心歹，（二14a2）

4-324 silhingga,
　　　　嫉妒
　　　　黑心，（二14a2）

4-325 niyalma-i sain be yebele-ra-kv kuxule-mbi,
　　　　人-屬　　好　賓　喜歡-未-否　不愉快-現
　　　　氣不忿人家的好處他刺腦腥影，（二14a2-3）

4-326　ai　kani,
　　　　什麼　一致
　　　　甚麼相干，（二14a3）

4-327　inenggi-dari hiqu-re qihala-ra jali jalu¹,
　　　　日子-每　　找毛病-未　尋趁-未　奸計　滿
　　　　終日家瞅空子尋稱全套兒，（二14a3-4）

4-328　ere-be jing baita obu-fi,
　　　　這-賓　正　事情　作爲-順
　　　　把這個當本事，（二14a4）

4-329　umai naka-ra-kv,
　　　　全然　停止-未-否
　　　　不撩開手，（二14a4）

4-330　uttu daixa-qi²,
　　　　這樣　亂鬧-條
　　　　這們糊鬧³，（二14a4-5）

4-331　niyalma ali-me gai-fi janquhvn -i baibi waji-qi jai ai hendu-mbi⁴.
　　　　人　　　接受-并 取-順　甘甜　　工　祇是　完結-條 再 什麼　説-現
　　　　人都不怎麼甘受⁵可不好麼。（二14a5-6）

4-332　bardanggila-bu-ra-kv-ngge.
　　　　矜誇-使-未-否-名
　　　　不叫狂妄的。（二14a7）

1　jalu：聽松樓本、先月樓本無此詞。
2　daixaqi：聽松樓本、先月樓本作yabuhai。
3　糊鬧：聽松樓本、先月樓本作"行去"。
4　jai ai hendumbi：聽松樓本、先月樓本作saka akv semeu。
5　人都不怎麼甘受：聽松樓本、先月樓本作"人家白受"。

4-333　muse nantuhvn be ai-se-mbi,
　　　　咱們　污穢　賓　什麼-説-現
　　　　且莫説咱們這一澇兒的,（二14a8）

4-334　han be hono hasgan dabali haxakv bai-ha se-he-bi,
　　　　皇帝 賓　還　圍欄　超越　炊尋　求-完　説-完-現
　　　　人説皇帝還有個憋住了的時候,（二14a8-14b1）

4-335　takasu aibi-de bi,
　　　　等候.祈　哪裏-位　有
　　　　且慢著在那裏呢,（二14b1）

4-336　fajuhu luksi-re erin de isina-ha manggi,
　　　　肛門　刺痛-未　時候　位　到達-完　之後
　　　　屎到了屁股門子的時候,（二14b1-2）

4-337　fingka-ra fingka-ra-kv be muse jai tuwa-ki.
　　　　墮-未　　墮-未-否　賓　咱們　再　看-祈
　　　　咱們再看著急不著急。（二14b2-3）

4-338　ufara-bu-ra-kv-ngge.
　　　　錯-使-未-否-名
　　　　不叫失錯的。（二14b4）

4-339　enteke niuhon abka genggiyen xun de,
　　　　這樣　　蒼　　天　　清平　　太陽　位
　　　　這們個清平世界,（二14b5）

4-340　si fafun xajin akv yabu-mbi,
　　　　你　法度　法門　否　實行-現
　　　　你要無法無天的行,（二14b5-6）

4-341　ainaha o-mbi-ni,
　　　　怎麼　可以-現-呢
　　　　未必使得,（二14b6）

4-342　beye-be inu bodo-qi aqa-mbi,
　　　　自己-賓　也　估算-條　應該-現
　　　　自己也該酌量自己,（二14b6）

4-343　emgeri bulderile-he-de[1] ilan mudan tonggoli-mbi se-he-kai,
　　　　一次　　失前蹄-完-位　三　　次　　翻跟斗-現　　説-完啊
　　　　人説是一脚兒錯了百脚兒錯,（二14b7）

4-344　sinde ai fiyanji,
　　　　你.與 什麼 屏障
　　　　誰扶庇卻,（二14b7-8）

4-345　muse geli we-de ertu-he-bi.
　　　　咱們　又　誰-與 倚仗-完-現
　　　　咱們仗著的是誰。（二14b8）

4-346　fusi.
　　　　下賤的
　　　　異樣種兒。（二15a1）

4-347　te mujakv yabu-hai be den o-ho,
　　　　現在 的確　行走-持 我們 高 成爲-完
　　　　如今走的高在了,（二15a2）

1　bulderilehede：意不詳,或爲buldurihede變體,語法標注據後者出。

4-348　yasa abka baru xa-me tuwa-me yabu-mbi,
　　　　眼睛　天　向　瞧-并　看-并　實行-現
　　　　眼眶子大了，（二15a2-3）

4-349　fakqa-fi udu goida-ha,
　　　　離開-順　幾　久-完
　　　　離開了几日，（二15a3）

4-350　alhvda-me jili sukdun gemu tuqi-ke-bi,
　　　　模仿-并　怒氣　氣息　也　出-完-現
　　　　學的也會生氣了，（二15a3-4）

4-351　inu ainqi fe demun be dasa-ha hala-ha se-me gvni-ha,
　　　　也　想必　就　毛病　實　改正-完　更換-完　助-并　想-完
　　　　想是舊毛病都改換了那們想著來著，（二15a4-5）

4-352　fonji-qi da doro kemuni dunda je-me hamu sefere-mbi.
　　　　問-條　原本　道理　還是　猪食　吃-并　屎　抓-現
　　　　問人呢還是不改舊營生嚷屎幹臢。（二15a5-6）

4-353　tarun.
　　　　頂撞
　　　　嘴快的。（二15a7）

4-354　sini tere piyatar se-me angga de,
　　　　你.屬　那　嘴快貌　助-并　嘴　位
　　　　搭你那潦三巴四嘴快的上頭，（二15a8）

4-355　ek　se-fi gemu hutu o-bu-ha kai,
　　　　厭煩貌　助-順　都　鬼　成爲-使-完　啊
　　　　人都嫌透了，（二15a8-15b1）

4-356　si geli　aina-ki se-mbi,
　　　　你 又　做什麼-祈 助-現
　　　　你可是要怎麼，（二15b1）

4-357　gebu　o-ki se-mbi-o?
　　　　名字　成爲-祈 助-現-疑
　　　　要名兒使麼?（二15b1）

4-358　dasa　　hala se-he-de elei nukqi-mbi,
　　　　治理.祈 更換.祈 助-完-位 越發 激怒-現
　　　　越叫往好裏走越賭憋兒，（二15b1-2）

4-359　gemu eime-me seshe-me tuttu gisure-qi,
　　　　都　　討厭-并　厭煩-并 那樣　説-條
　　　　衆人一口同音的説你討厭討嫌，（二15b2-3）

4-360　sinde urunakv majige bi-fi dere,
　　　　你.與　必定　稍微　有-順 吧
　　　　想是你必定有些兒，（二15b3）

4-361　ainu　　urui de gemu akv se-mbi,
　　　　爲什麼 盡是 位 都　否　説-現
　　　　怎麼遭遭都説是没有呢，（二15b3-4）

4-362　simbe bele-me　ala-ha de,
　　　　你.賓 陷害-并　告訴-完 位
　　　　人家葬送你，（二15b4）

4-363　tere niyalma ai baha-mbi.
　　　　他　 人　　 什麼 得到-現
　　　　他得的是甚麼呢。（二15b4-5）

4-364　　goimangga.
　　　　　風流的
　　　　淫浪的。（二15b6）

4-365　　gege tuhe-me sakda-ka-bi-o?
　　　　　姐姐　倒下-并　變老-完-現-疑
　　　　姐姐老的動不得了麼？（二15b7）

4-366　　baibi sektefun ninggu-de goida-me nike-me taqi-mbi,
　　　　　祇是　坐褥　　上面-位　久-并　靠-并　學-現
　　　　只好在墊子上學著倚著靠著的，（二15b7-8）

4-367　　ambakan bou-i kouli se-qi,
　　　　　大些　　家-屬　規矩　説-條
　　　　説是大些人家的規矩，（二15b8）

4-368　　koiton ainaha wesihun ni,
　　　　　詭詐　　怎麼　　貴重　　呢
　　　　喬樣何足爲貴，（二15b8-16a1）

4-369　　fiyan yangse se-qi,
　　　　　容貌　樣子　説-條
　　　　説是壯，（二16a1）

4-370　　sektefun qirku de inu giyanakv ai tukiye-bu-mbi,
　　　　　坐褥　　枕頭　位　也　能有　　什麼　抬-使-現
　　　　覷好看坐褥枕頭乘的起甚麼，（二16a1-2）

4-371　　se asigan de baibi teisu waka i¹ gebu be emdubei baha-qi,
　　　　　歲數年輕　位　祇是　本分　不是　屬　名字　賓　祇管　得到-條
　　　　年小小兒的只好得個不值的名兒，（二16a2-3）

1　i: 二酉堂本、雲林堂本無此詞。

4-372　tere mangga hvda be adarame nemxe-mbi.
　　　　那　　貴重　價值　賓　怎麼　　　貪-現
　　　　怎麼挣那高貴身分的價兒。（二16a3-4）

4-373　dufe.
　　　　荒淫
　　　　淫婦。（二16a5）

4-374　saixaquka umai fun fiyan be lumba-ra de akv,
　　　　值得贊揚　　全然　粉　胭脂　賓　抹滿-未　位　否
　　　　討彩不在乎鼓盗烟脂粉，（二16a6）

4-375　sain ehe　ai o-qibe　da banin qi tuqi-re aibi,
　　　　好　壞　什麼 成爲-讓 原本 性格 從　出-未　哪裏
　　　　好與歹總不出生成長就的面目，（二16a6-7）

4-376　beye-be haqihiya-me,
　　　　自己-賓　　勉强-并
　　　　勉强，（二16a7-8）

4-377　bolho ginqihiyan o-bu-fi,
　　　　乾净　華麗　　成爲-使-順
　　　　粉飾，（二16a8）

4-378　damu boqihi haqika yabu-me ama aja-i dere de hamu iju-qi,
　　　　祇是　　醜　　丢臉　行事-并　父　母-屬　臉　位　屎　抹-條
　　　　只是丢醜行腌臢的事兒給父母撩臉，（二16a8-16b1）

4-379　ere dalibun akv abka,
　　　　這　遮攔　否　天
　　　　這個朗朗的乾坤，（二16b1）

4-380　xun de adarame uju tukiye-mbi.
　　　　太陽 位 怎麼　　頭　　抬-現
　　　　怎麼抬頭使臉見天日。（二16b2）

4-381　derakv-ngge.
　　　　沒體面-名
　　　　沒臉面的。（二16b3）

4-382　hehe nimequke,
　　　　女人　厲害
　　　　婦人可惡，（二16b4）

4-383　sula sinda-mbi se-re-de hanqi hala-bu-ra-kv,
　　　　空閒 放-現　助-未-位 近　　更換-使-未-否
　　　　要放小不叫籠邊兒，（二16b4）

4-384　majige fime-qi tede[1] buqe-mbi,
　　　　稍微　靠近-條 他.與 死-現
　　　　但粘他一點兒死給他瞧，（二16b4-5）

4-385　hamu tuwakiya-me je-tere indahvn -i adali,
　　　　屎　　看守-并　　吃-未　狗　　屬 相似
　　　　看著一泡熱屎吃的[2]狗是的，（二16b5）

4-386　ejele-fi ger se-me,
　　　　占領-順 連連叫貌 助-并
　　　　占拉著惡狠狠的，（二16b6）

1　tede：二酉堂本、雲林堂本作tein。
2　的：聽松樓本、先月樓本作"屎"。

4-387　　asuki be tuwa-me kvwang se-mbi,
　　　　聲音　賓　看-并　狗咬聲　助-現
　　　　有個勳星兒就咬,（二16b6）

4-388　　tede bou-i hehe-si kvli-fi,
　　　　那.位　家-屬　女人-複　嚇住-順
　　　　因他那們樣的家下女人們嚇的,（二16b6-7）

4-389　　uju unqehen somita-me yohorxo-mbi[1].
　　　　頭　尾巴　躲藏-并　冲成溝-現
　　　　縮頭縮腦的。（二16b7）

4-390　　tafula-ra-ngge.
　　　　勸-未-名
　　　　勸放小的。（二16b8）

4-391　　bethe fejile takvra-ra hehe bi-qi,
　　　　脚　下　差遣-未　女人　有-條
　　　　脚底下有個使女,（二17a1）

4-392　　yebe dere,
　　　　稍好　吧
　　　　有好處,（二17a1）

4-393　　ainaha damu dufe -i jalin ni,
　　　　豈能　祇是　荒淫　屬　爲了　呢
　　　　未必就只圖淫欲,（二17a1-2）

---

[1] yohorxombi：意不詳，或爲yohoronombi之意，語法標注據後者出。

4-394　　hanqi erxe-bu-me,
　　　　　近　 服侍-使-并
　　　　　扶侍便宜，（二17a2）

4-395　　uxa-me waxxa-me fata-me fori-mbi,
　　　　　撓-并　 抓-并　 捏-并　 打-現
　　　　　抓撓拍[1]搥，（二17a2-3）

4-396　　dele wala be faksala-me,
　　　　　上　下　賓　分開-并
　　　　　分上下，（二17a3）

4-397　　dorgi tulergi -i giyan be getukele-mbi,
　　　　　內　 外　 屬 道理 賓　察明-現
　　　　　明內外，（二17a3-4）

4-398　　beye be orolo-fi erge-me jirga-mbi,
　　　　　自己 賓 代替-順 安息-并 安歇-現
　　　　　待勞自己受用，（二17a4）

4-399　　tuttu goqika se-he-bi,
　　　　　那樣　 侍者 叫作-完-現
　　　　　故此叫作個貼身的侍兒，（二17a4-5）

4-400　　inu aha-i ton kai,
　　　　　也　奴僕-屬 數 啊
　　　　　也在奴才之內，（二17a5）

4-401　　ainu hetu dedu-fi uju lasihi-mbi.
　　　　　爲什麽 橫　躺-順　頭　揮-現
　　　　　爲甚麽橫檔著擺下頭來不依。（二17a5-6）

---

1 拍：聽松樓本、先月樓本作"揉"。

4-402　moqo.
　　　　笨拙
　　　　拙的。（二17a7）

4-403　eme　tete　tata　tere　o-fi,
　　　　母親　蹦蹦　跳跳　那個　成爲-順
　　　　抖抖搜搜是那們個娘母子，（二17a8）

4-404　banji-ha　juse youni fusi,
　　　　出生-完　孩子.複　都　下賤
　　　　養的孩子們都是根種子，（二17a8）

4-405　emke qi emken elje-mbi,
　　　　一個　從　一個　抗拒-現
　　　　一個比一個賭憋兒，（二17b1）

4-406　gala weilen oron bahana-ra-kv,
　　　　手　活計　全然　領會-未-否
　　　　女人的活計全不會，（二17b1）

4-407　ili-fi　angga gakahvn -i dadara-fi,
　　　　起來-順　嘴　咧開　工　咧嘴-順
　　　　扒起來張著口兒，（二17b1-2）

4-408　xa-me　tuwa-me buda aliya-mbi,
　　　　盯着瞧-并　看-并　飯　等-現
　　　　眼巴巴的等飯吃，（二17b2）

4-409　faksi be inu jou,
　　　　巧　賓　也　罷了
　　　　也不圖巧，（二17b3）

4-410　　ainame dere dali-me muwaxa-qi ai bai-re,
　　　　　將就　臉　擋-并　粗略作-條　什麼　要-未
　　　　　不管怎麼的粗針大綫的檔臉兒也好,（二17b3-4）

4-411　　beye mutu-ha-qi　ini taqi-ha se-re-ngge ulme semi-mbi.
　　　　　身體　生長-完-從　他.屬　學-完　助-未-名　針　紉針-現
　　　　　長成人他學的是只會認針。（二17b4）

4-412　　an jafa-ra-kv-ngge.
　　　　　常規 拿-未-否-名
　　　　　没個定規的。（二17b5）

4-413　　hehe niyalma-i kouli erde ili-mbi,
　　　　　女　　人-屬　　規矩　早晨　起來-現
　　　　　女人的規矩要早起,（二17b6）

4-414　　dere yasa obo-fi,
　　　　　臉　眼睛　洗-順
　　　　　洗了手臉,（二17b6）

4-415　　uju iji-me merhe-mbi,
　　　　　頭　梳理-并　箆-現
　　　　　梳子梳箆子箆,（二17b6-7）

4-416　　isa-bu-me xoxo-fi oilo xufa hvwaita-mbi,
　　　　　束-使-并　總結-順　表面　包頭　綁-現
　　　　　攏起頭髮來罩包頭,（二17b7）

4-417　　si tuttu akv,
　　　　　你 那樣　否
　　　　　你可不那們的,（二17b8）

4-418　sifi-fi　iqihiya-mbi,
　　　戴簪子-順　整理-現
　　　揸帶了又整理，（二17b8）

4-419　waji-fi miyami-mbi,
　　　完結-順　打扮-現
　　　梳妝¹畢了從打辦，（二17b8）

4-420　gemu fudasi,
　　　都　　悖謬
　　　比人性情各別。（二18a1）

4-421　boqihi.
　　　醜
　　　醜女人。（二18a2）

4-422　hehe dodangga gurehe de gurun waji-mbi,
　　　女人　怪物　　懶惰　位　眾人　完結-現
　　　是個蹺蹊女人臉憨皮厚討萬人嫌，（二18a3）

4-423　mersene-me kerkene-fi mujakv hoqikon ara-mbi,
　　　起雀斑-并　滿臉麻子-順　的確　俊美　假裝-現
　　　瘢著個套雲麻子的臉肯上俊，（二18a3-4）

4-424　ningning niyangniyang² gisure-me,
　　　　夭夭　　　蹊蹊　　　　説-并
　　　夭夭蹊蹊的説話，（二18a4）

1　妝：底本作"裝"，依文義逕改。
2　ningning niyangniyang：具體意不詳，多形容女子説話聲。

4-425　　aimaka mukv-fi axu-ka adali,
　　　　　好像是　含-順　銜-完　一樣
　　　　　到像嘴裏含著甚麽是的，（二18a4-5）

4-426　　aqa-ha de ishule-qi o-jora-kv,
　　　　　見面-完 位　對面-條　可以-未-否
　　　　　會見了對不得面，（二18a5）

4-427　　ekqin jolo be yala we aibi-de sabu-ha-bi.
　　　　　醜　　鬼　實　果然　誰　哪裏-位　看見-完-現
　　　　　牛頭馬面誰在那裏看見來著。（二18a6）

4-428　　gabula.
　　　　　饞
　　　　　饞婦人。（二18a7）

4-429　　ese-i　　bou ai banji-mbi,
　　　　　這些人-屬　家　什麽　生活-現
　　　　　他們家過的是甚麽，（二18a8）

4-430　　inenggi herde-mbi,
　　　　　日子　　奔走尋求-現
　　　　　混日子罷了，（二18a8）

4-431　　hehe dede dada teri[1],
　　　　　女人　不穩重貌　那個.屬
　　　　　女人叠叠邪邪的那們個樣兒，（二18a8-18b1）

1　teri：意不詳，疑爲terei之誤，語法標注據後者出。

4-432　　damu somi-me dalda-me sisi-mbi,
　　　　　祇是　藏躲-并　遮蓋-并　塞-現
　　　　　只會曳著藏著的囊嗉，（二18b1）

4-433　　hebu xaniya niyeqen emu farsi bi-o?
　　　　　綫接頭　碎布　補丁　一　塊　有-疑
　　　　　邪頭摸角兒的布丁有一塊兒麼？（二18b1-2）

4-434　　ehe sain tonggo emu dangxan bi-o?
　　　　　壞　好　綫　一　綫頭　有-疑
　　　　　好歹的綫有一條兒麼？（二18b2）

4-435　　tuwa-ra ba akv elenggi,
　　　　　看-未　地方　否　懶散
　　　　　哈帳了個不堪，（二18b2-3）

4-436　　akda-ra-kv oqi,
　　　　　相信-未-否　若是
　　　　　若是不信，（二18b3）

4-437　　weilen -i haqin be tede fonji-me tuwa,
　　　　　活計　屬　種類　賓　他.與　問-并　看.祈
　　　　　你問問他的活計看，（二18b3-4）

4-438　　ahita　　　　tuhete be tere ainaha ulhi-mbi.
　　　　　衣服兩邊因短翹起下垂　賓　他　豈能　懂-現
　　　　　膈肢窩的翹搭拉他也未必懂的。（二18b4）

4-439　　xodokv.
　　　　　好閑走的
　　　　　剏門子的。（二18b5）

4-440　dokdo dakda goidanahangge,
　　　　跳來　跳去　　癡人
　　　　刀搭刀搭的個歪拉骨，（二18b6）

4-441　damu hoxxo-me eigen be hvbixa-mbi,
　　　　袛是　引誘-并　丈夫　賓　狐媚-現
　　　　就只會哄訟漢子狐媚眼到的，（二18b6-7）

4-442　dambagu be angga qi hoko-bu-ra-kv,
　　　　烟　　　賓　嘴　從　離開-使-未-否
　　　　烟袋不離口¹，（二18b7）

4-443　pos pos sengsere-bu-me fangxa-mbi,
　　　　噗噗吹貌　　嗆-使-并　　　熏-現
　　　　噴兒噴兒的薰死個人，（二18b7-8）

4-444　gaitai gaitai fayangga² akv golo-bu-me³,
　　　　忽然　忽然　靈魂　　否　驚嚇-使-并
　　　　猛個丁的裝病嗐人一跳，（二18b8-19a1）

4-445　yasa fu-me piyas pis bakqin adaki bou-i bokson be mana-bu-mbi,
　　　　眼睛　抹-并　東竄　西走　對面　鄰居　家-屬　門檻　賓　磨坏-使-現
　　　　揉揉眼睛搖兒擺兒的把街房的門檻子都磨明了，
　　　　（二19a1）

4-446　uju dere be inu iqihiya-ra-kv,
　　　　頭　臉　賓　也　整理-未-否
　　　　頭臉都不整，（二19a2）

1　口：聽松樓本、先月樓本作"嘴"。
2　fayangga：聽松樓本、先月樓本作sui mangga。
3　golobume：聽松樓本、先月樓本作golabume。

4-447　ibagaxa-me feniyen aqa-ha se-he-de,
　　　　做怪-并　　人群　聚合-完　助-完-位
　　　　瘋獐會成伙兒，（二19a2-3）

4-448　udu bou qeni ilenggu de sekte-bu-fi niyaniu-mbi,
　　　　幾　家　他們.屬　舌　位　墊-使-順　　嚼-現
　　　　幾家子墊他們的舌根板子嚼蛆，（二19a3）

4-449　haha hvli-mbu-re de liyeliye-fi,
　　　　男人　迷惑-被-未　位　昏迷-順
　　　　漢子叫他狐媚住了，（二19a3-4）

4-450　kemuni angga qi tuhe-bu-ra-kv makta-mbi.
　　　　還　　嘴　從　融化-使-未-否　稱贊-現
　　　　含的口裏怕化了是的誇他。（二19a4）

4-451　usun.
　　　　厭惡
　　　　厭惡人。（二19a5）

4-452　yasa ai se-me debsere-me jibere-fi,
　　　　眼睛　什麼　助-并　眨眼-并　　睞縫-順
　　　　把個眼睛媽裏媽搭的睞縫著，（二19a6）

4-453　dembei ambaki,
　　　　非常　　高傲
　　　　好不大樣，（二19a6）

4-454　mujakv durun bi,
　　　　的確　　樣子　有
　　　　肯拿制子[1]，（二19a6-7）

1　制子：聽松樓本、先月樓本作"款兒"。

4-455　　angga de inu gisun bi-qibe gemu hamu,
　　　　　嘴　位　也　話語　有-讓　都　屎
　　　　　雖有幾句話都洋的是屎湯子，（二19a7）

4-456　　usun dakvla be maka¹ aide si tuttu buye-he-bi,
　　　　　厭惡　肚囊　賓　莫不是　何以　你　那樣　愛-完-現
　　　　　他把那厭物點心怎麼就看上了，（二19a7-8）

4-457　　yong se-re longsikv be agu ainqi sa-mbi dere,
　　　　　愚昧貌　助-未　妄談的人　賓　兄長　想必　知道-現　吧
　　　　　没溜兒的滂刀鬼你想是知道，（二19a8-19b1）

4-458　　sinde fitheme aqa-mbi².
　　　　　你.與　彈奏　符合-現
　　　　　與你狠合得著。（二19b1）

4-459　　jeksi-bu-re-ngge.
　　　　　憎惡-使-未-名
　　　　　討人不待見的。（二19b2）

4-460　　sekse saksa bai ini teile,
　　　　　稍好　一些　祇　他.屬　僅僅
　　　　　不過些須他有些才兒，（二19b3）

4-461　　hoton dolo imbe bakta-ra-kv o-ho-bi,
　　　　　城　裏面　他.賓　容納-未-否　成爲-完-現
　　　　　城裏頭那裏裝得下他，（二19b3-4）

1　maka：聽松樓本、先月樓本作laka。

2　fitheme aqambi：二詞連用意爲"吻合"。

4-462　　kaiqa-ha giu -i gese,
　　　　　喊叫-完　狍子　屬　樣子
　　　　　歡[1]詐的不知是甚麼，（二19b4）

4-463　　ede tede maimada-me ba ba-de niyalma be niyeniyerxe-bu-mbi,
　　　　　這裏 那裏 搖擺着走-并 地方 地方-位　人　　賓　不忍心-使-現
　　　　　搖兒擺兒的到處裏叫人牙襯，（二19b4-5）

4-464　　niyalma oforo suk se-re-de gemu sar-kv we-be se-mbi-kai,
　　　　　人　　　鼻子　哼笑貌 助-未-位 都　知道.未-否 誰-賓　說-現-啊
　　　　　人打鼻子眼兒裏笑他都裝個沒事人兒是的，（二19b5-6）

4-465　　ere-i[2] qala jai ai aitubu-re arga bi-fi ere-be geterila-bu-mbi.
　　　　　這-屬　之外 再 什麼 救-未　計策 有-順 這-賓　醒悟-使-現
　　　　　除此再有甚麼救他的法兒著他省悟呢。（二19b6-7）

4-466　　xuqile-re-ngge.
　　　　　裝懂-未-名
　　　　　咬文嚼字的。（二19b8）

4-467　　matan tata-ra balame liyar se-me dalhvn,
　　　　　麻糖　拉-未　一樣　稀粘貌 助-并　粘
　　　　　作糖的是的拉扯不斷的粘，（二20a1）

4-468　　terei xude-me yeye niulodo[3] de hoto nime-mbi,
　　　　　他.屬 穿鑿-并　粘　膩人　　位 禿子 疼痛-現
　　　　　他那一番酸文加醋的粘說話討人嫌，叫人腦袋疼，
　　　　　（二20a1-2）

1　歡：聽松樓本、先月樓本作"狂"。

2　erei：聽松樓本、先月樓本作eren i。

3　niulodo：意不詳，或與niuloquka有關，語法標注據後者出。又，二西堂本、雲林堂本作niulando。

4-469　aqa-ha de dere de ete-ra-kv ainara se-re dabala,
　　　　見面-完 位　臉 位　勝-未-否　無奈　助-未 罷了
　　　　遇見他臉面待著没法兒那們罷了，（二20a2-3）

4-470　we gemu baitakv sula beye se-me,
　　　　誰 都　没事　閑 身體 助-并
　　　　誰都是没事的閑身子襯甫兒，（二20a3）

4-471　jing ini tere lolo se-re-de aqabu-mbi.
　　　　正好 他.屬 那 嘮叨貌 助-未-位 迎合-現
　　　　儘著和他瞎潦。（二20a3-4）

4-472　katunja-bu-ra-kv-ngge.
　　　　挣扎-使-未-否-名
　　　　不叫閙怔的。（二20a5）

4-473　ume kvwasada-me bardanggila-ra,
　　　　不要　誇張-并　　説大話-未
　　　　別蝎蝎唬唬的潦嘴，（二20a6）

4-474　holhon sai-bu-rahv,
　　　　小腿　咬-被-虛
　　　　看咬了腿丁骨，（二20a6）

4-475　tere se-re-ngge ehe indahvn kai,
　　　　他 稱爲-未-名 惡　狗　啊
　　　　他是個惡狗，（二20a6-7）

4-476　neqi-fi aina-ki se-mbi,
　　　　招惹-順 做什麼-祈 助-現
　　　　惹他作甚麼，（二20a7）

4-477　yaya-de hono ba bu-ra-kv,
　　　　諸凡-位　還　地方　給-未-否
　　　　憑他是誰不給留分兒，（二20a7-8）

4-478　aina-qi uthai aina-ki se-re ba-de,
　　　　做什麼-條　就　做什麼-祈　想-未　地方-位
　　　　要怎麼就怎麼，（二20a8）

4-479　simbe se-he-de nokai ja dabala,
　　　　你.賓　説-完-位　很　容易　罷了
　　　　要說是你吃了密蜂兒屎了，（二20a8-20b1）

4-480　si tere be adarame tuwa-ha-bi,
　　　　你　他　賓　怎麼　看-完-現
　　　　你怎麼瞧著他了，（二20b1）

4-481　dere mahvla-ha de we ya be gemu taka-ra-kv kai.
　　　　臉　塗抹-完　位　誰　哪個　賓　都　認識-未-否　啊
　　　　翻了臉是誰他都不認的。（二20b2）

4-482　tuwakiya-bu-re-ngge.
　　　　看守-使-未-名
　　　　叫看著窮的。（二20b3）

4-483　si emu akv yada-ra niyalma,
　　　　你　一　否　貧窮-未　人
　　　　你是個沒有的窮人，（二20b4）

4-484　teisu akv be tabuxa-me tohixa-mbi,
　　　　本分　否　賓　勾住-并　濫求人-現
　　　　高攀望想央求，（二20b4-5）

4-485　youni jabxan de　ai kemun,
　　　　全部　饒倖　位　什麼　標準
　　　　都是冒冒矢的有個甚麼捆兒，（二20b5）

4-486　juwan de　funiya-fi¹ boljo-qi　o-mbi-o se-re-ngge,
　　　　十　　位　有度量-順　約定-條　可以-現-疑　助-未-名
　　　　倘若是定得個甚麼，（二20b5-6）

4-487　uttu　yasa waji-me silenggixe-re,
　　　　這樣　眼睛　完結-并　垂涎-未
　　　　都是如此眼饞肚飽的，（二20b6）

4-488　balai sengserxe-qi mujangga-saka daila-ha dabala,
　　　　輕慢　嗆-條　　　　確實-好像　　發瘋-完　罷了
　　　　打心裏見不得東西實在的瘋了，（二20b7）

4-489　tede　bi　yala buqe-he.
　　　　他.與　我　真是　死-完
　　　　我替他羞的要死。（二20b7-8）

4-490　anggalinggv.
　　　　嘴巧
　　　　有嘴媽子的。（二21a1）

4-491　febigiye-mbi,
　　　　說夢話-現
　　　　胡呲，（二21a2）

1　funiyafi：意不詳，或與funiyagan有關，語法標注據"有度量"這一詞根及該詞結構出。

4-492　goro　gene-qina　baibi　xan -i hanqi,
　　　　遠　　去-祈　　衹是　耳　屬　近
　　　　遠遠的説去罷只在耳根台子跟前，（二21a2）

4-493　kabsita-ra be　ini erdemu obu-fi,
　　　　莽撞-未　賓　他.屬　武藝　當作-順
　　　　把强嘴當他的武藝子，（二21a2-3）

4-494　tabsita-ra be bengsen ara-ha-bi,
　　　　饒舌-未　賓　本事　假裝-完-現
　　　　把嘴快當個本事，（二21a3）

4-495　nime-bu-he-kv ofi　si tuttu dere,
　　　　難受-使-完-否　因爲　你　這樣　吧
　　　　他没經著利害呢，（二21a3-4）

4-496　unde,
　　　　尚未
　　　　早哩，（二21a4）

4-497　takasu aibide bi,
　　　　等.祈　哪裏　有
　　　　放著他在那裏哩呢，（二21a4）

4-498　yasa　kat kat axxa-ra erin be,
　　　　眼睛　不停活動貌　動-未　時候　賓
　　　　自然有個翻白眼的時候，（二21a4-5）

4-499　si aiseme ekxe-mbi.
　　　　你　怎麼　急-現
　　　　你急他怎麼。（二21a5）

4-500　kelfisite-re-ngge[1].
　　　　摇摆-未-名
　　　　没個定見的。（二21a6）

4-501　fuhali niyalma de gvnin bu-re niyalma waka,
　　　　全然　人　位　心　給-未　人　不是
　　　　再不是個交心的個人，（二21a7）

4-502　terei emgi goida-ki se-qi,
　　　　他.屬 一起　久-祈　想-條
　　　　要和他天常地久的，（二21a7-8）

4-503　enqu emu gvnin ilibu-fi,
　　　　另外　一　主意　起-順
　　　　只得另立一個主意，（二21a8）

4-504　heni tede ba bu-ra-kv,
　　　　稍微　他.與　地方　給-未-否
　　　　再不給他留分兒，（二21a8-21b1）

4-505　dangxa-ra dulin,
　　　　責怪-未　一半
　　　　一半兒數唠，（二21b1）

4-506　taqihiya-ra dulin,
　　　　教導-未　一半
　　　　一面兒教道，（二21b1）

4-507　tuttu bukdaxa-me tuya-me,
　　　　那樣　折疊-并　撅折-并
　　　　那樣揉挫著，（二21b1-2）

---

1 kelfisiterengge：意不詳，或與kelfixembi有關，語法標注據"摇摆"這一詞根及該詞結構出。

4-508　damu salibu-ra-kv gama-qi kemuni o-mbi,
　　　　祇是　估算-未-否　處理-條　還　可以-現
　　　　不叫他得主意纔使得，（二21b2）

4-509　majige dere bu-me sula o-bu-qi,
　　　　稍微　臉　給-并　鬆散　成爲-使-條
　　　　撩給他個臉兒放鬆一把，（二21b3）

4-510　uthai beye demesile-me,
　　　　就　自己　怪異-并
　　　　他就會作起怪來腳言大話，（二21b3-4）

4-511　suwe gemu sasa ijila-fi minde latu-nju se-re,
　　　　你們　都　一齊　合群-順　我.與　粘合-來.祈　助-未
　　　　你們都練了群兒惹我來罷，（二21b4）

4-512　fudesi amba gisun tuqi-mbi.
　　　　悖謬　大　話　出-現
　　　　那們的胡説。（二21b4-5）

4-513　jalingga.
　　　　狡猾
　　　　奸訛的。（二21b6）

4-514　toso-ro mangga niyalma,
　　　　防備-未　善於　人
　　　　善會截人心的人，（二21b7）

4-515　niyalma sure,
　　　　人　聰明
　　　　爲人聰明，（二21b7）

4-516　ememu gvnin be tubixe-qi ende-ra-kv baha-mbi,
　　　　或者　　心　賓　揣測-條　　錯-未-否　得到-現
　　　　一會兒家猜人的心一猜一¹個著,（二21b7-8）

4-517　urui de gemu simbe jabxa-bu-re be abka ainaha o-joro,²
　　　　儘是　位　都　你.賓　饒倖-使-未　賓　天　怎樣　可以-未
　　　　儘著便益你老天未必肯,（二21b8-22a1）

4-518　niyalma-i baita de dabana-ha niyalma,
　　　　人-屬　　事　位　過分-完　　人
　　　　過於人事,（二22a1-2）

4-519　tunggen -i dolo guku-mbi.
　　　　胸　　　屬　道理　滅亡-現
　　　　天理滅。（二22a2）

4-520　giru-ra-kv-ngge.
　　　　害羞-未-否-名
　　　　不害羞的。（二22a3）

4-521　dere soroqo-qi aqa-ra ba-de,
　　　　臉　　羞-條　　應該-未　地方-位
　　　　該發燒的去處,（二22a4）

4-522　geli umai yertexe-me dere wenje-ra-kv,
　　　　又　全然　慚愧-并　　臉　發熱-未-否
　　　　又并不害燥臉不發熱,（二22a4-5）

1　一：聽松樓本、先月樓本無此字。
2　從4-517的"jabxabure"至4-537一段內容,二酉堂本、雲林堂本將其置於4-490之前。

4-523　murakv murakv ba-de jaksa-me duksu-fi guru-mbi,
　　　　不存在　不存在　地方-位　出紅霞-并　羞紅-順　發紅-現
　　　　没影兒没影兒的地方臉紅了個紫個搭，（二22a5）

4-524　dere yasa fularja-ra-ngge niyaman jaka -i hvr se-me majige jili,
　　　　臉　眼睛　紅潤-未-名　　心　　地方 屬 發火貌 助-并 稍微　怒氣
　　　　臉紅是人心裏的一點子火，（二22a6-7）

4-525　sini xalibu-ha dere de ainaha senggi bi.
　　　　你.屬 發白-完　臉　位　怎樣　　血　有
　　　　你那哑了血去的臉那裏有個血色兒呢。（二22a7）

4-526　miyamisita-ra-ngge.
　　　　粉飾-未-名
　　　　說會煤洗的。（二22a8）

4-527　holo taxan be gvnin bi-fi¹ miyami-me dalita-ra-ngge,
　　　　虛假　假的　賓　心　有-順　粉飾-并　　遮蔽-未-名
　　　　有心要遮護虛假，（二22b1）

4-528　dere xehun jilerje-me adarame tuttu je-mpi mute-mbi,
　　　　臉　明亮的 不知羞恥-并 怎麼　那樣　忍耐-延　能够-現
　　　　腆著個臉忍心害理怎麼那們忍的，（二22b1-2）

4-529　niyalma² tuwa-ra-ngge muse ere dere kai,
　　　　人　　　　看-未-名　　咱們　這　臉　啊
　　　　人看的是咱這個臉旦子，（二22b2-3）

4-530　si dere be neneme waji-qi,
　　　　你 臉 賓　先　　完結-條
　　　　你先把臉没了，（二22b3）

1　bifi：聽松樓本、先月樓本作bikai。
2　niyalma：聽松樓本、先月樓本作akalma。

4-531　jai　ai-be jafa-fi gurun de tuwa-bu-mbi.
　　　　再　什麼-賓 拿-順　衆人　與　看-被-現
　　　　拿個甚麼給衆人瞧。（二22b4）

4-532　dube.
　　　　末端
　　　　下作的。（二22b5）

4-533　xoyo-me bukda-me uji-fi,
　　　　縮小-并　折疊-并　養-順
　　　　窩著撅著養活的，（二22b6）

4-534　qiqi goqi moksori soksori,
　　　　畏首 畏尾　斷然　　忽然
　　　　抽筋¹扒胯毛毛草草的，（二22b6）

4-535　muse de ai yangse,
　　　　咱們　位 什麼 樣子
　　　　咱們可捏的是甚麼款兒，（二22b7）

4-536　emu suihen² -i teisu be tuwakiya-me banji-qina,
　　　　一　 穗子　屬 本分 賓　看守-并　　生活-祈
　　　　一拿步兒看本兒過罷了，（二22b7-8）

4-537　nantuhvn demusile-me sinde geli　ai haqin geren,
　　　　污穢　　作怪-并　　你.與　又 什麼 種類 衆人
　　　　咱們這一澇兒的作怪各甚麼別，（二22b8）

1　筋：底本作"箶"，依文義徑改。
2　suihen：意不詳，或爲suihe變體，語法標注據後者出。

4-538　yokqin akv banji-ha da-de,
　　　容貌好　否　生長-完　原本-位
　　　人不出眾貌不驚人，（二23a1）

4-539　geli emu qisui akv o-qi,
　　　又　一　自然　否　成爲-條
　　　又搭著不守[1]分，（二23a1）

4-540　yargiyan -i haqihiya-me inenggi be ibka-me banji-mbi.
　　　實在　　工　催促-并　日子　實　縮短-并　生活-現
　　　實在的你要撺著日子過呢。（二23a2）

5-1　wesihun sunja-qi fiyelen
　　　貴　　　五-序　　篇
　　　高貴第五（二24a1）

5-2　gosingga.
　　　仁慈的
　　　疼人的。（二24a2）

5-3　juse de karaba,
　　　孩子.複 位 好愛護
　　　孩子們跟前護犢兒，（二24a3）

5-4　qar se-he-de aqu faqu se-mbi,
　　　一口氣 助-完-位　愛惜貌　助-現
　　　哭一聲不知疼的要怎麼，（二24a3）

---

[1] 守：聽松樓本、先月樓本作"安"。

5-5　　ere-i alimbaharakv o xo de,
　　　　這-屬　　不勝　　溺愛　位
　　　　因他無可兒不可兒疼的蝎唬的上頭，（二24a3-4）

5-6　　baha-qi gemu inde aqabu-me,
　　　　得到-條　都　他.與　相合-幷
　　　　人扒不得給他湊個趣兒，（二24a4）

5-7　　urgunje-bu-ki se-mbi,
　　　　喜悅-使-祈　　助-現
　　　　著他喜歡，（二24a5）

5-8　　ai hendu-me sakda niyalma-i gvnin be fudarame efule-mbi,
　　　　什麼說-幷　　老　　　人-屬　心　實　反倒　　破壞-現
　　　　那個好意思的倒去瀉他老人家的心，（二24a5-6）

5-9　　juse　omosi　far　se-me jalu bi-qibe,
　　　　孩子.複　孫子.複　眾多　助-幷　滿　有-讓
　　　　雖有一捕拉滿堂的兒孫，（二24a6）

5-10　ala xala gosi-re kouli akv,
　　　　偏　愛　慈愛-未　道理　否
　　　　再不肯偏一個兒向一個的疼，（二24a6-7）

5-11　tobgiya hvsime gai-fi,
　　　　膝蓋　　完整　　取-順
　　　　帶在膝下，（二24a7）

5-12　dusihi buhi de gese adali bixuxa-me tangsula-mbi.
　　　　前襟　　膝　位　樣子　一樣　撫摸-幷　　嬌養-現
　　　　兜著抱在¹懷裏一班一樣的摸索著嬌養。（二24a7-8）

1　在：聽松樓本、先月樓本作"至"。

5-13　erdemu.
　　　才德
　　　有德的。（二24b1）

5-14　se　de　o-ho,
　　　歲數 位 成爲-完
　　　有年季了，（二24b2）

5-15　gaitai gaitai hvi tai se-me uju liyeliyexe-mbi,
　　　忽然　忽然　輕舉 妄動 助-并　頭　昏迷-現
　　　一會兒一會兒家迷迷昏昏的頭發運，（二24b2）

5-16　ogo wahiya,
　　　腋下 扶.祈
　　　攙著膈肢窩，（二24b3）

5-17　yasa deri-ke-bi,
　　　眼睛　眼花-完-現
　　　眼力不濟了，（二24b3）

5-18　kemki kamki qukvsida-mbi,
　　　不顧臉面祈求貌　　亂撞-現
　　　跌腳撲腳的胡撞，（二24b3）

5-19　yarhvda-qina,
　　　領導-祈
　　　領著他些兒，（二24b4）

5-20　ajigen qi adarame suwembe tuwaxa-me hvwaxa-bu-ha,
　　　幼小　從　怎麼　你們.賓　看顧-并　成長-使-完
　　　從小兒怎麼照看著養育你們來著，（二24b4）

5-21　unu-me jaja-me bagiya-me, kaka-me
　　　擔-并　背負-并　把屎-并　拉屎-并
　　　背著耳摟著把著，拉青屎兒（二24b5）

5-22　ai　gese jobo-ho-kv-bi.
　　　什麼 樣子　受苦-完-否-現
　　　甚麼苦沒受到。（二24b5）

5-23　wesihule-bu-re-ngge.
　　　尊重-使-未-名
　　　叫人貴重的。（二24b6）

5-24　dere be haira-mbi,
　　　臉　賓　愛惜-現
　　　顧臉旦子，（二24b7）

5-25　labdu dere be gvni-mbi,
　　　多　　臉　賓　想-現
　　　再不肯傷臉，（二24b7）

5-26　berten iqihi akv derengge,
　　　缺陷　瑕疵　否　體面
　　　一點膈星兒沒有狠體面，（二24b7-8）

5-27　qilqin fuka akv[1] -i gisun hese,
　　　疙瘩　圈點　否　屬　話語 主旨
　　　言語清楚不打登兒，（二24b8）

1　qilqin fuka akv：整體意思爲"說話辦事乾净利落"。

5-28　　　yabun bi,
　　　　　品行　有
　　　　　有品行，（二24b8）

5-29　　　niyaman guqu -i jakade ler se-mbi,
　　　　　親戚　朋友　屬　跟前　和藹貌 助-現
　　　　　親友們身上和悦，（二25a1）

5-30　　　tetun inu len,
　　　　　器材　也　壯大
　　　　　氣魄來的大，（二25a1）

5-31　　　wesihun iletu,
　　　　　貴重　明顯
　　　　　顯然易見的貴重，（二25a1-2）

5-32　　　ai　ba-be jafa-fi tede duibule-mbi.
　　　　　什麼 地方-賓 拿-順　他.與　比-現
　　　　　拿那一塊兒比他。（二25a2）

5-33　　　derengge.
　　　　　體面
　　　　　體面的。（二25a3）

5-34　　　eldengge haha,
　　　　　光亮的　男人
　　　　　魁魁威威的漢子，（二25a4）

5-35　　　xehun xahvn -i fiyangga,
　　　　　明　亮　工　鮮亮
　　　　　有紅似白的面目，（二25a4）

5-36　　jayen ergi daqun,
　　　　牙關　方面　敏捷
　　　　口齒有鋒芒，（二25a4）

5-37　　dolo getuken,
　　　　心　　清楚
　　　　心裏亮掃，（二25a5）

5-38　　gisun baha-mbi oyoki,
　　　　言語　得到-現　敏捷
　　　　說的著要，（二25a5）

5-39　　banitai ambalinggv,
　　　　性格　　大方
　　　　生來的大大道道，（二25a5）

5-40　　yala hvturi yongkiya-ha-bi,
　　　　實在　福　　完備-完-現
　　　　是個全福的人，（二25a5-6）

5-41　　wesihun be jai　ai hendu-re.
　　　　高貴　　賓　再　什麼　說-未
　　　　他的那貴還用人說麼。（二25a6）

5-42　　usihangga.
　　　　像星星的
　　　　犯星象的。（二25b7）

5-43　　xengge niyalma,
　　　　神靈　　人
　　　　是個至人，（二25a8）

5-44　enduri suwaliya-me banji-ha-bi,
　　　　神仙　　混合-并　　生活-完-現
　　　　有仙風道骨，（二25a8）

5-45　eiten de gemu mangga,
　　　　所有　位　都　　出衆
　　　　各到處都精，（二25a8-25b1）

5-46　onggolo bahana-mbi,
　　　　之前　　領會-現
　　　　前知，（二25b1）

5-47　doigonde sa-mbi,
　　　　預先　　知道-現
　　　　先覺，（二25b1）

5-48　yasa genggiyen,
　　　　眼睛　明亮
　　　　眼明，（二25b1）

5-49　xan galbi,
　　　　耳　聰靈
　　　　耳聰，（二25b2）

5-50　dorgi susultungga,
　　　　心　　聰慧
　　　　心裏明亮，（二25b2）

5-51　sabu-ha de niyalma,
　　　　看見-完　位　人
　　　　人見了不由的，（二25b2）

5-52　eiqibe o-jora-kv baibi hing se-re ginggun gvnin tuqi-mbi.
　　　總得　成爲-未-否　祇是　誠心　助-未　尊敬　心　出-現
　　　只要起個誠敬的心兒。（二25b2-3）

5-53　kundule-bu-re-ngge.
　　　尊敬-使-未-名
　　　可尊敬的。（二25b4）

5-54　niyalma ferguwequke,
　　　人　　　出奇
　　　沒分兒的好人，（二25b5）

5-55　fujurungga arbuxa-mbi,
　　　文雅　　　動作-現
　　　行動斯文，（二25b5）

5-56　yaya yasa de gemu goiquka,
　　　諸凡 眼睛 位 都　恰當
　　　是人見了都掉眼，（二25b5-6）

5-57　oilokosaka[1] ba-de,
　　　表面好看　　地方-位
　　　顯然的秀氣，（二25b6）

5-58　tere geli we-de gida-bu-mbi,
　　　他　又　誰-與　壓-被-現
　　　誰能彀押得下他，（二25b6）

1　oilokosaka：意不詳，或爲oilo sain之意，語法標注據後者出。

5-59　　sasa　　ada-fi　yabu-qi　tukiye-bu-mbi,
　　　　一齊　排列-順　走-條　　抬-被-現
　　　　并著膀兒走也抬舉人,（二25b6-7）

5-60　　baha-fi　hanqi　o-ho-de　dolo　haluka,
　　　　得到-順　親近　成爲-完-位　心裏　温熱
　　　　要是得親近他人放心,（二25b7-8）

5-61　　tuwa-ra-de　baibi　eru,
　　　　看-未-位　　祇是　健壯
　　　　瞧著只是没事,（二25b8）

5-62　　ede　　esi　niyalma　de　wesihule-bu-qi.
　　　　這.位　自然　人　　　與　尊敬-被-條
　　　　這們怎不叫人敬重。（二25b8）

5-63　　gaisila-bu-ha-ngge.
　　　　牽累-被-完-名
　　　　牽奪了心的。（二26a1）

5-64　　wesihun　se　de　o-ho,
　　　　往上　　歲數　位　成爲-完
　　　　老大年季了,（二26a2）

5-65　　ouri　simen　senggi　sudala　sasa　ebere-ke　erin,
　　　　精神　營養　　血　　　脉　　一齊　衰弱-完　時候
　　　　精神血脉齊衰的時候子,（二26a2-3）

5-66　　te　xahvrun　nagan　de　oron　o-jora-kv,
　　　　現在　冷　　　炕　　位　全然　可以-未-否
　　　　如今凉炕上再也使不得了,（二26a3）

5-67　　urui dara gai-bu-mbi,
　　　　僅是　腰　　取-被-現
　　　　只好震身子,（二26a3-4）

5-68　　te beye-be uji-ki se-qi baha-ra-kv ba-de,
　　　　現在 身體-賓 養-祈 助-條 得到-未-否 地方-位
　　　　如今要養身子還不得能彀,（二26a4）

5-69　　daba-tala suila-bu-qi ainaha hami-re,
　　　　越過-至　　勞苦-被-條　怎樣　忍受-未
　　　　過於勞苦還受得麼,（二26a4-5）

5-70　　asihata bi-me geli koro baha-ngge bi-kai,
　　　　少年.複 有-并 又 損害 得到.完-名 有-啊
　　　　小夥子還有吃了虧的,（二26a5-6）

5-71　　sakda-sa o-qi jai ai tuwa-ra ba-bi.
　　　　老的.複 成爲-條 再 什麼 看-未 地方-有
　　　　老家兒們那裏使得。（二26a6）

5-72　　ebere-ke-ngge.
　　　　衰弱-完-名
　　　　弱了的。（二26a7）

5-73　　qira kos se-me wasi-ka,
　　　　臉 變瘦貌 助-并 衰敗-完
　　　　臉一下子瘦的不堪了,（二26a8）

5-74　　ai hvdun labsa ebere-ke-ni,
　　　　什麼 快 減弱 衰弱-完-呢
　　　　怎麼一會兒弱到這們一個田地了呢,（二26a8）

5-75　kemuni sakda-sa be buda-i hvsun se-he-ngge mujangga,
　　　還　　老人-複　賓　飯-屬　力量　　説-完-名　　果然
　　　説老家兒們飯食的力量果然，（二26b1）

5-76　oihori teng tang se-me guigu katun bi-he-o?
　　　何等　　堅　　硬　　助-并　健壯　強壯　有-完-疑
　　　何等樣的硬腳堅固來著？（二26b1-2）

5-77　anggasi.
　　　寡婦
　　　説寡婦的。（二26b3）

5-78　mujilengge niyalma,
　　　有心情　　　人
　　　人是有情性的，（二26b4）

5-79　we jalan -i wa be lakqa-me mute-mbi,
　　　誰　世間　屬　氣味　賓　斷-并　　能够-現
　　　誰能彀絶斷了塵世，（二26b4）

5-80　gengge gangga -i emhun simeli,
　　　孤　　　零零　工　孤獨　冷清
　　　孤苦伶仃，（二26b4-5）

5-81　aka-ra ure-re erun sui,
　　　傷-未　熟-未　刑　罪
　　　傷心罪孽，（二26b5）

5-82　dube da[1] akv-i gosihon koro,
　　　尖端　根本　否-屬　痛苦　　損害
　　　沒頭沒腦的煩惱，（二26b5-6）

---

[1] dube da：此處意爲"頭緒"。

5-83　　xakaxa-me ji-dere,
　　　　相交集-并　來-未
　　　　這一股兒那一股兒的時常來,（二2b6）

5-84　　gvnin be aqinggiya-me duri-mbi,
　　　　心　賓　搖動-并　　奪-現
　　　　奪他的心撼搖他的心,（二26b6-7）

5-85　　ere aika emu erin -i jili,
　　　　這　如果　一　時候　屬　怒氣
　　　　這可是一時幸頭兒,（二26b7）

5-86　　nergin -i mangga gvnin de dubentele be sali-fi tokto-bu-qi o-joro baita-o?
　　　　即時　屬　硬　　心　位　直到末尾　賓　支配-順　確定-使-條　可以-未　事情-疑
　　　　拿個硬心腸就能彀定得終身結局的事麼?（二26b7-8）

5-87　　tuwakiya-ra-ngge[1].
　　　　看守-未-名
　　　　守節的。（二27a1）

5-88　　akdun ofi boihon buktan -i guqu,
　　　　結實　因爲　土　　堆　屬　朋友
　　　　有操持所以做坟山的伴兒,（二27a2）

5-89　　jalangga ofi bu-he ba-be hala-ra-kv,
　　　　貞節　　因爲　給-完　地方-賓　更換-未-否
　　　　有節操所以不肯改親命,（二27a2-3）

1　tuwakiyarangge：二酉堂本、雲林堂本作tuwakiwaringge。

5-90　gosingga ofi umudu ajigan be je-mpi tebqi-fi waliya-ra-kv,
　　　仁慈的　因爲　孤單　幼小　賓　忍耐-延　忍心-順　抛弃-未-否
　　　有仁慈所以不肯弃了孤獨，（二27a3-4）

5-91　ergen be taka asara-ha-ngge waka o-qi,
　　　生命　賓　暫且　收藏-完-名　不是　成爲-條
　　　若不是寄¹生於世的，（二27a4）

5-92　adarame mute-bu-mbi.
　　　怎麽　能够-使-現
　　　這個怎麽得能殼。（二27a4-5）

5-93　jalafungga.
　　　長壽
　　　有壽的。（二27a6）

5-94　yasa dushvn himqi o-ho,
　　　眼睛　昏暗　徹底　成爲-完
　　　眼渾的抽抽小了，（二27a7）

5-95　angga kvlhvri mumuri o-ho,
　　　嘴　糊塗　没牙　成爲-完
　　　剩下牙床子牙齒都落盡了，（二27a7）

5-96　duru-ha-bi miyehune-he,
　　　老朽-完-現　行動不便-完
　　　老的動不的抽抽了，（二27a8）

1　寄：聽松樓本、先月樓本作"偶"。

5-97　　gugure-ke-bi　xoyo-ho,
　　　　彎腰-完-現　　縮小-完
　　　　腰箍魯的一堆兒，（二27a8）

5-98　　uju　axxa-mbi,
　　　　頭　　動-現
　　　　搖頭愰腦的，（二27a8）

5-99　　bomborno-ho,
　　　　晃動-完
　　　　頭發顫，（二27b1）

5-100　 funiyehe　xahvn　xara-fi　soro-ko,
　　　　頭髮　　淡白色　變白-順　發黃-完
　　　　頭髮白的都黃了，（二27b1）

5-101　 je-qi　muya-mbi,
　　　　吃-條　呻吟-現
　　　　吃東西咕噥，（二27b1）

5-102　 gisure-qi　gingsi-mbi,
　　　　說-條　　哼哼響-現
　　　　說話嘴裏兀噥，（二27b2）

5-103　 juse　omosi　gemu　sakda-fi　sumpana-ngge　sumpana-ha,
　　　　孩子.複　孫子.複　都　老-順　變斑白-完-名　變斑白-完
　　　　他的兒孫們老的蒼白的蒼白，（二27b2-3）

5-104　 xufana-ha-ngge　xufana-ha-bi[1].
　　　　有皺紋-完-名　　有皺紋-完-現
　　　　縐文的縐文了。（二27b3）

1　xufanahabi：聽松樓本、先月樓本作sufanasabi。

5-105　　hiyouxula-ra-ngge.
　　　　孝順-未-名
　　　　說孝順的。（二27b4）

5-106　　hiyouxungga juse,
　　　　孝順的　　孩子.複
　　　　孝順孩子們，（二27b5）

5-107　　ama aqa-i¹ serebu-re onggolo gvnin be toso-me gvnin akvmbu-mbi,
　　　　父　母-屬　感覺-未　以前　　心　賓　預備-并　心　　盡-現
　　　　體貼父母未有心已² 前盡心，（二27b5-6）

5-108　　tuqi-ke gvnin be tuwa-me jai karula-qi,
　　　　出-完　心　賓　看-并　再　報答-條
　　　　見了心纔報達，（二27b6）

5-109　　nanda-bu-ha kai ai ba-be gvnin akvmbu-ha se-mbi,
　　　　乞求-使-完　啊　什麼 地方-賓　心　　盡-完　　叫作-現
　　　　如同張口要後纔給的是的何謂盡心，（二27b7）

5-110　　tuttu ofi sain jui de niyaman muyahvn se-he-bi.
　　　　那樣 因為 好 孩子 位 親人　　完整　助-完-現
　　　　所以好兒子父母齊全。（二27b8）

5-111　　se baha-ngge.
　　　　歲數 得到.完-名
　　　　老年的。（二28a1）

1　aqai：應作ajai。
2　已：二酉堂本、雲林堂本作"只"。

5-112　labdu ebere-fi sosoro-ho,
　　　　多　　衰弱-順　退縮-完
　　　　狠弱的刁騷了，（二28a2）

5-113　teni makara-me sakda-ka fon qi uthai oibo-fi bedere-he ba-de,
　　　　纔　衰老-并　老-完　時候 從　就　悖晦-順　退-完　地方-位
　　　　未到老境的時候就背回的回了旋了，（二28a2-3）

5-114　bembere-ke-bi,
　　　　絮叨-完-現
　　　　忘魂大，（二28a3）

5-115　teike gisure-he gisun be teike onggo-mbi,
　　　　剛纔　說-完　話語　賓　剛纔　忘-現
　　　　一會兒說的一會兒就忘了，（二28a3-4）

5-116　mendere-ke-bi,
　　　　昏憒-完-現
　　　　短神思，（二28a4）

5-117　gisun urui taxara-bu-me tuqi-mbi,
　　　　話語　一味　出錯-使-并　出-現
　　　　說話只是肯錯，（二28a4-5）

5-118　te uthai uttu kai,
　　　　現在 就　這樣 啊
　　　　如今就是這們樣了，（二28a5）

5-119　hepere-ke-de geli absi yabsi bi-he-ni.
　　　　昏憒-完-位　又　好　怎麼　有-完-呢
　　　　到老玐塔了的時候又是怎樣的呢。（二28a5-6）

6-1　　fusihvn ningguqi fiyelen
　　　　下賤　　六.序　　篇
　　　　下賤第六（二29a1）

6-2　　dabaxakv-ngge.
　　　　過分-名
　　　　過分的逞臉兒的。（二29a2）

6-3　　farang se-me fahame te-fi,
　　　　穩當　助-并　使勁　坐-順
　　　　實拍拍的端正坐著，（二29a3）

6-4　　sabu-ha-de axxa-ra inu akv,
　　　　看見-完-位　動-未　也　否
　　　　見了人動也不動，（二29a3）

6-5　　bi yala ambula ferguwe-he,
　　　　我　誠然　甚　驚奇-完
　　　　我奇的好哪罕，（二29a3-4）

6-6　　ere ai baha,
　　　　他　什麼　得到.完
　　　　他得了甚麼了，（二29a4）

6-7　　fangkame te-fi qejen ana-ra-ngge,
　　　　端正　　坐-順　胸膛　挺直-未-名
　　　　四平八穩腆著個胸脯子坐著，（二29a4）

6-8　　dule ini dergi urse imbe derenggexe-me gai-fi,
　　　　原來　他.屬　上面　人們　他.賓　抬高-并　要-順
　　　　原來他的上司體面待他，（二29a5）

6-9   buhi ada-me te-bu-he¹ se-mbi,
       膝蓋   陪-并   坐-使-完   助-現

       挨著一塊兒坐著來著，（二29a5-6）

6-10   are   bi ai uttu ergen silemin,
       驚訝貌 我 什麼 這樣 生命   有耐力

       可恨我怎麼這樣命常，（二29a6）

6-11   erebe   ainu yasa de baibi sabu-mbi.
       他.賓 爲什麼 眼睛 位 祇是 看見-現

       眼睛裏只是看見他。（二29a7）

6-12   aha.
       奴僕

       奴才。（二29a8）

6-13   dangkan -i fatan aha bi-me,
       傳代   屬 脚底 奴僕 有-并

       正竟是個掉脚子奴才，（二29b1）

6-14   dabaxakv,
       過分

       逞臉兒，（二29b1）

6-15   uju de hada-ha,
       頭 位 釘-完

       頭頂著，（二29b1）

---

1 tebuhe：二西堂本、雲林堂本作derbuhe。

6-16　sonqoho jafa-ha jingkini ejen be yohinda-ra-kv weilu-me yabu-ki se-re,
　　　　辮子　　拿-完　真正的　主人 賓　理睬-未-否　　瞞-并　　走-祈 助-未
　　　　拍腦門子的正竟主兒他不怒視外蒯著走，（二29b2-3）

6-17　ejen jadaha ofi tuttu dabala,
　　　　主人　殘疾　因爲　那樣　罷了
　　　　主子不咱的是那們罷了，（二29b3）

6-18　aha-si seshun o-ho-de,
　　　　奴僕-複　作怪　成爲-完-位
　　　　奴才們作怪，（二29b3-4）

6-19　inu ainaha huwekiye-bu-hei uju de hamta-bu-mbi.
　　　　也　怎樣　　興奮-使-持　　頭　位　拉屎-使-現
　　　　也就未必逞的他跐著頭拉屎使得。（二29b4）

6-20　burgin.
　　　　一陣
　　　　澀剋的。（二29b5）

6-21　daqi oyombu-ra-kv,
　　　　起初　重視-未-否
　　　　原不著要，（二29b6）

6-22　keqi maqi taqi-ha,
　　　　吝　　嗇　　學-完
　　　　鷄零狗碎小器貫了，（二29b6）

6-23　　murakv¹ ba-de sini-ngge be faya-ha-bi-o?
　　　　不存在　地方-位　你.屬-名　賓　花費-完-現-疑
　　　　没影兒的地方費了你的了麽？（二29b6-7）

6-24　　jinggini baita de inu boborxo-mbi,
　　　　真正的　事　位　也　酷愛-現
　　　　正竟的事情上也捨不得，（二29b7）

6-25　　geren yasa tuwa-ra ba doro-i yangse oso se-qi,
　　　　衆人　眼睛　看-未　地方　道理-屬　樣子　成爲.祈　説-條
　　　　衆人看的地方兒體面展展樣樣的説他呢，（二29b8）

6-26　　mada-ha,
　　　　發脾氣-完
　　　　賭嗷兒，（二29b8）

6-27　　nememe xuxuri maxari,
　　　　反倒　　不　　大方
　　　　反到扣扣搜搜的，（二30a1）

6-28　　hexu haxu banin emgeri tuttu tokto-ho,
　　　　小裏　小氣　性格　一次　那樣　固定-完
　　　　毛毛草草的一遭生就的骨頭長就的肉，（二30a1-2）

6-29　　si adarame gvnin baha-bu-me hala-bu-mbi.
　　　　你　怎麽　　心　得到-使-并　更換-使-現
　　　　你叫他怎麽得心改了呢。（二30a2）

1　murakv：聽松樓本、先月樓本作mekakv。

6-30　dorakv-ngge.
　　　無理-名
　　　没道理的。（二30a3）

6-31　yasa habta niquxa-me,
　　　眼　眨巴　眨眼-并
　　　擠媚漏眼的，（二30a4）

6-32　guwele mele baibi hehe-si feniyen be bai-me kvthv-me fumere-mbi,
　　　賊頭　賊腦　衹是　女人-複　群　賓　求-并　攪拌-并　攪和-現
　　　溜兒瞅兒的只找著女人們堆兒裏混鏟，（二30a4-5）

6-33　yabun fudasi kai,
　　　行動　悖謬　啊
　　　行事怪呀，（二30a5）

6-34　uttu qiktan giyan be efure-me hamu sefere-qi,
　　　這樣　倫　理　賓　破壞-并　屎　抓-條
　　　如此滅倫害理的幹臟，（二30a5-6）

6-35　abka fangkala,
　　　天　低
　　　天底呀，（二30a6）

6-36　fiyarana-ra¹ be ainu beye wen te-bu-mbi².
　　　生蛆-未　賓　爲什麽　自己　弓扣　坐-使-現
　　　叫蛆搭拉的營省自己怎麽緊著崔自己。（二30a7）

---

1 fiyaranara：二酉堂本、雲林堂本作fiyaranjara。
2 wen tebumbi：此爲固定用法，意爲"緊緊地催"。

6-37　　ile-re-ngge.
　　　　剝下-未-名
　　　　溜溝子的。（二30a8）

6-38　　haldaba aqabu-ki niyalma,
　　　　陷媚　奉承-祈　　人
　　　　好諂媚的人，（二30b1）

6-39　　terei gvnin de baibi o-jora-kv,
　　　　他.屬　心　位　祇是　可以-未-否
　　　　他心裏只是由不得要那們著，（二30b1）

6-40　　taqi-ha angga fiyoto-ho sangga ofi,
　　　　習慣-完　嘴　放屁-完　孔　因爲
　　　　吃貫了的嘴兒溜貫了的腿兒，（二30b2）

6-41　　gehexe-re sihexe-re-ngge,
　　　　點頭-未　　迎合-未-名
　　　　曲奉遞咕，（二30b2）

6-42　　ini　emu baita o-ho,
　　　　他.屬　一　事情　成爲-完
　　　　是他一件事，（二30b3）

6-43　　terei ata fata¹ -i janquhvn,
　　　　他.屬 哥哥 姐姐　屬　甜蜜
　　　　他那個甜哥哥密姐姐的，（二30b3）

6-44　　kvtu fata -i nilukan,
　　　　急急　忙忙 工　柔和
　　　　手脚不施閑兒的逢迎，（二30b3-4）

1　ata fata：意不詳，語法標注據漢字部分出。

6-45　banitai xolo bu-he-kv banji-bu-ha,
　　　生來　空閑　給-完-否　生長-使-完
　　　生成孽不了的，（二30b4）

6-46　emu suisa-ka fayangga.
　　　一　遭瘟-完　靈魂
　　　一個僵遭瘟。（二30b4-5）

6-47　silemin.
　　　皮實
　　　皮臉的。（二30b6）

6-48　uba-de qob,
　　　這裏-位　突出
　　　這裏鑽，（二30b7）

6-49　tuba-de jumbali,
　　　那裏-位　徑直
　　　那裏入，（二30b7）

6-50　uthai tuttu baba-de qoubaxa-me hemhi-mbi,
　　　就　那樣　各處-位　撬-并　摸索-現
　　　就是那們個到處裏創喪游魂的，（二30b7-8）

6-51　esi-ke jou se-qi o-jora-kv
　　　够-完　罷了　説-條　可以-未-否
　　　攔也攔不住，（二30b8）

6-52　lekderi sekseri sabu-nji-mbi,
　　　蓬亂　憔悴　看見-來-現
　　　愰愰兒冷個丁的給你個見面兒，（二30b8-31a1）

6-53　terei　bilurje-me dosi-nji-fi jilerje-me tere mudan ai　se-me,
　　　他.屬 假裝老實-并 進入-來-順 不知恥-并 那　　次　 什麼 助-并

　　　他那一番憨著個臉兒進崩著個臉兒坐著的樣式子，
　　　（二31a1-2）

6-54　hon wa akv dere waji-ha-bi.
　　　很　氣味 否　臉　完結-完-現

　　　忒沒味兒沒臉完了。（二31a2）

6-55　gehenakv-ngge.
　　　卑賤-名

　　　不長俊的。（二31a3）

6-56　yasa gerinje-me gerkuxe-mbi,
　　　眼　　亂轉-并　　閃爍-現

　　　眼睛賊眉鼠眼滴溜嘟嚕的，（二31a4）

6-57　te　geli isi-ka,
　　　現在 又　到-完

　　　又來了，（二31a4）

6-58　ini　tere fe nimeku geli dekde-he-bi,
　　　他.屬 那 舊 病　　又　發生-完-現

　　　他的那舊毛病兒又發了，（二31a4-5）

6-59　ai-be　yasala-bu-fi hiraqa-mbi-ni,
　　　什麼-賓　注目-使-順　窺伺-現-呢

　　　又不知瞅那一塊兒了呢，（二31a5）

6-60　xan derdehun hala-i de ganiu be sa-qi o-mbi,
　　　耳　顫動　　樣子-屬 位 怪異 賓 知道-條 可以-現

　　　征征著兩個異樣刁鑽的耳朵可知，（二31a5-6）

6-61　ere-i kesi akv be abka qohome arbun de niru-fi tuqi-bu-he-bi.
　　　這-屬 恩惠 否 實 天 特意 形相 位 畫-順 出-使-完-現
　　　天活畫出他那没造化的行落圖兒來了。（二31a6-7）

6-62　fujurakv-ngge.
　　　無體裁-名
　　　不正竟的。（二31a8）

6-63　xan yasa gemu waji-fi,
　　　耳 眼睛 都 完結-順
　　　眼看不見了耳也聽不得了，（二31b1）

6-64　mekele baibi se be tutala unu-ha-bi,
　　　枉然 祇是 歲數 實 那麼多 背負-完-現
　　　空活了那們大年季，（二31b1）

6-65　buye-me amtan wa akv waji-ki se-re-ngge si aina-ha-bi,
　　　愛-并 味道 氣味 否 完結-祈 助-未-名 你 做什麼-完-現
　　　你爲甚麼只要没名没姓的結局，（二31b2）

6-66　beye-i elequn akv gvnin de sui o-ho,
　　　自己-屬 滿足 否 心意 位 罪 成爲-完
　　　叫無盡臟的心腸累苦了，（二31b2-3）

6-67　gai-fi baba-de halbixa-me sisa-bu-mbi,
　　　取-順 各處-位 獻媚-并 灑-使-現
　　　領的各到處裏溜溝子撒人，（二31b3-4）

6-68　ko,
　　　可
　　　可，（二31b4）

6-69　baha-qi aqa-ra-kv　ba-de gemu gala sisi-qi,
　　　得到-條 應該-未-否 地方-位 都　手　插-條
　　　不該得的地方都去申手，（二31b4）

6-70　beye-i hamu be beye dunda-me isi-ka-bi.
　　　自己-屬 屎　賓 自己 喂猪-并 到-完-現
　　　待終要自己拉屎自己吃了。（二31b5）

6-71　isebu-re-ngge.
　　　懲罰-未-名
　　　雜罰¹奴才的。（二31b6）

6-72　aha bi-me i geli qende-me tengne-fi teherexe-ki se-me ibede-mbi,
　　　奴僕 有-并 他 又　試-并　稱重-順　相等-祈 助-并 前進-現
　　　是個奴才，他也試探著撐著勔兒要齊肩并等兒的湊，
　　　（二31b7）

6-73　dabali gvnin ubiyada,
　　　過分　心　討厭
　　　過分的心腸可惡，（二31b8）

6-74　yasa moro-fi ehe qira sisa-fi bu-re jakade,
　　　眼睛 睜大-順 壞 臉 灑-順 給-未 因此
　　　給他個惡老瓜子吃卦答下臉來，（二31b8-32a1）

6-75　qib se-me ergen sukdun akv meifen ikv-ha-bi.
　　　悄然 助-并 生命 氣息 否 脖子 縮小-完-現
　　　嚇的他鼻子口兒氣不敢出縮了脖兒了。（二32a1）

1　罰：聽松樓本、先月樓本此字前有"治"。

6-76　　dekji-ra-kv-ngge.
　　　　長進-未-否-名
　　　　沒出息的。（二32a2）

6-77　　yekerakv emu niyalma,
　　　　行為醜惡　一　　人
　　　　沒行止的人，（二32a3）

6-78　　fujurakv,
　　　　無禮節
　　　　沒正經，（二32a3）

6-79　　busereku,
　　　　混人
　　　　走鬼道兒，（二32a3）

6-80　　fejun feqiki baita yasa nei-qi o-jora-kv,
　　　　卑賤　卑鄙　事情　眼睛　開-條　可以-未-否
　　　　他的活亂兒把弊不少，（二32a3-4）

6-81　　kemuni sar-kv ara-me dere filtahvn abka xun be tuwa-me banji-mbi-kai,
　　　　還　　知道-未-否 假裝-并 臉　空曠　天 太陽 賓 看-并　生活-現-啊
　　　　還裝死兒腆著臉過日子呢，（二32a4-5）

6-82　　aina-ha-bi,
　　　　做什麼-完-現
　　　　把他怎麼的，（二32a5）

6-83　　gurun amba o-fi,
　　　　國家　大　成為-順
　　　　國家大，（二32a5）

6-84　　taka buqe-ra-kv ergen bi-qi,
　　　　暫且　死-未-否　　生命　有-條
　　　　要是有命且不死，（二32a5-6）

6-85　　ai haqin -i baita sini xan be tokoxo-me liyeliye-bu-ra-kv
　　　　什麼種類　屬事　你.屬　耳　賓　刺-并　　昏迷-使-未-否
　　　　甚麼事不來炒你個毂，（二32a6-7）

6-86　　sinde naka-mbi.
　　　　你.與　停止-現
　　　　肯給你撩開手呢。（二32a7）

6-87　　haqika.
　　　　卑鄙
　　　　腌臢的。（二32a8）

6-88　　funiyehe ai se-me lekdere-fi,
　　　　頭髮　什麼　助-并　蓬亂-順
　　　　蓬鬆著個頭髮，（二32b1）

6-89　　aniya hvsime hvyana-fi kvrqana-ha-bi[1],
　　　　年　　完整　　面垢帶脥-順　熏黑-完-現
　　　　成年家烟薰的是的胡兒畫兒的，（二32b1）

6-90　　angga borina-me bortono-fi,
　　　　嘴　　鼻涕糊住-并　沾污垢-順
　　　　油汁媽花的個嘴頭子，（二32b2）

1　kvrqanahabi：二酉堂本、雲林堂本作korjanahabi。

6-91　etuku adu nimenggi dele nimenggi labsi-ha-bi.
　　　衣　服　油　　　上　　油　　油污-完-現
　　　衣裳油上加油的固搭了。（二32b2-3）

6-92　alhvda-ra-ngge.
　　　模仿-未-名
　　　跟一樣兒學一樣兒的。（二32b4）

6-93　bohi-ha emu giugiuhon xokxohon -i bethe oso,
　　　裹-完　一　　纏脚　　　尖　屬　脚　成爲.祈
　　　纏裹的尖俏的個小脚兒，（二32b5）

6-94　goida-na-fi koikon dekde-he-de,
　　　久-去-順　毛病　　發作-完-位
　　　歪刺骨的瘋發了，（二32b5-6）

6-95　sclfen be ilafi-me goimara-mbi,
　　　開衩　賓　捲起-并　賣俏-現
　　　列著個前襟兒擺浪子，（二32b6）

6-96　aniya faquhvn de hvxahv dekde-mbi se-he-ngge,
　　　年　　紊亂　　位　夜猫子　發生-現　說-完-名
　　　年景不好睁著眼兒見鬼，（二32b6-7）

6-97　qohome ere dabala,
　　　特意　這個　罷了
　　　忒爲這個說的，（二32b7）

6-98　huwekiye-fi te uttu o-ho-bi,
　　　興奮-順　現在 這樣 成爲-完-現
　　　逞臉兒到這們個田地了。

6-99　　　ini eigen -i　ogo-i funiyehe,
　　　　　他.屬 丈夫 屬 帽子窩-屬 頭髮
　　　　　是他漢子的個無價寶，（二32b8）

6-100　　si terebe aina-me mute-mbi.
　　　　　你 他.賓 做什麼-并 能够-現
　　　　　你把他能毂怎麼的呢。（二32b8-33a1）

6-101　　eimerquke-ngge.
　　　　　討厭-名
　　　　　含糁的。（二33a2）

6-102　　etuku lenglen langlan tata-bu-fi absi yabsi,
　　　　　衣服 懶 散 拉-使-順 好 怎麼
　　　　　衣裳廊裏廊曠的不知怎樣扭別著，（二33a3）

6-103　　labda labda se-me,
　　　　　一片 一片 助-并
　　　　　扯一片挂一片兒，（二33a3）

6-104　　lerben larban[1] -i hexene-he-bi,
　　　　　散 亂 工 破爛-完-現
　　　　　裂拉麻花破衣拉撒的，（二33a4）

6-105　　uju dere henggene-fi ai hehe,
　　　　　頭 臉 蓬亂-順 什麼 女人
　　　　　蓬頭垢面的甚麼女人，（二33a4）

1　lerben larban：意不詳，或與lekde lakda有關，語法標注據後者出。

6-106　beye-i gubqi latu-ha ehe sain gibaha-na-ha-bi,
　　　　身體-屬　全部　粘-完　壞　好　打袼褙-去-完-現
　　　　身上粘的好歹都成子合褙片了，（二33a4-5）

6-107　qananggi ainaha be sar-kv,
　　　　前日　　怎樣　賓　知道.未-否
　　　　前日不知是怎的，（二33a5）

6-108　elekei eigen de ura ergi be hete-bu-he.
　　　　幾乎　丈夫　位　屁股　方面　賓　折疊-使-完
　　　　幾乎沒叫漢子抖屁股漿捻了。（二33a6）

6-109　tafula-ra-ngge.
　　　　諫勸-未-名
　　　　勸人的。（二33a7）

6-110　banji-rc dc,
　　　　生活-未　位
　　　　過日子，（二33a8）

6-111　we baha-qi hvturi be funqe-tele,
　　　　誰　得到-條　福　賓　剩餘-至
　　　　誰不願福氣有餘，（二33a8）

6-112　eletele o-kini se-ra-kv,
　　　　盡量　成爲-祈　想-未-否
　　　　十足的，（二33a8-33b1）

6-113　ete-ra-kv o-ho-de kvbuli-fi halai haqin -i simbe tokoxo-me fide-mbi,
　　　　贏-未-否　成爲-完-位　變-順　百　般　屬　你.賓　催促-并　調動-現
　　　　受不起變的百班樣的苦惱崔你，（二33b1-2）

6-114　etu-he sain be sabu-fi silenggixe-re,
　　　　穿-完　好　賓　看見-順　垂涎-未
　　　　見個好衣裳愛的流憨喇子，（二33b2-3）

6-115　sain jeku de bilha waji-qi,
　　　　好　食物　位　嗓子　完結-條
　　　　見個好食水饌的嗓子裏冒烟，（二33b3）

6-116　gvni-me tuwa gamji gabula de ai dube elequn bi.
　　　　想-并　看.祈　貪　饞　位 什麼 末尾　滿足　有
　　　　你想扒高旺想有甚麼彀。（二33b3-4）

6-117　je-tere aburi.
　　　　吃-未　狠毒
　　　　吃東西潑拉的。（二33b5）

6-118　uyan be fiyor fiyor usihiye-me,
　　　　稀粥　賓　喝粥吸氣貌　喝粥-并
　　　　希的希溜希溜的喝，（二33b6）

6-119　tumin ningge lab lab jokja-mbi,
　　　　稠　　東西　貪婪　吞食-現
　　　　乾的大口大口的填，（二33b6）

6-120　sisi-re-ngge derakv,
　　　　塞-未-名　没體面
　　　　囔嗓的不像樣，（二33b7）

6-121　here-me heqe-mbi,
　　　　撈-并　乾净-現
　　　　净盤將軍，（二33b7）

6-122　uttu sain ehe be sonjo-ra-kv,
　　　　這樣　好　壞　賓　挑選-未-否
　　　　這樣不管好歹，（二33b7）

6-123　hepere-me gama-fi bilha de waqihiya-bu-mbi-kai,
　　　　摟-并　　拿去-順　嗓子　位　完結-使-現-啊
　　　　拿來往嗓子裏摟拉，（二33b8）

6-124　terei funqe-he asihi-ha giri-ha jukten biha be we sabu-ha-bi.
　　　　他.屬　剩餘-完　削-完　剪-完　供奉　小塊　賓　誰　看見-完-現
　　　　誰見他剩的零星拉撒兒來。（二33b8-34a1）

6-125　bilhaqungga.
　　　　貪嘴
　　　　食嗓大的。（二34a2）

6-126　gabula inqi dule-ra-kv,
　　　　饞　　他.從　通過-未-否
　　　　饞再不過他，（二34a3）

6-127　kejine inenggi giyala-fi emgeri niulo-bu-me amtan hala-bu-ra-kv ohode,
　　　　許久　日子　隔開-順　一次　油膩-使-并　味道　更換-使-未-否　若
　　　　楀幾日不給他油膩解饞，（二34a3-4）

6-128　duha giyor giyor gosi-mbi,
　　　　腸　肚子咕咕響　辣痛-現
　　　　餓的肝花腸子搖鈴兒，（二34a4）

6-129　　bilha¹ yoqa-mbi,
　　　　嗓子　癢-現
　　　　嗓子裏痒痒，（二34a4-5）

6-130　　amqa-bu-fi senqehe labdahvn tuhe-fi heside-mbi,
　　　　追趕-使-順　下巴　　唇下垂　落下-順　跟蹌-現
　　　　餓透了饞的搭拉著下巴嗑子打跟蹌，（二34a5）

6-131　　umesi hanja-ha be sa-fi,
　　　　非常　嘴饞-完　賓　知道-順
　　　　見他熬淡的慌了，（二34a5-6）

6-132　　imbe hvla-me gama-fi² emu erin fajan hala-bu-mbi,
　　　　他.賓　叫-并　拿去-順　一　時候　糞　更換-使-現
　　　　叫了他去給他一頓吃解解饞。（二34a6-7）

6-133　　eimerquke-ngge.
　　　　討厭-名
　　　　吃東含糝。（二34a8）

6-134　　sisi-re-ngge ersun,
　　　　塞-未-名　　醜陋
　　　　嚷嗓的含糝，（二34b1）

6-135　　kesiri masiri be bodo-ra-kv,
　　　　粗　　糙　賓　管-未-否
　　　　不管好歹，（二34b1）

1　bilha：二酉堂本、雲林堂本作bilei。
2　gamafi：聽松樓本、先月樓本作ganafi。

6-136　　keb　　se-me uju gida nakv kab kab buliya-mbi,
　　　　　着實貌　助-并　頭　壓.祈　之後　嘴唇開合貌　吞-現

　　　　　抵著個腦袋大口的胡輪半片的嚥，（二34b1-2）

6-137　　iletu lobi hutu daya-ha,
　　　　　明顯　饞　鬼　依附-完

　　　　　分明饞勞了，（二34b2）

6-138　　damu hefeli be fingka-bu-me qingka-bu-mbi[1],
　　　　　祇是　肚子　賓　墜-使-并　　　填滿-使-現

　　　　　只要把肚子膨膨的撐個殼，（二34b2-3）

6-139　　mudan-dari tuwa-qi,
　　　　　次-每　　　看-條

　　　　　遭遭兒看他，（二34b3）

6-140　　urui birgexe-re ergexe-re ten de isina-fi,
　　　　　一味　過飽反胃-未　發喘-未　極限　與　到達-順

　　　　　一定到待終洋出[2]來打飽嗝兒的田地，（二34b3-4）

6-141　　teni naka-qi naka-mbi.
　　　　　纔　　停止-條　停止-現

　　　　　要撩開手纔撩開手。（二34b4）

6-142　　anabu-re-ngge.
　　　　　讓-未-名

　　　　　讓些兒的。（二34b5）

1　qingkabumbi：二酉堂本、雲林堂本作qingsabumbi。
2　出：二酉堂本、雲林堂本作"自"。

6-143　haha be sali-re hehe inu bi,
　　　　男人　賓　支配-未　女人　也　有

　　　　主得男人的女人也有，（二34b6）

6-144　hehe be sali-re haha inu bi,
　　　　女人　賓　支配-未　男人　也　有

　　　　主得女人的男人也有，（二34b6）

6-145　arbun be tuwa-qi,
　　　　形相　賓　看-條

　　　　看境兒，（二34b7）

6-146　muse niyalma labdu dorgi-de gaibuxa-mbi,
　　　　咱們　人　多　内部-位　畏懼-現

　　　　咱們的人老大的懼内，（二34b7）

6-147　fuhali etuhun meihe uju jafa-bu-ha-bi,
　　　　全然　強壯　蛇　頭　拿-使-完-現

　　　　死個搭的要強倒像拿住額兒了，（二34b8）

6-148　guye forgoxo-ro xolo bu-ra-kv baiqa-mbi.
　　　　脚後跟　調轉-未　空閑　給-未-否　查看-現

　　　　不容倒脚的覺察。（二34b8-35a1）

7-1　　bayan nadan fiyelen
　　　　富裕　七.序　篇

　　　　富貴的[1]七（二36a1）

1　的：疑爲"第"之誤。

7-2　　fujuri bou.
　　　　世襲　　家
　　　　舊家人家。（二36a2）

7-3　　niya-ha bayan,
　　　　爛-完　　富裕
　　　　巨富，（二36a3）

7-4　　leksei gemu ere-be faksa baya-ka se-mbi,
　　　　一齊　都　這-賓　爆發　發財-完　說-現
　　　　人都說他兜然富貴起來了，（二36a3）

7-5　　tuwa-qi simengge wenjegun mujangga,
　　　　看-條　　熱鬧　　熱鬧　　確實
　　　　看他家實在的熱鬧，（二36a3-4）

7-6　　qing se-me banji-mbi,
　　　　富裕　助-并　生活-現
　　　　過的騰騰伙伙的，（二36a4）

7-7　　inenggi-dari kung qang se-me kumungge,
　　　　日子-每　　鑼鼓　響貌　助-并　熱鬧
　　　　每日家鑼鼓喧天的快樂，（二36a4-5）

7-8　　si ai ere-i bengsen de ilibu-ha hethe ten,
　　　　你 什麼 這-屬　本事　位　起-完　家產　極限
　　　　你當是他的本事上立起來的產業，（二36a5）

7-9　　hede da se-mbi-o?
　　　　根　原本　稱作-現-疑
　　　　根基麼？（二36a6）

7-10　　waka kai,
　　　　不是　啊
　　　　不是家，（二36a6）

7-11　　fengxengge niyalma-i umahan xugi be,
　　　　有福分　　人-屬　　骨　　髓　賓
　　　　有福人的骨髓，（二36a6）

7-12　　kimungge fayangga waqihiya-bu-me dehure-mbi.
　　　　有仇的　　靈魂　　完結-使-并　　尋找-現
　　　　叫有仇作孽的人鼓盜個精光。（二36a7）

7-13　　jafukvngga.
　　　　善於持家的
　　　　過日子結實的。（二36a8）

7-14　　kori-me kari-me fuhaxa-me,
　　　　挖-并　　騰飛-并　倒換-并
　　　　呵兒喀兒的刀登，（二36b1）

7-15　　hexu haxu -i koikaxa-mbi[1],
　　　　零零　星星　工　攪混-現
　　　　扣扣搜搜的兌挪，（二36b1）

7-16　　ujan xala be aqabu-fi duwali,
　　　　盡頭　邊角　賓　聚合-順　類
　　　　邪頭摸角的凑成纓兒，（二36b1-2）

1　koikaxambi：聽松樓本、先月樓本作koikajambi。

7-17	keqe kaqa¹ kvwaqara-qi yohi,
	零　　碎　　挖空-條　　全部
	好歹的搜求成總兒，（二36b2）

7-18	uttu jobo-me suila-me gvnin waji-fi²,
	這樣　受苦-并　辛苦-并　心　完結-順
	這樣勞苦費盡心血，（二36b2-3）

7-19	arkan karkan -i meiren -i ergi hebtele-fi,
	勉勉　強強　工　肩膀　屬　方面　捯氣-順
	剛剛兒的直起腰兒喘了一口氣兒，（二36b3-4）

7-20	yasa nei-fi banji-re iqi gai-ha-bi.
	眼睛　開-順　生活-未　向　取-完-現
	像個過伙人家了。（二36b4）

7-21	hvsun bu-re-ngge.
	力　給-未-名
	効力的。（二36b5）

7-22	balingga³ fayangga,
	有恩情的　靈魂
	填還人的，（二36b6）

7-23	hvmbur se-me hvsun bu-mbi,
	流大汗　助-并　力　給-現
	一撲心的効力，（二36b6）

1　keqe kaqa：意不詳，或爲keqer kaqar之意。
2　wajifi：二酉堂本、雲林堂本作waqifi。
3　balingga：意不詳，或爲bailingga之意。

7-24 gala joula-qi gvnin doso-ra-kv,
　　　手　拱-條　心　忍耐-未-否
　　　抄著手兒打心裏過不去，（二36b6-7）

7-25 weile-qi kakvng se-me,
　　　工作-條 咬牙切齒 助-并
　　　做起活來死個搭的，（二36b7）

7-26 xuntuhun ni xuntuhun ni te-he ba-qi axxa-ra inu akv,
　　　整　　日　整　　日　坐-完 地方-從 動-未 也 否
　　　一做一個昏黑末日頭死拍拍的動也不動，（二36b7-8）

7-27 kuskun kuskun jilakan aika emu jilgan ai bi-o?
　　　不停手工作貌　可憐的 如果 一 聲音 什麼 有-疑
　　　孤涌孤涌的可憐見兒的他也知道攀¹個伴兒麼？
　　　（二36b8-37a1）

7-28 tati tati se-hei en jen -i gemu waqihiya-bu-mbi.
　　　努力工作貌 助-持 妥 當 工 都 完成-使-現
　　　乒叉乒叉的件件都脫當。（二37a1-2）

7-29 sere-bu-re-ngge.
　　　知覺-使-未-名
　　　指教人的。（二37a3）

7-30 ama aja uji-fi,
　　　父親 母親 養-順
　　　父母養的，（二37a4）

---

1 攀：聽松樓本、先月樓本作"一"。

7-31　　abka-i kesi de banji-mbi,
　　　　天-屬　造化　位　出生-現
　　　　天地生的，（二37a4）

7-32　　ergen hetu-re jalin-de,
　　　　生命　度日-未　理由-位
　　　　爲度命，（二37a4）

7-33　　te　sa-me elben hukxe-fi tuwa de feku-qi,
　　　　現在　知道-幷　茅草　頂戴-順　火　位　跳-條
　　　　如今明明知道背著草跳火坑，（二37a5）

7-34　　muhaliya-me baha se-me,
　　　　堆-幷　　　得到.完　助-幷
　　　　就得個金山，（二37a5）

7-35　　we-de julefun o-bu-me,
　　　　誰-與　代替　成爲-使-幷
　　　　替誰出力，（二37a6）

7-36　　baha　be aina-ki se-mbi,
　　　　得到.完　賓　做什麼-祈　助-現
　　　　要他何用，（二37a6）

7-37　　abka-i gvnin siden-de bi-fi neigenje-ra-kv-ngge akv,
　　　　天-屬　心　期間-位　有-順　平等-未-否-名　　否
　　　　最公道不過老天，（二37a6-7）

7-38　　emhule-qi abka-i baru elje-mbi.
　　　　獨占-條　　天-屬　向　抗拒-現
　　　　若行獨了就是和天堵憋兒了。（二37a7-8）

7-39　　ertu-he-ngge.
　　　　倚仗-完-名
　　　　仗托的。（二37b1）

7-40　　etu-he baitala-ha be tuwa-qina,
　　　　穿-完　使用-完　賓　看-祈
　　　　你看他穿帶使用的是呢,（二37b2）

7-41　　jaqi etuhun,
　　　　太　　強壯
　　　　忒火施,（二37b2）

7-42　　muse tere qihe　use-i gese heni majige,
　　　　咱們　那　虱子　種子-屬 樣子 略微 稍微
　　　　咱們那一點半點兒碎零個几兒的,（二37b2-3）

7-43　　ini　yasa de geli bi-o?
　　　　他.屬眼睛 位 又　有-疑
　　　　他眼裏也有麼?（二37b3）

7-44　　kekeri tatame gvnin umesi tarhv,
　　　　忘形　亂說　心　非常　肥
　　　　沒事人兒是的他心裏狠肥,（二37b3-4）

7-45　　bi geli we de ai bai-mbi se-me bodo-me waji-ha kai,
　　　　我 又 誰 位 什麼 求-現 助-并 籌算-并 完結-完 啊
　　　　我還求誰已成他的成算了,（二37b4-5）

7-46　　damu abka　o-qi tetendere,
　　　　祇是　天　成爲-條 既然
　　　　天若肯依他,（二37b5）

7-47　　yala si terebe aina-me mute-mbi.
　　　　實在 你 他.賓 做什麼-并 能够-現
　　　　實在你把他怎麼的呢。（二37b5-6）

7-48　　dalda-bu-ra-kv-ngge.
　　　　隱瞞-使-未-否-名
　　　　不叫瞞哄人的。（二37b7）

7-49　　sinde ai akv se-me,
　　　　你.與 什麼 否 助-并
　　　　你少甚麼，（二37b8）

7-50　　inu ton ara-me ji-fi sasa samda-mbi,
　　　　他.屬 數目 做-并 來-順 一齊 跳神-現
　　　　也來充數兒齊打乎的報怨，（二37b8）

7-51　　felhen dele lakiya-qi keqe kaqa lakdahvri jalu,
　　　　馬棚 上 挂-條 零 碎 下垂 滿
　　　　馬棚上吊著查巴舞手累捶吊挂的滿滿的，（二38a1）

7-52　　haxa de hexuri haxuri[1] muhaliya-me fihe-bu-he-bi,
　　　　倉房 位 瑣 碎 堆-并 填滿-使-完-現
　　　　蒼房裏頭各色各樣的堆的巖巖的，（二38a1-2）

7-53　　hvwa de gar gir se-me,
　　　　院子 位 衆人爭論貌 助-并
　　　　院[2]子裏叽兒噶兒的叫，（二38a2-3）

1　hexuri haxuri：意不詳，或與hexu haxu有關，語法標注據後者出。
2　院：二酉堂本、雲林堂本作"完"。

7-54　muqen de　qar qir se-mbi,
　　　　鍋　　位　炒肉燒肉聲　助-現
　　　　鍋裏頭吃兒嗦兒的响，（二38a3）

7-55　yokqin bakqin akv banji-fi,
　　　　容貌好　　對面　否　生長-順
　　　　看的見的生相兒這家勢，（二38a3）

7-56　boihon ede　ai teisu,
　　　　土　這裏.位　什麼　本分
　　　　他那裏配得起，（二38a4）

7-57　niyalma sa-me mute-re baita waka,
　　　　人　　知道-并　能够-未　事情　不是
　　　　不是人能明的事，（二38a4）

7-58　abka o-jora-kv dabta-mbi.
　　　　天　可以-未-否　屢受福祉-現
　　　　天偏肯估他。（二38a5）

7-59　dousida-bu-ra-kv-ngge.
　　　　貪-使-未-否-名
　　　　不叫貪的。（二38a6）

7-60　buta-me faxxa-fi,
　　　　掙-并　　努力-順
　　　　扒跴著營幹，（二38a7）

7-61　juken tesu-qi inu waji-ha dabala,
　　　　正好　足够-條　也　完結-完　罷了
　　　　剛能兒彀過就該罷了，（二37a7）

7-62　　hon elequn akv,
　　　　很　滿足　否
　　　　太没盡臟，（二38a7-8）

7-63　　niyalma-i gvnin be aqinggiya-me axxa-bu-fi aina-mbi,
　　　　人-屬　　心　賓　搖動-并　　動-使-順　做什麼-現
　　　　必要到撼動人心的田地作甚麼，（二38a8-38b1）

7-64　　sa-me boli-me hasa minde latu-nju se-qi,
　　　　知道-并 引誘-并 急速 我.與 粘-來.祈 助-條
　　　　明明兒知道勾引的快來惹我，（二38b1）

7-65　　gvni-me tuwa,
　　　　想-并　看.祈
　　　　你想，（二38b1-2）

7-66　　buye-me baha-ki se-re be we te esi-ke se-mbi-ni.
　　　　愛-并　　得到-祈 想-未 賓 誰 現在 够-完 助-現-呢
　　　　好得的心誰没有呢。（二38b2）

8-1　　yadahvn jakvqi fiyelen
　　　　貧窮　　　八.序　篇
　　　　貧窮第八（二39a1）

8-2　　tunggiya[1] akv-ngge.
　　　　撿拾的　　　没有-名
　　　　走頭無路的。（二39a2）

---

[1] tunggiya：意不詳，或與tunggiyembi有關，語法標注據後者出。二酉堂本、雲林堂本作tunggina。

8-3　　　yada-me moho-fi dara gemu gohoro-ko-bi,
　　　　貧窮-并　窮乏-順　腰　都　彎曲-完-現
　　　　貧窮的腰都箍漏了，（二39a2）

8-4　　　yasa tuwa-hai giyoro-ro isi-ka,
　　　　眼　看-持　打昏-未　到-完
　　　　眼瞧著要動不得了，（二39a3-4）

8-5　　　muse bi-fi,
　　　　咱們　有-順
　　　　放著咱們，（二39a4）

8-6　　　nantuhvn be ai-se-mbi,
　　　　污穢　賓　什麼-說-現
　　　　看他那一溽兒的怎麼，（二39a4）

8-7　　　tuwa-me geli tuttu o-bu-mbi-o?
　　　　看-并　又　那樣　成爲-使-現-疑
　　　　眼看著叫他那們者麼？（二39a4-5）

8-8　　　basu-bu-mbi emu niyalma hafira-qi mute-ra-kv dere,
　　　　嘲笑-被-現　一　人　挾-條　能够-未-否　吧
　　　　人笑話一個人挾待他挾待不起，（二39a5-6）

8-9　　　uhei emu meiren -i hvsun aisila-me,
　　　　共同　一　肩膀　屬　力　幫助-并
　　　　大家帮助一膀之力，（二39a6）

8-10　　sasari ini　ogo be wahiya-qi,
　　　　一齊　他.屬　胳肢窩　賓　扶-條
　　　　齊搭乎的抽他一把兒，（二39a6-7）

8-11　dara saniya-ra-kv jalin-de aiseme jobo-mbi.
　　　腰　伸-未-否　理由-位　怎麼　憂愁-現
　　　愁他直不起腰兒來麼。（二39a7）

8-12　narhvn.
　　　細
　　　細作的。（二39a8）

8-13　buxakan bu-qina,
　　　略多些　　給-祈
　　　相模相樣的給他是呢，（二39b1）

8-14　seseme majige,
　　　少許　　稍微
　　　只好一點半點兒的，（二39b1）

8-15　ai　jaka se-re-ngge,
　　　什麼 東西　說-未-名
　　　甚麼帳兒，（二39b1）

8-16　tuttu geli xuburi,
　　　那樣　又　畏縮的
　　　那們樣的縮氣也有呢，（二39b1-2）

8-17　hendu-he-de minde ai yangse,
　　　說-完-位　　我.與　什麼　樣子
　　　說了呢我要甚麼體面，（二39b2）

8-18　suwe fede¹ bi-qi bi haira-ka-bi-o?
　　　你們 加油.祈 有-條 我 愛惜-完-現-疑
　　　你只管你我有我捨不得麼？（二39b2-3）

8-19　akv qi mangga ningge geli bi-o?
　　　沒有 條 難 東西 又 有-疑
　　　甚麼大的過個沒有？（二39b3）

8-20　baha-qi tuttu o-ki se-mbi-kai,
　　　得到-條 那樣 成爲-祈 想-現-啊
　　　我扒不得要那們的呢，（二39b3-4）

8-21　mute-mbi-o se-mbi?
　　　能够-現-疑 助-現
　　　能麼？（二39b4）

8-22　xohodokv².
　　　游蕩的
　　　好逛的。（二39b5）

8-23　aibi-de dobori duli-ha-bi,
　　　哪裏-位 夜 連夜-完-現
　　　在那裏熬了夜了，（二39b6）

8-24　yasa konggohon³,
　　　眼睛 塌陷
　　　眼眶兒塌了，（二39b6）

1　fede：聽松樓本、先月樓本作federe。
2　xohodokv：意不詳，或與xohodombi有關。
3　konggohon：二酉堂本、雲林堂本作tonggohon。

8-25　　humsun -i jerin gemu daba-ha-bi,
　　　　眼瞼　　屬　邊緣　都　越過-完-現
　　　　眼邊子都淹紅了,（二39b6-7）

8-26　　sidara-fi jirga-qi udu sali-mbi,
　　　　舒展-順　安閑-條　幾　值-現
　　　　舒坦坦的受用值多少,（二39b7）

8-27　　ton akv aqa-qi ehe kai,
　　　　數　否　會見-條　壞　啊
　　　　沒遍數兒的常會不好家,（二39b7-8）

8-28　　gisun fulu de inu ufara-mbi.
　　　　話語　多餘　位　也　失去-現
　　　　言多也有失。（二39b8）

8-29　　malhvn akv-ngge.
　　　　儉省　　沒有-名
　　　　不見省的。（二40a1）

8-30　　utala isa-bu-ha tutala jaka,
　　　　好多　匯集-使-完　許多　東西
　　　　許久積下許多東西,（二40a2）

8-31　　asuru baitala-ha aina-ha be sabu-ha-kv,
　　　　甚　　使用-完　做什麼-完　賓　看見-完-否
　　　　沒見他怎麼費用,（二40a2-3）

8-32　　kebse ekiye-he-bi,
　　　　大大　減少-完-現
　　　　一下子就少了,（二40a3）

8-33　　jaqi waji-re hvdun,
　　　　太　完結-未　快
　　　　完的太快，（二40a3）

8-34　　sini dembei boborxo-ho-ngge te aba,
　　　　你.屬 非常　酷愛-完-名　現在 哪裏
　　　　你只是捨不得的如今在那裏呢，（二40a3-4）

8-35　　fuqen daban ele mila aibi-de bi,
　　　　富　　裕　充　分　哪裏-位 有
　　　　富富餘餘寬寬容容的何處有，（二40a4）

8-36　　gemu kumdu o-fi,
　　　　都　　空虛　成爲-順
　　　　都耗的，（二40a4-5）

8-37　　untuhun sula o-ho-bi.
　　　　空虛　　閒　成爲-完-現
　　　　空虛了。（二40a5）

8-38　　yangsangga.
　　　　俏麗的
　　　　冠冕的。（二40a6）

8-39　　isheliyen ajigen bou,
　　　　窄　　　　小　　家
　　　　房屋兒窄狹，（二40a7）

8-40　　mujakv hafirahvn xoyo-bu-mbi,
　　　　非常　　窄　　　縮小-使-現
　　　　忒受憋曲尊你，（二40a7）

8-41　waliya-me sisa-me gama-qi　o-qi　o-mbi,
　　　抛弃-并　灑-并　拿去-條　成爲-條 可以-現
　　　見一半不見一半的使得，（二40a7-8）

8-42　yasa farhvn koqo wai -i ba-de te-he-bi,
　　　眼睛　黑暗　幽僻　偏僻-屬 地方-位 住-完-現
　　　眼睛墨錠兒黑嘎拉子裏住著，（二40a8-40b1）

8-43　aibi-i niyaman hvnqihin yabu-me feliye-mbi,
　　　哪裏-屬　親　戚　行走-并　來往-現
　　　那有個親戚來往，（二40b1）

8-44　jabxande elde-mbu-me ji-fi ebu-ra-kv giru-bu-qi,
　　　幸而　光亮-使-并　來-順 下降-未-否 害臊-使-條
　　　幸喜光降來了不住下給個村頭兒，（二40b1-2）

8-45　jai ai dere niyalma be aqa-me uju tukiye-mbi.
　　　再 什麼 臉　人　賓 會見-并 頭 抬-現
　　　還有甚麼體面抬頭施臉的見人。（二40b2-3）

8-46　jailata-ra-ngge.
　　　躲避-未-名
　　　推脱的。（二40b4）

8-47　bi-qi majige jalgiyanja,
　　　有-條　稍微　原諒.祈
　　　有呢還求些兒，（二40b5）

8-48　tuwele-me yandu-qi aqa-qi,
　　　傳遞-并　央求-條 應該-條
　　　可以有轉煩的去處，（二40b5）

8-49　　inu funde baisu se-qi,
　　　　也　代替　求.祈　想-條
　　　　也替我尋尋，（二40b5-6）

8-50　　gisun de boxo-bu-fi fudarame simbe tafula-mbi,
　　　　話　與　追趕-被-順　反倒　　你.賓　諫勸-現
　　　　叫我的話逼的反到勸你，（二40b6）

8-51　　dere waliya-me ai　baita se-mbi,
　　　　臉　　丟-并　什麼　事情　想-現
　　　　白丟體面中甚麼用，（二40b6-7）

8-52　　weri fangnai o-jora-kv　ofi aname tuqi-bu-he-kai,
　　　　別人　執意　可以-未-否　因爲　依次　出-使-完-啊
　　　　人家望死裏不肯推出來了，（二40b7-8）

8-53　　laida-qi o-mbi-o?
　　　　賴-條　可以-現-疑
　　　　賴著他使得麼？（二40b8）

8-54　　emu ildun be tuwa tuwa waliya tuqi-ke.
　　　　一　順便　賓　看.祈　看.祈　抛弃.祈　出-完
　　　　看了個便兒撩下出來了。（二40b8-41a1）

8-55　　an tuwakiya-bu-re-ngge.
　　　　本分　看守-使-未-名
　　　　叫人守分的。（二41a2）

8-56　　hvsun be moho-bu-me,
　　　　力　　賓　窮-使-并
　　　　窮力，（二41a3）

8-57　buyen de aqabu-ki se-re gvnin,
　　　欲望　位　相應-祈　助-未　心
　　　極欲的心，（二41a3）

8-58　uthai ganiu,
　　　就　　怪異
　　　那就是不祥，（二41a3-4）

8-59　udu goro gene-mbi,
　　　幾　遠　去-現
　　　跑多遠，（二41a4）

8-60　haqihiya-hai simbe amqa-bu-fi teni naka-mbi,
　　　催促-持　　你.賓　追趕-使-順　纔　停止-現
　　　崔著叫你趕上纔撩開手，（二41a4-5）

8-61　suse etuku,
　　　荒廢　衣服
　　　糟衣，（二41a5）

8-62　eberi amtan erin de majige iqakv bi-qibe,
　　　懦弱　味道　時候　位　稍微　不合意　有-讓
　　　淡食雖不應時，（二41a5）

8-63　dolo labdu baha-fi goida-me sidara-fi erge-mbi.
　　　心裏　多　得到-順　久-并　舒展-順　安歇-現
　　　心裏能彀得舒坦。（二41a6）

8-64　yadahvn.
　　　貧窮
　　　窮的。（二41a7）

8-65　　banji-re-ngge sitashvn,
　　　　生活-未-名　　清苦
　　　　過的淡薄，（二41a8）

8-66　　suila-mbi,
　　　　辛苦-現
　　　　苦腦子，（二41a8）

8-67　　neneme hono yebe bihe,
　　　　先　　還　稍好　過
　　　　先前還好來著，（二41a8）

8-68　　etu-re baitala-ra-ngge bai hoilashvn gojime kemuni nikede-qi o-mbihe,
　　　　穿-未　使用-未-名　祇　破舊　　但是　　還　　將就-條　可以-過
　　　　用度雖糙還能得過，（二41a8-41b1）

8-69　　te nememe hvmara-ka-bi,
　　　　現在 反倒　面目弄臟-完-現
　　　　如今倒成了鬼了，（二41b1-2）

8-70　　ai haqin -i joboshvn se-me,
　　　　什麼 種類 屬　艱難　助-并
　　　　隨你怎樣的艱難，（二41b2）

8-71　　haha niyalma mangga gvnin jafa-mbi dere,
　　　　男　　人　　　硬　　心　　拿-現　吧
　　　　漢子家把心腸拿的硬硬的，（二41b2-3）

8-72　　xumaquka be uthai tuyembu-me sere-bu-he se-me,
　　　　蕭條　　　竟就　　顯露-并　　　知覺-使-完 助-并
　　　　猥獕的樣子的樣子露出來，（二41b3-4）

8-73　muse de we bu-mbi.
　　　咱們　與　誰　給-現
　　　誰肯給咱們呢。（二41b4）

8-74　kokima.
　　　窮透
　　　窮鬼。（二41b5）

8-75　fulahvn -i fungsan,
　　　精光　屬　很窮
　　　精光的個窮鬼，（二41b6）

8-76　umai akv,
　　　全然　否
　　　要媽兒没媽兒，（二41b6）

8-77　ai　bi,
　　　什麼　有
　　　他有甚麼，（二41b6）

8-78　kata-fi baba-de　herde-me yabu-mbi,
　　　風乾-順　各處-位　奔走求助-并　走-現
　　　窮了個没把兒，（二41b6-7）

8-79　angga sulfa-ra-ngge hono gehu gahv ba-de,
　　　口　　寬裕-未-名　　還　明　亮　地方-位
　　　遥到處裏胡混糊口之計尚且費事，（二41b7）

8-80　heu se-me inenggi hetu-re enqehen be aibi-de gana-mbi.
　　　足够　助-并　日子　度日-未　能力　賓　哪裏-與　去取-現
　　　從容過日子的能奈那裏去取。（二41b7-8）

8-81   mangga.
         難
        爲難的。（二42a1）

8-82   gaqilan aqabu-ha,
         窘迫   相接-完
        著了窄了，（二42a2）

8-83   labdu hafira-bu-ha-bi,
         多   逼迫-被-完-現
        狠憋住了，（二42a2）

8-84   aide banji-re doro nike-re ten be ufara-fi,
         爲什麼 生活-未 道理 靠-未 根基 賓 失去-順
        打那上頭失了過活兒的根基，（二42a2-3）

8-85   langga-bu-me oito-bu-fi,
         羈絆-被-幷   困窮-被-順
        累墜的受困，（二42a3）

8-86   uba-de teng tuba-de deng se-me,
         這裏-位 堅硬 哪裏-位 艱難 助-幷
        這裏撞一頭那裏礩一下子，（二42a3-4）

8-87   xukixa-me baba-de qungguxa-mbi,
         亂撞-幷   各處-位 撞頭-現
        遙到處裏亂礩，（二42a4）

8-88   janggali-bu-me hangga-bu-re baita we-de akv,
         窘迫-被-幷   阻隔-被-未 事情 誰-位 否
        受遲累擔閣的事誰保得住，（二42a4-5）

8-89　ere jaqi loho-bu-fi hvsi-bu-ha-bi.
　　　他　很　困住-被-順　裹住-被-完-現
　　　惟有他兀禿的擺布不開了。（二42a5）

8-90　soktokv.
　　　酒徒
　　　醉鬼。（二42a6）

8-91　oihori teng tang se-me etuhun mangga bihe-o,
　　　何等　堅　硬　助-并　強壯　剛強　過-疑
　　　何等樣的一個硬郎漢子來著，（二42a7）

8-92　te omi-hai bexehun o-ho-bi,
　　　如今　喝-持　糊塗　成爲-完-現
　　　如今呵的糟透了，（二42a7-8）

8-93　inu ainqi sc de goqi-mbu-ha-bi se-he,
　　　也　想必　歲數　與　抽-被-完-現　助-完
　　　只説是上年季了，（二42a8）

8-94　aqa-ha-dari heiheri haihari[1],
　　　遇見-完-每　酩酊　大醉
　　　遭遭兒遇見浪裏浪蒼的，（二42a8-42b1）

8-95　oforo ufuhule-fi yasa sijihvn,
　　　鼻子　糟-順　眼睛　直
　　　滴溜著個糟鼻子直眉瞪眼的，（二42b1）

8-96　gisure-qi angga be juwa-ra-kv sini baru miyoxoro-mbi.
　　　説-條　嘴　賓　張開-未-否　你.屬　向　彎曲-現
　　　説話不開口望著你努嘴兒。（二42b1-2）

1　8-94 "heiheri haihari" 至8-105 "ba" 一段内容，二酉堂本、雲林堂本將其置於8-81之後。

8-97 omi-re-ngge.
　　　喝-未-名
　　　肯呵的。（二42b3）

8-98 sosoro-ho,
　　　退縮-完
　　　縮縮了，（二42b4）

8-99 inenggi-dari huhu suyen -i ekxun de lumba-mbi,
　　　日子-每　　酒麴　麴水 屬　酒糟　位　抹滿-現
　　　成日家咕搭渾湯子，（二42b4）

8-100 yasa[1] debse-re akv heihede-mbi,
　　　 眼　　眨眼-未 否　搖晃-現
　　　 媽搭著個眼睛愰兒搖兒的，（二42b4-5）

8-101 gisun lulu lala,
　　　 言語　説話無頭緒貌
　　　 言語不清出，（二42b5）

8-102 tuwa-qi geli han[2] -i jeku darabu-fi baha-bu-ha-bi,
　　　 看-條　又　皇帝 屬　糧食　讓酒-順　得到-使-完-現
　　　 看他又吃了折福[3]的早酒了，（二42b5-6）

8-103 majige baha-bu-me uthai naka-qina,
　　　 稍微　得到-使-并　就　停止-祈
　　　 有個酒意兒就該罷手，（二42b6）

1　yasa：二酉堂本、雲林堂本作yago。
2　han：聽松樓本、先月樓本作ekxun。
3　福：聽松樓本、先月樓本作"痛"。

8-104　　jiduji suhara-ra ten de isibu-ha de,
　　　　　到底　下垂-未　極限 與　送到-完 位
　　　　　必要到灘化了的地步兒，（二42b7）

8-105　　giyanakv ai sebjen ba tuqi-mbi.
　　　　　能有　　什麼 歡樂　地方 出-現
　　　　　有個甚麼樂處。（二42b7）

9-1　　　baita uyuqi fiyelen
　　　　　事情　第九.序　篇
　　　　　事情第九（三1a1）

9-2　　　fuqihiya-ra-ngge.
　　　　　咳嗽-未-名
　　　　　咳嗽的。（三1a2）

9-3　　　sek se-me gete-he bi-qi,
　　　　　猛然貌 助-并 醒-完 有-條
　　　　　猛醒時，（三1a3）

9-4　　　qargite hak se-me kaksi-mbi,
　　　　　那邊　吐痰貌 助-并 咳痰-現
　　　　　那半拉呵兒的有痰嗽聲，（三1a3）

9-5　　　sakda gakda korkong korkong se-me fuqihiya-mbi,
　　　　　老　　單獨　咳嗽貌　咳嗽貌　助-并　咳嗽-現
　　　　　年老殘疾的呵兒呵兒的接連不斷的嗽，（三1a3-4）

9-6　　　ehe amu waliya-ha,
　　　　　惡　睡覺 丟弃-完
　　　　　睡殻了，（三1a4）

9-7　　　sure-ke-bi,
　　　　清醒-完-現

　　　　困醒了，（三1a4）

9-8　　　gusuqu-me, kurburshe-me, baji majige kiri-ha biqi,
　　　　煩悶-并　　　輾轉-并　　　少許　稍微　忍耐-完　若有

　　　　睡不著翻蹬了一會子滲了一會兒，（三1a5）

9-9　　　si　bi　kang kang se-me bilha dasa-mbi,
　　　　空隙 有 咳嗽貌 咳嗽貌 助-并　嗓子　整理-現

　　　　聽見這個那個呵兒喀的打掃嗓子，（三1a5-6）

9-10　　erin　o-ho,
　　　　時候 成爲-完

　　　　是時候兒了，（三1a6）

9-11　　ili-re　dabala.
　　　　站立-未　罷了

　　　　起來罷了。（三1a6）

9-12　　hahi.
　　　　急迫

　　　　説性急的。（三1a7）

9-13　　jabdu-kini,
　　　　來得及-祈

　　　　從容他，（三1a8）

9-14　　ume xorgi-re,
　　　　不要　催逼-未

　　　　別崔，（三1a8）

9-15　haqihiya-ha de bekde bakda o-fi, giyan fiyan akv o-mbi,
　　　急忙-完　　位　慌張　驚訝　成爲-順　道理　顔色　否　成爲-現
　　　緊了慌手慌脚的歸籠的不底當，（三1a8）

9-16　emu teksin -i iqihiya-me dasata-ra de,
　　　一　　整齊　工　處理-并　收拾-未　位
　　　要收飾個齊備，（三1a8-1b1）

9-17　ya gemu gala waka,
　　　哪裏　都　手　不是
　　　那裏不要工夫到，（三1b1）

9-18　unde kai,
　　　尚未　啊
　　　在那裏呢，（三1b2）

9-19　aiseme ekxe-mbi,
　　　爲什麼　急忙-現
　　　著甚麼急，（三1b2）

9-20　foskiya-qi gvnin baha-ra-kv o-mbi,
　　　焦急-條　　心思　得到-未-否　成爲-現
　　　冒矢了恐其想不到，（三1b2-3）

9-21　bi　tesede gemu xuwe hafu afabu-ha-bi,
　　　我　他們.與　都　徑直　透徹　托付-完-現
　　　我都明明白白的交給他們了，（三1b3）

9-22　qeni gvnin qihai banji-bu-kini.
　　　他們.屬　心思　隨意　生活-使-祈
　　　由他們擺布掂多去罷。（三1b3-4）

9-23　　nimeku.
　　　　病
　　　　病的。（三1b5）

9-24　　nimeku labdu jakara-bu-me anabu-ha,
　　　　病　　大　　緩和-使-并　推讓-完
　　　　病老大的減退了，（三1b6）

9-25　　beye　te inu sere-bu-me neneheqi sulakan,
　　　　身體　現在 也 發覺-被-并 相比從前　輕鬆
　　　　身子如今也覺的比先鬆閑了，（三1b6-7）

9-26　　emu inenggi ulhiyen -i yebe o-ho-bi,
　　　　一　　日子　　逐漸　工 稍好 成爲-完-現
　　　　一日比一日漸漸兒的好了，（三1b7-8）

9-27　　emgeri tuwa-na-ha de yobodo-me,
　　　　一次　　看-去-完　位　開玩笑-并
　　　　一遭看他去頑著說，（三1b8）

9-28　　sini　qira aba,
　　　　你.屬 面貌 何處
　　　　你的相貌兒呢，（三1b8）

9-29　　kemuni unde kai se-he-de,
　　　　還　　尚未 啊 說-完-位
　　　　還沒有呢。（三1b8-2a1）

9-30　　mini baru ijarxa-mbi,
　　　　我.屬 向　笑盈盈-現
　　　　望著我笑盈盈的，（三2a1）

9-31　　yala　umesile-me　dule-ke-bi.
　　　　實在　實現-并　通過-完-現
　　　　實打實的大好了。（三2a1-2）

9-32　　ise-he-ngge.
　　　　畏懼-完-名
　　　　懱了的。（三2a3）

9-33　　ak　se-he-de　fahvn　silhi　meije-mbi,
　　　　喊叫貌　助-完-位　肝　膽　碎-現
　　　　喝一聲肝胆都碎裂，（三2a4）

9-34　　horon　gai-bu-ha-o　adarame?
　　　　威力　拿-被-完-疑　怎麼
　　　　想是叫他拿伏了是怎的？（三2a4）

9-35　　fuhali　sabu-qi　o-jora-kv,
　　　　完全　看見-條　可以-未-否
　　　　總見不得他，（三2a5）

9-36　　ede-na, weri　be　budun,
　　　　因此-呢　別人　實　軟弱
　　　　這上頭説是他屢，（三2a5）

9-37　　gvnin　akv　se-qi,
　　　　心　否　説-條
　　　　若説他没個心眼兒，（三2a5-6）

9-38　　gisun　jaqi　murtashvn,
　　　　話語　太　荒謬
　　　　話忒委屈他，（三2a6）

9-39   gvnin baha-kv,
　　　　心　　得到.完-否
　　　　没得心，（三2a6）

9-40   nei-bu-re undu　juse,
　　　　打開-使-未　尚未　孩子.複
　　　　心性没開的個孩子，（三2a6）

9-41   sini　tere　ek tak se-me esukiye-re de,
　　　　你.屬　那個　叱喝貌　助-并　呵斥-未　位
　　　　搭著那們一等的蝎呼狠毒的上頭，（三2a7）

9-42   absi yabsi o-fi,
　　　　怎麼　好　成爲-順
　　　　不知怎樣好，（三2a7）

9-43   esi　gvnin waliyabu-qi,
　　　　自然　心思　丟失-條
　　　　自然不得主意，（三2a7-8）

9-44   ehe aha de hono isibu-ha-kv ba-de,
　　　　壞　奴僕　與　還　及-完-否　地方-位
　　　　待他如個不好奴才，（三2a8）

9-45   ai　jui -i doro uji-ha-bi.
　　　　什麼 孩子 屬 禮節　撫養-完-現
　　　　何曾當個孩子養活他來。（三2a8-b1）

9-46   aqana-ra-kv-ngge.
　　　　相交-未-否-名
　　　　改惱的。（三2b2）

9-47　　gene-ki　se-qi,
　　　　去-祈　　助-條
　　　　若要去呢，（三2b3）

9-48　　baita tuqi-ke¹ iqe² nergin halhvn be amqa-me niyalma isa-ha de　gama,
　　　　事情　出-完　新　時候　熱　賓　追-并　　人　聚集-完 位 拿走.祈
　　　　趕著出事的時候子趁熱兒有人拿了去，（三2b3-4）

9-49　　niyalma-i ura-i amala,
　　　　人-屬　　屁股-屬　後面
　　　　走在人後頭，（三2b4）

9-50　　umesi mukiye-fi,
　　　　非常　變涼-順
　　　　事情都冷了，（三2b4）

9-51　　onggo-fi xangga-fi gebu akv,
　　　　忘記-順　完成-順　名字　否
　　　　七十年八十代的没滋没味³的，（三2b5）

9-52　　gene-he se-me hihan-akv ai baita.
　　　　去-完　　助-并　稀罕-否　什麼 事情
　　　　去了叫人不希罕中何用。（三2b5）

9-53　　anggasi.
　　　　寡婦
　　　　説寡婦的。（三2b6）

1　tuqike：雲林堂本作banqike。
2　iqe：聽松樓本、先月樓本作de。
3　味：二酉堂本、雲林堂本作"未"。

9-54　salgabun waji-re giyan o-ho-de,
　　　姻緣　　完-未　道理　成爲-完-位
　　　緣法盡了，（三2b7）

9-55　abka faksala-mbi,
　　　天　　分開-現
　　　天折散，（三2b7）

9-56　we baha-qi uju xara-tala,
　　　誰　能够-條　頭　變白-至
　　　誰不願白頭到老的，（三2b7-8）

9-57　weihe soro-tolo o-ki se-ra-kv, ya qihangga bou tori-me eigen hala-ki
　　　牙齒　忌諱-至　成爲-祈 助-未-否 誰　情願　　家　漂流-并 丈夫 改-祈
　　　se-mbi,
　　　助-現
　　　誰好串邊吃糧的換漢子，（三2b8-3a1）

9-58　emu bou-qi tuqi-fi,
　　　一　家-從　出-順
　　　出一家，（三3a1）

9-59　emu bou-de dosi-re-ngge,
　　　一　家-與　進入-未-名
　　　入一家的，（三3a2）

9-60　ai dere,
　　　什麽 臉
　　　甚麽臉面，（三3a2）

9-61　　inu damu ergen de haji o-fi,
　　　　也　祇是　氣　位　親近　成爲-順
　　　　也只是死不得，（三3a2）

9-62　　arga akv abka xun be tuwa-mbi.
　　　　辦法　否　天　太陽　賓　看-現
　　　　沒法兒抬頭施臉的過日子。（三3a2-3）

9-63　　dekde-bu-ra-kv-ngge.
　　　　引起-使-未-否-名
　　　　不叫生事的。（三3a4）

9-64　　fasilan gisun baitakv juwa bakqin,
　　　　分岔　話語　無用　二　對手
　　　　兩叉子話不中用兩對頭，（三3a5）

9-65　　ai se-qi musc ai se-ki,
　　　　什麼　說-條　咱們　什麼　助-祈
　　　　說怎麼的咱們就怎麼的[1]，（三3a5）

9-66　　unggi-re-de damu hvwaliyasun oyonggo se-he ba-de,
　　　　差遣-未-位　祇是　和氣　重要　說-完　地方-位
　　　　打發來只說和氣要緊，（三3a6）

9-67　　muse fulu faquhvn fasilan gisun ai baita,
　　　　咱們　多餘　混亂　分岔　話語　什麼　事
　　　　多言多語的作甚麼，（三3a6-7）

---

[1] 的：聽松樓本、先月樓本後有"罷"。

9-68　　tumen de¹　endebu-he-de,
　　　　一萬　位　犯錯-完-位
　　　　萬一失錯一句，（三3a7）

9-69　　amasi ai　dere aqa-mbi,
　　　　返回　什麼　臉　見面-現
　　　　回去甚麼臉兒見他，（三3a7-8）

9-70　　songgoi de songgoi muse jurqe-ra-kv yabu-qi,
　　　　沿襲　位　沿襲　咱們　違背-未-否　施行-條
　　　　咱們照著樣兒的行不違背他，（三3a8-b1）

9-71　　uru waka enqu niyalma de ai　dalji.
　　　　正確 錯誤 其他　人　與 什麼 相關
　　　　是與非與別人甚麼相干。（三3b1）

9-72　　kimqi-bu-re-ngge.
　　　　斟酌-使-未-名
　　　　叫人再思的。（三3b2）

9-73　　kadala-ha niyalma-i baru bakqila-fi sini baita be ete-ki se-qi,
　　　　管理-完　　人-屬　　向　作對-順　你-屬 事情 賓 克服-祈 助-條
　　　　與管的人作對兒指望要贏，（三3b3）

9-74　　labdu beye-i fakjin be bodo-qi aqa-mbi,
　　　　多　自己-屬 倚靠 賓 籌算-條 應該-現
　　　　著實要打算自己的主搶要緊，（三3b3-4）

1　tumen de：此爲固定用法，意爲"萬一"。

9-75　weri angga de hanqi o-ho jaka be isibu-ra-kv sihele-qi,
　　　別人　嘴　位　近　成爲-完 東西 賓　到達-未-否　阻止-條
　　　離著口兒不遠的東西不叫人得打破頭屑兒，（三3b4-5）

9-76　uthai sini beye o-kini,
　　　就　你.屬 自己 成爲-祈
　　　譬如就是你罷咱，（三3b5-6）

9-77　si kiri-qi oqi, niyalma inu kiri-mbi,
　　　你 忍耐-條 若是　人　也 忍耐-現
　　　你忍得人也忍得，（三3b6）

9-78　niyalma be tuhe-bu-re baita ehe kai,
　　　人　　賓 跌倒-使-未 事情 惡 啊
　　　坑人的事天理照彰，（三3b6-7）

9-79　dorgi be getere-mbu-me labdu silgiya-qi¹ aqa-mbi.
　　　裏面 賓 除盡-使-并　多　漱-條　應該-現
　　　把裏頭洗的净净兒的纔是。（三3b7-8）

9-80　hairanda-ra-ngge.
　　　可惜-未-名
　　　可惜人的。（三4a1）

9-81　mutu-fi gulhun haha beye o-ho,
　　　成長-順 完全 男人 身體 成爲-完
　　　長的成了丁兒了，（三4a2）

1　silgiyaqi：二酉堂本、雲林堂本作silhiyaqi。

9-82　　dere hvwaja-ha-kv　arda,
　　　　臉　　破壞-完-否　無經驗的孩子

　　　　没有蒼臉兒的孩子，（三4a2）

9-83　　niyanqan bija-ra　unde,
　　　　銳氣　　折斷-未　尚未

　　　　没受過折磨的，（三4a3）

9-84　　qire ai se-me qekqere-fi¹ saikan,
　　　　相貌 什麼 助-并　覷腆-順　　好看

　　　　相貌有紅似白的好看，（三4a3）

9-85　　huhuri fiyan uthai bi,
　　　　嬰兒　容貌　就　有

　　　　還是個童顏，（三4a3-4）

9-86　　weri be　kiu se-me jafa-fi gama-ha,
　　　　別人 賓 嘆氣貌 助-并　抓-順　拿-完

　　　　把人家小鷄兒是的抵溜²了去了，（三4a4）

9-87　　jilakan yala ai baita bi-he.
　　　　可憐　　實在 什麼 事情 有-完

　　　　可憐實在的不知爲的是甚麼事來著。（三4a4-5）

9-88³　　baita-ra-kv.
　　　　用-未-否

　　　　不中用的。（三4a6）

1　qekqerefi：意不詳，或爲"覷腆"。
2　溜：二酉堂本、雲林堂本作"丢"。
3　二酉堂本、雲林堂本中9-88至9-98與9-99至9-107兩段內容的位置前後相反。

9-89 si absi qihangga,
你 何其 情願
你好奈煩，（三4a7）

9-90 ai tuttu amuran,
什麼 那樣 喜歡
忒好事，（三4a7）

9-91 buqe-me asara-fi aina-ki se-mbi,
死-并 收藏-順 做什麼-祈 助-現
死其白裹的收著作甚麼，（三4a7-8）

9-92 makta-me bu-qina,
拋-并 給-祈
撩給他把咱，（三4a8）

9-93 jingkini niyalma haira-me sar-kv de,
正經 人 愛惜-并 知道-未否 位
正經人尚不惜，（三4a8-4b1）

9-94 halba -i dalba, ai baita,
骨頭 屬 旁邊 什麼 事
多一股子作甚麼，（三4b1）

9-95 baibi tede waka baha-mbi,
白白 那.位 錯誤 得到-現
白得不是，（三4b1-2）

9-96 monggon sa-mpi, dere yasa fuhun,
喉嚨 伸-延 臉 眼睛 凶暴
扯著脖子紅著臉的，（三4b2）

9-97   ini baru gergen gargan se-hai,
        他.屬 向 吵吵 嚷嚷   助-持
        望著他爭爭嚷嚷，（三4b2-3）

9-98   kimun bata -i adali.
        仇   敵 屬 一樣
        有仇的是的。（三4b3）

9-99   urhala-bu-ha-ngge.
        套住-被-完-名
        受人圈套的。（三4b4）

9-100   inde bi-sire akv damu ga,
        他.與 有-未 否 衹是 拿.祈
        他有的沒的就只是叫拿來，（三4b5）

9-101   daqi ma   se-re gisun akv,
        素常 給予貌 助-未 話語 否
        再沒個拿了去罷的話兒，（三4b5）

9-102   hukun buraki, boihon buktan qi ana-me,
        糞土   塵土   土   堆   從 推托-并
        就是齷齪糞堆，（三4b6）

9-103   gemu haira-mbi,
        都   憐惜-現
        他也捨不的，（三4b6）

9-104   adarame fehi forgoxo-fi,
        怎麼   腦   轉動-順
        不知怎麼就轉了腦子了，（三4b6-7）

9-105　sidara-ki se-me bodo-ho,

　　　舒心-祈　助-并　籌算-完

　　　算計著要受用，（三4b7）

9-106　abka o-jora-kv,

　　　天　可以-未-否

　　　天不肯，（三4b7-8）

9-107　niyalma de eitere-bu-fi sijihvn -i fara-ka.

　　　人　與　欺騙-被-順　正直　屬　昏-完

　　　叫人騙哄的直廷廷的發了昏了。（三4b8）

9-108　touda-ra-ngge.

　　　歸還-未-名

　　　還糧的。（三5a1）

9-109　miyali-kini,

　　　測量-祈

　　　由他量去，（三5a2）

9-110　giyanakv udu tuqi-mbi,

　　　能有　多少　出-現

　　　能添多少，（三5a2）

9-111　qihai qingkaxa-me tebu-kini,

　　　隨意　裝滿-并　裝載-祈

　　　隨他結結實實的裝去，（三5a3）

9-112　majige majige xokxoli-ha se-me inu ai oyombu-mbi,

　　　稍微　稍微　盛滿-完　助-并　又　什麼　緊急-現

　　　些須尖量些兒濟得他的甚麼事，（三5a3）

9-113　yada-ra niyalma de yada-ra abka bi se-he-bi,
　　　　斷氣-未　人　　與　斷氣-未　天　有　說-完-現
　　　　人叫人死人不死，（三5a4）

9-114　hvwanggiya-ra-kv,
　　　　妨礙-未-否
　　　　不相干，（三5a4）

9-115　han -i　tan -i¹ fulu gai-re de ai-bi,
　　　　一點 屬 半點 屬 多餘 拿-未 位 什麼-有
　　　　一點半點的多取有甚麼，（三5a5）

9-116　nikede-me katunja-qi bi kemuni mute-mbi.
　　　　依靠-并　　忍耐-條　我　還　　能够-現
　　　　儜著我還能彀。（三5a5-6）

9-117　ertu-bu-ra-kv-ngge.
　　　　倚仗-使-未-否-名
　　　　不叫仗托的。（三5a7）

9-118　jabxan-de jabxbu-ha be gemu beye-i mergen obu-qi,
　　　　幸運-位　僥倖得到-完　實　都　自己-屬　能幹 當作-條
　　　　繳倖中得的便宜都算作自己的能幹，（三5a8）

9-119　yargiyan akv holo de we gvnin daha-mbi,
　　　　確實　　否　虛假 位 誰　心思　得到-現
　　　　不實在的撒謊誰服，（三5a8-b1）

1　han -i tan -i：意不詳，語法標注據漢字部分及各成分結構出。

9-120　simbe gala debi,
　　　　你.賓　手　在於
　　　　說他手裏有，（三5b1）

9-121　banji-mbi se-me o-ho-de,
　　　　生活-現　助-并　成爲-完-位
　　　　過得，（三5b1-2）

9-122　gurun gvwa de ai tusa,
　　　　國家　別人　與　什麼　益處
　　　　於別人有何益，（三5b2）

9-123　xa-me tuwa-me banji-ha fonji naka-fi udu goida-ha,
　　　　盯-并　看-并　生活-完　問.祈　停止-順　幾　長久-完
　　　　不看著人過日子的時候能幾日了，（三5b2-3）

9-124　ini nantuhvn geli we-be elbe-me haxa-mbi.
　　　　他.屬　貪賊　又　誰-賓　遮蓋-并　圍住-現
　　　　他那一澇兒的遮蓋誰。（三5b3-4）

9-125　bolhomi-bu-re-ngge.
　　　　清静-使-未-名
　　　　叫人乾净的。（三5b5）

9-126　beye ara-ha eden ekiyehun -i funtuhu ba-be,
　　　　自己　做-完　缺　缺少　屬　空曠　地方-賓
　　　　自己作的缺欠虧空，（三5b6）

9-127　haha niyalma beye touda-me juki-fi waqihiya-bu-qi,
　　　　男人　人　自己　償還-并　修補-順　完成-使-條
　　　　漢子家自己填補完結，（三5b6-7）

9-128　sukdun inu gaibuxa-ra-kv,
　　　　氣息　也　膽怯-未-否
　　　　氣概也不虧，（三5b7）

9-129　gisun inu hvsungge,
　　　　話語　也　有力
　　　　說話也硬氣，（三5b8）

9-130　gaqilan we-i bou-de akv,
　　　　損失　誰-屬　家-位　否
　　　　誰家不受窄，（三5b8）

9-131　akdula-qi o-mbi,
　　　　相信-條　可以-現
　　　　誰保得住誰，（三5b8-6a1）

9-132　seme unu-me gai-mbime,
　　　　但是　背負-并　接受-而且
　　　　明知道背起來，（三6a1）

9-133　sar-kv-i adali　hv -i da ergi-de waliya-me makta-qi,
　　　　知道-未-否-工 一樣 頭後凹陷處屬 根源 方向-位　丟-并　甩-條
　　　　裝個不知道的丟在脖子後頭不理論，（三6a1-2）

9-134　beye-i ama-ha[1] yamtun sui be we funde waqihiya-mbi.
　　　　自己-屬　做-完　氣喘病　罪　賓　誰　代替　完成-現
　　　　自作的冤孽久後叫誰替完。（三6a2-3）

1　amaha：意不詳，或爲araha之誤，語法標注據araha出。

9-135　olfihiyan.
　　　　無耐性
　　　　沒奈性兒的。（三6a4）

9-136　qe　unu-me jaja-me,
　　　　他們 背負-并　扛-并
　　　　他們背著抗著，（三6a5）

9-137　wehiye-me wahiya-me,
　　　　扶助-并　　扶-并
　　　　抽著攙著，（三6a5）

9-138　le la　　se-me waqihiya-me you-ha,
　　　　絡繹不絕貌 助-并　完全-并　走-完
　　　　一縷一行全去了，（三6a5）

9-139　mimbe teile lokdohon -i weri-fi bou be tuwakiya-bu-ha,
　　　　我.賓　祇有　獨自　工 留-順 家　賓　看守-使-完
　　　　留下我孤丟丟兒一個人看家，（三6a6）

9-140　aliya-qi aba,
　　　　等-條　哪裏
　　　　等也等不來，（三6a6-7）

9-141　ji-qi aibi-de?
　　　　來-祈 哪裏-位
　　　　望他來在那兒呢？（三6a7）

9-142　mimbe emu xuntuhun ni fayangga hemgi-re adali,
　　　　我.賓　一　整天　屬　魂　摸索前進-未 一樣
　　　　把我好相游魂的是的，（三6a7）

9-143　tuqi-re dosi-re oihori hergi-me jodo-bu-ha.
　　　　出-未　進-未　輕率　游蕩-并　來往-使-完
　　　　出來進去跑了一日到晚的盪盪兒。（三6a7-8）

9-144　oyombu-ra-kv-ngge.
　　　　重要-未-否-名
　　　　不著要的。（三6b1）

9-145　aqa-ha-dari gergen se-hei,
　　　　見面-完-每　　吵嚷　助-持
　　　　見了就是咯叨，（三6b2）

9-146　sini angga ai tuttu taqi-ha-bi,
　　　　你.屬　嘴　什麼　那樣　學-完-現
　　　　你的嘴怎麼那們學貫了，（三6b2）

9-147　niyalma-i adali doro de beqe-me dang-xa-qi[1] inu majige yebe,
　　　　人-屬　　一樣　裏面　位　責備-并　祇是-盯-條　也　稍微　稍好
　　　　像人家狠嘟數落有個道理人也過得去，（三6b3）

9-148　bi taqin nakv sinde kuxun o-ho-ngge geli ai-de,
　　　　我　求教　之後　你.與　不舒服　成爲-完-名　又　什麼-位
　　　　我另一樣兒討你嫌的是那一塊兒，（三6b4）

9-149　gvwa de si ainu uttu akv,
　　　　別人　位　你　怎麼　這樣　否
　　　　在別人跟前你怎麼不這們的，（三6b4-5）

1　dangxaqi：意不詳，或爲dang、xaqi的合寫，語法標注據此出。但歷史上或有dangxambi這一動詞，《大清全書》（卷八，24a）有dangxara tanggv這一詞組，但祇有滿文，無漢語對譯。

9-150　　ja　de　ja,
　　　　容易　位　容易
　　　　軟的欸,（三6b5）

9-151　　manga　de　manga,
　　　　難　　位　難
　　　　硬的怕,（三6b5）

9-152　　buqe-re be gemu onggo-ho dabala.
　　　　死-未　賓　都　忘-完　罷了
　　　　把死都忘了罷哩。（三6b5-6）

9-153　　dousi.
　　　　貪心
　　　　貪的。（三6b7）

9-154　　baha-ra fonde farhvda-me ai tuttu elequn be　sar-kv.
　　　　得到-未　時候　發昏-并　什麼　那樣　滿足　賓　知道.未-否
　　　　得的時節昏頭麻腦的怎麼那們不知個盡臟,（三6b8）

9-155　　oksi-re erin-de isina-ha manggi,
　　　　吐-未　時候-與　到-完　之後
　　　　到了該吣的時候,（三7a1）

9-156　　teni banha¹ be aliya-me nasa-qibe,
　　　　纔.得到.完　賓　等-并　嘆息-讓
　　　　纔嘆惜後悔,（三7a1-2）

1　banha：聽松樓本、先月樓本、二酉堂本、雲林堂本作baha。

9-157　baita de ai tusa,
　　　　事情　位　什麼　益處
　　　　與事何益，（三7a2）

9-158　hvlha hono weihe be kakvng se-me sai-fi,
　　　　賊　　還　　牙　賓　咬牙貌　助-并　咬-順
　　　　賊還會咬著牙拿個硬，（三7a2-3）

9-159　erun fafun de mangga gvnin jafa-ra ba-de,
　　　　刑罰　禁令　位　難　　心　　拿-未　地方-位
　　　　心腸服苦受刑，（三7a3）

9-160　sini sanggv be we-de sebjele-bu-ki se-mbi.
　　　　你.屬　稱心　賓　誰-與　歡樂-使-祈　助-現
　　　　稱願的事兒可叫誰樂。（三7a3-4）

9-161　ete-ki.
　　　　赢-祈
　　　　嚎橫的。（三7a5）

9-162　yala haha se-me banji-ha-bi,
　　　　果真　男人　助-并　生長-完-現
　　　　果然是個好漢子，（三7a6）

9-163　yabun hou hiho se-me,
　　　　行為　昂然　慷慨　助-并
　　　　人品浩壯，（三7a6）

9-164　jilgan kiyalang se-mbi
　　　　聲音　　鐘聲　　助-現
　　　　聲音銅鐘兒是的，（三7a6-7）

9-165　emu inenggi dari-ha-de,
　　　　一　　日子　　路過-完-位
　　　　一日順便兒到他家，（三7a7）

9-166　hiyang hiyang se-me deu-te juse be afa-mbi,
　　　　叱責貌　叱責貌　助-并 兄弟-複 孩子.複 賓 爭吵-現
　　　　提鈴嚇號的上落兄弟孩子們，（三7a7-8）

9-167　inu ainqi jalan wasi-me banji-ha,
　　　　也　或許　世代　降下-并　生長-完
　　　　也只爲氣他們不如人，（三7a8）

9-168　inu yasa de ele-bu-ra-kv o-fi fanqa-me gingka-mbi.
　　　　也　眼睛　與　滿意-被-未-否 成爲-順 憋氣-并　　鬱悶-現
　　　　他看不上眼纔氣的暴燥。（三7a8-7b1）

9-169　faquhvra-ra-ngge.
　　　　打亂-未-名
　　　　亂馬交槍的。（三7b2）

9-170　buya urse qanggi emu ba-de isa-me aqa-fi,
　　　　小　人們　全是　一　地方-位 聚集-并 見面-順
　　　　但是小人們會集一處，（三7b3）

9-171　juju jaja gvnin qihai qurgi-mbi,
　　　　竊竊 私語　心意　隨意　亂説-現
　　　　七口八舌的由著性兒的亂爭嚷，（三7b3-4）

9-172　we-i ura-i fejile tunggiye-me tomso-ho gisun,
　　　　誰-屬 屁股-屬 下面　　撿-并　　　收-完　話語
　　　　誰屁股底下拾來揀來的話，（三7b4）

9-173　　fuqu faqa se-hei baita badara-ka,
　　　　　唧唧 喳喳貌 助-持　事情　擴大-完
　　　　你一言我一語哺吃的把個事弄大了，（三7b5）

9-174　　farhvn uthai tuttu, ai sa-mbi,
　　　　　混亂　　就　那樣　什麼 知道-現
　　　　就是那們個渾攪河知道，（三7b5-6）

9-175　　ese be burgi-me durge-bu-re de umesi ja,
　　　　　這些人 實 擾亂-并　振動-使-未　位 非常 容易
　　　　甚麼叫他們眼岔狠容易，（三7b6）

9-176　　xuwe[1] hafu ulhi-bu-re de mangga.
　　　　　徑直　透徹 明白-使-未 位　難
　　　　徹骨徹髓忒費事。（三7b6-7）

9-177　　neqihiye-re-ngge.
　　　　　安撫-未-名
　　　　平伏的。（三7b8）

9-178　　suwende neigen isibu-me aqabu-ha-kv se-me,
　　　　　你們.與　平均　及-并　符合-完-否　助-并
　　　　没得給你們個均攤雲散的，（三8a1）

9-179　　ume gvnin xahvra-ra.
　　　　　不要　心　變冷-未
　　　　別心寒，（三8a1）

1　xuwe：聽松樓本、先月樓本、二酉堂本、雲林堂本作xuun。

9-180　　an　-i　oso　uju hvwaja-qi mahala-i dolo, gala bija-qi ulhi -i dolo,
　　　　平常 工 成爲-祈 頭　破-條　帽子-屬 裏面　手 折斷-條 袖子 屬 裏面

　　　　se-he-bi
　　　　助-完-現

　　　　還照常一樣家醜不可外揚，（三8a2-3）

9-181　　gese　sasa　arbuxa-qi,
　　　　一樣　一起　舉動-條

　　　　一班見識，（三8a3）

9-182　　suwe ilenggu foholon o-mbi,
　　　　你們　舌頭　　短　　成爲-現

　　　　你們就見短了，（三8a3）

9-183　　inu emu erin　de gvnin isina-ha-kv ofi,
　　　　也　一　時候　位　心思　及-完-否　因爲

　　　　也是一時想的不到，（三8a4）

9-184　　akvmbu-me mute-he-kv dere,
　　　　竭盡-并　　能够-完-否　方面

　　　　大家不能得實惠，（三8a4-5）

9-185　　ainu　uthai elje-me lasha naka-fi yabu-ra-kv o-ki　se-mbi.
　　　　爲什麼 就　抗拒-并 斷絶 停止-順 走-未-否 成爲-祈 助-現

　　　　爲甚麽就要抗著決斷不行走。（三8a5）

9-186　　bu-re-ngge.
　　　　給-未-名

　　　　給人的。（三8a6）

9-187　ere-be umesile-me sinde singge-tei bu-he,
　　　　這-賓　實現-并　你-與　滲透-極　給-完
　　　　打頓子給倒了你了，（三8a7）

9-188　inu hvsun baha-ra aha waka,
　　　　也　力量　得到-未　奴僕　不是
　　　　也不是個得力的奴才，（三8a7-8）

9-189　fixur se-me fisiku,
　　　　慢慢貌　助-并　愚鈍
　　　　慢性兒子見他扎巴不爽快，（三8a8）

9-190　bi hahi minde o-jora-kv,
　　　　我　緊要　我-與　可以-未-否
　　　　我是個急性子我使不得，（三8a8）

9-191　sini jakade bi-qi,
　　　　你-屬　跟前　在-條
　　　　在你跟前，（三8a8-b1）

9-192　tuwanqihiya-bu-fi dasa-bu-re boljon akv,
　　　　修理-被-順　　　治理-被-未　定準　否
　　　　整理的改了定不得，（三8b1）

9-193　foholon tamin gala qi ai dalji se-he-kai,
　　　　短　　拔火棍　手　從　什麼　相干　助-完-啊
　　　　火棍兒短強如手扒拉，（三8b1-2）

9-194　niyalma akv-de guqu duwali o-kini.
　　　　人　　没有-位　朋友　伙　成爲-祈
　　　　且自没人作個夥伴兒罷。（三8b2-3）

9-195 dara-ra-ngge.
讓酒-未-名
敬酒的。（三8b4）

9-196 uttu geli tebu-mbi-o?
這樣 又 裝-現-疑
這們樣的斟麼？（三8b5）

9-197 tuwa-qina bilgexe-mbi,
看-祈 水滿將溢-現
瞧罷咱，（三8b5）

9-198 adarame jafa-mbi,
怎麼 拿-現
待洋出來了怎麼拿呢，（三8b5）

9-199 qalgi-re de o-mbi-o?
晃蕩-未 位 可以-現-疑
幌幌蕩蕩的使得麼？（三8b6）

9-200 sisan saburan[1] waliyan gemeni hairakan nure,
拋灑 不愛惜貌 丟弃 靡費 可惜 酒
撒撒潑潑可惜了的酒，（三8b6-7）

9-201 manggai dahi-bu-mbi-dere,
不過 重複-使-現-吧
不過再給一杯吃罷了，（三8b7）

9-202 hvntagan sukiya-me tuwa-bu-re-ngge,
酒杯 倒完-并 看-使-未-名
就是亮鍾子給瞧，（三8b7）

---

1 sisan saburan：意不明，或爲sisame sabarame的變體，語法標注據後者出。

9-203　　tede inu fulu udu omi-mbi.
　　　　他.與　也　多餘　多少　喝-現
　　　　他也多吃多少。（三8b8）

9-204　　omi-bu-re-ngge.
　　　　喝-使-未-名
　　　　給酒吃的。（三9a1）

9-205　　daqi laihv,
　　　　原來　賴皮
　　　　原肯賴，（三9a2）

9-206　　gala guri-bu-me uthai fangna-me bungna-mbi,
　　　　手　　遷移-使-并　　就　　執意-并　　壓迫-現
　　　　搗了手兒就不認帳了，（三9a2）

9-207　　ai　xada-ra ba　akv de,
　　　　什麼　疲乏-未 地方　否　位
　　　　有這些氣力麼，（三9a2-3）

9-208　　nambu-ha be muse ne waqihiya-ra-kv,
　　　　拿獲-完　賓　咱們　現在　完成-未-否
　　　　得的不現開發，（三9a3）

9-209　　turi-bu-fi amqa-na-mbi,
　　　　雇-使-順　追-去-現
　　　　支著篙兒趕船，（三9a3-4）

9-210　gaibu-ha be muse ne je¹ bolhomi-me getukele,
　　　　輸-完　賓　咱們　現在　是　清静-并　察明.祈
　　　　輸了的咱現打現的清帳,（三9a4）

9-211　minqi hoko-qi tetendere,
　　　　我.從　離開-條　既然
　　　　錯過我,（三9a4-5）

9-212　qihangga ba-de gvbada.
　　　　情願　地方-在　亂跳.祈
　　　　任憑去那里跳搭。（三9a5）

9-213　kobto.
　　　　恭謹
　　　　愛幌子的。（三9a6）

9-214　juse niyalma goho,
　　　　孩子.複　人　愛打扮
　　　　孩子家愛幌子,（三9a7）

9-215　etuku gvlha be kiyab se-me weile-fi bu-qi,
　　　　衣服　靴子　賓　整齊　助-并　製作-順　給-條
　　　　衣裳靴子可著身兒作了給他,（三9a7-8）

9-216　fekuqe-me urgunje-mbi,
　　　　跳躍-并　歡喜-現
　　　　歡天喜地,（三9a8）

1　ne je：此爲固定用法，意爲"立刻，馬上"。

9-217　kaki　dakdahvn be wakai buye-mbi,
　　　　衣服瘦窄　搶先　賓　胡亂　愛-現
　　　　狠愛的是跳高兒短窄狹，（三9a8）

9-218　mutu-re be bodo-me,
　　　　生長-未　賓　想-并
　　　　長才兒，（三9b1）

9-219　kolor　se-me delfiyen　ara-fi bu-he-de,
　　　　鬆散貌　助-并　衣帽寬大　做-順　給-完-位
　　　　寬寬大大的作了給他，（三9b1）

9-220　neqi-he angga xokxohon ini qisui ai wei se-me bodonggiya-mbi.
　　　　招惹-完　嘴　盛滿　他.屬 任意 什麼 一點 助-并　　自言自語-現
　　　　惹下了噘了嘴嚷嚷嘟嘟的不知咕噥的是甚麼。
　　　　（三9b1-2）

9-221　usa-ka-ngge.
　　　　灰心-完-名
　　　　灰了心的。（三9b3）

9-222　inde ai　gese gvnin be waqihiya-me hvsun bu-he-kv,
　　　　他.與 什麼 樣子 心思 賓　用盡-并　力量　給-完-否
　　　　給他甚麼樣心沒進到，（三9b4）

9-223　mimbe tuwa-ra-ngge tede hono isibu-ha-kv ba-de,
　　　　我.賓　看-未-名　他.與 還　達到-完-否 地方-位
　　　　看我比他還不如，（三9b4-5）

9-224　bi te ai dere,
　　　　我 現在 什麼 臉面
　　　　我如今甚麼體面，（三9b5）

9-225　beye bu-fi emu ba-be bodo-ro dabala,
　　　　自己　給-順　一　地方-賓　籌算-未　罷了
　　　　撩給他個身子各自打算個道兒罷了,（三9b6）

9-226　ai　amtan,
　　　　什麼　味道
　　　　甚麼味兒,（三9b6）

9-227　mimbe kemuni nenehe adali hvsun bu se-qi,
　　　　我.賓　　還　　　先前　　一樣　力量　給.祈助-條
　　　　還像照前叫出力,（三9b6-7）

9-228　dolo o-jora-kv be bi　te aina-ra.
　　　　裏面 可以-未-否　賓 我 現在 怎麼做-未
　　　　打心裏不肯你叫我怎麼的。（三9b7-8）

9-229　sebjele-re-ngge.
　　　　歡樂-未-名
　　　　取樂的。（三10a1）

9-230　ete-re anabu-re be mekte-re de,
　　　　克服-未 謙讓-未　賓　打賭-未　位
　　　　賭賽輸贏,（三10a2）

9-231　bakqin be tehere-bu-fi,
　　　　對手　　賓　相稱-使-順
　　　　掂度了兩半拉的力量,（三10a2）

9-232　hvsun be dengne-fi jiu,
　　　　力量　賓　稱重-順　來.祈
　　　　班配了來,（三10a3）

9-233　　fulu eberi hon lakqa-fi emu ergi-de urhu-bu-qi tede we o-mbi,
　　　　　多餘　弱　很　斷絕-順　一　邊-位　偏-使-條　那.位　誰　可以-現
　　　　　多少太偏在一邊了誰肯依，（三10a3-4）

9-234　　etuhun fulu be tuwa-me mari debu,
　　　　　強壯　多餘　賓　看-并　次數　算.祈
　　　　　看著勝多的算回數，（三10a4）

9-235　　gaibu-qi uthai waji-ki,
　　　　　輸-條　　就　　完結-祈
　　　　　輸了就完，（三10a4-5）

9-236　　amqa-me dahi-bu-re ba akv.
　　　　　追-并　　重複-使-未　地方　否
　　　　　不許再趕。（三10a5）

9-237　　labdula-ha-ngge.
　　　　　增多-完-名
　　　　　吃多了的。（三10a6）

9-238　　je-ke-ngge dabana-ha-o aina-ha?
　　　　　吃-完-名　　超過-完-疑　怎麼做-完
　　　　　吃的不知是多了怎的，（三10a7）

9-239　　fonji-qi dolo baibi aquhvn akv,
　　　　　問-條　　裏面　祇是　和睦　　否
　　　　　問他呢心裏只是對不著，（三10a7-8）

9-240　　qak qina se-mbi,
　　　　　喊喊　喳喳　助-現
　　　　　戚戚叉叉的，（三10a8）

9-241　goqi-me, tata-me,
　　　　抽-并　　拉-并
　　　　抽著勒著，（三10a8）

9-242　komsokon -i je-ke bi-qi,
　　　　略少　　工 吃-完 有-條
　　　　少吃些兒，（三10a8-b1）

9-243　aide uttu suila-mbi,
　　　　怎麼 這樣 辛苦-現
　　　　怎麼得這們受苦，（三10b1）

9-244　esi se-qi o-jora-kv qingka-me sisi-re de kai,
　　　　當然 助-條 可以-未-否　填塞-并　插入-未 位 啊
　　　　只好要撐心柱脅的嚷嗓，（三10b1-2）

9-245　tede esi koro baha-qi.
　　　　那.位 當然 悔恨 得到-條
　　　　豈有個不吃虧的麼。（三10b2）

9-246　olhoba.
　　　　小心
　　　　小心的。（三10b3）

9-247　jui buqe-me susa-me fekuqe-me gene-ki,
　　　　孩子 死-并　殺-并　跳躍-并　去-祈
　　　　孩子跳著脚兒死活的要去，（三10b4）

9-248　bi geli kenehunje-mbi,
　　　　我 又　疑惑-現
　　　　我又不放心，（三10b4）

9-249　　ai　kemun,
　　　　什麼　規則
　　　　定得甚麼，（三10b5）

9-250　　tese geli aliya-ha-kv,
　　　　他們　又　等-完-否
　　　　他們又不等，（三10b5）

9-251　　je-ke yada-ha¹ teisu teisu waliya-fi you-ha,
　　　　吃-完　窮困-完　各自　各自　丟下-順　走-完
　　　　有的沒的各自顧各兒丟了去了，（三10b5-6）

9-252　　gai-fi gene-re niyalma jugvn taka-qi sain kai,
　　　　拿-順　去-未　　人　　道路　認識-條　好　啊
　　　　領著去的人認得路敢是好哩，（三10b6-7）

9-253　　fambu-ha se-he-de.
　　　　迷路-完　助-完-位
　　　　要是迷了呢。（三10b7）

9-254　　fakqa-ra-ngge.
　　　　離別-未-名
　　　　離別的。（三10b8）

9-255　　songgo-me fa-me lakdahvn -i fasi-fi simbe aika sinda-mbi-o?
　　　　哭-并　　乾涸-并　下墜　工　自縊-順　你.賓　難道　　放-現-疑
　　　　哭哭涕涕的打墜溜兒拽著那裏肯放你？（三11a1）

1　jeke yadaha：二詞連用意爲"互相爭搶"。

9-256　uku-fi tuwa-ra ele gvnin efuje-me,
　　　　圍觀-順　看-未　所有　心　破壞-并
　　　　圍著瞧的人們都心酸，（三11a2）

9-257　yasa-i muke gelerje-me hafira-ha-bi,
　　　　眼睛-屬　水　泪汪汪-并　逼迫-完-現
　　　　眼泪汪汪的含著，（三11a2-3）

9-258　hoxxo-ro de mini ufuhu niyaman gemu ure-he,
　　　　誆騙-未　位　我.屬　肺　心　都　熟-完
　　　　左哄右哄心肝五臟都熟了，（三11a3）

9-259　beye mutu-ha-qi dule-mbu-he-kv baita,
　　　　身體　成長-完-從　經過-被-完-否　事情
　　　　長這們大從沒經過的事，（三11a4）

9-260　qende-mbi se-re-ngge, ere sebken,
　　　　試驗-現　助-未-名　這個　稀疏
　　　　頭一遭兒纔式著，（三11a4-5）

9-261　tede yali gemu waji-ha.
　　　　這.位　肉　都　完結-完
　　　　那上頭肉都了了。（三11a5）

9-262　lusu-ke-ngge.
　　　　疲乏-完-名
　　　　霧[1]酥了的。（三11a6）

1　霧：聽松樓本、先月樓本作"睏"。

9-263　te-he-de baibi emu xabura-me gehexe-mbi¹,
　　　　坐-完-位 祇是　一　　困倦-并　　點頭-現

　　　　坐著只是打盹盍睡的,（三11a7）

9-264　bi niyalma be　basu-ha niyalma,
　　　　我　人　　賓　嘲笑-完　人

　　　　我是笑話人的人,（三11a7-8）

9-265　ai　geli, beye-de sebki-bu-ki se-qi,
　　　　什麼 又　身體-與　蘇醒-被-祈　助-條

　　　　甚麼話要抖抖精神,（三11a8）

9-266　kemuni　hvk hvk　se-me kemkixe-mbi²,
　　　　還　　搖晃貌 搖晃貌　助-并　　搖晃-現

　　　　還一陣一陣睏的頭往前矢,（三11a8-b1）

9-267　dolo udu serehun bi-qibe,
　　　　心裏 何其 睡覺淺　有-讓

　　　　心裏雖明白,（三11b1）

9-268　yasa　o-jora-kv sijihun -i murhvn -i　o-me　gene-mbi,
　　　　眼睛　可以-未-否　正直　工　昏沉　工　成爲-并　去-現

　　　　眼不作主發直只是要昏昏沉沉的去,（三11b1-2）

9-269　waliya-ha,
　　　　丟失-完

　　　　了不得了,（三11b2）

1　gehexembi：聽松樓本、先月樓本作kekexembi。
2　kemkixembi：意不詳，或爲kelfixembi，語法標注據後者出。

9-270　　asigan de bi anta[1] emu sektu bihe,
　　　　年輕　位　我　何等　　一　靈活　過
　　　　少年我是何等的睡的醒來著，（三11b2-3）

9-271　　te　aina-ha?
　　　　現在　怎麼做-完
　　　　如今是怎的了？（三11b3）

9-272　　gilja-ra-kv-ngge.
　　　　體諒-未-否-名
　　　　不恕量人的。（三11b4）

9-273　　yamji-tala tuwaxa-ha umai asuki wei akv,
　　　　天黑-至　　照顧-完　　完全　音信　一點　否
　　　　瞧了一日到晚并没個音信兒，（三11b5）

9-274　　niyalma be doboniu gere-tele gonggohon -i aliya se-mbi-o?
　　　　人　　賓　整夜　　天亮-至　無聊　　工 等.祈 助-現-疑
　　　　叫人干叉拉的等一夜到天亮麼？（三11b5-6）

9-275　　gvwa be o-ho-de touka-bu-ra-kv wen tebu-me xorgi-mbi,
　　　　別人　賓　成爲-完-位　推遲-使-未-否　教化　放置-并　催促-現
　　　　在別人時刻不叫担誤的崔，（三11b6-7）

9-276　　beye isina-ha manggi baibi enqu fiyelen-i kanagan tuqi-mbi.
　　　　自己　到-完　　之後　　祇是　另外　一段-屬　藉口　出-現
　　　　到了自己的身上偏生出個別外生枝的推托來。
　　　　（三11b7-8）

1　anta：意不詳，或爲anda之誤，語法標注據後者出。又，二酉堂本作hanta，雲林堂本作kanta，意均不詳。

9-277　hvwaxa-ha-ngge.
　　　　長大-完-名
　　　　出息的。（三12a1）

9-278　te-he-de boihon -i vren,
　　　　坐-完-位　泥土　屬　佛像
　　　　坐著相個泥塑的，（三12a2）

9-279　ili-qi mou xolon bi-he,
　　　　站-條　木頭　棒子　有-完
　　　　站著相個木雕的來著，（三12a2）

9-280　orho suiha -i adali,
　　　　草　艾草　屬　一樣
　　　　草木之類，（三12a2-3）

9-281　terebe we yasa de bi-he,
　　　　他.賓　誰　眼睛　位　有-完
　　　　誰把他放在眼裏來，（三12a3）

9-282　giyala-fi udu goida-ha,
　　　　隔開-順　幾　長久-完
　　　　槅開的不久，（三12a3）

9-283　hvwaxa-fi mujakv angga senqehe gemu tuqi-ke-bi,
　　　　成長-順　着實　嘴　言辭　都　出-完-現
　　　　出息的嘴媽子都有了，（三12a4）

9-284　jilakam,
　　　　憐愛
　　　　可憐見兒的，（三12a4）

9-285　we erebe inu uttu o-mbi se-me tumen de gvni-ha.
　　　　誰　他.賓　也　這樣　成爲-現　助-并　一萬　位　想-完
　　　　誰成望他到這們個田地來著。（三12a4-5）

9-286　anahvja-ra-ngge.
　　　　謙讓-未-名
　　　　謙讓的。（三12a6）

9-287　anda budun,
　　　　何等　軟弱
　　　　好個屄行子，（三12a7）

9-288　fayangga usha-ra-kv,
　　　　魂　　　怨恨-未-否
　　　　各人的口頭福兒，（三12a7）

9-289　haha niyalma uqara-ha be tuwa-me je-mbi-dere,
　　　　男人　人　　遇見-完　賓　看-并　　吃-現-吧
　　　　作漢子的走到那裏吃到那裏，（三12a7-8）

9-290　si ai tuttu seuleku,
　　　　我　什麽　那樣　多疑
　　　　你裝的甚麽假，（三12a8）

9-291　sabu-fi[1] si suju-re turgun,
　　　　看見-順　你　跑-未　原因
　　　　見了跑的原故，（三12a8-b1）

---

1 sabufi：聽松樓本、先月樓本作sabofi，二酉堂本、雲林堂本作bufi。

9-292　soro-mbi,
　　　　忌諱-現

　　　　記悔，（三12b1）

9-293　beleningge,
　　　　現成

　　　　現成的，（三12b1）

9-294　simbe ji-ha se-me enqu dagila-mbi-o aina-mbi?
　　　　你.賓 來-完 助-并 另外 準備-現-疑 怎麽做-現

　　　　爲你來提另收拾是怎的？（三12b1-2）

9-295　aka-ha-ngge.
　　　　爲難-完-名

　　　　撩開手的。（三12b3）

9-296　qeni juwe bou muke nimenggi aqa-ra-kv ishun qashvn,
　　　　他們 兩 家 水 油 相接-未-否 彼此 對立

　　　　他們兩家子冰火不同爐的扭別著，（三12b4）

9-297　sain gvnin -i aqa-bu-ki se-me dosi-qi,
　　　　好 心意 屬 相合-使-祈 助-并 進入-條

　　　　好意倒要和勸他們進去了呢，（三12b4-5）

9-298　aimaka ini-ngge be edele-fi touda-ha-kv adali,
　　　　莫非 他.屬-名 賓 欠-順 償還-完-否 一樣

　　　　倒像少欠甚麽没還的是的，（三12b5-6）

9-299　umai emu sain qira bu-ra-kv,
　　　　完全 一 好 臉 給-未-否

　　　　并不給個好臉兒，（三12b6）

9-300　　yasa　　moro-fi　meifen ergi-de baibi jili bi,
　　　　　眼睛　　睜大眼睛-順 伸脖子 方面-位 衹是 怒氣 有

　　　　　圓睜著兩個眼只是一脖頸子的性子，（三12b6-7）

9-301　　ede jai we da-mbi,
　　　　　這.位 再 誰　管-現

　　　　　這樣的誰還管他，（三12b7）

9-302　　fuqe-fi　fuqe　hoto-qi hoto.
　　　　　生氣-順 生氣.祈 頭骨-從　頭骨

　　　　　惱不惱呢與誰相干。（三12b7-8）

9-303　　unqa-ra-ngge.
　　　　　賣-未-名

　　　　　作買賣的。（三13a1）

9-304　　hvda ara-mbi se-re-de gaji-fi fonji-qi[1],
　　　　　價格　做-現　説-未-位 帶來-順 問-條

　　　　　説是賣的叫了來問他，（三13a2）

9-305　　qamanggada-me fulu　hvda namara-mbi,
　　　　　擾亂-并　　　　多餘 價格　　爭-現

　　　　　搯劈攀大價兒，（三13a2-3）

9-306　　gasese-re[2]　hvda de,
　　　　　抱怨-未　　價格 位

　　　　　要的價錢，（三13a3）

1　fonjiqi：聽松樓本、先月樓本、二酉堂本、雲林堂本作fonjii。
2　gasesere：意不詳，或爲gasara，語法標注據後者出。

9-307　hvda bila-fi gvnin daha-ra-kv o-qi,
　　　　價格　限定-順　心意　得到-未-否　成爲-條
　　　　出的價錢不相符，（三13a3-4）

9-308　qihangga ba-de gama-fi unqa-kini,
　　　　情願　　地方-位　拿-順　　賣-祈
　　　　憑他拿到那裏去賣，（三13a4）

9-309　bu-he hvda eberi oqi,
　　　　給-完　價格　差　若是
　　　　給的價兒若少，（三13a4-5）

9-310　geli aina-ra se-re,
　　　　又　做什麼-未　說-未
　　　　還有的說，（三13a5）

9-311　engele-bu-ki se-qi, dende we o-mbi,
　　　　漲價-使-祈　助-條　分開　誰　可以-現
　　　　過了頭兒誰依，（三13a5）

9-312　hvda-i mangga ja wesi-ka be inu bodo-ra-kv,
　　　　價格-屬　貴　賤　上升-完　賓　也　算-未-否
　　　　價錢的貴賤高底也不管，（三13a6）

9-313　sali-re　sali-ra-kv be inu tuwa-ra-kv,
　　　　掌管-未　掌管-未-否　賓　也　看-未-否
　　　　值不值也不看，（三13a6-7）

9-314　damu yasa niqu-fi nemxe-mbi.
　　　　祇是　眼睛　眨-順　　爭-現
　　　　只是閉眉合眼的爭。（三13a7）

9-315　akdun.
　　　　忠實
　　　　靠得的。（三13a8）

9-316　tere be baha-fi adabu-fi unggi-he bi-qi,
　　　　他　賓　得到-順　陪-順　派遣-完　有-條
　　　　若是得他陪了去，（三13b1）

9-317　sain bihe,
　　　　好　　過
　　　　好來著，（三13b1）

9-318　niyalma akdun,
　　　　人　　　忠實
　　　　人靠得，（三13b1）

9-319　akda-qi o-mbi,
　　　　依靠-條 可以-現
　　　　托得[1]，（三13b2）

9-320　ai erin -i niyalma,
　　　　什麼時候 屬　人
　　　　陳人，（三13b2）

9-321　beye gese,
　　　　自己 一樣
　　　　咱們一樣的，（三13b2）

9-322　tere bi-he-de muse dolo halukan,
　　　　他　有-完-位 咱們 心裏　暖和
　　　　有他咱們放心，（三13b2-3）

---

[1] 得：二酉堂本、雲林堂本作"待"。

9-323　hahi qahi baita de takvra-me tuwa,
　　　　緊迫 緊急 事情 位 派遣-并 看.祈
　　　　火裹火把的事情你打發他去瞧，（三13b3）

9-324　majige¹ simbe mujilen niyalma jobo-bu-re ba akv.
　　　　稍微 你.賓 心思 人 勞累-使-未 地方 否
　　　　再不叫你糟心費力。（三13b4）

9-325　eshun ba.
　　　　生疏 地方
　　　　生地方。（三13b5）

9-326　niyalma kouli,
　　　　人 規矩
　　　　人的規矩，（三13b6）

9-327　ba-be nara-me guri-re be manggaxa-mbi,
　　　　地方-賓 留戀-并 移動-未 賓 爲難-現
　　　　戀土難移，（三13b6）

9-328　yada-ra de boxo-bu-fi taka tebqi-fi fakqa-ha,
　　　　窮-未 位 催促-被-順 暫且 忍心-順 分開-完
　　　　叫窮拿的忍心離開了，（三13b6-7）

9-329　uba-de guri-he inenggi qinggiya o-fi,
　　　　這裏-位 遷移-完 日子 淺 成爲-順
　　　　搬到這裏的日子淺，（三13b7-8）

1　majige：聽松樓本、先月樓本、二酉堂本、雲林堂本作maqige。

9-330　　ilimbaha-ra undu,
　　　　熟悉-未　　尚未
　　　　不熟化，（三13b8）

9-331　　uba-i　kouli giyan de asuru taqin akv,
　　　　這裏-屬 規則 道理 位 很 學問 否
　　　　這裏的規矩理法不貫熟，（三13b8-14a1）

9-332　　ahvta we ya be hono getuken tontoko[1] sar-kv,
　　　　兄弟.複 誰 哪個 賓 還 清楚 確切 知道.未-否
　　　　弟兄們誰是誰還不切實的知道，（三14a1）

9-333　　taka-ha erin-de esi jori-re taqibu-re be bai-me,
　　　　認識-完 時候-位 自然 指示-未 教導-未 賓 求-并
　　　　認得了自然的求指示領教，（三14a2）

9-334　　elhe gai-me gene-qi.
　　　　平安　取-并　去-條
　　　　請安去。（三14a2）

9-335　　harkasi.
　　　　傷寒
　　　　傷寒的。（三14a3）

9-336　　sumusu　ulebu, uyan danggi o-kini,
　　　　米湯　款待.祈 稀粥 至少 成爲-祈
　　　　一個跟著一個的希粥給他[2]，（三14a4）

1　tontoko：意不詳，或爲tomorhon，語法標注據後者出。
2　他：聽松樓本、先月樓本後有"吃罷"。

9-337　yali hai¹ ume, busubu-ha manggi,
　　　　肉　再　不要　重複-完　之後
　　　　肉食再別重落了，（三14a4）

9-338　labdu suila-mbi,
　　　　大　　辛苦-現
　　　　狠費事，（三14a5）

9-339　fotor se-me fuye-bu-fi omi-bu,
　　　　沸騰貌 助-并 沸騰-使-順 喝-使.祈
　　　　滾沸沸的開水給他嗑，（三14a5）

9-340　bulukan buquhvn se-me inu endebu-mbi,
　　　　略溫　　溫和　　助-并　也　過失-現
　　　　溫和兀塗的也喘錯，（三14a6）

9-341　ere nimeku be foihorila-qi o-jora-kv,
　　　　這　病　　賓　草率-條　可以-未-否
　　　　這病大意不得，（三14a6-7）

9-342　udu mudan baha-qibe,
　　　　即使　狀態　得到-讓
　　　　雖是得了汗，（三14a7）

9-343　ete-me targa-ha de jabxa-mbi.
　　　　忍耐-并 戒-完 位 僥倖-現
　　　　記教到了是便宜。（三14a7）

1　hai：此處hai意不詳，或爲jai（再）之誤。

9-344 urun gai-re-ngge.
　　　 媳婦　取-未-名
　　　 娶媳媳的。（三14a8）

9-345 feten bi-fi, niyalma ara-ki se-me gosi-re be bai-me ji-he,
　　　 緣分　有-順　人　　做-祈　助-并　疼愛-未　賓　求-并　來-完
　　　 婚姻有分結親來了，（三14b1）

9-346 golo-me hata-ra gvnin,
　　　 驚怕-并　憎惡-未　心思
　　　 憎惡的心腸，（三14b2）

9-347 ilga-me sonjo-ro mujilen,
　　　 辨別-并　選擇-未　心
　　　 揀選的道理，（三14b2）

9-348 jui　uji-ha niyalma kouli bi-qibe,
　　　 孩子　養-完　人　　道理　有-讓
　　　 雖是養活孩子人的不得已的事，（三14b2-3）

9-349 salgabu-ha ba　bi-he-de,
　　　 有緣-完　　 地方　有-完-位
　　　 若是緣法，（三14b3）

9-350 muri-ki se-qi ini qisui emu banjina-ra-kv ba-bi,
　　　 扭-祈　助-條 他.屬 自然　一　產生-未-否　地方-有
　　　 就要紐著就有個牛不去的道理，（三14b3-4）

9-351 ai　o-qibe emu gosi-re gisun bu-reu.
　　　 什麼可以-讓　一　疼愛-未　話語　給-祈
　　　 可怎麼的呢求給個好話兒。（三14b4-5）

9-352　jui bu-re-ngge.
　　　　孩子　給-未-名
　　　　聘女兒的。（三14b6）

9-353　juse uji-fi,
　　　　孩子.複 養-順
　　　　把孩兒養成，（三14b7）

9-354　sain -i gala guri-bu-fi juru aqa-bu-qi,
　　　　好　屬　手　遷移-使-順　成對　相合-使-條
　　　　趁著好搗了手兒叫孩子們成雙成對的，（三14b7）

9-355　ama o-ho niyalma jobo-ho yada-ha emu gvnin inu waji-mbi,
　　　　父親 成爲-完 人 煩惱-完 稀少-完 一 心思 也 完結-現
　　　　也了作老子的一場勞心，（三14b7-8）

9-356　damu　juse-i dubentele baita emu gisun tokto-bu-re de holbo-bu-ha
　　　　祇是　孩子.複-屬 終究　事情　一　話語　確定-使-未　與　有關-使-完
　　　　be dahame,
　　　　賓　跟隨
　　　　就只一[1]言關係定孩子們的終身大事，（三14b8-15a1）

9-357　uthai beye-i jui se-me,
　　　　就　自己-屬 孩子 助-并
　　　　就是自己的孩子罷咱，（三15a2）

9-358　inu aina-ha ungga de gvnin bai-ra-kv,
　　　　也 怎麼做-完 長輩 位 心意 求-未-否
　　　　也未必就胡亂主著不討長背的主意，（三15a2-3）

1　一：聽松樓本、先月樓本無此字。

9-359　　hanqi de hebexe-ra-kv, aina-me uthai　sali-fi　lashala-qi o-mbi-ni.
　　　　　近　　位　商量-未-否　　怎麼做-并　就　自作主張-順　斷絕-條　可以-現-呢
　　　　　不和近的商量使得。（三15a3-4）

9-360　　faquhvra-bu-ra-kv-ngge.
　　　　　作亂-使-未-否-名
　　　　　不叫亂帳的。（三15a5）

9-361　　guwelke, ai kemun se-re gisun,
　　　　　小心.祈　什麼　規則　説-未　話語
　　　　　看仔細定得甚麼的話，（三15a6）

9-362　　baita-i julergi-de gisure-qi tusangga,
　　　　　事情-屬　前面-位　　説-條　　有益
　　　　　説在事前有益，（三15a6）

9-363　　terebe onggolo doigomxo-bu-fi,
　　　　　他.賓　　之前　　預先-使-順
　　　　　叫他預先裏打算下，（三15a7）

9-364　　baita-i amargi be toso-bu-mbi,
　　　　　事情-屬　後面　賓　防範-使-現
　　　　　預備事後，（三15a7）

9-365　　te　baita tuqi-fi,
　　　　　現在 事情　出-順
　　　　　如今一遭事出來了，（三15a8）

9-366　　alihan niyalma dolo farfa-bu-ha,
　　　　　支撐　　人　　裏面　打亂-被-完
　　　　　當局者迷，（三15a8）

9-367　emu¹ gvnin baha-bu-ra-kv bi-me,
　　　　一　　主意　得到-使-未-否　有-并
　　　　不給出個主意，（三15a8-b1）

9-368　nememe golo-bu-me,
　　　　反倒　　　驚嚇-使-并
　　　　反倒嚇他，（三15b1）

9-369　bi hendu-he-kv-o?
　　　　我　説-完-否-疑
　　　　我没説麼？（三15b1）

9-370　buqe-he-o se-qi,
　　　　死-完-疑　助-條
　　　　可死了，（三15b1）

9-371　baitakv gisun baita de ai　tusa.
　　　　没用　　話語　事情 與 什麽 益處
　　　　不著要的話與事何益。（三15b2）

9-372　mejigele-he-ngge.
　　　　打聽-完-名
　　　　得了信兒的。（三15b3）

9-373　baita be oihori narhvxa-me akdula-mbihe,
　　　　事情 賓　非常　精細-并　　保證-過
　　　　把事情何等的機密嚴緊來著，（三15b4）

1　emu：聽松樓本、先月樓本作inde。

9-374　tuqi-nji-re giyan o-fi,
　　　　出-來-未　道理　成爲-順
　　　　活該事出，（三15b4-5）

9-375　te　heni majige fuseje-he-bi,
　　　　現在 略微　稍微　　破裂-完-現
　　　　如今也一點兒半點的破動了，（三15b5）

9-376　damu hvwaja-ha-kv se-re dabala,
　　　　祇是　　壞-完-否　　助-未　罷了
　　　　只差沒大壞，（三15b5-6）

9-377　si　tuwa ede urunakv amba dain bi,
　　　　你 看.祈 這.位 必定　　大　戰鬥 有
　　　　你看這上頭必定有大干戈，（三15b6）

9-378　aina-ha　se-me　taifin akv,
　　　　怎麼做-完 助-并　太平　否
　　　　再不能太平，（三15b6-7）

9-379　we　ini　hvsun, terei funde youni o-bu-mbi.
　　　　誰　他.屬 力量　　他.屬 代替　全部　成爲-使-現
　　　　誰是他的挈手替他齊全。（三15b7）

9-380　taxara-bu-ha-ngge.
　　　　錯-被-完-名
　　　　錯認了的。（三15b8）

9-381　dalba-i xala -i　ba-de kubsuhvn niyalma-i,
　　　　旁邊-屬 邊角 屬 地方-位　粗大　　　人-屬
　　　　房堵頭兒黑孤搭的活[1]托兒是個人，（三16a1）

1　活：聽松樓本、先月樓本作"和"。

9-382　　fun beye[1], qala ebele konggohon emu niyalma akv,
　　　　　分　自己　此外　這邊　空洞　　一　　人　否
　　　　　那半拉這半拉空落落的没一個人，（三16a1-2）

9-383　　gadana mini emhun,
　　　　　孤獨　　我.屬　獨自
　　　　　孤丟丟兒獨自是我一個，（三16a2）

9-384　　gala de umai emu jaka akv,
　　　　　手　位　完全　一　東西　否
　　　　　手裏没個甚麼拿著，（三16a2-3）

9-385　　funiyehe baibi seksehun -i mada-mbi,
　　　　　毛　　　平白　落魄　　工　腫脹
　　　　　頭髮直竪竪的發愼，（三16a3）

9-386　　jugvn ka-ha kai,
　　　　　道路　擋-完　啊
　　　　　擋住去路了，（三16a3-4）

9-387　　gene-re be naka-mbi,
　　　　　去-未　　賓　停止-現
　　　　　難道不去罷，（三16a4）

9-388　　katunja-me kak　se-fi qensila-qi,
　　　　　忍受-并　　咳嗽貌　助-順　仔細觀察-條
　　　　　仗著嗽一聲定睛瞧時，（三16a4）

9-389　　pei tuttu geli elben fe-mbi-ni.
　　　　　呸　那樣　又　茅草　胡言-現-呢
　　　　　自己唾自己那們個胡周也有麼。（三16a5）

---

[1] fun beye：此爲固定用法，意爲"像自己"。

9-390　　yekerxe-re-ngge.
　　　　譏誚-未-名
　　　　打趣人的。（三16a6）

9-391　　oforo de gaha do-ha se-me inu sabu-ra-kv emu niyalma bi-he,
　　　　鼻子　位　烏鴉　住-完　助-并　也　看見-未-否　一　　人　　有-完
　　　　鼻了上落著老瓜也看不見來著，（三16a7）

9-392　　te　　ainu banin hala-fi donji-ha de dokdori　sa-ha de saksari taqi-ha-bi,
　　　　現在 爲什麼 性格　改-順　聽-完　位　猛然站起 知道-完位　仰面　學-完-現
　　　　如今爲甚麼變了性學成個聽見風兒就是雨，
　　　　（三16a8）

9-393　　niyalma hon teisu akv dabxame o-ho-de,
　　　　人　　　　非常　各自　否　過分　　成爲-完-位
　　　　人要是太不配的過分，（三16b1-2）

9-394　　hvturi uthai sinde o-jora-kv.
　　　　福　　　就　你.與　可以-未-否
　　　　福氣他就會不依。（三16b2）

9-395　　maya-mbu-re-ngge.
　　　　消-使-未-名
　　　　消滅的。（三16b3）

9-396　　yoktakv ai dabala,
　　　　沒意思　什麼　罷了
　　　　好沒[1]拉嘎，（三16b4）

---

[1] 没：聽松樓本、先月樓本作"不"。

9-397　mukxan mou kvwak qak se-me suweni ere ai demun,
　　　　木棒　　木頭　棍棒亂打貌　助-并　你們.屬　這　什麼　詭計
　　　　棍子棒子乒叉的你們這是甚麼帳,（三16b4-5）

9-398　ai　doro,
　　　　什麼 道理
　　　　成何道理,（三16b5）

9-399　gala sidahiya-me, ge ga elje-me tadura-ra-ngge,
　　　　手　　挽-并　　喊叫貌　抗拒-并　互相争吵-未-名
　　　　擄手擄膈脖的大叫小喊的争叉,（三16b5-6）

9-400　fuju-ra-kv,
　　　　講究-未-否
　　　　没正經,（三16b6）

9-401　weihukele-bu-mbi,
　　　　輕慢-使-現
　　　　叫人輕慢,（三16b6）

9-402　ehe taqi-ha-bi,
　　　　壞　學-完-現
　　　　學壞了,（三16b6）

9-403　suwe te gemu uttu arbuxa-qi,
　　　　你們　現在　都　　這樣　行動-條
　　　　你們如今都這樣行事,（三16b6-7）

9-404　gvwa muse be ai-se-mbi.
　　　　別人　咱們　賓　什麼-説-現
　　　　可叫別人説咱們甚麼.（三16b7）

9-405　oitobu-ha-ngge.
　　　　窮困-完-名
　　　　著了窄的。（三16b8）

9-406　gene-re namaxan fehi nakv onggo nakv sinda-ha,
　　　　去-未　一下子　腦子　之後　忘.祈　之後　放-完
　　　　臨去¹没腦子一下子忘了就去了，（三17a1）

9-407　jugvn -i andala gvni-na-ha-de fekun gemu waliya-bu-ha-bi,
　　　　路　屬　半路　想-去-完-位　跳一下　都　迷失-使-完-現
　　　　塗中想起來魂都冒了，（三17a2）

9-408　kejine ba　gai-ha,
　　　　很　地方　走路-完
　　　　走了許多路了，（三17a2）

9-409　ada-fi yabu-re guqu geli akv,
　　　　并排-順　走-未　朋友　也　否
　　　　没個夥伴兒，（三17a3）

9-410　daqi fahvn ajigen niyalma,
　　　　素常　膽子　小　人
　　　　原是個胆子小的人，（三17a3）

9-411　oitobu-fi, tuba-de dakda fekuqe-mbi.
　　　　窮困-順　那裏-位　急得跳　跳-現
　　　　憋的頓脚兒²跳。（三17a4）

1　去：二酉堂本、雲林堂本作"雲"。
2　兒：聽松樓本、先月樓本作"見"。

9-412 murakv-ngge.
　　　　咆哮.否-名
　　　　沒溜兒的。（三17a5）

9-413 inde feten aqa-ha uquri,
　　　　他.與　緣分　相合-完　時候
　　　　合他有緣的那一乘子，（三17a6）

9-414 angga qi tuhe-bu-ra-kv makta-mbi,
　　　　嘴　從　倒下-使-未-否　誇贊-現
　　　　攛不上口兒的誇，（三17a6）

9-415 iqakv　aina-ha uquri angga de gvnin karqa-bu-ha manggi,
　　　　不如意 怎麼做-完 時候　嘴　與　心　面對-使-完　之後
　　　　不知是怎的心不對樁[1]了，（三17a7）

9-416 ki tuqi-bu-re adali hala-ngga haqingga banji-bu-ma[2] dere efule-mbi,
　　　　氣　出-使-未　樣子　改-名　各種　生長-使-并　臉　破壞-現
　　　　出氣的是的異樣雕鑽的編泒放臉，（三17a7-8）

9-417 bixu-qi inu jinjiha bi-kai,
　　　　撫摸-條　也　男人　有-啊
　　　　摩著也是個漢子，（三17a8-b1）

9-418 ainu baibi hehere-me taqi-mbi.
　　　　爲什麼 祇是 有女人氣-并 學-現
　　　　爲甚麼只好老老婆婆的。（三17b1）

---

1 樁：底本作"椿"，依文義改。
2 banjibuma：雲林堂本作banjibume。

9-419　　goran tuqi-bu-re-ngge.
　　　　　遺體　出-使-未-名
　　　　　出殯的。（三17b2）

9-420　　giran tuqi-bu-re de,
　　　　　遺體　出-使-未　位
　　　　　出殯，（三17b3）

9-421　　giyan -i yabu-re tob jugvn deri tuqi-bu-qi,
　　　　　正經　工　走-未　正好　路　經　出-使-條
　　　　　從正路出，（三17b3）

9-422　　yaya se-me gemu gvnin daha-mbi,
　　　　　任何　助-并　都　心意　跟隨-現
　　　　　憑你是誰心裏都過的去，（三17b4）

9-423　　baita doro de holbobu-ha-bi,
　　　　　事情　道理　與　有關-完-現
　　　　　事關道理，（三17b4）

9-424　　buta-me faxxa-ha be tuwa-bu-re jalin-de,
　　　　　掙錢-并　努力-完　賓　看-使-未　因爲-位
　　　　　因爲人作人，（三17b5）

9-425　　fiyan tuqi-bu-ki se-me, ba ba-de tukiye-me gama-fi demniyeqe-bu-qi,
　　　　　臉面　出-使-祈　助-并　地方 地方-位 上揚-并　拿-順　掂量-使-條
　　　　　諞富抬在各到處裏掂搭，（三17b5-6）

9-426　　ere yobo aibi-de isina-ha-bi.
　　　　　這　玩笑　哪裏-與　到-完-現
　　　　　活笑話兒到甚麼田地。（三17b6-7）

9-427　farfa-bu-ha-ngge.
　　　　打亂-被-完-名
　　　　亂了綫兒的。（三17b8）

9-428　baita haqin faquhvn labdu, hiyaha-bu-me jibsi-bu-fi ikta-ka-bi,
　　　　事情　各種　混亂　　大　　插-被-并　　重疊-被-順　堆積-完-現
　　　　事件亂帳攪插着積的堆住了，（三18a1）

9-429　hetu undu xakaxa-ra de liyeliye-fi bu-he-bi, wakala-mbi,
　　　　橫　豎　糾結-未　位　眩暈-順　　給-完-現　責怪-現
　　　　縱橫雪片兒來事情落事情，迷的人擺布不開糸，
　　　　（三18a2）

9-430　wakaxa-mbi-o ini qiha o-kini dabala,
　　　　責怪-現-疑　　他.屬　任憑　成爲-祈　罷了
　　　　怪由他去罷了，（三18a3）

9-431　ere largin lahin -i xadaquka,
　　　　這　繁雜　麻煩　屬　勞神
　　　　這樣的煩瑣活亂兒爲難處，（三18a3-4）

9-432　si te mimbe aina se-mbi.
　　　　你現在　我.賓　怎麼　助-現
　　　　你可叫我怎麼的。（三18a4）

9-433　xada-ha-ngge.
　　　　疲勞-完-名
　　　　乏了的。（三18a5）

9-434　dedun goro ba malhvn de amqa-bu-fi abuli-ka-bi,
　　　　歇脚處　遠　地方似近似遠　位　追趕-使-順　疲乏-完-現
　　　　站大地野的上頭乏了個動不的，（三18a6）

9-435　kejine teye-fi erge-mbu-me sebki-ki se-qi,
　　　　許多　休息-順　休息-**使**-**并**　恢復-祈　想-條
　　　　歇了老大一會子指望要還過來，（三18a6-7）

9-436　nememe quku-fi wai se-me tamali-me mute-ra-kv lalaji o-ho-bi,
　　　　反倒　困乏-順　彎曲　**助**-**并**　掙扎-**并**　能够-未-否　癱軟　成爲-完-現
　　　　乏透了没個氣香兒，没個收攬作不得主撩倒了，
　　　　（三18a7-8）

9-437　emu-de inu se　baha,
　　　　一-位　也　年歲　得到.完
　　　　一來也是上年季，（三18a8）

9-438　beye inu nenehe gese akv.
　　　　身體　也　先前　樣子　否
　　　　身子也不相先了。（三18a8-b1）

9-439　noro-bu-ra-kv-ngge.
　　　　留住-**使**-未-否-名
　　　　不叫委在家裏的。（三18b2）

9-440　enteke gilha edun su akv sain inenggi de,
　　　　如此　晴天　風　絲　否　好　日子　位
　　　　這等一個晴乾没風的個好日子，（三18b3）

9-441　gur　se-me noro-fi bou-de aina-mbi,
　　　　慵懶貌　**助**-**并**　留-順　家-位　做什麼-現
　　　　悶着憨在家裏作甚麼[1]，（三18b3-4）

---

[1] 甚麼：聽松樓本無此二字。

9-442　silmen sebderi be bai-fi serguwexe-qi oihori,
　　　　陰面　陰涼　　賓　求-順　乘涼-條　疏忽
　　　　找個陰涼去處涼爽何等的好，（三18b4）

9-443　tuqi-fi edun goibu-qi beye inu mangga,
　　　　出去-順　風　迎-條　身體　也　出衆
　　　　出去見見風兒身子也硬朗，（三18b5）

9-444　je-ke jeku inu singge-mbi,
　　　　吃-完　糧食　也　消化-現
　　　　吃的也消化，（三18b5-6）

9-445　lefu gese leb se-me te-fi, nahan manggo ura manggo se-qi,
　　　　熊　一樣　突然　助-并　坐-順　炕　硬.疑　屁股　硬.疑　助-條
　　　　這們大塊子死拍拍的坐着要壓坑頭子，（三18b6-7）

9-446　dolo duha gemu absi banji-ha-bi.
　　　　裏面　腸子　都　怎麼　生長-完-現
　　　　肚腸都是怎麼長着呢。（三18b7）

9-447　gvnin akv-ngge.
　　　　心　　没有-名
　　　　没心眼兒的。（三18b8）

9-448　baitakv gala joula-fi inenggi wa-me banji-re-ngge,
　　　　没用　手　束手-順　日子　了結-并　生活-未-名
　　　　白白的朝著手兒了日期，（三19a1）

9-449　sini dolo ai tuttu xolo akv,
　　　　你.屬　心裏　什麼　那樣　空閑　否
　　　　你打心裏怎麼那們没分兒，（三19a1-2）

9-450　erin inenggi dasame ji-dere ai-bi?
　　　　時候　日子　　再　　來-未　什麼-有
　　　　光陰還來麼？（三19a2）

9-451　fikana-me fihaxa-ra de dosi-fi,
　　　　變胖-并　啞口無言-未　與　進入-順
　　　　信著意兒要肥胖，（三19a3）

9-452　ai-qibe buqe-re beye damu emdubei giran be sela-bu-me sebjele-bu-qi,
　　　　什麼-讓　死-未　身體　都　祇管　遺體　實　爽快-使-并　歡樂-使-條
　　　　終久是個死的身子只是怕死爽尸，（三19a3-4）

9-453　dunda je-mbi se-he-ngge,
　　　　喂猪.祈　吃-現　說-完-名
　　　　罵嚷屎的，（三19a4）

9-454　qohome erei jalin fanqa-ha-bi.
　　　　特意　他.屬　爲了　發怒-完-現
　　　　竟是爲他生這股子氣。（三19a4-5）

9-455　guqu.
　　　　朋友
　　　　相遇朋友的。（三19a6）

9-456　fali-me guqule-fi,
　　　　結交-并　交朋友-順
　　　　結交朋友，（三19a7）

9-457　fere-i gvnin ainaha fiyanara-ki se-he-ngge ni,
　　　　底下-屬　心　怎麼　説謊-祈　助-完-名　呢
　　　　底心未必就假，（三19a7）

9-458 inu meiren obu-fi, hvsun o-kini se-he-bi,
也　　肩膀　作爲-順　力量　成爲-祈　助-完-現
也只爲是個肩膀作個幫助來著，（三19a8）

9-459 giyalu akv banji-re sain de,
裂縫　否　生長-未　好　位
没個裂紋兒的好的上頭，（三19a8-b1）

9-460 kemuni gvnin bu-ra-kv buksi-me asara-qi,
還　　心　　給-未-否　埋伏-并　存-條
還不交心拽著藏著，（三19b1）

9-461 akdun maka ai ba-be absi gisure-he-bi.
信用　莫非　什麼 地方-賓 哪裏　説-完-現
信行説的是那一塊兒。（三19b2）

9-462 tuwaxa-ra-kv-ngge.
照顧-未-否-名
不稍後的。（三19b3）

9-463 talgi-me gisure gisure nakv,
愚弄-并　説.祈　説.祈　之後
作情説了又説，（三19b4）

9-464 geli emdubei miyami-me¹ tanggi-mbi,
又　　祇管　　裝飾-并　　搭話-現
又儘著煤洗，（三19b4）

1　miyamime：聽松樓本、先月樓本此處有墨迹，模糊難辨。

9-465　musei yongsikv weri be¹ faha-ki se-me xakala-me dosi-fi balai
　　　　咱們.屬　愛說大話　別人　實　摔-祈　助-并　插話-并　進-順　妄自

　　　　koksi-ta-mbi,
　　　　咯咯叫-常-現

　　　　咱們的傻悶兒要撩倒他插²進去胡呲叉，（三19b5-6）

9-466　beqe-qi giyan waka,
　　　　責備-條　道理　不是

　　　　要狠嘟他不是道理，（三19b6）

9-467　akv oqi elei mada-mbi,
　　　　否　若是　越發　膨脹-現

　　　　要不呢越發高起幸來了，（三19b6-7）

9-468　gama-ha ne gemu aliya-me,
　　　　處置-完　現在　都　後悔-并

　　　　代了他去都後悔，（三19b7）

9-469　absi nei tuqi-ke.
　　　　何其　汗　出-完

　　　　叫人着會子好急。（三19b7）

9-470　haqihiya-bu-ra-kv-ngge.
　　　　催逼-使-未-否-名

　　　　不叫勉強的。（三19b8）

9-471　ubu sibiya sini nemxe-re de akv,
　　　　職分　身份　你.屬　爭-未　位　否

　　　　身分不在乎你爭，（三20a1）

1　weri be：聽松樓本、先月樓本此處有墨迹，模糊難辨。
2　他插：聽松樓本、先月樓本此處有墨迹，模糊難辨。

9-472　beye beye-be ende-mbi-o?
　　　　自己　自己-賓　欺騙-現-疑
　　　　自己有個不覺自己的麼？（三20a1）

9-473　haha oqi gurun -i niyalma wesihule-re ba-de,
　　　　男人　若是　國家　屬　　人　　重視-未　地方-位
　　　　要是個漢子到處裏人尊，（三20a2）

9-474　falga be ai hendu-re,
　　　　宗族　賓　什麼　説-未
　　　　何況族間，（三20a2）

9-475　budun banji-ha manggi,
　　　　劣質　生長-完　之後
　　　　要是不濟，（三20a3）

9-476　ahasi hono weihukele-mbi,
　　　　衆僕人　還　　輕視-現
　　　　家下人還輕視，（三20a3）

9-477　gvwa be ai-se-mbi.
　　　　別人　賓　什麼-説-現
　　　　且説別人。（三20a3-4）

9-478　bequnu-re-ngge.
　　　　打架-未-名
　　　　打架的。（三20a5）

9-479　quk qak se-me emdubei mihada-me subada-mbi,
　　　　亂打貌　助-并　祇管　　亂跳-并　　撒潑-現
　　　　逞强鬪口的只是撒潑打滾，（三20a6）

9-480　　tasha weqeku dabanara-ha,
　　　　老虎　神位　超過-完
　　　　付下老虎神來的是的，（三20a6-7）

9-481　　dembei qeqerquke,
　　　　極爲　　生氣
　　　　忒叫人[1]恨的慌，（三20a7）

9-482　　niyalma be tuwa tuqi-me, xanggiyan banji-mbi,
　　　　人　賓　看.祈　學-并　　烟　　産生-現
　　　　叫人起火冒烟，（三20a7-8）

9-483　　seshun de aika kiri-me mute-mbi,
　　　　厭惡　位　怎麼　忍受-并　能够-現
　　　　發兜那裏叫人受作得，（三20a8）

9-484　　uthai gala bethe isina-ki se-re-de,
　　　　就　　手　脚　至於-祈　助-未-位
　　　　就要動手脚，（三20a8-b1）

9-485　　agu golo-fi abura-ra-ngge inu ebere-ke,
　　　　兄長　驚嚇-順　亂撕扯-未-名　也　衰弱-完
　　　　他毛了施威也蔫了，（三20b1-2）

9-486　　tek tak se-re-be inu naka-ha.
　　　　吵嚷貌　助-未-賓　也　停止-完
　　　　嚎橫也没了。（三20b2）

---

1 忒叫人：聽松樓本、先月樓本作"只是"。

9-487　fihali.
　　　　愚者
　　　　傻悶兒。（三20b3）

9-488　efiye-re mudan gemu beliyen, yoto,
　　　　戲耍-未　音調　都　癡傻　癡呆
　　　　頑的樣兒都傻，（三20b4）

9-489　tebe na-mbu-ha se-he-de fara-mbi,
　　　　他.賓 捕獲-使-完 助-完-位 發昏-現
　　　　是個頑皮叫他撓著發個昏，（三20b4-5）

9-490　neqi-qi tetendere ja de hoko-ra-kv[1],
　　　　招惹-條　既然　容易　位　離開-未-否
　　　　要惹著他當時不撩開手，（三20b5）

9-491　sini nime-re aina-ra be tere bodo-ra-kv,
　　　　你.屬 疼-未 怎麼做-未 賓 他 籌算-未-否
　　　　他也不管[2]你疼不疼，（三20b5-6）

9-492　haitarabu-ha[3] de koko se-me emgeri inje-he de inu baita waji-mbi.
　　　　着急-完　位　憨笑貌　助-并　一次　笑-完　位　也　事情　完-現
　　　　著了急憨笑一聲他的大事就完了。（三20b6-7）

9-493　yadalinggo.
　　　　虛弱
　　　　弱症。（三20b8）

1　hokorakv：聽松樓本、先月樓本作hokarakv。
2　管：聽松樓本、先月樓本作"官"。
3　haitarabuha：意不詳，語法標注據漢字部分及該詞構造出。二酉堂本此處模糊難辨。

9-494　daba-ha nimeku,
　　　　超過-完　患病
　　　　勞傷的病，（三21a1）

9-495　aqu faqu se-me muji-mbi,
　　　　極度貌　助-并　因病呻吟-現
　　　　哼兒唧兒的憋氣，（三21a1）

9-496　nimeku undara-ka,
　　　　病　　病重-完
　　　　病久了，（三21a1）

9-497　hvsi-bu-fi daru-ha-bi,
　　　　纏住-被-順　賒欠-完-現
　　　　憪¹ 纏的覺重，（三21a2）

9-498　sunggi-me nime-re arbun,
　　　　衰弱-并　疼-未　樣子
　　　　病央兒是的，（三21a2）

9-499　bi tuwa-qi uthai waka,
　　　　我　看-條　就　不好
　　　　我瞧著就不好，（三21a2）

9-500　nahan -i na be baha-bi,
　　　　炕　　屬　地　賓　得到-完-現
　　　　落了炕了，（三21a3）

9-501　te　umesi makta-bu-ha-bi.
　　　　現在　完全　倒-被-完-現
　　　　如今索性病倒了。（三21a3）

---

1 纏：聽松樓本、先月樓本作"憪"。

9-502　　lak-akv-ngge.
　　　　爽快-否-名
　　　　不爽快的。（三21a4）

9-503　　asuru singgesu akv,
　　　　很　　消化　　否
　　　　不大克化,（三21a5）

9-504　　niyalma -i　da silgi-mbi,
　　　　人　　屬　源頭　殺-現
　　　　心嘴子疼,（三21a5）

9-505　　dolo qehun,
　　　　心裏　胸悶
　　　　心裏膨悶,（三21a5）

9-506　　hefeli jafa-bu-fi　ping se-mbi,
　　　　肚子　火燒-被-順　膨脹貌　助-現
　　　　肚腑燒住了鼓膨膨的,（三21a6）

9-507　　ememu fonde emu haqin -i wesihun tele-bu-me jalu-re de ali-me
　　　　或者　時候　一　樣子　屬　興盛　撐開-被-并　滿-未　位　受-并
　　　　mute-ra-kv,
　　　　能够-未-否
　　　　一會子那們一樣的兩脇發脹撐心柱脇叫人受不得,
　　　　（三21a6-7）

9-508　　giranggi jalan singgiya-me,
　　　　骨　　節　　麻痛-并
　　　　骨節兒疼痛,（三21a7）

9-509　beye niyalhvnja-mbi,
　　　　身體　發昏-現
　　　　身子酸軟，（三21a8）

9-510　yabu-re de bethe-i ergi hvsun akv,
　　　　走-未　位　脚-屬　方向　力量　否
　　　　走路兒脚底下沒根兒，（三21a8）

9-511　pekde pakta falita-me afata-mbi.
　　　　磕磕　絆絆　不靈活-并　麻木-現
　　　　盍盍拌拌跌一脚撲一脚的。（三21b1）

9-512　sai-ha-ngge.
　　　　咬-完-名
　　　　蟲咬的。（三21b2）

9-513　goida-me niyalma te-he-kv bou,
　　　　久-并　　人　　住-完-否　家
　　　　久不住人的房子，（三21b3）

9-514　tuhe-ke efuje-he, youni garja-fi sangsara-ka-bi,
　　　　跌落-完　損壞-完　全都　破裂-順　房屋破爛-完-現
　　　　倒壞零落的大窟窿小眼睛的了，（三21b3-4）

9-515　hukun buraki jalu-ka-bi,
　　　　糞土　塵土　滿-完-現
　　　　塵土扛天的，（三21b4）

9-516　dobori amga-ra de　sur sar se-me yoqa-me xufa-ra de,
　　　　晚上　睡-未　位　散落散開貌　助-并　癢-并　聚斂-未　位
　　　　夜裏睡著癢癢出出的刺撓，（三21b4-5）

9-517　　baibi sersen sarsan -i yali mada-mbi,
　　　　　衹是　　刺疼火辣貌　　工　肉　　脹-現
　　　　　只覺得酥嚕酥嚕的肉發麻，（三21b5-6）

9-518　　amu ji-dera-kv,
　　　　　睡眠　來-未-否
　　　　　沒有睏，（三21b6）

9-519　　onqohon umuxuhun -i kurbuxe-me,
　　　　　仰臥　　俯臥　　　工　輾轉-并
　　　　　折餅的是的翻登折過子，（三21b6）

9-520　　uba-sita-ra siden-de qak se-me emgeri xexe-he,
　　　　　這裏-延遲-未 期間-位 狠狠貌 助-并　一次　　螫-完
　　　　　這空兒裏螫了一下子，（三21b7）

9-521　　gonggori ubaliya-me ili-fi,
　　　　　突然坐起　　翻身-并　站-順
　　　　　一股魯一翻身，（三21b7-8）

9-522　　yatara-fi dengjan dabu-fi tuwa-qi,
　　　　　打火-順　　燈　　點火-順　看-條
　　　　　扒起來打了個火點上燈瞧，（三21b8）

9-523　　demungge tere waka　o-qi kai.
　　　　　古怪的　　那個　不是　成爲-條 啊
　　　　　可不是那怪物是甚麼。（三21b8-22a1）

9-524　　wa-ra-kv-ngge.
　　　　　殺-未-否-名
　　　　　不宰殺的。（三22a1）

9-525　ujima de fursun gai-fi,
　　　　家畜　位　秧苗　拿-順
　　　　小牲口兒養的好了，（三22a3）

9-526　ouri se-me be karma-me wasi-me gene-re be aitubu-me, ebere-re be
　　　　精神　助-并　賓　保衞-并　　下降-并　去-未　賓　蘇醒-并　　衰弱-未　賓
　　　　etuhun o-bu-mbi,
　　　　強壯　成爲-使-現
　　　　爲是保精神壯氣力，（三22a3-4）

9-527　ergen be bi-bu-me banji-re be uji-mbi,
　　　　生命　賓　有-使-并　生存-未　賓　養-現
　　　　留命養生，（三22a4-5）

9-528　enduringge niyalma se-me naka se-he-kv-bi,
　　　　聖　　　　人　　　助-并　停止.祈　説-完-否-現
　　　　雖聖人也沒有叫止了別吃，（三22a5）

9-529　xar se-qi aqa-ra ba ai yada-ra,
　　　　惻隱　助-條　應該-未　地方　什麼　稀少-未
　　　　可憐憫的去處那上頭沒有，（三22a5-6）

9-530　onggolo ainu ede nende-mbi.
　　　　提前　　爲什麼　這.位　爭先-現
　　　　如何只把這個倒當一件事。（三22a6）

9-531　geqe-re-ngge.
　　　　結冰-未-名
　　　　上凍的。（三22a7）

9-532　monggo tala-i hanqi,
　　　　蒙古　　狂野-屬　近
　　　　近口外，（三22a8）

9-533　edun nimequke xahvrun,
　　　　風　　嚴酷　　　寒冷
　　　　風利害冷，（三22a8）

9-534　mini ji-he fonde juhe oro-ko,
　　　　我.屬 來-完 時候　冰　結皮-完
　　　　我來的時節纔上凍，（三22a8-b1）

9-535　ba-be se sa se-me geqe-mbi,
　　　　地方-賓 如絲 如草貌 助-并 結冰-現
　　　　各到處裏媽裏媽楞兒的凍冰查兒，（三22b1-2）

9-536　tesu ba-i niyalma ala-ra be donji-qi,
　　　　本地 地方-屬　人　　告訴-未 賓　聽-條
　　　　聽見本地人說，（三22b2）

9-537　jafa-me bira justala-me qarqina-qi tetendere,
　　　　封凍-并　河　　成條-并　　凝結-條　　既然
　　　　一遭見了冰零查兒[1]，（三22b2）

9-538　goida-ra-kv juwa erigi-qi jafa-me bira golono-mbi,
　　　　久-未-否　　二　　邊-從　封凍-并 河　中流未封凍-現
　　　　不久的就要打兩邊兒崔凍了，（三22b2-3）

9-539　akvna-me qa-me geqe-he manggi,
　　　　到對岸-并　插-并　結冰-完　之後
　　　　普裏冰插嚴了，（三22b3-4）

---

1 兒：底本作"見"，依文義徑改。

9-540　uthai dogon jafa-mbi se-mbi.
　　　　就　　渡　　持-現　　助-現
　　　　就禁得住人了。（三22b4）

9-541　bai-re-ngge.
　　　　尋求-未-名
　　　　找人家的。（三22b5）

9-542　sandalabu-ha-ngge goro aibi-de bi,
　　　　隔-完-名　　　　　遠　哪裏-位　有
　　　　相檽的遠在那裏呢，（三22b6）

9-543　fikatala te-ne-he[1],
　　　　蜿蜒　住-去-完
　　　　住的沒影兒遠，（三22b6）

9-544　we-de fujurula-me wereshe-mbi,
　　　　誰-位　訪問-并　　訪查-現
　　　　誰跟前跟尋訪問，（三22b6-7）

9-545　daqila-qi tuba-de se-he-bi,
　　　　打聽-條　那裏-位　說-完-現
　　　　打聽說那裏有，（三22b7）

9-546　urahila-me donji-ha gisun,
　　　　探聽-并　　聽-完　　話語
　　　　風聞的話，（三22b7-8）

1　tenehe：聽松樓本作tegahe。

9-547　si akda-mbi-o naka-mbi-o,
　　　　你 相信-現-疑　　停-現-疑
　　　　你可信不信，（三22b8）

9-548　ebsi qasi　 o-qi waka saksalabu-fi,
　　　　向這裏 向那裏 成爲-條 不是　卡住-順
　　　　處前處後的没主意擔閣著，（三22b8-23a1）

9-549　xurde-me hvsime mumure-mbi kai.
　　　　環繞-并　　完整　　垂頭-現　　啊
　　　　那一溜兒轉遭兒打磨磨兒。（三23a1）

9-550　hiri.
　　　　掃興
　　　　心切的[1]。（三23a2）

9-551　dobori inenggi akv hihvn budun -i　hir se-me merki-hei gvlgirakv o-ho-bi,
　　　　晩上　　日子　否　消沉　憂鬱 工 不安貌 助-并 尋思-持　思念 成爲-完-現
　　　　没晝夜的心心念念的有甚麼精神，（三23a3-4）

9-552　hami-ra-kv o-ho　dube-de te,
　　　　忍受-未-否 成爲-完 末端-位 現在
　　　　如今到個受不得的田地，（三23a4）

9-553　teni onggo-me jaila-bu-re arga be bai-mbi,
　　　　纔　　忘記-并　 躱避-使-未 計策 賓 求-現
　　　　纔尋見一半不見半撂開的方法兒，（三23a4-5）

---

1 心切的：底本原無此三字，應爲後人手寫所加。聽松樓本此處爲手寫"死眼兒"，二酉堂本、雲林堂本爲空白。

9-554　　o-mbi-o?
　　　　可以-現-疑
　　　　能勾麼？（三23a5）

9-555　　emgeri galgi-bu-me gaisila-bu-fi ufuhu niyaman de hada-ha-bi,
　　　　一次　匹敵-被-并　牽制-被-順　肺　　心　與　釘進-完-現
　　　　一遭心偏在那上頭牽扯的入了心肝肺腑了，（三23a5-6）

9-556　　furgoxo-me mari-bu-ki se-qi,
　　　　調轉-并　　返回-使-祈　助-條
　　　　要教他回轉念頭，（三23a6）

9-557　　enduri hvsun o-qi o-joro dabala.
　　　　神仙　力量　成爲-條 可以-未　罷了
　　　　除非得個神仙的¹力量能勾就能勾了。（三23a6-7）

9-558　　amga-ra-ngge.
　　　　睡-未-名
　　　　睡覺的。（三23a8）

9-559　　gala bethe maktaxe-me sarbahvn -i dedu-fi,
　　　　手　　脚　　甩-并　　　散漫　工　躺-順
　　　　撂腿撂胳膊的仰擺擺的睡著，（三23b1）

9-560　　kvwar kvwar kvwaqara-mbi,
　　　　打鼾貌　打鼾貌　打呼-現
　　　　呼呼的打呼呢，（三23b1-2）

---

1 的：聽松樓本、先月樓本此處爲墨迹。

9-561　　gemu getuken bihe,
　　　　　都　　清楚　　過
　　　　　都醒著來著，（三23b2）

9-562　　we hiri amga-ha-bi,
　　　　　誰　睡意　睡着-完-現
　　　　　誰睡著了是的，（三23b2）

9-563　　jing gvdu gada se-me bi-he-de,
　　　　　正好　喋喋不休貌　助-并　有-完-位
　　　　　正嘮閑話兒時，（三23b2-3）

9-564　　i hono dalba-de habkiya-mbihe,
　　　　　他　還　旁邊-位　　打哈欠-過
　　　　　他在一邊還打哈勢來著，（三23b3）

9-565　　ai hvdun uthai dangdaka,
　　　　　什麼　快速　就　　舒服
　　　　　什麼空兒他就挺額了，（三23b3-4）

9-566　　amu sain,
　　　　　睡覺　好
　　　　　覺好，（三23b4）

9-567　　tarahvkan be tuwa-qina,
　　　　　肥胖　　　賓　看-祈
　　　　　瞧他那肥的樣勢子，（三23b4）

9-568　　uju qirku de makte-me,
　　　　　頭　枕頭　位　甩-并
　　　　　把頭摺的枕頭上，（三23b5）

9-569　abka na wei guwanta se-mbi-kai,
　　　　天　地 一點　不管　　助-現-啊
　　　就天昏地暗了，（三23b5）

9-570　tede esi yali sinda-qi.
　　　　那.位 當然 肉　放-條
　　　那上頭有個不上膘的麼。（三23b5-6）

9-571　lulu.
　　　　庸者
　　　迂老兒。（三23b7）

9-572　niyalma be tuwa-ra de yasa faka guribu-ra-kv,
　　　　人　　賓　看-未　位 眼睛 乾涸 移動-未-否
　　　瞧人不錯眼珠兒的，（三23b8）

9-573　hada-kai weri be jiduji giru-bu-mbi,
　　　　釘-持　　別人 賓 終究 羞-使-現
　　　死各定的一定把人看個羞，（三23b8-24a1）

9-574　yamji-ha de yaya darakv damu nagan be bai-mbi,
　　　　天黑-完　位 大凡 不相干 都　　炕 賓 尋求-現
　　　到了晚上事事不管只是找炕，（三24a1）

9-575　beye be alban waji-ha se-me larbahvn -i darang se-me dedu-fi,
　　　　自己 賓 公務 完結-完 助-并 癱軟 工 直挺挺 助-并 躺-順
　　　説是不與他相干了[1]橫盪著直挺挺的睡，（三24a2）

---

[1] 了：二酉堂本、雲林堂本無此字。

9-576　pos pos fulgiye-mbi,
　　　噗噗吹貌　　吹-現
　　　噗噗的吹搭，（三24a3）

9-577　gvni-qi niyalma -i sen de nimenggi qanggi melme-he-bi.
　　　想-條　　人　屬 眼兒 位　油　　祇是　凝結-完-現
　　　想是心眼兒裏教油汪住了。（三24a3-4）

9-578　waliya-ra-ngge.
　　　上墳-未-名
　　　上墳去的。（三24a5）

9-579　mini isina-ha de teni hoso hasa houxan muhaliya-mbi,
　　　我.屬 到達-完 位 纔　抖紙聲　　紙　　堆積-現
　　　趕我到去纔溪溜花拉的堆紙呢，（三24a6）

9-580　elgiyen -i amqabu-ha,
　　　寬裕　　屬　趕上-完
　　　老早兒的趕上了，（三24a7）

9-581　teqe-he ba-de adarame mini etuku gida-bu-fi,
　　　坐-完　地方-位　怎麼　我.屬 衣服　壓-被-順
　　　坐著的地方不知仔麼的壓住衣裳了，（三24a7）

9-582　sa-qi qukv se-mbihe gai-tai ili-re de kvwar se-me tata-ha,
　　　知道-條 垂頭 祈 助-過 拿-極 站-未 位 破裂貌 助-并 拉-完
　　　要是知道叫抬抬兒來著猛然起來嗤的扯了一塊，
　　　（三24a8）

9-583　da-qi inu aniya goida-ha teke-he suje weile-he-ngge,
　　　原本-從 也 年　　久-完　受潮-完 緞子 製作-完-名
　　　原也是年久的糟紬子做的，（三24b1）

9-584　baibi-de hono pes pes se-mbi.
　　　祇是-位　還　布緞破裂貌　助-現
　　　好好的還這裏一塊那裏一塊的扯。（三24b1-2）

9-585　fangkala.
　　　矮
　　　矬矮子。（三24b3）

9-586　beye hetu porong se-me pokqohon,
　　　身體　寬　魯鈍　助-并　矮胖
　　　身子短粗短粗的矮小，（三24b4）

9-587　fak se-me aqabu-me banji-ha-ngge be sabu-ha de giru-fi beye beye-be
　　　癱軟 助-并　合適-并　　生長-完-名　賓　看見-完 位 害羞-順 自己 自己-賓
　　　firu-mbi,
　　　咒罵-現
　　　見個合勢的虎敦炮兒羞的自己埋怨自己，（三24b4-5）

9-588　haha niyalma ede　ai-bi,
　　　男人　人　這.位 什麼-有
　　　漢子家這個有什麼，（三24b5）

9-589　makjin kenje o-ho-de banji-ra-kv, tere aina-ha-bi,
　　　矮子　弱小 成爲-完-位 生長-未-否　他 怎麼做-完-現
　　　矮矬矬兒他不活著你見仔麼的了，（三24b6）

9-590　baha-qi emu teksin　o-ki se-mbi-kai baha-mbi.
　　　得到-條　一　整齊　成爲-祈 助-現 啊　能够-現
　　　誰不要個膀可齊尾的齊節能勾得麽。（三24b6-7）

9-591   buteri.
        陰險
        陰毒的。（三24b8）

9-592   niuhon abka-i genggiyen be,
        青色　天-屬　晴　　賓
        明亮的青天，（三25a1）

9-593   ainu yamji-ha de farhvn o-ho se-mbi,
        怎麼　天黑-完 位 發昏 成爲-完 助-現
        怎麼晚了當昏了呢，（三25a1）

9-594   baita bultahvn -i tuqi-nji-he manggi,
        事情　暴露　工　出-來-完　之後
        事事兒脫可拉的顯露出來，（三25a2）

9-595   heni dalda-me yabu-qi o-jora-kv be teni baha-fi sa-mbi,
        稍微　隱藏-并 施行-條 可以-未-否 賓 纔 能够-順 知道-現
        纔知道一點瞞他不得，（三25a2-3）

9-596   karu de karu,
        報應　與 報應
        善的善，（三25a3）

9-597   ubu de ubu,
        命運　與 命運
        惡的惡，（三25a3-4）

9-598   aqinggiya-me aqabu-re-ngge hontoho mou[1] kai,
        感動-并　　　符合-未-名　　管理　　木　啊
        感應之理若合符節，（三25a4）

1　hontoho mou：二詞連用專指"勘合符"。

9-599　erin unde be ainu ekxe-mbi.
　　　時候 尚未 賓 什麼 着急-現
　　　時候不到你急他怎的。（三25a4-5）

9-600　sy miyau.
　　　寺 廟
　　　說寺廟的。（三25a6）

9-601　seibeni ainaha damu hvturi bai-re jalin baitangga ba-de　baitakv bou
　　　曾經　怎麼　祇是　福　求-未　緣由　有用　地方-位　沒用 房子
　　　weile-he-bi,
　　　製作-完-現
　　　當初未必單爲祈福，將有用之地蓋造無用的房子，
　　　（三25a7-8）

9-602　emu-de gung tusa ara-ha be hukxe-me,
　　　一-位　功勞 利益 做-完 賓 感激-并
　　　一來有功於世感激不盡，（三25a8）

9-603　dobo-me jukte-me iletule-bu-fi burubu-ra-kv o-bu-mbi,
　　　供養-并　祭祀-并　顯露-使-順　埋没-未-否　成爲-使-現
　　　供養答報他不致於休昧，（三25b1）

9-604　jai-de amba[1] haha oitobu-ha de,
　　　二-位　大　男人　窮困-完　位
　　　二來英雄受苦護攬著，（三25b1-2）

---

[1] amba：聽松樓本、先月樓本作ambe。

9-605　daniya-me beye duhe-mbu-kini,
　　　　掩蔽-并　身體　完結-使-祈
　　　　作終身之地，（三25b2）

9-606　buya urse hafira-bu-qi,
　　　　小氣 人們　逼迫-被-條
　　　　小人受逼遮護著，（三25b2-3）

9-607　fiyanjila-fi ergen uji-bu-kini se-me,
　　　　守護-順　生命　養-使-祈　助-并
　　　　作養命之源，（三25b3）

9-608　irgen -i jalin hirinja-ra faquhvn -i jalin hing se-he gvnin xumin kai.
　　　　民眾 屬 緣由 膽戰心驚-未 作亂 屬 緣由 專心 助-完　心　深　啊
　　　　也是憂民切亂的深心。（三25b3-4）

9-609　alban.
　　　　官
　　　　官差。（三25b5）

9-610　mini idu waka, ere inu bi guwe-fi sibqa-mbi,
　　　　我.屬 值班 不是　這　也 我 脫免-順　放下-現
　　　　不該我的班兒這一班我該脫班兒存下，（三25b6）

9-611　jakan hoko-fi goida-ha-kv,
　　　　最近　離開-順　久-完-否
　　　　下班兒不久，（三25b6-7）

9-612　udu inu hala-ha giyala-ha se-me geli minde goi-ha-bi,
　　　　幾　又　改變-完　隔開-完　助-并　又　我.與　射中-完-現
　　　　能換了几班隔了多少時又該著我了，（三25b7）

9-613　beye dosi-qi idu debu-mbi,
　　　　自己　進入-條　值班　算上-現
　　　　本身到了呢算他的班兒，（三25b8）

9-614　niyalma isi-ra-kv dube-de si-me nurhv-bu-mbi,
　　　　人　　及-未-否　末端-與　堵-并　接連-使-現
　　　　人頭兒不勾貼班兒連班兒，（三25b8-26a1）

9-615　funtuhule-me touka-qi,
　　　　空-并　　　耽誤-條
　　　　空班脫班的，（三26a1）

9-616　idu amqa-me touda-bu-mbi,
　　　　值班　追趕-并　歸還-使-現
　　　　教他趕班還班兒，（三26a1）

9-617　bulqakvxa-me giyangkvxa-qi gida-me jafa-fi nikebu-mbi,
　　　　懶惰-并　　　滑懶-條　　　隱瞞-并　拿-順　責罰-現
　　　　脫滑兒賴的裁派他，（三26a2）

9-618　tuttu akv o-qi taqi-mbi.
　　　　那樣　否　成爲-條　習慣-現
　　　　不然看慣了他。（三26a2-3）

9-619　gosiholo-ro-ngge.
　　　　悲痛-未-名
　　　　痛哭的。（三26a4）

9-620　qili-me haha-me songgo-ro-ngge ukdu,
　　　　噎住-并　哽住-并　哀傷-未-名　悲哀
　　　　一抽一咯噠的好不痛，（三26a5）

9-621　bilha　kerki-me　ergen　sukdu　gemu　gingka-bu-fi,
　　　　嗓子　喊叫不止-并　呼氣　人氣　都　憂悶-使-順
　　　　顙子抽答的裏氣都出不來，（三26a5-6）

9-622　yasa waka elekei juliya-me tuqi-mbi,
　　　　眼睛　不是　幾乎　吐-并　出-現
　　　　眼睛珠兒恨不的斃出來，（三26a6）

9-623　porpun parpan eye-ki silenggi　hvwar se-me,
　　　　涕泪交流貌　　流-祈　唾液　眼泪直流貌 助-并
　　　　徬徨的鼻涕吃水拉拉的，（三26a6-7）

9-624　terei muji-re arbun waka be bi sa-fi,
　　　　他.屬 呻吟-未 樣子 不是 實 我 知道-順
　　　　我見他們濁的不是樣子，（三26a7-8）

9-625　majige teye-me giyala-kini se-me o-ho be wafiya-fi jaila-bu-ha-bi.
　　　　稍微　休息-并　隔-祈　助-并 成爲-完 實　扶-順　躲避-使-完-現
　　　　教他躲躲兒攪著[1]胳支窩離[2]開了。（三26a8-b1）

9-626　giyamun.
　　　　驛站
　　　　兵臺。（三26b2）

9-627　qouha sira-me unduri giyamun tebu-me gama-mbi,
　　　　兵　接連-并　沿途　驛站　裝載-并　處理-現
　　　　接連著大兵沿途安臺站去，（三26b3）

1　著：聽松樓本、先月樓本此處爲墨迹。
2　離：聽松樓本、先月樓本此處爲墨迹。

9-628　siden-de andala giyamun banjibu-mbi,
　　　　期間-位　半途　驛站　　編排-現
　　　　中間編腰站，（三26b3-4）

9-629　makta-bu-qi mudan do-ho be tuwanqihiya-me tob o-bu-mbi,
　　　　甩-被-條　　一次 落脚-完 賓　修正-并　　　直 成爲-使-現
　　　　張了去的繞遠抄近都要取個直，（三26b4-5）

9-630　goqi-re erin-de,
　　　　撤-未　時候-位
　　　　撤的時節，（三26b5）

9-631　ten -i ba-qi hete-me uhu-me[1] gaji-mbi,
　　　　根基 屬 原本-從 疊-并　捲-并　　拿來-現
　　　　打根裏迭著捲了來，（三26b5）

9-632　futa makta-me teksile-he ba,
　　　　繩子　甩-并　均勻-完　地方
　　　　繩子扯均勻的里數，（三26b6）

9-633　qouha-i nashvn touka-bu-qi fafun -i gama-mbi.
　　　　兵-屬　機會　耽誤-使-條　禁令 屬　處理-現
　　　　違誤了軍機必要正法。（三26b6-7）

9-634　gosihon.
　　　　痛苦
　　　　痛苦的。（三26b8）

---

[1] uhume：聽松樓本、先月樓本作ukume。

9-635　　jilgan be fuhali donji-qi o-jora-kv,
　　　　　聲音　實　全然　聽-條　可以-未-否
　　　　　其聲令人不忍聽，（三27a1）

9-636　　are se-he-de dangdahvn -i tuhe-mbi,
　　　　　哎呀 助-完-位　　延展　　屬 倒下-現
　　　　　叫一聲直挺挺的跌倒，（三27a1-2）

9-637　　yasa-i muke putur putur se-me lakqa-ra-kv,
　　　　　眼睛-屬 水　簌簌流泪貌　助-并　間斷-未-否
　　　　　眼泪不住點的盪，（三27a2）

9-638　　emgeri hei hai de emgeri buqe-mbi,
　　　　　一次　　嚎哭聲 位　一次　死-現
　　　　　哭一聲死一遭兒，（三27a2-3）

9-639　　gubqi gemu firfin fiyarfiyan¹ -i niyaki silenggi fisihi-me,
　　　　　全部　都　涕泪交流　　　工 鼻涕　唾液　甩水-并
　　　　　普裏都眼泪一把鼻涕一把的，（三27a3-4）

9-640　　daljakv niyalma hono sar　yasa-i muke tuhe-mbi,
　　　　　不相干　人　　還 流泪貌 眼泪-屬 水 掉下-現
　　　　　就是不相干的人眼泪也是雨點是的吊，（三27a4-5）

9-641　　fir　se-re-ngge ya,
　　　　　楚楚可憐貌 助-未-名　誰
　　　　　痛的也不知是那個，（三27a5）

9-642　　hir² se-re-ngge we,
　　　　　哭泣貌 助-未-名　誰
　　　　　忉的也不知是誰，（三27a5）

1　fiyarfiyan：意不詳，或與前面的firfin均形容涕泪交流的狀態。
2　hir：二酉堂本、雲林堂本作gir。

9-643　dur　se-me gemu ilga-me mute-ra-kv o-ho-bi.
　　　吵鬧貌 助-并 都　辨別-并　能夠-未-否　成爲-完現

齊打夥的分別不出來了。（三27a5-6）

9-644　ergele-bu-ra-kv-ngge.
　　　威脅-使-未-否-名

不教勒逼人的。（三27a7）

9-645　kangna-qi eigen ja,
　　　亂竄-條　丈夫 容易

人善被人欺，（三27a8）

9-646　bungna-qi aha ja,
　　　壓迫-條　奴僕 容易

馬善被人騎，（三27a8）

9-647　sini gala-i dorgi niyalma,
　　　你.屬 手-屬 裏面　人

你手心裏的人，（三27a7-b1）

9-648　tere aibi-de suju-mbi?
　　　他　哪裏-位　跑-現

他往那裏跑[1]呢？（三27b1）

9-649　gvna　gvbada-qi gvsa -i dolo se-he-bi,
　　　三歲小牛 掙脫-條　旗　屬 裏面 助-完現

人説是筋斗打不出佛爺的出[2]手心去，（三27b1-2）

1　跑：二酉堂本、雲林堂本作"跎吹"。
2　出：聽松樓本、先月樓本無此字。

9-650　waliya-me gama-qi o-qi,
　　　　丟失-并　　處置-條　成爲-條
　　　　撂過手，（三27b2）

9-651　kengse lasha uthai waliya-fi waqihiya,
　　　　果斷　決斷　就　免除-順　完結.祈
　　　　就該斷結了，（三27b2-3）

9-652　weqihiya-qi aqa-ra-ngge be ta-fi umai waqihiya-ra-kv,
　　　　完結-條　　應該-未-名　賓　糾纏-順　完全　完結-未-否
　　　　應該完的再不完結，（三27b3-4）

9-653　hafira-bu-fi dedu-he tasha be dekde-bu-he-de boqihi tuwa-ra-kv,
　　　　逼迫-使-順　躺-完　虎　賓　挑起-使-完-位　　醜　看-未-否
　　　　狐狸打不成倒惹的弄一屁股騷，（三27b4-5）

9-654　tere aikabade watai simbe emgeri fita sai-ha-de,
　　　　他　假如　狠狠　你.賓　一次　緊緊　咬-完-位
　　　　他若是一口咬住你了，（三27b5-6）

9-655　si te aina-mbi, wa-mbi-o?
　　　　你 現在 怎麼做-現　殺-現-疑
　　　　你可怎麼的殺他麼？（三27b6）

9-656　jui waliya-ha-ngge.
　　　　孩子　完結-完-名
　　　　沒了小孩子的。（三27b7）

9-657　antaka mangga ursu teng se-re mangga gvnin be jafa-fi,
　　　　如何　出衆　人們　堅實 助-未 剛硬　心　賓 拿-順
　　　　是個人物的人拿出個硬挣心腸來，（三27b8）

9-658　onggo-me waliya-ra be oyonggo o-bu-fi keu se-me uthai naka-ha-ngge[1],
　　　忘-并　　完結-未 賓　重要 成爲-使-順 痛切 助-并　就　停止-完-名
　　　擺開丟開的再不提起，（三28a1-2）

9-659　tere umai je-mpi tebqi-he waka,
　　　他　完全 忍受-延 忍心-完 不是
　　　并不是他心狠忍得，（三28a2）

9-660　amba niyalma de tusa akv o-fi kai,
　　　大　　人　　與 益處 否 成爲-順 啊
　　　所謂與大人無益，（三28a2-3）

9-661　goqi-mbu-fi[2] hirinja-ha ele,
　　　抽-被-順　　膽戰心驚-完 愈發
　　　肫肫的牽罣著不捨的人，（三28a3-4）

9-662　koro baha-fi amqa-me aliya-ha niyalma labdu dabala,
　　　痛苦 得到-順 追趕-并 後悔-完　　人　　多　　罷了
　　　吃了虧後來又後悔的多罷了，（三28a4）

9-663　uruxe-he be xan -i hoho de si emke donji-ha-o?
　　　贊成-完 賓 耳朵 屬 耳垂 位 你 一個 聽-完-疑
　　　說是的你耳躲眼兒裏聽見一個來著麼？（三28a4-5）

9-664　buqeli.
　　　鬼魂
　　　附下來的。（三28a6）

1　nakahangge：聽松樓本、先月樓本、二酉堂、雲林堂本作akahangge。
2　goqimbufi：聽松樓本、先月樓本作govmbufi。

9-665　　yasa　　moro-fi　gadahvn -i hada-hai tuwa-mbi,
　　　　　眼睛　睁大眼睛-順　細高　工　釘-持　　看-現
　　　　　圓睁睁的叠暴著個眼睛死故丁[1]的看人，（三28a7）

9-666　　geren gemu bektere-fi gedehun -i xa-me tuwa-me ferguwe-mbi,
　　　　　衆人　都　　發呆-順　　睁眼　　工　瞧-并　看-并　　驚奇-現
　　　　　衆人都楞悖了直瞪瞪的瞧著呐罕，（三28a8）

9-667　　gaitai beye xurgeqe-me dargiyaqa-me,
　　　　　忽然　身體　戰栗-并　　揚起-并
　　　　　忽然身上亂抖戰，（三28a8-b1）

9-668　　angga qi piyatar ai we-i se-me,
　　　　　嘴　從　嘴快　什麼　誰-屬　説-并
　　　　　口裏只管糊説亂道的，（三28b1）

9-669　　weihe seye-me kakvr kikvr sai-mbi.
　　　　　牙齒　凶狠-并　咬牙切齒貌　　咬-現
　　　　　牙齒[2]恨的咬牙切齒的。（三28b1-2）

9-670　　juqe.
　　　　　哨卡
　　　　　坐堆子的。（三28b3）

9-671　　saikan tuwakiya,
　　　　　好　　看守-祈
　　　　　好生看守，（三28b4）

1　丁：二酉堂本、雲林堂本作"小"。
2　牙齒：聽松樓本、先月樓本無此二字。

9-672　　iletu　ba-de　te,
　　　　　明明　地方-位　坐.祈

　　　　露明兒坐著，（三28b4）

9-673　　ume　dalda bai-re,
　　　　　不要　隱蔽處　求-未

　　　　別在背眼處，（三28b4）

9-674　　yaki hexen be　su,
　　　　　箭罩　繩　寳　解開.祈

　　　　弓罩袋兒解了，（三28b4-5）

9-675　　gida be ume homholo-ro,
　　　　　標槍 寳 不要　　鞘-未

　　　　別給槍帶帽兒，（三28b5）

9-676　　sibiya gida-ra-kv,
　　　　　楔子　　壓-未-否

　　　　別壓籌，（三28b5）

9-677　　geye-he hergen[1] be tolo,
　　　　　刻-完　文字　寳　數.祈

　　　　數刻兒，（三28b5-6）

9-678　　ishun ji-dere niyalma be okdo-me fonji,
　　　　　面對　來-未　　人　　寳　迎接-并　問.祈

　　　　迎著來的人截著問，（三28b6）

9-679　　kedere-re urse giyari-mbi,
　　　　　巡邏-未　人們　巡查-現

　　　　仔細巡的人求查，（三28b6-7）

1　hergen：聽松樓本、先月樓本作henhen。

9-680　nambu-ha de ja guwebu-ra-kv,
　　　　遇見-完　位 容易　寬恕-未-否
　　　　撓住了輕易不饒，（三28b7）

9-681　ging be ete-me te-fi guribu,
　　　　打更 賓 忍耐-并 坐-順 遷移.使
　　　　坐更坐個工夫再交，（三28b7-8）

9-682　ili-me jabdu-ha manggi jai amahan.
　　　　站-并　來得及-完　之後　再　睡覺
　　　　等起來了再去睡。（三28b8）

9-683　muri-bu-ha-ngge.
　　　　委屈-使-完-名
　　　　冤屈了的。（三29a1）

9-684　baha-bu-re jergi-de mimbe dabu-ha-kv gobolo-ho,
　　　　得到-使-未 等級-位 我.賓　算-完-否　故意遺漏-完
　　　　給的堆垛兒裏不算我革出去了，（三29a2）

9-685　isibu-re-de amqabu-ha-kv mudan mimbe bontoholo-ho,
　　　　送-未-位　　趕上-完-否　次　我.賓　空手返回-完
　　　　給的遭兒沒趕上偏了我，（三29a2-3）

9-686　mini hvturi akv-i giyan,
　　　　我.屬　福　否-屬 道理
　　　　也是我没福擎受，（三29a3-4）

9-687　gida-me jafa-fi mimbe faxxan akv,
　　　　隱瞞-并 拿-順　我.賓　業績　否
　　　　訛著說我沒幹，（三29a4）

9-688 yabu-re-ngge urui sita-mbi se-qi,
實行-未-名　一味　誤期-現　助-條
凡事走在人後頭，（三29a4-5）

9-689 ere-qi suimangga ningge geli bi-o?
這-條　冤屈　事情　又　有-疑
比這個冤屈的還有麼?（三29a5）

9-690 sijirhvn.
正直
直人。（三29a6）

9-691 angga modo,
嘴　遲鈍
嘴拙，（三29a7）

9-692 niyalma fokjihiyan,
人　　　粗暴
人來的橫，（三29a7）

9-693 mokto foholon ba bi-sire-ngge,
倔強　短　地方　有-未-名
倔禮貌不到是有的，（三29a7）

9-694 jili inu emu burgin,
怒氣　也　一　陣陣
性子火裏火把的一會兒，（三29a8）

9-695 dule-me uthai heler halar se-mbi,
通過-并　就　遲緩磨蹭　助-現
過那一陣就不理論了，（三29a8）

9-696　　sa-qi nerginde damu tede anabu,
　　　　　知道-條　立刻　衹是　他.與　謙讓.祈
　　　　　知道秉性的只讓過他的性頭兒,（三29b1）

9-697　　amala waka be kob waqihiya-me inde guri-bu-fi unu-bu-qi,
　　　　　後面　錯誤　賓　盡情　用盡-并　他.與　遷移-被-順　背負-被-條
　　　　　後頭把不是全可拉兒的挪給他背起來,（三29b1-2）

9-698　　gemu ali-me gai-fi sinde waka ali-mbi.
　　　　　都　　接受-并　取-順　你.與　不是　承認-現
　　　　　都應起來給你陪不是。（三29b2-3）

9-699　　oilohon.
　　　　　輕浮
　　　　　楞頭青。（三29b4）

9-700　　tata-bu-ha-bi,
　　　　　拉扯-使-完-現
　　　　　跳跳躦躦的,（三29b5）

9-701　　afa-sa-ra[1]　onggolo niuro-fi kvlisita-mbi,
　　　　　遭遇.祈-助-未　以前　　發紫-順　賊眉鼠眼-現
　　　　　没見怎麽的就荒的賊眉鼠眼的,（三29b5）

9-702　　angga fiyalar se-me kukduri,
　　　　　嘴　　肆無忌憚　助-并　虛假
　　　　　嘴頭子沒個收攬空頭大,（三29b5-6）

1　afasara：意不詳，聽松樓本、先月樓本作afasere，且afa與sere之間有細微間隔，但afa末尾的a不是詞尾形式。據此推測，原本形式或爲afa sere，語法標注亦據此出。

9-703　aibi　aibi-i oron nakv baita be jafa-fi,
　　　　哪裏　哪裏-屬 踪迹 以後 事情 賓 拿-順
　　　　拿著那裏的沒影兒的事情，（三29b6）

9-704　ba　ba-de　keke kaka kvwasada-mbi.
　　　　地方 地方-位　説話口吃貌　誇口-現
　　　　到處裏著唇不著嘴的嚇唬。（三29b7）

9-705　nasa-ra-ngge.
　　　　嘆息-未-名
　　　　嘆息的。（三29b8）

9-706　juse-i　fonde mentuhun,
　　　　孩子.複-屬　時候　愚昧
　　　　孩子時候痴，（三30a1）

9-707　fosoba elden de ferguwe-me,
　　　　反射　光　位　驚奇-并
　　　　見個水影兒，（三30a1）

9-708　ulhiqun akv jafaxa-mbi,
　　　　通曉　否　握-現
　　　　稀裏的無知去拿，（三30a1-2）

9-709　sebjen oihori bihe-bi,
　　　　樂趣　輕率　過-現
　　　　何等的歡樂來著，（三30a2）

9-710　mekele se be unu-fi,
　　　　徒然　歲數 賓 背負-順
　　　　虛度老大年記，（三30a2-3）

9-711　boihon meifen dere o-ho-bi,
　　　　土　　脖子　臉　成爲-完-現
　　　　土埋了脖子了，（三30a3）

9-712　bi-he-de ai fulu,
　　　　有-完-位 什麼 多餘
　　　　有了何多，（三30a3）

9-713　akv-ha de ai ekiyehun,
　　　　没有-完 位 什麼　虧損
　　　　没了何少，（三30a4）

9-714　uttu genggede-me ergen ta-fi silemin.
　　　　這麼　跟蹌-并　　生命　纏住-順　皮實
　　　　這麼個帶死不拉活的的偏命長。（三30a4）

9-715　ajida.
　　　　小
　　　　個命兒小恰[1]的。（三30a5）

9-716　tuwa-ra de meni juwe nofi gemu elen telen akv[2],
　　　　看-未　 位 我們.屬 二　 人　 都　 十分　拉伸　否
　　　　瞧著我們兩個都彷彿，（三30a6）

9-717　asuru serebu-ra-kv,
　　　　太　　顯露-未-否
　　　　不大顯，（三30a6-7）

1　恰：聽松樓本、先月樓本作"佮"。
2　elen telen akv：此爲固定用法，意爲"不相上下"。

9-718　ada-me ili-na-ha-de minqi dekdehun,
　　　　排列-并　站-去-完-位　我.從　　升起
　　　　挨的一塊兒他比我高些，（三30a7）

9-719　mini etuku ini beye-de yo-na-ra-kv,
　　　　我.屬　衣服　他.屬　身上-位　走-去-未-否
　　　　我的衣裳在他身上窄小不可體，（三30a7-8）

9-720　asumi-fi, tekde-ke adali,
　　　　提起-順　揚起-完　一樣
　　　　瞧著倒像抽的攛上去了是的，（三30a8）

9-721　dakdahvn -i sabu-mbi,
　　　　搶先　　工　看見-現
　　　　跳高兒，（三30a8-b1）

9-722　ini　etuku be minde etu-bu-he-de[1], kolor se-me na uxa-mbi.
　　　　他.屬　衣服　賓　我.與　穿-使-完-位　鬆散貌　助-并　現在　拖累-現
　　　　他的衣裳在我跟前曠裏曠蕩脫落地，（三30b1）

9-723　jalan wasi-ka,
　　　　世代　衰落-完
　　　　一輩不如一輩了，（三30b2）

9-724　uttu geli malhvn akv banji-mbi-ni.
　　　　這樣　又　節省　否　生長-現-呢
　　　　我仔麼長成個担不起衣裳的人了呢。（三30b2）

---

1 etubuhede：聽松樓本、先月樓本作etubugede。

9-725　weiju-he-ngge.
　　　　復活-完-名
　　　　活過來的。（三30b3）

9-726　elekei bi-he,
　　　　幾乎　有-完
　　　　試一試兒來著，（三30b4）

9-727　ehe sain wasihun jolho-me bilha hahvra-fi,
　　　　壞　好　往上　向上衝-并　喉嚨　鉗制-順
　　　　好歹的往上推來掐著脖子，（三30b4）

9-728　ergen sukdun akv,
　　　　生命　氣息　否
　　　　氣兒也沒有，（三30b5）

9-729　gala bethe gemu xahvrakan,
　　　　手　　脚　　都　　冷
　　　　胳膊腿子都凉了，（三30b5）

9-730　banjishvn niyalma o-fi,
　　　　富足　　　人　　成爲-順
　　　　活該不死的人，（三30b5-6）

9-731　gaitai kak se-fi　pos se-me tuqi-ke,
　　　　忽然　咳嗽貌 助-順 噗噗吹貌 助-并 出-完
　　　　猛然噶出口痰來，（三30b6）

9-732　teni aitu-fi gesu-he-bi,
　　　　纔　蘇醒-順 復原-完-現
　　　　纔甦醒過來了，（三30b6-7）

9-733　　jabxan-de baha ergen.
　　　　　幸運-位　得到.完　生命
　　　　　拾的個命兒。（三30b7）

9-734　　jafunu-re-ngge.
　　　　　摔跤-未-名
　　　　　摺跤的。（三30b8）

9-735　　juwe ergi-de sarbaxa-me lekide-mbi,
　　　　　二　方向-位　散漫-并　舉手摔跤-現
　　　　　兩下裏扎巴¹舞手的閒著拿，（三31a1）

9-736　　tata-qi dushu-me,
　　　　　拉-條　摔打-并
　　　　　歹住了抖開，（三31a1）

9-737　　bukdaxa-me tuya-me,
　　　　　揉按-并　　折-并
　　　　　揉搓著搬，（三31a1-2）

9-738　　gidaxa-me monjirxa-mbi,
　　　　　壓迫-并　　揉搓-現
　　　　　憑著勁兒壓挫磨，（三31a2）

9-739　　gai-fi yabu-me,
　　　　　占-順　施行-并
　　　　　單撒手，（三31a2）

---

1 巴：雲林堂本、二酉堂本作"巳"。

9-740　muri-me desihi-mbi,
　　　　撐-并　　向上搶-現
　　　　撐著搶，（三31a2）

9-741　xoyo-bu-hai dodo-ro isi-re bi,
　　　　蜷縮-使-持　蹲-未　站-未 有
　　　　支撐不住帶中要倒，（三31a3）

9-742　suja-me fakjila-ha-ngge ba bu-ra-kv,
　　　　支撐-并　依靠-完-名　地方 給-未-否
　　　　撐住了不給空兒，（三31a3）

9-743　heje-me fodo-me arga bodo-mbi,
　　　　喘氣-并　大喘氣-并　計策　籌算-現
　　　　喘吁吁的想方法，（三31a4）

9-744　faha-fi tuhe-qi waji-ha,
　　　　摔-順　倒下-條　完結-完
　　　　撂倒了纔算，（三31a4）

9-745　indahvla-qi dahi-mbi.
　　　　一起摔倒-條　重複-現
　　　　平跤再來。（三31a5）

9-746　tontoko akv-ngge.
　　　　正直　　沒有-名
　　　　沒正經的。（三31a6）

9-747　fiyen akv,
　　　　穩重　否
　　　　沒個坐馬穩，（三31a7）

9-748　　tatabu-ha-bi te-qi gaihari,
　　　　　抽-完-現　　坐-條　猛然
　　　　　抽筋巴怪的坐也不安,（三31a7）

9-749　　dedu-qi gonggori,
　　　　　躺-條　　猛然坐起
　　　　　睡也不穩的,（三31a7）

9-750　　kvwak qak se-me gvwaqihiyaxa-me,
　　　　　棍棒相打貌　助-并　坐立不安-并
　　　　　乒乓的不時閑兒,（三31a8）

9-751　　ai fayangga bi-he-ni,
　　　　　什麼　靈魂　　有-完-呢
　　　　　甚麼脫生的,（三31a8）

9-752　　goqi tata,
　　　　　抽.祈　拉.祈
　　　　　閑猴勢,（三31a8-b1）

9-753　　kat kat axxa-me,
　　　　　不停活動貌　活動-并
　　　　　不肯安頓一時,（三31b1）

9-754　　ede lakdari,
　　　　　這.位　剛好
　　　　　這上頭著一把,（三31b1）

9-755　　tede dakdari,
　　　　　那.位　搶先
　　　　　那上頭跳一下子,（三31b1）

9-756　gaha fajukv de gemu gala sisi-mbi.
　　　　烏鴉　肛門　位　都　手　塞-現
　　　　無處他不去伸手兒。（三31b2）

9-757　faha-ra-ngge.
　　　　摔-未-名
　　　　撂倒人的。（三31b3）

9-758　yala buku,
　　　　真是 摔跤手
　　　　真是慣家，（三31b4）

9-759　faha-qi tamali-bu-ra-kv dohali,
　　　　摔-條　挣扎-使-未-否　全然
　　　　撂人没個收攬的死跌兒，（三31b4）

9-760　tasihi-qi taksi-bu-ra-kv sahari,
　　　　打撲脚-條　留存-使-未-否　跛脚
　　　　打撲脚站不住的要倒，（三31b4-5）

9-761　dokolo-qi onqohon saksari,
　　　　摔跤勾脚-條　仰卧　仰面
　　　　扁担勾子就是一個仰巴脚兒，（三31b5）

9-762　lasihi-qi untuhun yak se-mbi,
　　　　甩-條　空　倒下貌　助-現
　　　　搯一搯懸梁子，（三31b6）

9-763　eiqi nixa kiyak se-me,
　　　　或者　着實 重跌聲 助-并
　　　　要不是死拍拍的跌個結實，（三31b6）

9-764 akv oqi, yaksi-tai giyok se-mbi,
否　若是　關閉-極　嘆通摔倒貌　助-現
要不是平跌個嗝兒的一聲，（三31b6-7）

9-765 keb se-me tuhe-qi waji-ha,
着實摔倒貌 助-并　倒下-條　完結-完
實拍拍的跌倒就罷了，（三31b7）

9-766 kub se-he-de gala-i hvsun -i ebsihei ana-mbi.
驟然貌　助-完-位　手-屬　力量　屬　儘量　推-現
要是前裁了的憑著手勁只一搡。（三31b7-8）

9-767 nomhon.
老實
老實的。（三32a1）

9-768 niyalma elhe,
人　　緩慢
人性慢，（三32a2）

9-769 fahvn akv,
肝膽　否
沒胆氣，（三32a2）

9-770 hiyak se-he-de fatha xurge-mbi,
油然貌　助-完-位　蹄子　振動-現
唬嚇一聲腿肚子都打戰兒，（三32a2）

9-771 an -i uquri inu niyalma-i gese asuru kara fara se-me akv,
平常 屬 時候　也　人-屬　樣子　甚　怒急貌　助-并　否
素常也不像人家火裏火把的，（三32a2-3）

9-772　damu ini qisui hergi-me,
　　　　祇是　他.屬　任意　游蕩-并
　　　　就只是自己個兒溜¹搭，（三32a3-4）

9-773　niyalma-i aligan be tuwakiya-mbi.
　　　　人-屬　　支柱　賓　看守-現
　　　　看著人家行事。（三32a4）

9-774　an.
　　　　本分
　　　　守分的。（三32a5）

9-775　bi banitai nenehe jalan qi kesi hvturi gaji-ha ba akv,
　　　　我　性格　先前　世間　從　恩惠　福　帶來-完　地方　否
　　　　我生來沒有帶來的福氣，（三32a6）

9-776　sini ali-ha kesi be taka minde guribu-re be jou,
　　　　你.屬　接受-完　恩惠　賓　暫且　我.與　挪動-未　賓　算了
　　　　受人的恩賜你不必挪給我，（三32a7）

9-777　saligan kesi -i ere de bi jai be tuwakiya-ki,
　　　　自主　恩惠　屬　這個　位　我　再　賓　守衛-祈
　　　　到了自己主得給人恩賜的時候我再受你的，
　　　　（三32a8）

9-778　kesi se-hei kesi akv o-ho manggi,
　　　　恩惠　助-持　恩惠　否　成爲-完　之後
　　　　受恩不成反成了害，（三32b1）

1　溜：聽松樓本、先月樓本作"游"。

9-779　nememe mini turha qihe sai-re be sarta-bu-mbi,
　　　　反倒　　我.屬　帽纓管　虱子　咬-未　實　耽誤-使-現
　　　　看仔細倒耽誤了我的窮家計,（三32b1-2）

9-780　jou jou,
　　　　罷了罷了
　　　　罷罷,（三32b2）

9-781　unenggi minde fengxen bi-qi ainu uthai banji-mbi.
　　　　果然　　我.與　幸福　　有-條　怎麼　就　　生長-現
　　　　要有造化如何教我這麼的。（三32b2-3）

9-782　usaquka-ngge.
　　　　悲傷-名
　　　　慘切的。（三32b4）

9-783　ara fara se-me tunggen fori-me bethe faha-mbi,
　　　　呻吟貌　　助-並　胸口　　捶打-並　脚　　摔-現
　　　　跺脚搥胸的嚎啕痛哭,（三32b5）

9-784　tafula-ra gisun be gai-qi ai bai-re,
　　　　勸解-未　話語　實　接受-條　怎麼　求-未
　　　　聽勸也還好,（三32b5-6）

9-785　putur patar onqohon umuxuhun -i gvbada-mbi,
　　　　魚入網挣扎貌　　仰臥　　　俯臥　　屬　挣脱-現
　　　　魚跌子的是的一仰一合的亂折個子,（三32b6-7）

9-786　damu suwe ume da-ra,
　　　　祇是　你們　不要　管-未
　　　　只說你別管我,（三32b7）

9-787　　dolo ki jalu-ka-bi,
　　　　　裏面　氣　滿-完-現
　　　　　心裏的氣滿了，（三32b7）

9-788　　ede　ki tuqibu-ra-kv o-qi,
　　　　　這.位　氣　出-使-未-否　成爲-條
　　　　　這裏不教我出氣，（三32b7-8）

9-789　　suwe mimbe aibi-de gene-fi fulha se-mbi,
　　　　　你們　我.賓　哪裏-與　去-順　發泄.祈　助-現
　　　　　你們教我那裏去出氣，（三32b8）

9-790[1]　bi　sa-mbi,
　　　　　我　知道-現
　　　　　我知道，（三33a1）

9-791　　hami-ra-kv dube-de naka-ra-kv bi buqe-me mute-mbi-o?
　　　　　忍受-未-否　末端-位　停止-未-否　我　死-并　能够-現-疑
　　　　　受不的不撂開手死得了麼？（三33a1）

9-792　　si　yala se-mbi.
　　　　　你　果真　説-現
　　　　　你説麼。（三33a2）

9-793　　wesi-re-ngge.
　　　　　上升-未-名
　　　　　升官的。（三33a3）

1　9-790至9-792一段内容，二酉堂本、雲林堂本將其置於9-815之後。

9-794　　jergi ilhi jakan sisete-me ilga-ha,
　　　　　等級 次序 最近　起草-并　區分-完
　　　　　安排次序揀選過了，（三33a4）

9-795　　faida-ra jergi-de gebu dosi-mbu-fi beye tuwa-bu-mbi,
　　　　　排列-未　等級-位　名字　進入-使-順　自己　看-使-現
　　　　　人名開列引見，（三33a4-5）

9-796　　tomila-fi ne je belhe-he-bi,
　　　　　委派-順　現在 是 預備-完-現
　　　　　派就了不時的預備著，（三33a5）

9-797　　tesu ba-qi daha-bu-ha,
　　　　　本地 地方-從 順從-使-完
　　　　　本地保來的，（三33a5-6）

9-798　　amba-sa akdula-ha niyalma akv,
　　　　　大臣-複　相信-完　人　否
　　　　　大人保舉的人没有，（三33a6）

9-799　　mimbe qoho-ho,
　　　　　我.賓　擬正-完
　　　　　把我擬正，（三33a6-7）

9-800　　adabu-ha niyalma juken,
　　　　　擬陪-完　人　普通
　　　　　擬陪的人平常，（三33a7）

9-801　　labdu erequke,
　　　　　大　期望
　　　　　大有個成兒，（三33a7）

9-802　baha-ra de hanqi,
　　　　得到-未　位　接近
　　　　大勢該得，（三33a7-8）

9-803　tuttu bi-qi-de inu ainamabaha-fi sa-ra.
　　　　那樣　有-條-位　也　怎麼得到-順　知道-未
　　　　雖是那麼樣的可只是仔麼得知道呢。（三33a8）

9-804[1]　guile-nji-he-ngge.
　　　　邀請-來-完-名
　　　　會邀來的。（三33b1）

9-805　tok tok se-me duka toksi-re de,
　　　　敲門聲　助-并　門　敲門-未　位
　　　　夸塌夸塌的敲門，（三33b2）

9-806　ji-he-be bi aifini sa-ha,
　　　　來-完-賓　我　早就　知道-完
　　　　我早知道來了，（三33b2-3）

9-807　monggon sa-mpi gar gar se-me emdubei hvla-mbi,
　　　　脖子　　延伸-延　喊叫貌　助-并　祇管　　讀-現
　　　　扯著脖子呐喊搖旗的儘著叫，（三33b3）

9-808　tede bi herse-re inu akv,
　　　　那.位　我　理睬-未　也　否
　　　　那上頭我也不理他，（三33b3-4）

1　9-804至9-812一段內容，二酉堂本、雲林堂本將其置於9-789之後。

9-809　　ainame morin de enggemu makta-fi,
　　　　　寧可　　馬　位　馬鞍　　　拋-順
　　　　　胡裏馬裏的摺上鞍子，（三33b4）

9-810　　hadala etu-bu-fi,
　　　　　轡　　穿-使-順
　　　　　給馬帶上嚼子，（三33b5）

9-811　　kutule-fi tuqi-qi yala　　sar　se-me gemu isinji-fi,
　　　　　牽馬-順　出-條　果真　迅速聚集貌　助-并　都　到達-順
　　　　　果實的人都齊齊接接的到了，（三33b5）

9-812　　morila-hai simbe aliya-ha-bi.
　　　　　牽馬-持　　你.賓　等待-完-現
　　　　　騎在馬上等著你呢。（三33b6）

9-813　　mori-ra-ngge.
　　　　　騎馬-未-名
　　　　　騎馬的。（三33b7）

9-814　　tese　xuwak sik se-me xusihaxa-me,
　　　　　他們　碰鞭子聲　助-并　鞭打-并
　　　　　他們夾著鞭子，（三33b8）

9-815　　dabki-me feku-mbu-me xor se-me you-ha[1],
　　　　　拍鞭-并　　跳躍-使-并　瀟瀟貌　助-并　去-完
　　　　　放著躜子一拍馬的去了，（三33b8-34a1）

---

[1]　9-815的"seme youha"至9-819一段內容，二酉堂本、雲林堂本將其置於9-803之後。

9-816　　unqehe axxa-bu-me dahala-ha-ngge gemu sibxala-ha,
　　　　　尾巴　動-使-并　　跟隨-完-名　　都　　開脫-完
　　　　　野雞溜子跟著顛的都霎下了,（三34a1）

9-817　　sokso sokso bethe hafixa-ra-ngge,
　　　　　馬狂奔貌　　　脚　　哄-未-名
　　　　　咕顛兒咕顛兒拿腿子摧馬的,（三34a2）

9-818　　jugvn unduri tari-ha,
　　　　　道路　沿途　種-完
　　　　　沿路兒留下了,（三34a2）

9-819　　gengge gengge ton gai-re-ngge o-qi geri gari aina-ha baran sabu-re.
　　　　　陰影　　陰影　　數　占-未-名　成爲-條　隱隱約約　怎麽樣-完　影子　看見-未
　　　　　搭憨搭憨充數兒的影影綽綽的何曾模著影兒。
　　　　　（三34a2-3）

9-820　　uyan.
　　　　　鬆軟
　　　　　軟叉的。（三34a5）

9-821　　asihata ai-de daba-fi si-me goqi-mbu-ha-bi,
　　　　　少年.複 什麽-位 超過-順 堵-并　　撤-使-完-現
　　　　　小夥子什麽上頭受傷没個火力了,（三34a6）

9-822　　majige beikuwen de o-jora-kv,
　　　　　稍微　　冷天　　位　可以-未-否
　　　　　一點冷禁不得,（三34a6-7）

9-823　　dede dada gala tebeliye-fi femen gemu niuru-ke-bi,
　　　　　哆嗦打顫貌　手　　抱-順　　嘴唇　都　皮膚發紫-完-現
　　　　　戰戰多縮的抱著夾兒嘴唇子都紫了,（三34a7）

9-824　teniken -i　juse,
　　　　剛剛　　屬　小孩.複
　　　　小孩子家，（三34a8）

9-825　jing senggi sukdun etuhun -i erin,
　　　　正好　血　　氣　　強壯　屬　時候
　　　　正是血氣方剛的時候，（三34a8）

9-826　aide　uttu jadaha.
　　　　什麼.位 這樣　殘疾
　　　　打那上頭這麼殘疾了。（三34a8-b1）

9-827　ehure-bu-ra-kv-ngge.
　　　　惡化-使-未-否-名
　　　　不教爲惡的。（三34b2）

9-828　fahvn jili　haha-i ubu sibiya bi-qibe,
　　　　肝膽　怒氣　男人-屬　職分　身份　有-讓
　　　　胆氣雖是漢子家的身分，（三34b3）

9-829　beqen dangxan sofin nakv kai,
　　　　吵架　　草芥　　暴躁　否　啊
　　　　拌嘴打架没正經，（三34b3-4）

9-830　ishunde suila-me elje-re-ngge ai temxe-mbi,
　　　　互相　　辛苦-并　抗拒-未-名　什麼　争-現
　　　　大家勞神賭賽争什麼，（三34b4）

9-831　oforo yasa emu ba-de bi-fi murin tarin -i　o-ho-de tuwa-ra de boqihe
　　　　鼻子　眼睛　一　地方-位 有-順　別別扭扭　　工 成爲-完-位　看-未　位　醜態

akv-na?
否-啊

鼻子眼睛在一塊扭別著瞧著不醜麼？（三34b4-6）

9-832　bengsengge hehe.
　　　　有本事　　女人
　　　　有本事的女人。（三34b7）

9-833　dembei dedenggi,
　　　　甚　　　輕浮
　　　　推詭頭，（三34b8）

9-834　umesi garsa,
　　　　非常　　敏捷
　　　　狠扒結，（三34b8）

9-835　ini teile kas kis faqihiyaxa-me weile-mbi[1],
　　　　他.屬 衹是 果斷機敏貌　急忙-并　做事-現
　　　　他就能勾急急竄竄的争揸著作活，（三34b8-35a1）

9-836　dolo tule ini emhun,
　　　　裏面 外面 他.屬 一個人
　　　　裏頭外頭都是他，（三35a1）

9-837　getuke bolho -i dasata-me iqihiya-mbi,
　　　　清楚　明確　工　收拾-并　處理-現
　　　　料理的乾乾净净的，（三35a1-2）

1　9-835的"faqihiyaxame weilembi"至9-839一段內容，二酉堂本、雲林堂本將其置於9-826 "aide" 之後。

9-838　damu musei niyalma de elequn akv,
　　　祇是　咱們.屬　人　位　滿足　否
　　　就自是咱們爲人没個盡臓，（三35a2）

9-839　kemuni gergen gargan se-hei erge-mbu-ra-kv.
　　　還　　吵吵　嚷嚷　助-持　休息-使-未-否
　　　還要競競臧臧的不給閑空兒。（三35a3）

9-840　endebu-he-ngge.
　　　出錯-完-名
　　　大意了的。（三35a4）

9-841　nime-re finta-ra-ngge gonja-me minqi hoko-ra-kv,
　　　疼痛-未　痛心-未-名　病反復-并　我.從　離開-未-否
　　　疼痛的病災反反覆覆的再不離我，（三35a5）

9-842　gasa-ha waji-re inenggi akv,
　　　抱怨-完　完結-未　日子　否
　　　災害没個了的日期，（三35a5-6）

9-843　bethe murila-ha de ainqi waji-ha,
　　　脚　撩起-完　位　或許　完結-完
　　　挓了腿子只道是災可除了，（三35a6）

9-844　dere se-qi dara geli golo-ho-bi,
　　　想是　助-條　腰　又　閃腰-完-現
　　　不意腰又閃了，（三35a6-7）

9-845　tebiqi axxa-ra-dari niniyarla-me xa-ra xa-ra fanqa-mbi,
　　　到如今　活動-未-每　刺疼-并　燒-未　燒-未　煩悶-現
　　　到如今行動針多的是的酸疼，（三35a7-8）

9-846　sukdun ningkabu-fi hami-ra-kv de jafaxa-hai monjirxa-hai banji-mbime,
　　　　氣　脹滿-順　承受-未-否 位　握-持　　揉搓-持　　生活-而且
　　　　氣不舒整日家教人拿揉，（三35a8-b1）

9-847　te geli idara-me nime-re be nonggi-bu-ha-bi,
　　　　現在 又　岔氣-并　疼-未　賓　加-被-完-現
　　　　如今又添上岔¹氣疼了，（三35b1）

9-848　niyalma bai-fi xumgan goqi-re, akv-qi furgibu-reu.
　　　　人　　尋求-順　火罐　拔-未　沒有-條 淤積-祈
　　　　尋個人拔火確²要不是騰騰。（三35b2）

9-849　ayan edun.
　　　　大　風
　　　　黃風。（三35b3）

9-850　tuqi-ke-qi edun da-hai yamjibu-ha edun,
　　　　出-完-從　　風　颳風-持　天黑-完　　風
　　　　從出來刮風足刮了一日到晚，（三35b4）

9-851　edun -i qashvn bi-qi yebe bi-he,
　　　　風　屬 順著　有-條 稍好 有-完
　　　　背著風好來著，（三35b4-5）

9-852　geli edun -i sixun,
　　　　又　風　屬 對面
　　　　又是迎風，（三35b5）

---

1 又添上岔：聽松樓本、先月樓本無此四字。
2 確：聽松樓本、先月樓本作"壏"。

9-853　hou　　se-me xuraga xasixa-ra,
　　　　風呼嘯貌 助-并 沙捲起　壓迫-未
　　　　號天鬼地的沙子打臉，（三35b5）

9-854　burakixa-me yasa sohi-mbi,
　　　　塵土飛揚-并　眼睛　迷眼-現
　　　　灰塵瀑土的迷眼睛，（三35b6）

9-855　fuk fak　se-me etuku hvrgi-me febu-re de,
　　　　沉重疲憊貌 助-并 衣服　繞-并　向-未 位
　　　　呼呼的裹衣裳風兜的上頭，（三35b6-7）

9-856　weihun erun tuwa-ha[1].
　　　　活　　懲罰　看-完
　　　　活受了罪了。（三35b7）

9-857　hvlha-ra-ngge.
　　　　偷-未-名
　　　　作賊偷的。（三35b8）

9-858　xan　de baibi kvtu kata yabu-re asuki bi,
　　　　耳朵 位 祇是　咔嚓聲　走-未　聲音 有
　　　　耳躲裏只聽得夸扠夸扠的脚步兒响，（三36a1）

9-859　geli hvwas his orho-i dele bi-sire adali,
　　　　又　脚踏落葉聲　草-屬 上面 有-未 一樣
　　　　又嘩喇嘩喇在草上走的是的，（三36a1-2）

---

1 tuwaha：聽松樓本、先月樓本作den waha，二酉堂本、雲林堂本作tufaha。

9-860　　gaitai hvwasar se-he-de,
　　　　忽然　乾枯草木聲　助-完-位
　　　　猛然唰喇溪溜的，（三36a2）

9-861　　bi ainqi orho mou-i asuki se-he,
　　　　我　或許　草　木-屬　聲音　想-完
　　　　只當是風刮草木的聲氣，（三36a3）

9-862　　dule jortai asuki bu-fi, amga-ho-o akv be qende-re-ngge ni.
　　　　原來　特意　聲音　給-順　睡着-完-疑　否　賓　試驗-未-名　呢
　　　　原來竟意兒的給個動静兒試試睡著了没有呢。
　　　　（三36a4）

9-863　　tafa-ra-ngge.
　　　　登-未-名
　　　　登繩。（三36a5）

9-864　　uju qukv, qung qung se-me dolo gene-mbi,
　　　　頭　垂頭.祈　低頭前衝貌　助-并　裏面　去-現
　　　　低著頭一直的只管去，（三36a6）

9-865　　hvla-qi gala lasihi-mbi,
　　　　叫-條　手　揮-現
　　　　叫著他擺手兒，（三36a6-7）

9-866　　tuwa-hai feniyen dolo dosi-ka,
　　　　看-持　　人群　裏面　進入-完
　　　　眼瞧著進了人群兒了，（三36a7）

9-867　　ai hvdun,
　　　　什麼　快
　　　　什麼兒，（三36a7）

9-868 futa werde-me dakdari ninggu de tafa-ka-bi,
繩子 挽-并 搶先 上 與 登-完現
搗著繩子上去了,（三36a8）

9-869 uthai moniu,
就是 猴子
就是個猴兒,（三36a8）

9-870 tuttu geli gabsihiyan ni.
那樣 又 敏捷 呢
那麼樣的伶便。（三36b1）

9-871 beikuwen.
冷
冷天。（三36b2）

9-872 xahvrun,
寒冷
寒那,（三36b3）

9-873 tere xan yaribu-me, hari-mbi,
那個 耳朵 凍傷-并 烙-現
蜇臉蜇耳躲的臘勢,（三36b3）

9-874 huwesi faita-ra gese,
刀刮 切-未 一樣
刀子刮的是的,（三36b3-4）

9-875 jugvn -i niyalma gemu edun -i ergi be mahala ukule-he-bi,
路 屬 人 都 風 屬 方向 賓 帽子 拉帽檐-完現
行人都把迎風的那半拉帽搣下來,（三36b4）

9-876　mini nere-he etu-he-ngge asuru niyere, nekeliyen se-qi o-jora-kv,
　　　　我.屬　披-完　穿-完-名　　甚　單薄　　薄　　助-條 可以-未-否
　　　　我披的穿的算不得単薄，（三36b5）

9-877　piu se-me dada xurge-mbi,
　　　　發抖貌 助-并 打顫貌 發抖-現
　　　　飄屁是的凍的篩糠抖戰的，（三36b6）

9-878　dara gugure-fi dolo nikxe-me¹,
　　　　腰　彎腰-順　心裏　跛脚-并
　　　　鼓魯著個腰打心裏發禁，（三36b6）

9-879　sisi xaxa angga gemu bebeliya-ke-bi².
　　　　呼氣哈氣貌　嘴　都　　凍僵-完-現
　　　　什什哈哈的嘴都凍拘了。（三36b7）

9-880　tarini fu.
　　　　符咒　符
　　　　説符咒的。（三36b8）

9-881　fu tarini de, haran bi-se-qi,
　　　　符 符咒　位　緣由　有-助-條
　　　　説符咒有個過失，（三37a1）

9-882　enduri o-fi seibeni adarame,
　　　　神仙　成爲-順 曾經　　如何
　　　　既是神仙當初仔麽著，（三37a1-2）

---

1 nikxeme：意不詳，或爲niksime之誤，語法標注據後者出。又，聽松樓本、先月樓本作ikxeme。

2 bebeliyakebi：聽松樓本、先月樓本作babeliyekebi。

9-883　emu behe-i¹ jijun ai　gese udu gisun de ergele-bu-mbi,
　　　　一　　墨-屬　陰陽　什麼　樣子　幾　話語　與　逼迫-被-現
　　　　墨道子甚麼樣的几句話就訛住了，（三37a2）

9-884　duibuleqi elen mila jing bi-ki se-re-de,
　　　　比如　　十分　敞開　正直　有-祈　助-未-位
　　　　譬如正要瀟灑暢快，（三37a3）

9-885　duin deri sasa tarini fu xorgi-nji-qi,
　　　　四　　經　一起　符咒　符　催促-來-條
　　　　打四下裏符咒摧將來，（三37a3-4）

9-886　inu bektere-fi hafira-bu-mbi,
　　　　也　發呆-順　受迫-被-現
　　　　也發楞受逼，（三37a4）

9-887　tenteke sui erun -i enduri be we　te qihangga buye-mbi.
　　　　那樣　　罪　刑罰　屬　神仙　賓　誰　現在　情願　嚮往-現
　　　　那樣的受罪布喇的神仙誰肯愿意去作。（三37a5）

9-888　bequnu-re-ngge.
　　　　打架-未-名
　　　　拌嘴的。（三37a6）

9-889　niyalma jalu uku-he-bi,
　　　　人　　　滿　聚集-完-現
　　　　人滿滿的圍著，（三37a7）

---

1 behei：behe原意為"墨"，此處應指"墨子"。

9-890   aina-mbi se-qi,
         做什麼-現 助-條
         作甚麼呢,（三37a7）

9-891   dule kv qa se-me gudexe-mbi,
         原來 嘭嘭響 助-并 搥打-現
         原來乒乓的亂搗呢,（三37a7-8）

9-892   kib se-me bu-qi sarbatala,
         砰砰響 助-并 給-條 向上仰
         唝的一下子仰拍脚子,（三37a8）

9-893   pok se-he-de kub tuhe-mbi,
         撞物聲 助-完-位 咔咔聲 跌倒-現
         噗哧的一下子一個嘴啃地,（三37a8-b1）

9-894   jing amtangga-i xukila-me nujala-ha de,
         正在 有趣-工 打拳-并 毆打-完 位
         正在那裏杵的杵熱熱鬧鬧的搗拳頭,（三37b1）

9-895   hehe-si qarqan se-me da-me latunji-fi abura-mbi,
         女人-複 金屬碰撞聲 助-并 吹-并 突入-順 亂撕扯-現
         女人們大吆小喊的幫助著撒潑,（三37b1-2）

9-896   xoforo-me fata-me,
         撓-并   掐-并
         撓掐¹的,（三37b2）

9-897   sai-me wasihala-mbi,
         咬-并 用指甲抓-現
         咬抓的,（三37b3）

---

1 掐：聽松樓本、先月樓本作"搯"。

9-898　　faidan faquhvra-ha,
　　　　　行列　　打亂-完
　　　　　乍了廟了，（三37b3）

9-899　　tedele aina-ha naka-ha-bi.
　　　　　到如今 怎麼做-完 停止-完-現
　　　　　如今未必撂開手了。（三37b3-4）

9-900　　fasi-ha-ngge.
　　　　　上吊-完-名
　　　　　上吊的。（三37b5）

9-901　　bi hiri amga-ha ba akv,
　　　　　我 睡意 睡-完 地方 否
　　　　　我沒睡死，（三37b6）

9-902　　luk-ji-me bihe,
　　　　　迷糊-來-并 過
　　　　　朦朧著來著，（三37b6）

9-903　　tere-qi hvwaqa-ra-ngge hvwaqara-me,
　　　　　那個-從 打呼嚕-未-名　　打呼嚕-并
　　　　　其餘打呼的打呼，（三37b6-7）

9-904　　basunggiya-ra-ngge basunggiya-mbi,
　　　　　説夢話-未-名　　　説夢話-現
　　　　　説睡語的説睡語，（三37b7）

9-905　　xan de baibi kvr kar ersun jilgan bi,
　　　　　耳朵 位 衹是 打呼嚕聲 猛烈 響聲 有
　　　　　耳躲裏只聽得喉婁哈喇的寒嗔聲，（三37b8）

9-906　ubaliya-me ili-fi bou-i urse be hvla-qi,
　　　　翻身-并　　站-順 家-屬 人們 賓　叫-條
　　　　一番身爬起來叫家下人時,（三37b8-38a1）

9-907　fusu fasa teni etuku etu-re-ngge.
　　　　匆匆 忙忙 纔　　衣服　　穿-未-名
　　　　迭不的穿衣裳,（三38a1）

9-908　qargi-qi gar se-me sure-mbi.
　　　　那邊-條 喊叫貌 助-并　叫喊-現
　　　　那邊扯著脖子叫喊呢。（三38a2）

9-909　elenggi.
　　　　懶散
　　　　哈張的。（三38a3）

9-910　bargiya-me gaisu,
　　　　收-并　　　取.祈
　　　　收起來,（三38a4）

9-911　emu ergi-de daya-bu,
　　　　一　　邊-位 倚靠-使.祈
　　　　擱在一邊子,（三38a4）

9-912　waliya-me sisa-me sini ere absi,
　　　　放棄-并　　灑-并　你.屬 這個 怎麼
　　　　撒一半丟一半的你這是仔麼說,（三38a4-5）

9-913　garu turu gama-ha de geli uda-mbi-o?
　　　　爽快 乾脆 拿-完　位 又　買-現-疑
　　　　你一把我一把零抽了又買麼?（三38a5）

9-914　　gvnin akv -i ten,
　　　　　心思　否　屬　極端
　　　　　忒没個心眼兒，（三38a5-6）

9-915　　jugvn ka-me sinda-ha be tuwa-qina,
　　　　　路　　擋-并　放-完　賓　看-祈
　　　　　你瞧擋著道放的那樣子，（三38a6）

9-916　　mahala solmin ai se-me tuwa de futere-fi[1],
　　　　　帽子　　毛梢　什麼　助-并　火　位　反向翹起-順
　　　　　帽子都燎的拘裹撅連的，（三38a6-7）

9-917　　sini ere ai.
　　　　　你.屬 這個 什麼
　　　　　你這是仔麼説。（三38a7）

9-918　　tuwa turibu-he-ngge.
　　　　　火　失去-完-名
　　　　　失火的。（三38a8）

9-919　　niyalma dele niyalma jaja-fi,
　　　　　人　　　上面　人　　扛-順
　　　　　人上壘人，（三38b1）

9-920　　gar miyar jilgan de fehi axxa-mbi,
　　　　　喊叫哭喊貌　響聲　位　腦子　動-現
　　　　　叫喊的聲氣腦子都動彈，（三38b1-2）

1　futerefi：意不詳，或爲fudarafi之誤，語法標注據後者出。

9-921　　jaka haqin juwe-re-ngge surtenu-me,
　　　　東西　種類　搬運-未-名　争相跑-并
　　　　搬運東西的來往不斷，（三38b2）

9-922　　muke ibe-bu-re-ngge tashvn-du-mbi,
　　　　水　　前進-使-未-名　往來不絶-互-現
　　　　運水的没個頭腦兒，（三38b2-3）

9-923　　xanggiyan sengsere-re akxun de bilha hahvra-me,
　　　　烟　　　　嗆-未　　嗓子眼 位 嗓子　卡住-并
　　　　烟嗆的人噎嗓子，（三38b3-4）

9-924　　gehun xanu-re dabala,
　　　　明顯　互相看-未 罷了
　　　　干瞧著罷了，（三38b4）

9-925　　hanqi we fime-qi o-mbi,
　　　　近　誰 靠近-條 成爲-現
　　　　誰敢近前傍一傍兒，（三38b4）

9-926　　uba　gvla-me,
　　　　這裏 烟倒灌-并
　　　　這裏冒股子烟，（三38b5）

9-927　　waliya-ha se-qi burhari,
　　　　丟失-完　助-條 烟霧繚繞
　　　　説是了不得就著起，（三38b5）

9-928　　tuba gvrgi-me,
　　　　那裏 冒烟-并
　　　　那裏冒股子火兒，（三38b5）

9-929　　faiju-me se-qi　hvr se-mbi,
　　　　怪異-并　助-條　着火貌 助-現
　　　　說是不好了就著了，（三38b6）

9-930　　garu turu kanggvr kinggur efule-me,
　　　　爽快 乾脆　　如打雷之聲　　破壞-并
　　　　七手八脚的推房拆壁的，（三38b6-7）

9-931　　kifur kafur bur bar tuhe-nji-mbi,
　　　　嘎吱嘎吱聲　物多貌　　倒-來-現
　　　　喀叹叹唬哧哧的亂吊灰，（三38b7）

9-932　　dartai ai hvdun fulahvn -i gilga-ha-bi.
　　　　頃刻 什麽 快　　赤貧　 工 燒光-完-現
　　　　一時間不多會兒燒了個凈光。（三38b7-8）

9-933　　isebu-re-ngge.
　　　　懲戒-未-名
　　　　叫人怕的。（三39a1）

9-934　　waka ambaka o-qi,
　　　　不是　 大　成爲-條
　　　　有大不是，（三39a2）

9-935　　fiyaratala wa-tai tanta-mbi,
　　　　狠狠　　殺-極　打-現
　　　　結結實實的打他個死，（三39a2）

9-936　　weihuken o-ho-de, uju tongki-mbi,
　　　　輕　　成爲-完-位 頭　敲打-現
　　　　輕者鑿腦蓋子，（三39a2-3）

9-937　　ise-ra-kv　dube-de　jakja-mbi,
　　　　畏懼-未-否　尖端-位　捶打-現
　　　　不怕説不得打他個利害,（三39a3）

9-938　　nixala-me　baidala-mbi,
　　　　重責-并　　擺布-現
　　　　百式百樣的折磨擺布他,（三39a3-4）

9-939　　mijura-bu-me　dodo-bu-mbi,
　　　　打得無法動-使-并　蹲-使-現
　　　　打爬塌了打抽抽了,（三39a4）

9-940　　lalanji　mekere-bu-mbi,
　　　　爛　　　打癱-使-現
　　　　打胡農了,（三39a4）

9-941　　hektere-bu-me　giyoro-bu-mbi,
　　　　昏迷-使-并　　不省人事-使-現
　　　　只打他一個忘八抓蝦,（三39a4-5）

9-942　　yaya　demun -i　o-bu-qi　gemu　musei qiha,
　　　　任何　樣子　屬　成爲-使-條　都　咱們.屬 隨意
　　　　教他仔麼的都由著偺們,（三39a5）

9-943　　ede　jai　hala-ra-kv　dasa-ra-kv　oqi,
　　　　這.位　再　改正-未-否　治理-未-否　若是
　　　　這上頭再要是不改不好,（三39a5-6）

9-944　　ini　yali　nime-re　dabala.
　　　　他.屬　肉　痛-未　罷了
　　　　他的肉疼罷了。（三39a6）

9-945　　hiyangtu.
　　　　　斜視
　　　　　邪眼。（三39a7）

9-946　　yasa hiyari,
　　　　　眼睛　斜眼
　　　　　隔立著個眼睛，（三39a8）

9-947　　niyalma be kaikara-fi tuwa-mbi,
　　　　　人　　賓　歪斜-順　　看-現
　　　　　偏著個眼睛珠兒瞧人，（三39a8）

9-948　　yabu-re feliye-re-ngge fuhali katuri,
　　　　　施行-未　來往行走-未-名　完全　螃蟹
　　　　　行動[1]活是個螃蟹，（三39a8-b1）

9-949　　exe-me hetu iqi goida-mbi,
　　　　　斜-并　横　順應　耽擱-現
　　　　　一抹斂子的只偏邪，（三39b1）

9-950　　qukvlu qi yebe se-re dabala,
　　　　　近視　從　稍好　助-未　罷了
　　　　　也只是比近視強些罷了，（三39b2）

9-951　　ai hvsun baha-mbi,
　　　　　什麼力量　得到-現
　　　　　得什麼濟，（三39b2）

9-952　　ini dorgi be ainambaha-fi sa-ra,
　　　　　他.屬　裏面　賓　怎麼能够-順　知道-未
　　　　　他的心裏怎麼得知道，（三39b2-3）

1　動：聽松樓本、先月樓本後有"的"。

9-953　　　ememu fonde tuwa-qi inu aka-mbi.
　　　　　有的　　時候　看-條　也　傷心-現
　　　　　有一遭兒瞧著他也傷心。（三39b3-4）

9-954　　　tuwa-ra-ngge.
　　　　　看-未-名
　　　　　瞧的。（三39b5）

9-955　　　fa-i sangga deri jendu hvlha-me tuwa-qi,
　　　　　窗戶-屬　孔　經　暗暗　偷-并　看-條
　　　　　打窗戶眼裏偷瞧時，（三39b6）

9-956　　　tobgiya be tebeliye-fi qumqu-me te-he-bi,
　　　　　膝蓋　賓　抱-順　抱膝坐-并　坐-完-現
　　　　　搬著膊羅蓋子股堆著坐著呢，（三39b6-7）

9-957　　　sihiya-me hami-ra-kv aina-ha de geli saniya-fi xuku-me te-mbi,
　　　　　麻痹-并　忍受-未-否　怎麼做-完　位　又　伸展-順　伸腿-并　坐-現
　　　　　拘拳的受不得怎的又伸腰拉胯的坐著，（三39b7-8）

9-958　　　geli mijura-mbi geli miqu-mbi,
　　　　　又　坐着挪動-現　又　爬-現
　　　　　又圍蹭又爬人，（三39b8）

9-959　　　ai demun akv niyalma-i enggiqi.
　　　　　什麼　怪樣　否　人-屬　背地裏
　　　　　背地裏什麼把戲沒有。（三40a1）

9-960　　　nemxe-bu-ra-kv-ngge.
　　　　　爭先-使-未-否-名
　　　　　不教爭競的。（三40a2）

9-961　gosihon koro be we qihangge buye-he-bi,
　　　　痛苦　創傷　賓　誰　情願　嚮往-完-現
　　　　誰愿意要苦惱子，（三40a3）

9-962　baba be emdubei toso-me murakv ba-de gvnin waji-mbi,
　　　　到處　賓　祇管　防備-并　特別　地方-位　心思　完結-現
　　　　各到處裏預備著儘著費心思，（三40a3-4）

9-963　kesi akv baita de farfa-bu-fi,
　　　　恩惠　否　祇是　位　混淆-使-順
　　　　不幸亂了綫兒，（三40a4-5）

9-964　gvnin baha-ra-kv be aina-ra se-me ba-de,
　　　　主意　得到-未-否　賓　怎麼做-未　助-并　地方-位
　　　　不得主意怎麼的好，（三40a5）

9-965　majige faqihiyaxa-ra-kv,
　　　　稍微　努力-未-否
　　　　并不張羅，（三40a5-6）

9-966　xa-me tuwa-me wa-tai kiri-qi fulu enqehen be haira-me si we-de
　　　　瞧-并　看-并　殺-極　忍耐-條　多餘　能力　賓　愛惜-并　你　誰-與
　　　　belhe-mbi.
　　　　預備-現
　　　　眼睜睜的捫著留著能奈預備著那個呢。（三40a6-7）

9-967　dere efule-ra-kv-ngge.
　　　　臉　翻臉-未-否-名
　　　　不教放臉的。（三40a8）

9-968　aka-bu-me goida-me asara-bu-fi mamgiya-me faya-bu-re-ngge,
　　　　傷心-使-并　久-并　儲藏-使-順　　浪費-并　　花費-使-未-名
　　　　停著喪勒揹人破費人，（三40b1）

9-969　musei manju -i derengge baita waka,
　　　　咱們.屬 滿洲 屬　體面　　事情　不是
　　　　不是達子家的好風俗，（三40b1-2）

9-970　hono enteheme tokto-bu-me sinda-ra ba-be baha-bu-re-ngge ere oyonggo,
　　　　還是　永久　　確定-使-并　安葬-未 地方-賓 能够-使-未-名 這個 重要
　　　　還是得個永遠安葬的地步是要緊的，（三40b2-3）

9-971　tuhe-ke beye be oilo waliya-fi damu ubu sibiya temxe-qi,
　　　　倒-完　身體 賓 表面　丟-順　　祇是　職分 身份　争鬥-條
　　　　浮隔著個尸首只去争强閗勝，（三40b3-4）

9-972　tutala banji-ha sain niyalma,
　　　　許多　生活-完　好　人
　　　　一輩子的好親戚，（三40b4）

9-973　ainu emu qimari¹ andan-de yamtun o-ho ni.
　　　　怎麼 一 　明天　 片刻-位　喘息　成爲-完 呢
　　　　仔麼一會兒就成了仇敵了。（三40b5）

9-974　nimeku-ngge.
　　　　病-名
　　　　病了的。（三40b6）

1　emu qimari：二詞連用意爲"且夕之間"。

9-975　nimeku kemuni getuken o-joro unde,
　　　　病　　　還　　明朗　　可以-未 尚未
　　　　病還沒得好伶俐，（三40b7）

9-976　wai se-me baibi liyeliyahun,
　　　　彎曲 助-并 祇是　昏沉沉
　　　　軟叉只是昏倒倒的，（三40b7）

9-977　inenggi-deri murhvn farhvn -i hesihide-mbi,
　　　　日子-每　　迷糊　昏瞶　工 乏力-現
　　　　整日家昏昏沉沉的打跟蹌兒，（三40b8）

9-978　uju hvi tai se-me,
　　　　頭　眩暈貌　助-并
　　　　昏頭昏腦的，（三40b8-41a1）

9-979　beye fer far se-mbi,
　　　　身體 輕飄貌 助-現
　　　　身子沒氣力，（三41a1）

9-980　gala kaltu murtu maxan baha-ra-kv,
　　　　手　勉勉　強強　　辦法　得到-未-否
　　　　手沒靳兒攥不結實，（三41a1）

9-981　bethe terten tartan -i fakjin akv,
　　　　脚　　顫顫　巍巍　屬 依靠　否
　　　　腿子顫顫巍巍的沒主腔兒，（三41a2）

9-982　tabu-qi heje-mbi.
　　　　絆住-條 喘氣-現
　　　　行走只是發喘。（三41a2）

9-983　　hahi.
　　　　緊急
　　　　性烈的。（三41a3）

9-984　　hiyang hiyang afa-me,
　　　　斥責　　斥責　　攻伐-并
　　　　大吆小喊的恨潰，（三41a4）

9-985　　simbe aika jabu-bu-mbi-o?
　　　　你.賓　怎麼　回答-使-現-疑
　　　　何曾容你說話？（三41a4）

9-986　　ehe taqi-ha-bi,
　　　　壞　學-完-現
　　　　學壞了，（三41a4）

9-987　　jaqi akjuhiyan tuttu geli oshon,
　　　　太　　性急　　那樣　又　暴虐
　　　　特桑幇又搭著那麼個可惡法兒，（三41a5）

9-988　　jalu dabana-qi bilte-mbi se-he-bi-kai,
　　　　滿　超過-條　　溢-現　　助-完-現-啊
　　　　人說是太盈必損，（三41a5-6）

9-989　　niyalma be ainu hon ja tuwa-mbi.
　　　　人　　賓　怎麼　非常 容易　看-現
　　　　太把個人瞧的不濟了。（三41a6）

9-990　　aga-ra-kv-ngge.
　　　　下雨-未-否-名
　　　　不下雨的。（三41a7）

9-991　　sigan te-mbi,
　　　　雨露　沉澱-現
　　　　地氣不接，（三41a8）

9-992　　aina-ha　aga,
　　　　怎麼樣-完　雨
　　　　是那裏的雨，（三41a8）

9-993　　manggai aga-qi inu sebe saba,
　　　　不過　　下雨-條　也　點點　滴滴
　　　　就是下也不過是一點半點的，（三41a8）

9-994　　sikse niuron goqi-ka de,
　　　　昨天　彩虹　抽-完　位
　　　　昨日出了虹雲，（三41b1）

9-995　　burubu-fi hono aga-ha-kv ba-de,
　　　　埋没-順　還　下雨-完-否 地方-位
　　　　吃了還不見下個雨兒，（三41b1）

9-996　　te　bira-i muke de weren irahi akv,
　　　　現在 河-屬　水　位 波瀾　水紋　否
　　　　如今河裏没有個波瀾，（三41b2）

9-997　　damu　ser　se-re nimaha -i nisiha -i iren axxa-mbi.
　　　　祇是　微小貌 助-未　魚　屬　小魚　屬　波紋　動-現
　　　　只是些須魚的秧兒小魚兒的波紋兒動。（三41b2-3）

9-998　　xahvrun.
　　　　寒冷
　　　　寒天。（三41b4）

9-999 gilahvn inenggi singkeyen,
多雲　　日子　　陰冷
假陰天，（三41b5）

9-1000 xahvrun giranggi de akana-me,
寒冷　　骨頭　位　苦悶-并
清冷的打骨頭裏受不得，（三41b5）

9-1001 dolo nikxe-mbi[1],
心裏　發抖-現
心裏發禁，（三41b6）

9-1002 tuwa-hai tuwa-hai geqehun -i erin o-ho,
看-持　　看-持　　降霜　屬　時候　成爲-完
瞧著瞧著就要上凍了，（三41b6）

9-1003 niu-me xahvra-ra ba-de　qak se-me beikuwen udu goro,
徹骨-并　着凉-未　地方-位　凛冽貌　助-并　寒冷　幾　遠
冷的侵骨狠冷能多遠兒，（三41b7）

9-1004 yasa habtaxa-ra siden-de uthai isinji-mbi kai,
眼睛　眨眼-未　期間-位　就　到達-現　啊
一瞬日之間就要到了，（三41b7-8）

9-1005 beye doihomxo-ra-kv o-qi　we-de ana-mbi.
自己　先行-未-否　成爲-條　誰-與　依托-現
預先不准備可仗著誰呢。（三41b8-42a1）

9-1006 uqule-re-ngge.
唱-未-名
唱戲的。（三42a1）

1　nikxembi：意不詳，或爲nikximbi之誤，語法標注據後者出。

9-1007　yala kumungge weijehun[1],
　　　　真是　熱鬧　　繁盛
　　　　真正熱鬧，（三42a2）

9-1008　tuwa-qi lempen qa-fi bung bang bile-me[2],
　　　　看-條　棚子　支起-順　吹打聲　孵蛋-并
　　　　見他那裏打著棚嗚嗚的吹打著，（三42a3）

9-1009　niyalma dele niyalma jaja-fi,
　　　　人　　上面　人　　扛-順
　　　　人落人圍搭著，（三42a4）

9-1010　tuba-de kaiqa-me qurgi-mbi,
　　　　那裏-位　吶喊-并　亂說-現
　　　　吶喊搖旗的亂鬧，（三42a4）

9-1011　kung qang se-me durge-re urkin de, xan siqa-me,
　　　　敲打鑼鼓聲　助-并　喧鬧-未　聲勢　位　耳朵　震耳-并
　　　　鑼鼓喧天的聲氣震人的耳躲，（三42a5）

9-1012　fehi fere-mbu-mbi,
　　　　腦子　震動-被-現
　　　　聒人的腦子，（三42a5）

9-1013　jing jiyang ming miyang mudan de aqabu-me,
　　　　吱吱　嚀嚀音樂聲　　音調　與　相合-并
　　　　吱兒牛兒的合著調的吹歌，（三42a6）

9-1014　a i ning niyang mudan gai-me uqule-mbi,
　　　　唱歌貌　嚀嚀哼唱貌　音調　拿-并　唱-現
　　　　拿腔作調的唱，（三42a6-7）

---

1 weijehun：意不詳，或爲wenjehun之誤，語法標注據後者出。

2 bileme：原意爲"孵蛋"，似與上下文內容不符，姑且按原意出注。

9-1015　toko-me sisi-me fihe-me bombo-me uku-he-bi,
　　　　刺-并　　插入-并　　擠滿-并　　堆積-并　　圍-完-現
　　　　見空兒扠空兒的擠扠著，（三42a7）

9-1016　sui tuwa-mbi-kai ji-dera-kv tuba-de aina-ki se-mbi.
　　　　罪　看-現-啊　來-未-否　那裏-位　做什麼-祈　助-現
　　　　活受罪不回來作什麼。（三42a8）

9-1017　kekse-he-ngge.
　　　　稱心-完-名
　　　　可了心的。（三42b1）

9-1018　waji-ha,
　　　　完結-完
　　　　罷了，（三42b2）

9-1019　mini oron-de si ji-qi,
　　　　我.屬　位置-位　你　來-條
　　　　你頂我的窩兒來，（三42b2）

9-1020　manggai sini funde bi gene-qi inu o-mbi.
　　　　不過　你.屬　代替　我　去-條　也　可以-現
　　　　赦不過是我替你去也使得。（三42b2-3）

9-1021　guye forgoso-me hvlaxa-ha-ngge,
　　　　脚後跟　轉換-并　　交換-完-名
　　　　不容倒脚頂替的，（三42b3）

9-1022　ede ai jemden turgun bi.
　　　　這.位　什麼　弊病　緣由　有
　　　　這上頭有個什麼情弊。（三42b3-4）

9-1023　boqihi.
　　　　醜態
　　　　醜的。（三42b5）

9-1024　dere pimpihvn -i tumpana-fi,
　　　　臉　臉肥平　屬　大圓臉-順
　　　　沒鼻子沒臉的個胖頭大臉胆子，（三42b6）

9-1025　fuhali ura dergi beye letehun ura sibsihvn,
　　　　到底　屁股　上面　身體　上半身大　屁股　上寬下窄
　　　　死个搭的是個屁股上乍下窄，（三42b6-7）

9-1026　halai fudasi banji-ha-bi,
　　　　怪樣　悖謬　生長-完-現
　　　　長的是個什麼樣兒，（三42b7）

9-1027　aqabu-ha-kv banji-ha be inu sabu-ha,
　　　　符合-完-否　生長-完　賓　也　看見-完
　　　　長的不配的也見過，（三42b7-8）

9-1028　aina-ha gemu sini ere adali,
　　　　怎麼做-完　都　你.屬　這個　一樣
　　　　未必都像你這個樣兒，（三42b8）

9-1029　lengtene-qi lengtene-kini dere abka bu-ha-ngge,
　　　　粗笨-條　　粗笨-祈　　臉　天　給-完-名
　　　　蠢就蠢些兒罷了天生的，（三43a1）

9-1030　sini ere parpahvn -i lengsebi ai jaka.
　　　　你.屬　這個　矮胖　屬　粗笨　什麼　東西
　　　　你這個矮[1]爬爬的是個甚麼東西。（三43a1-2）

1　矮：二酉堂本、雲林堂本作"篓"。

9-1031　golo-ho-ngge.
　　　　驚嚇-完-名
　　　　唬一跳的。（三43a3）

9-1032　xun tuhe-re ergi be fisa waliya-fi xun dekde-re ergi baru furu-fi ili-ha
　　　　太陽 背着-未 方面 賓 背後 拋-順 太陽 升起-未 方面 向 切-順 站-完
　　　　bi-qi,
　　　　有-條
　　　　背著西朝著東站著來著，（三43a4-5）

9-1033　gaitai amargi-qi emgeri ok se-he-de,
　　　　突然 後面-從 一次 叫聲 助-完-位
　　　　猛然後頭怪聲喝了一聲，（三43a5）

9-1034　dolo tar se-fi,
　　　　心裏 心驚貌 助-順
　　　　打心裏驚，（三43a6）

9-1035　belhe-he-kv bengneri niyalma be gvwaqihiyala-bu-ha,
　　　　準備-完-否 倉促 人 賓 吃驚-使-完
　　　　不防備冷个丁的好不唬了一大跳，（三43a6-7）

9-1036　sabu-ha de udu tohoro-ho bi-qibe,
　　　　看見-完 位 幾 安定-完 有-讓
　　　　瞧見了雖是還過來不怕了，（三43a7）

9-1037　niyaman jaka kemuni tuk se-mbi.
　　　　心 地方 還 突突跳貌 助-現
　　　　心裏還是禿他禿他的跳。（三43a7-8）

9-1038　jabqa-ra-ngge.
　　　　歸咎-未-名
　　　　追悔的。（三43b1）

9-1039　xan de　qas　se-me donji-ha gojime,
　　　　耳朵 位 恍惚聽見 助-并 聽-完　雖然
　　　　雖是耳躲裏媽里媽郎的聽見了，（三43b2）

9-1040　asuru barkiya-me utuli-he-kv-ngge umesi yargiyan,
　　　　甚　　覺察-并　　留意-完-否-名　非常　真實
　　　　没大著實的理會是真，（三43b2-3）

9-1041　amala sa-fi bi yala bomboko o-ho,
　　　　後來 知道-順 我 真是 没意思 成爲-完
　　　　到後來知道了真個的羞的我，（三43b3-4）

9-1042　iletu herquhekv de uttu o-ho,
　　　　明顯　不知不覺 位 這樣 成爲-完
　　　　了不的分明是不大理會的上頭那麽著了，（三43b4）

9-1043　ai hendu-me angga bufaliya-fi holto-mbi.
　　　　什麽 説-并　　嘴　改口-順　　説謊-現
　　　　怎麽好改了誑子哄人。（三43b4-5）

9-1044　eimede.
　　　　讓人討厭的人
　　　　詭頭人。（三43b6）

9-1045　yokqin bakqin akv banji-fi,
　　　　相貌堂堂 對面 否 生長-順
　　　　長的不配，（三43b7）

9-1046　ini　teile　sedeheri,
　　　　他.屬　祇是　活潑的孩子
　　　　他倒也伶俐，（三43b7）

9-1047　funturxe-me yaya ba-de faqihiyaxa-me amqada-qibe,
　　　　頭拱地-并　諸凡 地方-位　着急-并　　努力-讓
　　　　他雖頭攻著地不論那裏巴結著趕人家，（三43b7-8）

9-1048　we terei baru karu de kar ubu de ubu bodo-mbi,
　　　　誰 他.屬 朝向 回答 位 儼然 緣分 與 緣分 計算-現
　　　　誰和他你一盤子來我一盤子去的人情，
　　　　（三43b8-44a1）

9-1049　falha hvsime gemu ere-i arbuxa-ra jilgan be jila-me,
　　　　一片　完整　都　這個-屬　行動-未　聲音 賓 疼愛-并
　　　　鄉黨之中都疼他這樣兒可憐，（三44a1-2）

9-1050　niyanqan bija-rahv se-me dere bu-qi aqa-ra ba-de dere funqe-bu-mbi.
　　　　銳氣　挫傷-虛　助-并　臉　給-條 見面-未 地方-位 臉　剩餘-使-現
　　　　恐其没出息該給臉兒的去處給他留些臉旦兒。
　　　　（三44a2-3）

9-1051　faquhvra-ha-ngge.
　　　　作亂-完-名
　　　　亂了的。（三44a4）

9-1052　burgi-me durge-fi,
　　　　慌亂-并　震動-順
　　　　震動的驚亂了，（三44a5）

9-1053　sor sar se-me geren sumburja-me,
　　　　吵嚷貌　助-并　眾人　大地震動-并
　　　　穰穰的眾人鬧吵，（三44a5）

9-1054　morila-ha-ngge bur bar se-me sorihaja-mbi,
　　　　騎馬-完-名　　重疊貌　助-并　互相推搡-現
　　　　騎馬的東一股兒西一股兒的亂跑，（三44a5-6）

9-1055　lete lata　be youni fisa amala waliya-ha,
　　　　人多層疊貌　賓　全部　背後　後面　抛-完
　　　　老少不堪的都撂在後頭，（三44a6-7）

9-1056　foso-ko fifa-ka udu fali bi se-me
　　　　飛濺-完　逃走-完　幾　個　有　助-并
　　　　就有几個霎腳子，（三44a7）

9-1057　gvnin faqa-fi gemu fakqashvn,
　　　　心　　散亂-順　都　　離心
　　　　心都没個收攬的散亂了，（三44a7-8）

9-1058　jai ai enqehen hvsun de dasa-me tomso-me bargiyata-mbi.
　　　　再　什麽　能力　　力量　位　治理-并　收斂　　　收集-現
　　　　還有什麽能奈力量從新整理收攬起來。（三44a8-b1）

9-1059　ahasi.
　　　　衆奴僕
　　　　説奴僕的。（三44b2）

9-1060　nantuhvn emu juru gengge gangga toho-qi ula-qi -i jalin-de,
　　　　污穢　　　一　雙　　孤零零貌　　駕車-條　傳達-條　屬　緣由-位
　　　　爲那一洛兒不能不采的對火頭使奴，（三44b3-4）

9-1061　jing　uttu　sukdun　be　baitala-me,
　　　　總是　這樣　氣性　賓　用-并
　　　　儘著這麼樣兒的使性子，（三44b4）

9-1062　aha takvra-ra fengxen akv oqi o-ho dabala,
　　　　奴僕　差遣-未　福分　否　若是　成爲-完　罷了
　　　　没使奴才的命也罷了，（三44b4-5）

9-1063　tede　geli　goqi-mbu-fi　tanggu　arga　bodo-mbi-o?
　　　　他.與　又　抽-被-順　　百　　辦法　算計-現-疑
　　　　教他牽扯的千百樣的算計麼？（三44b5-6）

9-1064　si　ya　beye-de　erge-mbu-qina,
　　　　你　哪個　身體-與　休息-被-祈
　　　　你儘可歇歇罷了，（三44b6）

9-1065　inenggi　waji-re-ngge　hvdun　kai,
　　　　日子　　完結-未-名　　快　　啊
　　　　光陰快呀，（三44b6-7）

9-1066　abka　wa-ra-kv　de　ainu　beye　tokoxo-mbi.
　　　　天　　殺-未-否　位　爲什麼　自己　刺-現
　　　　天不殺人爲什麼自己攢多自己。（三44b7-8）

9-1067　haha.
　　　　男人
　　　　是個漢子的。（三45a1）

9-1068　ai-se-re,
　　　　什麼-説-未
　　　　什麼，（三45a2）

9-1069　niyalma-i baita be minde faha-fi,
　　　　人-屬　事情　賓　我.與　摔-順
　　　　人家的事掀在我身上，（三45a2）

9-1070　sui akv si te unu-me gai-fi hasa buqe se-qi,
　　　　罪　否　你　現在　背負-并　拿-順　迅速　死.祈　助-條
　　　　委曲著你担著教快死罷，（三45a2-3）

9-1071　ai geli,
　　　　什麼　又
　　　　什麼話，（三45a3）

9-1072　bi geli¹ ja de tuttu buqe-mbi-o?
　　　　我　又　容易　位　那樣　死-現-疑
　　　　我肯容易就死麼？（三45a3-4）

9-1073　ere nike-bu-he suimangga be,
　　　　這個　依靠-使-完　重罪　賓
　　　　把這個訛著的冤屈，（三45a4）

9-1074　bi getukele-me mute-ra-kv o-qi ai haha,
　　　　我　察明-并　能够-未-否　成爲-條　什麼　男人
　　　　我不能明白算個什麼漢子，（三45a4-5）

9-1075　udu buqe-qibe ai dere mini fayangga be aqa-mbi.
　　　　幾　死-讓　什麼　臉　我.屬　靈魂　賓　見面-現
　　　　雖死有什麼臉兒入墳塋。（三45a5-6）

1　geli：聽松樓本、先月樓本作jeli。

9-1076　ebere-ke-ngge.
　　　　衰弱-完-名
　　　　弱了的。（三45a7）

9-1077　bouha jeku yaya gemu seibeni adali akv o-ho,
　　　　小菜　糧食　所有　都　　曾經　　一樣　否　成爲-完
　　　　吃食上都不像先了，（三45a8）

9-1078　urui wa gai-mbi,
　　　　祇是　味道　奪取-現
　　　　只是倒口味，（三45a8-b1）

9-1079　sabu-fi inu asuru je-ki aina-ki se-re mudan akv,
　　　　看見-順　也　很　吃-祈 怎麼做-祈 助-未　狀態　否
　　　　見了也不大愛吃，（三45b1）

9-1080　damu emu juwe erin sebken,
　　　　祇是　一　二　時候　珍稀
　　　　只是一兩頓的稀罕，（三45b2）

9-1081　dubi-qi oforo hanqi fime-qi o-jora-kv,
　　　　習慣-條　鼻子　近　靠近-條　可以-未否
　　　　凡常敘繁了聞不得，（三45b2-3）

9-1082　umai se de goqi-mbu-ha ba akv,
　　　　完全　歲數　與　撤-被-完　地方　否
　　　　又不是上年紀了，（三45b3）

9-1083　ai haran bi-he,
　　　　什麼　緣由　有-完
　　　　什麼過失，（三45b3-4）

9-1084　aide kebse angga-i hvturi waji-fi,
　　　　何處　大幅　嘴-屬　福　完結-順
　　　　是打那上頭没了口頭福兒，（三45b4）

9-1085　amtan hala-mbi.
　　　　味道　改變-現
　　　　口味倒了呢。（三45b4）

10-1　　jaka juwaqi fiyelen¹（四1a1）
　　　　東西　十.序　篇

10-2　　mou.
　　　　木頭
　　　　木柴²。（四1a2）

10-3　　fuhali gemu baitakv,
　　　　完全　都　没用
　　　　總是些不中用的，（四1a3）

10-4　　fufu-me saqi-me tuhe-bu-he,
　　　　鋸-并　劈-并　跌倒-使-完
　　　　鋸砍倒的，（四1a3）

10-5　　saniya goida-ha,
　　　　拖延　久-完
　　　　年久的，（四1a3）

1　底本第十章標題無漢字部分，其他四個版本亦如此。
2　柴：聽松樓本、先月樓本、二酉堂本、雲林堂本無此字。

10-6　　　suiha mou,
　　　　　草　　木頭
　　　　　死木頭，（四1a4）

10-7　　　notho kobqi-ha gilajan,
　　　　　樹皮　脱落-完　光禿
　　　　　去了皮的光杆，（四1a4）

10-8　　　tuhan mukdehen -i jergi,
　　　　　倒木　枯木殘根　屬　種類
　　　　　倒了的樹科叉之類，（四1a4-5）

10-9　　　youni deiji-re ton,
　　　　　全是　燒-未　數目
　　　　　盡都是些燒柴，（四1a5）

10-10　　 ibtene-fi niya-ha-ngge,
　　　　　糟-順　　腐爛-完-名
　　　　　糟了的爛了的，（四1a5）

10-11　　 olho-hoi niyaman de sisi-tala akiya-ha,
　　　　　曬乾-持　中心　與　插入-至　乾透-完
　　　　　晒的乾透了，（四1a5-6）

10-12　　 deiji-hei waqihiya-ra hami-ka,
　　　　　燒-持　　完結-未　　將近-完
　　　　　燒的待完了，（四1a6）

10-13　　 manggai funqe-qi inu fungkv golton　gvqila dabala.
　　　　　不過　　多餘-條　也　圓塊　燒完的木炭　未燒完的木棒　罷了
　　　　　總剩下也只是些箍輪柴頭零星兒罷了。（四1a7）

10-14　tebu-re-ngge.
　　　　種植-未-名
　　　　栽樹的。（四1a8）

10-15　mou tebu-qi,
　　　　木頭 種植-條
　　　　栽樹，（四1b1）

10-16　jurgan jurgan bixun xunggayan be tuwa-me sargiyakan -i seriken tebu,
　　　　條　　 條　　 光滑　 修長　　 賓　看-并　 稀疏　 屬 稀疏 栽.祈
　　　　按著行兒揀著光華的開開的稀個拉叉的栽，（四1b1-2）

10-17　emu teksin -i oso,
　　　　一　 整齊　 工 成爲.祈
　　　　要個齊節，（四1b2）

10-18　umburi qumburi gebu gai-mbi-o?
　　　　參差　　不齊　 名字 取-現-疑
　　　　長短不齊的要個栽樹的名兒麼？（四1b2-3）

10-19　gargiyan,
　　　　枝葉稀疏
　　　　枝葉少，（四1b3）

10-20　gerben garban ton ara-me,
　　　　草木稀疏貌　 數目 做-并
　　　　稀不喇的東一枝西枝克數兒，（四1b3）

10-21　garbahvn -i qoki-me sisi-fi,　saksan -i adali
　　　　樹杈稀疏　 屬 插-并　 插入-順 捕鳥的樹杈 屬 一樣
　　　　插答著打鵲兒的乾樹枝子是的，（四1b3-4）

10-22　　we-be eitere-me holto-ki se-mbi.
　　　　　誰-賓　　騙-并　　撒謊-祈　助-現
　　　　　可是要哄誰。（四1b4-5）

10-23　　edun.
　　　　　風
　　　　　風。（四1b6）

10-24　　omihon de amqabu-fi elekei kiyatu-ha,
　　　　　飢餓　與　追趕-順　幾乎　極度飢餓-完
　　　　　餓極了幾乎沒餓煞，（四1b7）

10-25　　aibi-i olgo-ho kata-ha,
　　　　　哪里-屬 乾-完　風乾-完
　　　　　那裏的乾吧掃井的好歹的，（四1b7-8）

10-26　　kete kata majige ja-ka niyaniu-me bi-qi, gaitai abka ehere-fi,
　　　　　乾果類零食 稍微 吃-完　嚼-并　有-條 忽然　天　變臉-順
　　　　　零星東西纔著的口裏嚼著時雲時間變了天，（四1b8）

10-27　　edun xaxxa-me tubihe putu pata lasihi-bu-fi,
　　　　　風　亂刮-并　水果 小物連續掉落貌 甩-使-順
　　　　　刮搖的果子砰湃的不斷頭，（四1b8-2a1）

10-28　　fak fik se-me giyalan lakqan akv tuhe-nji-mbi,
　　　　　果實落地聲 助-并　間隔　間斷　否　落下-來-現
　　　　　一個一個的亂吊，（四2a1-2）

10-29　　kiyak kik se-me mou hvji-re asuki dembei ersun,
　　　　　木頭折斷聲 助-并　木頭 刮-未　聲音　非常　可怕
　　　　　崎吃喀嗦樹吼的聲氣好不可嗔，（四2a3-4）

10-30　tede bi usa-tala o-ho ede jai ai funqe-mbi se-qi yala.
　　　　那.位 我 絕望-至 成為-完 這.位 再 什麼 多餘-現 助-條 果真
　　　　那上頭我沒了指望了可不咱。（四2a4）

10-31　efuje-he-ngge.
　　　　破壞-完-名
　　　　毀壞的。（四2a5）

10-32　seibeni oihori bokxokon -i giugiyan hoqikon weile-he-bi-o?
　　　　曾經 非常 精緻 屬 緊密 精美 製作-完-現-疑
　　　　當初何等的小巧俊俊的做的來著？（四2a6）

10-33　ede mujakv gala baibu-ha,
　　　　這.位 所有 手 需要-完
　　　　大費事用了工夫，（四2a7）

10-34　erin waji-fi waliya-me makta-me bi-hei,
　　　　時候 完結-順 甩-并 拋-并 有-持
　　　　不興時撩答著，（四2a7-8）

10-35　derbehun de amdula-ha ba-qi kos se-me ukqa-fi, iule-he-ngge kob
　　　　潮濕 位 粘貼-完 地方-從 急劇貌 助-并 脫開-順 塗油-完-名 使勁貌
　　　　se-me kobqi-fi,
　　　　助-并 脫落-順
　　　　著了潮濕漆水一下子爆裂的，（四2a8-b1）

10-36　te gemu gari mari garla-me delere-ke-bi.
　　　　現在 都 七零八散貌 分裂-并 散開-完-現
　　　　如今都五零四散的零散了。（四2b1-2）

10-37　ulebu-re-ngge.
　　　　給吃-未-名
　　　　給吃的。（四2b3）

10-38　je-me tuwa-qi,
　　　　吃-并　看-條
　　　　吃著瞧時，（四2b4）

10-39　kaqar kiqir se-me weihe niyeniyerxe-mbi,
　　　　咀嚼硬物貌　助-并　牙　軟-現
　　　　嘎喳嘰咥的牙噴，（四2b4）

10-40　xurga bi se-qi,
　　　　沙子　有　説-條
　　　　説是有砂子，（四2b5）

10-41　bengne-me akv se-me muri-mbi,
　　　　胡亂着急-并　否　助-并　擰-現
　　　　僵著説是没有，（四2b5）

10-42　weri sain gvnin -i urebu-re-de,
　　　　別人　好　心　屬　給吃-未-位
　　　　人家好心給吃，（四2b5-6）

10-43　ai hendu-me yoktakv o-bu-mbi,
　　　　什麽　説-并　没意思　成爲-使-現
　　　　説甚麽給他個没意思，（四2b6）

10-44　uthai emu juwa erin xurga je-ke se-me aina-mbi,
　　　　就　一　二　時候　沙子　吃-完　助-并　怎麽樣-現
　　　　就是一兩頓有砂子什麽大緊，（四2b6-7）

10-45　aina-me aina-me buliya-me kor kor　se-me bire-he.
　　　怎麼樣-并 怎麼樣-并　吞-并　　呼嚕呼嚕聲　助-并　平整-完
　　　不管怎麼的囫圇半片的扒拉了。（四2b7-8）

10-46　walhiya-ra-ngge.
　　　曬-未-名
　　　晒東西的。（四3a1）

10-47　tere xun tuba-de foso-ho-bi,
　　　那個 太陽 那裏-位　照-完-現
　　　那不是日頭焻著那裏了，（四3a2）

10-48　xun goi-re sengse-bu-me,
　　　太陽 射中-未 曬乾-使-并
　　　趕著日頭晒個陽乾，（四3a2）

10-49　walgiya fiyakiya-me fiyaringgiya-bu-ra-kv o-ho-de,
　　　曬　　曬熱-并　　　曬乾-使-未-否　　　成爲-完-位
　　　要不晒個响叭喇子乾，（四3a3）

10-50　derbe-fi uba-me futana-ha-de[1] gvwaliya-mbi,
　　　受潮-順 黴爛-并 束縛-完-位　　改變-現
　　　著了潮受了污氣，衣裳就變色，（四3a3-4）

10-51　elei olgo-bu-me kata-bu-fi asara-qi teni sain.
　　　愈發 乾燥-使-并　風乾-使-順 收藏-條 纔 好
　　　一發索性晒個焦乾收著纔好。（四3a4-5）

---

1 futanahade：意不詳，或爲fotalahade之誤，語法標注據後者出。

10-52　sele.
　　　　鉄
　　　　鉄器。（四3a6）

10-53　hija de weniye-me hungkere-fi,
　　　　爐　位　融化-并　　澆築-順
　　　　著的爐裏鎔化了，（四3a7）

10-54　xahvra-bu-fi dasa-me tuwa de xerembu-me xeringgiya-fi dabta-mbi,
　　　　冷-使-順　　清理-并　火　位　金屬燒紅-并　　煉鐵-順　　折打鉄-現
　　　　晾冷了從新燒的通紅的折，（四3a7-8）

10-55　du-me fori-hai giyalu giyapi akv,
　　　　打-并　敲打-持　裂縫　重疊　否
　　　　錘打的没了重皮夾皮，（四3a8）

10-56　ten de isibu-ha se-he-de sibi-me gai-fi sirge goqi-mbi.
　　　　根基 與 達到-完 助-完-位 拔-并 取-順 絲 抽-現
　　　　折做條子拔絲。（四3a8-b1）

10-57　gargan.
　　　　樹枝
　　　　樹枝兒。（四3b2）

10-58　abtaja-me laya-ha be tuwa-me gaisu,
　　　　修剪-并　枯萎-完 賓　看-并　取下.祈
　　　　看著傷折的去了他，（四3b3）

10-59　waiku daiku be abtala-me dasa,
　　　　歪　　扭曲　賓　剪樹枝-并 修理.祈
　　　　曲湾的撅了去，（四3b3-4）

10-60　asihiya-qi aqa-qi uthai argiya,
　　　　削-條　　應該-條　就　削去.祈
　　　　該銷去的就削吊了，（四3b4）

10-61　kargi-qi aqa-ra-ngge be meite,
　　　　截齊-條　應該-未-名　賓　截斷.祈
　　　　該裁去的就截斷了，（四3b4-5）

10-62　baibi simen xugi faqa-bu-me asara-fi ai baita.
　　　　祇是　營養　津液　散-使-并　收藏-順　什麼　事情
　　　　只是耗奪津脉留著做什麼。（四3b5-6）

10-63　menehun.
　　　　愚笨
　　　　勒得的。（四3b7）

10-64　fengseku jalu tebu-he sile be,
　　　　小盆子　　滿　盛-完　肉湯　賓
　　　　盛得滿滿的一盆子湯，（四3b8）

10-65　tukiye-me gama-fi konggor se-me waqihiya-me ko sangga de getuken
　　　　舉-并　　拿去-順　倒水聲　助-并　處理-并　　陰溝　位　清晰
　　　　-i doula-ha,
　　　　工　倒水-完
　　　　抬了去豁喇的全倒在陽溝眼裏，倒了個罄盡，
　　　　（四3b8-4a1）

10-66　sabu-fi sini ere aina-ra demun se-qi,
　　　　看見-順　你.屬　這個　怎麼做-未　詭計　説-條
　　　　看見了説你這是怎麼説，（四4a1-2）

10-67　giru-fi fudarame si mimbe ergele-mbi-o se-mbi,
　　　　害羞-順　反倒　　你 我.賓　脅迫-現-疑　　說-現
　　　　羞的倒說是你管我呢，（四4a2-3）

10-68　suwe donji-me tuwa,
　　　　你們　　聽-并　看.祈
　　　　你們聽麼，（四4a3）

10-69　ere　ai gisun.
　　　　這個 什麼 話
　　　　這成個甚麼話。（四4a3）

10-70　qibin.
　　　　燕子
　　　　燕子。（四4a4）

10-71　aniya-dari fe be gvni-me akdun tuwa-bu-mbi,
　　　　年-每　　舊 賓 思念-并　堅實　　看-使-現
　　　　年年思舊有個信行，（四4a5）

10-72　feye muhexe-re de tuqi-fi dosi-me juju jaja debder-je-mbi,
　　　　窩巢 燕子銜泥-未 位 出-順 進入-并 小聲叫貌 扇翅膀-常-現
　　　　銜泥壘巢嘰¹嚕呱喇的抖搜精神，（四4a5-6）

10-73　taibu mulu ninggu de gehu gehule-me,
　　　　柁　　梁　　上面　位 點頭 點頭-并
　　　　在柁樑上點頭呼腦的，（四4a6-7）

10-74　aimaka sebken aqa-fi sini baru habqihiyada-ra adali.
　　　　好像　　稀疏　見面-順 你.屬 向　　親熱-未　　一樣
　　　　倒像乍見了望著你响快親相的是的。（四4a7-8）

---

1 嘰：二酉堂本、雲林堂本作"幾"。

10-75　　tuwa.
　　　　　火
　　　　　火。（四4b1）

10-76　　emu sefe-re mou-i　dube de fuhen majige sinda-fi suya-qi,
　　　　　一　 抓-未　木頭-屬　末端 位 引火草　稍微　 放-順　引火-條
　　　　　一把子碎木柴上著些個穰[1]草，（四4b2）

10-77　　hvr　se-me uthai da-mbi[2],
　　　　　口吹貌 助-并　就　點燃-現
　　　　　一吹呼的就著，（四4b2-3）

10-78　　gvrgin taya-me　emgeri dule-mbu-fi yende-bu-qi tetendere,
　　　　　火焰　突然燃起-并 一次　 通過-使-順　興旺-使-條　 既然
　　　　　火熖兒一遭著起，（四4b3-4）

10-79　　jai mukiye-re kouli akv,
　　　　　再　熄滅-未　道理 否
　　　　　再也是不會滅，（四4b4）

10-80　　mafari kemuni hendu-mbihe,
　　　　　祖先　 還　　説-過
　　　　　老家兒們時常説來著，（四4b4-5）

10-81　　emu mou be gingsi-mbi se-mbi,
　　　　　一　木頭　賓　哼哼叫-現　助-現
　　　　　一塊木頭像哼哼，（四4b5）

1　穰：聽松樓本、雲林堂本作"攘"。
2　dambi：聽松樓本、雲林堂本作damhabi。

10-82　juwe mou be songgo-mbi,
　　　　兩　木頭　賓　哭-現
　　　　兩塊木頭像哭聲，（四4b5-6）

10-83　ilan mou be inje-mbi se-he-bi.
　　　　三　木頭　賓　笑-現　助-完-現
　　　　三塊木頭像歡笑。（四4b6）

10-84　efuje-he-ngge.
　　　　損壞-完-名
　　　　傷壞的。（四4b7）

10-85　enderi senderi oyombu-re jaka waka inu,
　　　　殘破　不全　緊要-未　東西　不是　確實
　　　　是個殘壞不中用的東西是實，（四4b8）

10-86　tuttu bi-qibe haira-ka,
　　　　那樣　有-讓　愛惜-完
　　　　雖是那麼個兒可惜了兒的，（四4b8-5a1）

10-87　majige gvnin isina-ha-kv-de,
　　　　稍微　心思　達到-完-否-位
　　　　一點子心不到，（四5a1）

10-88　jakjahvn -i waqihiya-me gakara-ha-bi,
　　　　裂口　屬　完結-并　裂開-完-現
　　　　就張了口裂了縫兒了，（四5a1-2）

10-89　sendeje-me fakqa-ra-kv se-me,
　　　　裂口子-并　裂開-未-否　助-并
　　　　恐其磕傷閃裂了，（四5a2）

10-90　bi　inu　mujakv　ginggule-me　asara-mbihe　waka　qi[1]　ai,
　　　　我　也　所有　　謹慎-并　　　收-過　　　不是　空閑　什麼
　　　　我也狠用心何曾不收著來著，（四5a2-3）

10-91　baibi　de　o-jora-kv　te　mimbe　aina　se-mbi.
　　　　平白　位　可以-未-否　現在　我.實　怎麼　助-現
　　　　不因不由的你可教我怎麼的。（四5a3-4）

10-92　aga.
　　　　雨
　　　　雨。（四5a5）

10-93　sirke　erin,
　　　　連綿　時候
　　　　連陰時，（四5a6）

10-94　aga　busu　busu　se-me　naka-qina　se-qi,
　　　　雨　濛濛細雨貌　助-并　停止-祈　助-條
　　　　滴巴的盼住，（四5a6）

10-95　we-i　sinde　naka-mbi,
　　　　誰-屬　你.與　停止-現
　　　　何曾給你個住，（四5a6-7）

10-96　baba-i　fu　fajiran　xeke-hei　bexe-bu-fi,
　　　　各處-屬　牆壁　外壁　淋透-持　浸透-被-順
　　　　各到處裏墙院雨澆透了，（四5a7）

---

1 waka qi: 此爲固定用法，表"完全如此"。

10-97　　kanggvr kinggur uleje-me tuhe-mbi,
　　　　房屋倒塌聲　　　　倒塌-并　倒-現

　　　　呼嚨豁啷的刪塌，（四5a7-8）

10-98　　bou sabda-fi,
　　　　房屋　漏-順

　　　　屋裏漏的，（四5a8）

10-99　　uba tuba ti ta ti ta se-hei niyalma dolo waji-mbi,
　　　　這裏 那裏 滴 答 滴 答 助-持　人　　心裏　完盡-現

　　　　這塊兒那塊兒滴巴的教人肉了心熟，（四5a8-b1）

10-100　sinde aika majige banji-re xolo bu-mbi-o?
　　　　你.與 如果 稍微 生存-未 空閑 給-現-疑

　　　　何曾給你留個過的分兒？（四5b1-2）

10-101　aga-ra-kv-ngge.
　　　　下雨-未-否-名

　　　　不下雨的。（四5b3）

10-102　majige andan-de alhata ba-be neigen sekte-fi,
　　　　稍微　　片刻-位　分散　地方-賓　平均　鋪-順

　　　　不多時花搭雲彩普裏鋪勻了，（四5b4）

10-103　tugi lakqa-ra-kv dabkiya-me[1]　yur se-mbi,
　　　　雲　間斷-未-否　重疊-并　細水長流貌 助-現

　　　　雲彩不斷頭流水似的跑，（四5b4-5）

---

[1] dabkiyame：意不詳，或爲dabkvrilame之誤，語法標注據後者出。

10-104　tede bi faiju-me,
　　　　那.位 我 怪異-幷
　　　　我說是不好了，（四5b5）

10-105　muse aga de fehu-bu-mbi-kai se-me,
　　　　咱們 雨 與 踩-被-現-啊 説-幷
　　　　我們要教雨截住了，（四5b5-6）

10-106　jing tathvnja-ra siden-de
　　　　正在 猶豫-未 之間-位
　　　　正然躊躇之間，（四5b6）

10-107　tuwa-qi sekte-he tugi dasa-me suntana-fi bombono-mbi,
　　　　看-條 鋪-完 雲 改-幷 鼓脹-順 堆積-現
　　　　只見鋪開的雲彩從新嘰可梛塊的臕堆起來了，
　　　　（四5b6-7）

10-108　tede teni mujilen majige sulakan o-ho.
　　　　那.位 纔 心 稍微 輕鬆 成爲-完
　　　　那上頭我纔放了些心兒了。（四5b7-8）

10-109　goqi-bu-re-ngge.
　　　　抽-被-未-名
　　　　教人抽一把兒的。（四6a1）

10-110　tuxan touse de wesihun be faksala-me ilga-bu-mbi,
　　　　官位 權力 位 高貴 賓 分辨-幷 辨別-被-現
　　　　貴[1]賤在權衡上分別，（四6a2）

1　貴：聽松樓本、先月樓本作"責"。

10-111　bayan yadahvn bi-sire akv de waji-mbi,
　　　　富饒　貧窮　有-未　否　位　完結-現
　　　　富貴在有無上完結，（四6a3）

10-112　aiseme beye-be mohobu-me haqihiya-mbi,
　　　　怎麼　自己-賓　窮盡-并　勉強-現
　　　　何必只要苦苦的勉強，（四6a3-4）

10-113　haqihiya-hai amqabu-ha manggi jobo-ho de we bani-ha bu-mbi[1],
　　　　勉強-持　　追趕-完　　之後　勞苦-完 與 誰 感謝　給-現
　　　　只顧勉强若教窮趕上了誰給咱們道生受，（四6a4-5）

10-114　baitakv baita untuhun yangse we-be holto-ki,
　　　　無用　事情　空虛　樣子　誰-賓　哄騙-祈
　　　　不終用的事假面目可是哄誰，（四6a5）

10-115　we-de tuwa-bu-ki se-mbi,
　　　　誰-與　看-被-祈　助-現
　　　　可是要圖誰看，（四6a6）

10-116　holo taxan inu unenggi yargiyan o-joro ai-bi.
　　　　虛假　錯誤 也　果然　真實　可以-未 什麼-有
　　　　虛實怎能勾成真。（四6a6-7）

10-117　jukesi.
　　　　剛好
　　　　中中兒的。（四6a8）

1　10-113的"we baniha bumbi 道生受"至10-133的"geli ishun 又打算明年"一段，聽松樓本無此內容。

10-118　asuru banji-re bou-de dosina-ra-kv bi-qibe,
　　　　很　　生活-未　家-與　進去-未-否　有-讓
　　　　雖不在過得的堆兒裏，（四6b1）

10-119　ini　teile nikede-me sekjingge,
　　　　他.屬 算是　將就-并　生活殷實之家
　　　　在他算是個起發人家，（四6b1-2）

10-120　juken tesu-me isingga,
　　　　足够　足够-并　充分
　　　　足矣勾他過了，（四6b2）

10-121　fursun sain,
　　　　秧苗　　好
　　　　養材兒上好，（四6b2）

10-122　mujakv oyombu-me isa-bu-ha-bi,
　　　　所有　　緊要-并　彙集-使-完-現
　　　　成總兒積趙下個過活了，（四6b3）

10-123　niyalma be oqi umai de ferguwequke akv,
　　　　人　　　寶 若是 完全 位　珍奇　　否
　　　　若論爲人并無出奇處，（四6b3-4）

10-124　gur se-me emu julegen -i nomhon de,
　　　　慢騰騰 助-并 一　均等　工 老實　位
　　　　捫著頭兒一味的老實的上頭，（四6b4）

10-125　abka o-jora-kv terebe dabta-mbi.
　　　　天　可以-未-否　他.實　屢受福祉-現
　　　　天不肯不凑補他。（四6b4-5）

10-126　faxxa-ngge.
　　　　努力-未-名
　　　　奮勇的。（四6b6）

10-127　niyalma kai,
　　　　人　　　啊
　　　　是個人，（四6b7）

10-128　sula baitakv bi-qi dolo doso-mbi-o?
　　　　閑　沒用　有-條　心裏　忍受-現-疑
　　　　游手好閑打心裏過得去麼？（四6b7）

10-129　teisu tuisu baita de afa-na-mbi,
　　　　各自　各自　事情　與　執掌-去-現
　　　　自己也要著落自己，（四6b7-8）

10-130　guru-re hedere-re[1] hexure-re hadu-re saqi-re,
　　　　采-未　扒-未　　　搜-未　　割-未　劈-未
　　　　采爬搜割砍了，（四6b8-7a1）

10-131　baksal-me fulmiye-fi uxa-me gaji-fi ubaxa-me walgiya-mbi,
　　　　打成捆-并　捆扎-順　　拉-并　拿來-順　翻轉-并　　曬-現
　　　　做成把兒捆起來拉到家裏反覆著晒，（四7a1）

10-132　ibiyaga jafa-ra jeku-i use be enqu tuqi-bu-fi,
　　　　種子　　拿出-未　糧食-屬　種子　賓　另外　出-使-順
　　　　提另留出種場來，（四7a2）

1　hederere：先月樓本作gederere，二酉堂本、雲林堂本作kederere。

10-133　geli ishun aniya¹ be bodo-mbi.
　　　　又　對面　年　賓　籌算-現
　　　　又打算明年。（四7a2-3）

10-134　xaxa-ha-ngge.
　　　　塞滿-完-名
　　　　密密扎扎的。（四7a4）

10-135　niyalma bur bar se-me xakaxa-me jalu,
　　　　人　　　物多貌　助-并　交集-并　滿
　　　　人紛紛紜紜的交叉個滿，（四7a5）

10-136　far　　se-me geren,
　　　　亂糟糟貌 助-并　衆多
　　　　亂嚷嚷的多，（四7a5）

10-137　buju baja　aika ton bi-o,
　　　　數量過多貌 難道 數 有-疑
　　　　七手八脚的那裏有個數兒，（四7a5-6）

10-138　fik　se-me fihe-fi tolo-ho se-me waji-ra-kv,
　　　　稠密貌 助-并 擁擠-順 數-完 助-并 完結-未-否
　　　　乾插插的躋著數不清，（四7a6-7）

10-139　emu teksin -i xalar se-me labdu o-qi geli majige yebe bihe,
　　　　一　整齊　屬 充滿貌 助-并　多　成爲-條 又　稍微　好　過
　　　　一派的齊多也好來著，（四7a7）

1　ishun aniya：此爲固定用法，意爲"明年"。

10-140　beri beri¹ son son -i faqa-me ili-qa-ha-bi.
　　　　弓　弓　紛紛貌　工　散-并　站-齊-完-現

一群一夥兒五零四散的站著。（四7a8）

10-141　afabu-re-ngge.
　　　　交付-未-名

交東西的。（四7b1）

10-142　umai yangxara-ha ba akv,
　　　　完全　聒噪-完　地方 否

并没囉唣什麽，（四7b2）

10-143　jenquken² -i ali-me gai-ha,
　　　　悄悄　　工 接受-并 取-完

悄悄兒的收了，（四7b2）

10-144　der se-me gisun faquhvn de,
　　　　成群貌 助-并 話語　混亂　位

齊打夥的亂說，（四7b2-3）

10-145　bodo-qi wahvn gisun bi,
　　　　籌算-條　臭　話語 有

打算著必要磨嘴，（四7b3）

10-146　aina-ha ja de waji-re se-mbihe,
　　　　怎麼做-完 容易 位 完結-未 助-過

未必肯容容易易的撩開手，（四7b3-4）

1　beri beri：此為固定用法，意為"各自散去"。
2　jenquken：意不詳，或為jenduken之變體，語法標注據後者出。

10-147　sain umai gisun hese akv,
　　　　好　完全　話語　命令　否
　　　　恰好并没瑣碎，（四7b4）

10-148　youni bargiya-ha,
　　　　全部　　收-完
　　　　全收了，（四7b4-5）

10-149　bi inu aina-me baha-qi tuttu o-kini se-re dabala.
　　　　我 也 怎麼樣-并 能够-條 那樣 成爲-祈 助-未 罷了
　　　　我也只求不管怎麼的完事罷了。（四7b5-6）

10-150　aibi-ha-ngge.
　　　　腫-完-名
　　　　腫了的。（四7b7）

10-151　xan sulhu-mbi,
　　　　耳朵　酥軟-現
　　　　生了耳朵底子了，（四7b8）

10-152　tata-bu-me weihe ilha gemu suksure-ke-bi,
　　　　拉-被-并　　牙　花　都　腫脹-完-現
　　　　扯攞的牙花子都腫了，（四7b8）

10-153[1]　xehun hukse-me juli-ha,
　　　　寬廣　承載-并　腫-完
　　　　普裏發起來，（四8a1）

1　10-153至10-174的"tule 外頭東一片"一段內容，聽松樓本將其置於10-113的"de 咱們"之後。

10-154　guru-fi adura-ra be tuwa-ha-de,
　　　　紅腫-順 瘡惡化-未 實　看-完-位
　　　　看那紫玎跨的跳膿的樣子，（四8a1）

10-155　niyakina-me niyasu-fi angga tuqi-ki se-mbi,
　　　　生膿-并　　出膿-順　　口　出-祈　助-現
　　　　潰了膿想是要出頭兒，（四8a2）

10-156　ini qisui fuseje-kini,
　　　　他.屬 任意　透破-祈
　　　　由他自己破罷，（四8a2-3）

10-157　jabxan-de daxura-ra-kv o-qi waji-ha,
　　　　幸運-位　　加重-未-否 成爲-條 完結-完
　　　　不套就勾了，（四8a3）

10-158　johi-fi huthe tuhe-ke manggi,
　　　　愈合-順 結痂 掉-完　之後
　　　　收了口兒吊了肐㾗兒，（四8a3-4）

10-159　uthai majige hede da bi-qi bi-kini,
　　　　就　　稍微　根 根源 有-條 有-祈
　　　　就有些硬根子罷咱，（四8a4）

10-160　tede　ai-bi.
　　　　那.位 什麼-有
　　　　怕什麼。（四8a5）

10-161　muke.
　　　　水
　　　　水[1]。（四8a6）

1　水：二酉堂本、雲林堂本無此字。

10-162　muke-de haqingga asuki jilgan bi,
　　　　水-位　各種　聲音　聲響　有
　　　　水有各樣的响聲，（四8a7）

10-163　yar　　se-re-ngge bi,
　　　　細水流動貌 助-未-名　有
　　　　有長流水，（四8a7）

10-164　qir　　se-me gabta-me tuqi-re-ngge bi,
　　　　石頭冒水貌 助-并　射-并　出來-未-名　有
　　　　有直冒的水，（四8a7-8）

10-165　qor　　se-me lakqa-ra-kv-ngge bi,
　　　　水不斷涌貌 助-并　斷-未-否-名　有
　　　　有不斷頭急冒的水，（四8a8）

10-166　tor　　se-me torgi-re-ngge bi,
　　　　滴溜溜 助-并 打轉-未-名　有
　　　　有滴溜溜旋的水，（四8b1）

10-167　heni heni　jir jir　se-re-ngge bi,
　　　　略微　略微 涓涓流水貌　助-未-名　有
　　　　有一點一點兒細流的水，（四8b1）

10-168　fuye-re muke-i gese　bur bur se-me bulhv-re-ngge bi,
　　　　冒泡-未　水-屬　樣子 泉水涌出貌　助-并　冒水-未-名　有
　　　　有沽都沽都的亂冒的水，（四8b2）

10-169　majige majige busu busu se-re-ngge bi,
　　　　稍微　稍微　淅淅瀝瀝貌　助-未-名　有
　　　　有待流不流滴搭的水，（四8b2-3）

10-170　den be daba-me　biyar se-re-ngge bi.
　　　　高　賓　越過-并　水漫出貌　助-未-名　有
　　　　有漫高開流的水。（四8b3-4）

10-171　nimanggi.
　　　　雪
　　　　雪。（四8b5）

10-172　bou-i dolo baibi farhvn,
　　　　房間-屬 裏面 衹是　 暗
　　　　屋裏只是黑搭呼的，（四8b6）

10-173　tulhun ayou se-qi,
　　　　陰天　 虛　助-條
　　　　莫不是陰天麼，（四8b6）

10-174　tule xari gari nimara-mbi,
　　　　外面 鮮明 紛紛　下雪-現
　　　　外頭東一片西一片的下雪呢，（四8b6-7）

10-175　tuttu　o-fi farhvn lok se-mbi,
　　　　那樣 成爲-順 昏暗 忽然 助-現
　　　　故此那們的纔黑洞洞的，（四8b7）

10-176　ai hvdun sor sar　asukila-me saqura-mbi,
　　　　什麼 快速 紛紛飄落貌 發出聲音-并　下霰-現
　　　　不多時颯喇颯喇的下米心雪的聲，（四8b8）

10-177　amala labsa-me deribu-me,
　　　　後來　飄落-并　開始-并
　　　　到後來下起鵝毛大片，（四8b8-9a1）

10-178　edun de fiyele-me kiyalma-mbi.
　　　　風　位　飛旋-并　　鑲嵌-現
　　　　風旋的亂舞。（四9a1）

10-179　mederi.
　　　　海
　　　　海。（四9a2）

10-180　emu furgin qilqi-ka de,
　　　　一　潮汐　漲潮-完　位
　　　　海裏的潮長了，（四9a3）

10-181　hvwai se-me xehun desere-pi, ai　jeqen dalin bi,
　　　　澎湃貌　助-并　空曠　蔓延-延　什麼　邊際　岸　有
　　　　白茫茫的那裏有個邊岸，（四9a3-4）

10-182　hekqe-he manggi da songkoi kemuni ini　da ili-re ba-de ili-mbi,
　　　　退潮-完　　之後　原本　按照　　還　他.屬　原本　站-未　地方-位　站-現
　　　　潮退了還歸他的舊址，（四9a4-5）

10-183　yunggvr yanggar dekde-he qulkon boljon fan fere　uleje-me tuhe-nji-re
　　　　聲音悠揚貌　　　　升起-完　大浪　水波　山谷深窄處　倒塌-并　跌-來-未
　　　　gese,
　　　　一樣
　　　　疊起去的猛浪似推山坍岳的，（四9a5-6）

10-184　xahvn abka na　ilgabu-ra-kv sasa jerkixe-mbi.
　　　　淡白色　天　地　辨別-使-未-否　一齊　晃眼-現
　　　　一片白天地一色汪洋。（四9a6-7）

10-185　　gabta-re-ngge.
　　　　　射箭-未-名
　　　　　射箭的。（四9a8）

10-186　　sui ai gabta-mbi fithen　tere ba-de,
　　　　　罪 什麼 射箭-現 爆裂聲 那個 地方-位
　　　　　活受罪什麼是射箭彈子在那裏，（四9b1）

10-187　　hvman be tuwa-qina,
　　　　　本領　　賓　　看-祈
　　　　　看他那調式子罷，（四9b1）

10-188　　fasi-me qeqerxe-me arkan jalu-mbu-fi,
　　　　　上吊-并　緊握-并　　勉強　滿-使-順
　　　　　上吊抹脖子的是的，（四9b2）

10-189　　gunire-me qirhv-me uksala-mbi,
　　　　　鬆扣-并　拉弓鬆弛-并　開脫-現
　　　　　剛拽了個滿撒放不是回了觔兒，（四9b2）

10-190　　dokdola-me gola-ha de　ulhi tabqila-bu-fi niuru-ke-bi[1],
　　　　　嚇一跳-并　　鬆脫-完 位　袖子　搶-使-順　　發青-完-現
　　　　　就是吐信子膀子一拱撒放去打袖子肮膊紫爛青箭，
　　　　　（四9b3）

10-191　　agvra　leder　se-me lasihi-bu-fi miyasita-mbi.
　　　　　器械 箭緩慢飛貌 助-并　甩-使-順　搖晃-現
　　　　　去的痿垂打提兒。（四9b3-4）

1　niurukebi：二酉堂本、雲林堂本作iurukebi。

10-192　niyamniya-ra-ngge.
　　　　騎射-未-名
　　　　射馬箭的。（四9b5）

10-193　morin be bukdaxa-me jili banji-bu-fi,
　　　　馬　賓　屈服-并　怒氣　生長-使-順
　　　　把馬揉搓得有性子，（四9b6）

10-194　julhv bu-ra-kv gaji-mbi,
　　　　繮繩　給-未-否　拿來-現
　　　　不鬆扯手拿了來，（四9b6）

10-195　feku-mbu-me kitir se-me niulhumbu-ha-de wen tebu-mbi,
　　　　跳-使-并　馬急走蹄聲 助-并　放開馬跑-完-位 弓箭扣子 搭上-現
　　　　放著攛兒撒開了搭扣子，（四9b7）

10-196　xusihala-fi beri ara-me dara-fi jori-mbi,
　　　　打鞭子-順　弓　做-并　拉滿弓-順 瞄準-現
　　　　打了鞭子做樣子指式子，（四9b7-8）

10-197　tomortai mahala be fete-me hob niyamniya-mbi,
　　　　正射中　　帽子 賓 追究-并 箭射中帽子聲 騎射-現
　　　　準準的照著帽子放箭，（四9b8）

10-198　tufun gida-me jori-qi hiyob se-he-de,
　　　　鐙　壓-并　瞄準-條 鉋頭墜落貌 助-完-位
　　　　指著鐙眼出包頭由著馬的勉兒，（四10a1）

10-199　bakja[1] bakja oforo sukiya-me morin be bargiya-mbi,
　　　　馬猛然停住貌　鼻子　倒控-并　馬　賓　收-現
　　　　慢慢兒的收，（四10a2）

1　bakja：聽松樓本、先月樓本、二西堂本、雲林堂本作banaja。

10-200　　jabdu-ra-kv o-ho-de yoro be　　qirhv-fi dahi-mbi.
　　　　　來得及-未-否　成爲-完-位 箭頭　賓 弓拉滿再鬆開-順 反復-現

　　　　　不得射提回包頭再來。（四10a2-3）

10-201　　faksi.
　　　　　巧

　　　　　巧的。（四10a4）

10-202　　durun akv mangga,
　　　　　模範　　否　優異

　　　　　精了個無比，（四10a5）

10-203　　gala jergi akv,
　　　　　手　 等級　否

　　　　　手巧没對兒，（四10a5）

10-204　　kori-re folo-ro fete-re qoli-re-ngge,
　　　　　挖-未　刻-未　鑿-未　雕-未-名

　　　　　挖雕摳琢，（四10a5-6）

10-205　　niyalma be se sela-bu-mbi,
　　　　　人　　 賓　歲　暢快-使-現

　　　　　狠爽人，（四10a6）

10-206　　sengse saksa-i-ngge[1] ainu akv,
　　　　　懶婦　 喜鵲-屬-名　　 怎麽 否

　　　　　些須好些兒的怎的没有，（四10a6-7）

---

1 sengse saksaingge：二詞連用意爲"奇形怪狀之物"。又，聽松樓本saksaingge作sanasaingge。

10-207　　faksi ede hanqi waka,
　　　　　巧　這.位　近　　不是
　　　　　論巧不是他的意思，（四10a7）

10-208　　niyalma qi lakqa-ha-bi.
　　　　　人　　從　斷絕-完-現
　　　　　絕了根兒了。（四10a7）

10-209　　bodo-bu-re-ngge.
　　　　　籌算-使-未-名
　　　　　算計的。（四10a8）

10-210[1]　inenggi-dari udu bai-bu-mbi,
　　　　　日子-每　　　多少　要求-被-現
　　　　　每日用多少，（四10b1）

10-211　　biya-i dube-de udu tuhene-mbi,
　　　　　月-屬　末端-位 多少　着落-現
　　　　　月頭兒著多少，（四10b2）

10-212　　emu aniya baha-de teni tesu-mbi,
　　　　　一　　年　　得到.完-位　纔　　滿足-現
　　　　　一年得多少纔勾，（四10b2）

10-213　　hengkilebu-me bodo-fi eje-me gai-mbi[2],
　　　　　分攤-并　　　　計算-順　記錄-并　取-現
　　　　　扣算起來記著，（四10b2-3）

1　10-210至10-214 的 "bodofi" 一段內容，聽松樓本、先月樓本將其置於10-200 "dahimbi 再來" 之後。

2　ejeme gaimbi：聽松樓本、先月樓本作eqeme kaimbi。

10-214　baitala-ha amala dasa-me jai gai-qi,
　　　　使用-完　後來　治理-并　再　取-條
　　　　用過後提另再取¹,（四10b3）

10-215　fulu² ekiyehun baitala-ha be tuwa-me niyeqe-me,
　　　　多餘　缺少　　使用-完　賓　看-并　　補-并
　　　　看多少短的補給,（四10b3-4）

10-216　bu-re fangkabu-me tebu-re de,
　　　　給-未　抵償-并　　載-未　位
　　　　扣除折算,（四10b4-5）

10-217　nokai ja,
　　　　很　　容易
　　　　狠容易,（四10b5）

10-218　umai largin faquhvn akv.
　　　　完全　繁亂　混亂　　否
　　　　又不繁不至於亂。（四10b5）

10-219　daba-ha-ngge.
　　　　過度-完-名
　　　　瘆傷的。（四10b6）

10-220　je-ke jeku ouri simen de gene-ra-kv,
　　　　吃-完　糧食　精神　營養　位　去-未-否
　　　　吃的東西不長精神,（四10b7）

1　取：聽松樓本、先月樓本作"領"。
2　fulu：聽松樓本、先月樓本作ulu。

10-221　senggi sudala -i jun yaksi-bu-fi selgiye-ra-kv o-ho-bi,
　　　　血　　脉　　屬 血脉　鎖-被-順　　運轉-未-否　成爲-完現

　　　　血脉塞閉著不生動，（四10b7-8）

10-222　kenggehun -i gebsere-fi giyabsara-ka-bi,
　　　　枯瘦　　　屬　瘦-順　　瘦弱-完現

　　　　枯瘦如柴瘦乾了，（四10b8-11a1）

10-223　qira seksehun fiyan alja-fi biyahvn -i salibu-ha-bi.
　　　　臉　憔悴　　臉色 脫離-順　煞白　工　承受-完現

　　　　臉彈子繾不吃的模樣兒改變得沒個血色兒。（四11a1-2）

10-224　je-tere-ngge.
　　　　吃-未-名

　　　　吃東西的。（四11a3）

10-225　iqangga haihv -i nilukan de qafur qifur se-me je-mbi,
　　　　可口　　柔軟　屬　光滑　 位　香甜　可口　助-并 吃-現

　　　　可心順口和軟的上頭有滋有味的吃，（四11a4）

10-226　manggalame sai-me tuwa-qi taksi-ra-kv kafur se-mbi,
　　　　着實　　　　咬-并　看-條　　留存-未-否　決斷貌 助-現

　　　　著實的咬一口試試不打蹬兒的下來，（四11a5）

10-227　olho-me kata-ha ba kotong se-qibe,
　　　　乾枯-并　乾-完　地方 乾硬貌　助-讓

　　　　乾透了的雖是梃硬，（四11a5-6）

10-228　bi da-qi katang se-re mangga de amuran,
　　　　我 管-條 乾硬貌　助-未　硬　　位　喜歡

　　　　我好吃個堅硬東西，（四11a6-7）

10-229　tong se-me silemin　　pak　se-re nimenggi akv fisin yali be,
　　　　極硬　助-并　　皮實　食物乾燥貌 助-未　油　否　稠密　肉　賓
　　　　皮喇的嚼木艎艎似的没油的精肉,（四11a7-8）

10-230　bi asuru qihakv.
　　　　我　甚　不喜好
　　　　我不大愛。（四11a8）

10-231　yali.
　　　　肉
　　　　肉。（四11b1）

10-232　bi-sire akv[1] funqe-he xulmen emu sefe-re,
　　　　有-未　否　剩餘-完　乾肉條　一　抓-未
　　　　有的没[2]剩下乾肉條子一把兒,（四11b2）

10-233　tere-qi youni biyo-me asihi-ha[3] ehe sain girden　ihida,
　　　　那個-從 全部　削平-并　削-完　壞 好　碎肉 打落的肉塊
　　　　其餘全是些個抹邊抹挺片的[4]削的打落零星兒,（四11b2-3）

10-234　jai majige majige asikasi[5] jukten bihan, farsila-ha tebkele-he
　　　　再　稍微　稍微　小物件　祭祀　曠野　分塊-完　切肉丁-完
　　　　eshun　xaru,
　　　　未熟的　生乾肉片
　　　　再有些須的碎塊子[6]剁的殘[7]肉,（四11b3-4）

1　bisire akv：聽松樓本、先月樓本作wame fo jakv。
2　有的没的：聽松樓本、先月樓本作"有吃不完"。
3　biyome asihiha：聽松樓本、先月樓本作geiha asihejaha。
4　抹邊抹挺片的：聽松樓本、先月樓本作"抹角子好友"。
5　asikasi：聽松樓本、先月樓本作koi。
6　子：聽松樓本、先月樓本無此字。
7　殘：聽松樓本、先月樓本作"生"。

10-235　hendu-re¹ gisun gemu xangna-ha kesi se-re,
　　　　説-未　　話語　都　　賞賜-完　恩惠　叫作-未

　　　都² 説 是 些 賞賜，（四11b5）

10-236　ere ferguweuke waka-o?
　　　　這個　奇怪　　　不是-疑

　　　可不奇怪麼？（四11b5）

10-237　yala ese³ gemu aibi-de banji-ha.
　　　　果真　這些人　都　哪裏-位　生活-完

　　　他怎麼這麼没見十面。（四11b6）

10-238　bou.
　　　　房屋

　　　房子。（四11b7）

10-239　elben bi-he bi-qi oyo be aina-me kokoli-fi,
　　　　茅草　有-完　有-條　甋房的屋頂　賓　怎麼做-并　剥光-順

　　　要是草苫的房揭了上蓋，（四11b8）

10-240　fe-me gida-qi baita hono ja bihe,
　　　　封-并　壓-條　事情　還　容易　過

　　　苫上草一場事還容易來著，（四11b8-12a1）

10-241　wase bou o-joro jakade,
　　　　瓦　　房屋　成爲-未　因爲

　　　因是個瓦房，（四12a1）

1　hendure：聽松樓本、先月樓本作inen。
2　都：聽松樓本、先月樓本前有"他"。
3　yala ese：聽松樓本、先月樓本作ere yense。

10-242 te mangga,
　　　　現在　難
　　　　如今難，（四12a1）

10-243 arga akv iru-he-ngge be hafira-me,
　　　　辦法　否　沉-完-名　賓　夾-并
　　　　没法兒的將摺的瓦著節，（四12a2）

10-244 hvwaja-ha be kolo-me gai-mbi
　　　　破裂-完　賓　揭-并　取-現
　　　　破壞的去處揭了，（四12a2）

10-245 haiha-me ungke-re isi-ka, garja-fi tuhe-ke efuje-he,
　　　　歪倒-并　傾倒-未　到-完　破裂-順　倒-完　損傷-完
　　　　待歪倒的去處毀壞的去處，（四12a3）

10-246 fongso-ko sangsara-ka ba-qi anan -i niyeqe-me dasata-mbi.
　　　　燻黑-完　房屋破爛-完　地方-從　依次　屬　補-并　整理-現
　　　　烟熏火燎的窟窿眼睛的去處一字兒的修理[4]。（四12a3-4）

10-247 hvlhida-ra-ngge.
　　　　愚蠢-未-名
　　　　混來的。（四12a5）

10-248 mini jaka be jafa-fi minde dere ara-mbime,
　　　　我.屬　東西　賓　拿-順　我.與　臉面　做-而且
　　　　拿著我的東西望著我做人情，（四12a6）

---

[4] 理：底本作"埋"，依文義改。

10-249　fudara-me inde majige dere funqebu se-mbi,
　　　　違背-并　他.與　稍微　臉面　剩餘.祈　助-現

反到教給他留情，（四12a6-7）

10-250　jaka suimangga be hono ai-se-mbi,
　　　　東西　冤屈　　賓　還　什麼-說-現

且別要說東西委曲，（四12a7）

10-251　geli ai-be karu de karu, ubu de ubu se-mbi,
　　　　又 什麼-賓 報應 與 報應 身份 與 身份 叫作-現

又什麼教做一盒兒來一盒兒去，（四12a8）

10-252　absi hvlhi,
　　　　怎麼　糊塗

好糊塗，（四12a8）

10-253　we-de we dere baha-bu-re,
　　　　誰-與　誰 臉面　得到-被-未

誰望著誰做情，（四12b1）

10-254　we-de we-be balai¹ jafa-mbi se-mbi.
　　　　誰-與　誰-賓　妄自　獻上-現　助-現

也不知誰給誰道謝。（四12b1）

10-255　bahabu-re-ngge.
　　　　做夢-未-名

有覺照的。（四12b2）

1　balai：二酉堂本作bili。

10-256　hoqikosaka de emdubei yaqihiya-mbi,
　　　　好端端　　位　　祇管　　　打噴嚏-現
　　　　好好兒的儘著打涕噴，（四12b3）

10-257　yamka mimbe jondo-mbi-ni,
　　　　說不定　我.賓　提起-現-呢
　　　　想是那個念跕我呢，（四12b3）

10-258　dere yasa wenje-me,
　　　　臉面　眼睛　發熱-并
　　　　臉彈子發燒，（四12b4）

10-259　yasa humsun fekqe-mbi,
　　　　眼睛　眼瞼　皮肉跳動-現
　　　　眼皮兒跳，（四12b4）

10-260　beye-i yali baibi gvwaqihiyaxe-me gvwaxxa-mbi,
　　　　身體-屬　肉　平白　　驚訝-并　　　　肉跳-現
　　　　心驚肉跳的，（四12b4-5）

10-261　te-qi ili-qi tokto-ra-kv,
　　　　坐-條　站-條　確定-未-否
　　　　坐臥不安，（四12b5）

10-262　eiqibe o-jora-kv alixa-mbi,
　　　　總之　可以-未-否　煩悶-現
　　　　不由的心焦，（四12b5-6）

10-263　ai geli,
　　　　什麼又
　　　　豈有此理，（四12b6）

10-264　ede geli emu ba¹ akv mujangga-o?
　　　　這.位　又　一　地方　否　果然-疑
　　　　這個豈没個故事？（四12b6）

10-265　so jori-mbi ganiu kai se-qi henu-tele².
　　　　異兆 指示-現　怪異　啊　助-條　説-至
　　　　這是覺兆説是怪事，果然。（四12b7）

10-266　weqe-re-ngge.
　　　　祭祀-未-名
　　　　跳神的。（四12b8）

10-267　amsun jafa-ha jungxun suita-fi,
　　　　祭品　獻上-完　灌猪耳的酒　灌-順
　　　　做了記諱的了猪耳朶裏，（四13a1）

10-268　weqeku uli-ha-de,
　　　　祭奠　獻祭-完-位
　　　　奠了酒，（四13a1）

10-269　ulhiyan be tekde-mbi³,
　　　　猪　　賓　死-現
　　　　祖宗接了籤猪，（四13a1-2）

10-270　amsun bolho akv ohode,
　　　　祭品　乾浄　否　若
　　　　記諱東西若不潔浄，（四13a2）

1　ba：聽松樓本、先月樓本作baita。

2　henutele：意不詳，或爲hendutele的變體，語法標注據後者出。又，二酉堂本、雲林堂本作heutele。

3　此處是避諱用法，在特殊祭祀時殺猪，此詞代替"死"而使用。

10-271　sahaliyan ningge haila-mbi,
　　　　天干之壬　人　不受享-現
　　　　祖宗不接,（四13a3）

10-272　hengkile-fi,
　　　　磕頭-順
　　　　磕了頭,（四13a3）

10-273　oyo gai-mbi,
　　　　頂　拿-現
　　　　拿了供尖子,（四13a3）

10-274　amba yali be je-fi,
　　　　大　肉　賓　吃-順
　　　　吃了大肉,（四13a3）

10-275　yamji tuibu-mbi,
　　　　晚上　背燈祭-現
　　　　晚上背燈,（四13a4）

10-276　jai inenggi erde mete-mbi,
　　　　再　日子　早晨　還願-現
　　　　第二日還愿,（四13a4）

10-277　sori yali be somo hiyase de tebu-fi soqa so-mbi,
　　　　供品　肉　賓　還願神杆　斗　位　盛-順　還願撒的米　撒-現
　　　　將小肉兒裝在斗子裏撒花米,（四13a4-5）

10-278　ere-be julesi bu-mbi[1] se-mbi,
　　　　這-賓　向前　給-現　叫作-現
　　　　這教做是祭天,（四13a5）

1　julesi bumbi：二詞聯連意爲"祭天"。

10-279　dobori geli usiha juge-mbi.
　　　　夜晚　又　星　祭祀-現
　　　　晚上又祭星。（四13a6）

10-280　morin.
　　　　馬
　　　　馬。（四13a7）

10-281　wagan daba-ha qikexe-me nikese-mbi,
　　　　馬蹄　超過-完　牲口略跛-并　略瘸-現
　　　　蹄掌磨薄了一點一點的憃硬，（四13a8）

10-282　inu ainqi sabtari wasika se-he,
　　　　也　想必　蹄子淤血貌　助-完
　　　　只當是血哨下了，（四13a8-b1）

10-283　qoron gemu goqi-ka-bi,
　　　　架子　都　抽出-完現
　　　　獨都吊上去了，（四13b1）

10-284　yali jokson morin maqu-ha-bi,
　　　　肉　起初　馬　憔悴-完現
　　　　原是個欠膘的瘦馬，（四13b1）

10-285　jugvn uduri lasihida-hai gaji-ha,
　　　　道路　沿途　摔打-持　拿來-完
　　　　沿路兒折磨著來了，（四13b2）

10-286　shada-fi oforo sukiya-me isinji-ha-bi,
　　　　勞乏-順　鼻子　控干-并　到-完現
　　　　乏的剛剩口氣兒到了，（四13b2-3）

10-287　manggantu o-fi tuttu dabala,
　　　　駿馬　　成爲-順 那樣　罷了
　　　　還是個有筋骨的馬，（四13b3）

10-288　umai se je-ke[1] tuhe-me sakda morin waka bi-qibe,
　　　　完全 歲 吃-完 跌倒-并 年老 馬　不是 有-讓
　　　　雖并不是個口兒老動不得的馬，（四13b4）

10-289　doko yali akv,
　　　　裏　肉　否
　　　　裏膘都没了，（四13b4）

10-290　xelen　　gemu waji-ha-bi.
　　　　常出水之處　都　完結-完-現
　　　　是個瘦枯了的馬。（四13b4-5）

10-291　hairanda-ra-ngge.
　　　　吝惜-未-名
　　　　可惜物件的。（四13b6）

10-292　tomso-me gaisu,
　　　　收斂-并　取.祈
　　　　撿起來，（四13b7）

10-293　tunggiye-me sisa-me sini ere absi,
　　　　撿起來-并　灑-并　你.屬 這個 怎麽
　　　　拾一半撩一半你這是怎麽説，（四13b7）

1　se jeke：此專指馬上了歲數。

10-294 dusihiye-qina,
用衣襟兜住-讓

捥著罷咱,（四13b8）

10-295 oholiyo de waji-mbi-o?
一捧　位　完結-現-疑

捧得了麼?（四13b8）

10-296 ere gemu geren qi xufa-ha ula xusu,
這個 都　眾人 從 攢湊-完 官差 高粱

這都是眾人攢的供給,（四13b8-14a1）

10-297 aqamja-fi bu-qi emu baita waji-mbi,
集合-順 給-條 一 事情 完結-現

湊起來給了他一場事完了,（四14a1）

10-298 makta-me bi-hei ton aqana-ra-kv o-ho-de,
放置-并　有-持 數目 符合-未-否 成爲-完-位

料打著數目不對了,（四14a2）

10-299 si te we be giyatara-me gai-ha se-mbi.
你現在 誰 賓　剋扣-并 拿-完 助-現

你可賴誰刻漏了。（四14a2-3）

10-300 juhe.
冰

冰。（四14a4）

10-301 niyengniyeri juhe ai hvsun,
春天　　　冰 什麼 力量

春冰有什麼力量發酥,（四14a5）

10-302　oilorgi-deri qalqin eye-mbi,
　　　　表面-經　　冰凌水　　流-現
　　　　水都漫著冰流，（四14a5）

10-303　justala-ha sirdan juhe gemu fusur se-mbi,
　　　　裂口子-完　尖物　冰　都　酥軟　助-現
　　　　冰凌錐兒酥動了，（四14a6）

10-304　juhe sanggatana-me seterine-he be tuwa-qina,
　　　　冰　　到處出孔-并　冰融化產生小洞-完　賓　看-祈
　　　　看罷咱窟窿眼睛的酥糟了，（四14a6-7）

10-305　tuhe-re fuseje-re isi-ka,
　　　　融化-未　穿透-未　到-完
　　　　待開河了，（四14a7）

10-306　karqa-me hujure-re nimaxan muke-i erin o-ho ba-de.
　　　　衝擊-并　　碾-未　春天融化的雪水　水-屬　時候　成爲-完　地方-位
　　　　淌凌麥黃水的時候了。（四14a7-8）

10-307　ujima.
　　　　牲畜
　　　　養材兒。（四14b1）

10-308　amba yelu,
　　　　大　公猪
　　　　大公猪，（四14b2）

10-309　asikan buldu,
　　　　略小　未騸的公猪
　　　　小跑猪，（四14b2）

10-310　migan bile-re mehejen,
　　　　小猪　産子-未　母猪
　　　　下小猪兒的大母猪，（四14b2）

10-311　aktala-ha mehe,
　　　　騙-完　　母猪
　　　　騙了的大猪，（四14b2）

10-312　aidahan boqo-i juduran,
　　　　公野猪　様貌-屬　蒼毛猪
　　　　像野猪的家猪，（四14b3）

10-313　feniyen feniyen,
　　　　群　　　群
　　　　一群一夥的，（四14b3）

10-314　taman　　alda jalu-ka-bi,
　　　　騙后的公猪 半大的猪 滿-完-現
　　　　大猪科狠子猪滿了，（四14b3）

10-315　yelu bai-re erin o-ho manggi,
　　　　大公猪 求-未 時候 成爲-完 之後
　　　　走食的時候，（四14b4）

10-316　hor har yangxan gemu alimbaharakv,
　　　　呼氣聲　聒噪　　都　　不斷
　　　　呼兒呼兒的腥影殺個人，（四14b4-5）

10-317　umerle-he-de inu saikan,
　　　　猪太肥-完-位　也　好看
　　　　揣肥了也好看，（四14b5）

10-318　gilmarje-me emken de tanggu gin funqe-mbi.
　　　　光亮-井　　一個　位　百　斤　有餘-現
　　　　油光水滑的一個百觔有餘。（四14b5-6）

10-319　honin.
　　　　羊
　　　　羊。（四14b7）

10-320　adun adun dali-me mujakv fuse-ke,
　　　　牧群　牧群　趕-井　　所有　繁殖-完
　　　　一群一群的趕著放滋生出多少來了，（四14b8）

10-321　fiyangtahvri xahvn,
　　　　健壯　　　　白
　　　　膘肥肉滿的一片白，（四14b8）

10-322　kvqa be aktala-fi yasa tuwa-hai,
　　　　雌羊　賓　騙-順　　眼睛　看-持
　　　　解子羊眼瞧著，（四15a1）

10-323　lekqehun amba irgen o-mbi,
　　　　軟物垂下　大　民人　成爲-現
　　　　成大黑兒巴的頭等羊，（四15a1）

10-324　boka yali wa ehe,
　　　　公羊　肉　味道　壞
　　　　湃呼子的肉味不好，（四15a2）

10-325　tebiqi aniya-dari untuhun akv,
　　　　即如　年-每　　空　　否
　　　　直到如今年年不空，（四15a2）

10-326　hoshori sain sukv,
　　　　捲毛　　好　皮
　　　　送好羊羔兒皮，（四15a2-3）

10-327　uqala-ha borqila-ha honin banji-mbi.
　　　　風乾-完　晾乾肉-完　羊　產生-現
　　　　風乾透了的羊碎乾肉塊子來。（四15a3）

10-328　indahvn.
　　　　狗
　　　　狗。（四15a4）

10-329　finqure¹ indahvn waka bi-qi,
　　　　聞香　　狗　　不是　有-條
　　　　若不是聞香狗，（四15a5）

10-330　aifini giyang-dala-mbihe²,
　　　　早已　狗急叫-成爲首領-過
　　　　早結果了，（四15a5）

10-331　dobori-dari lou-mbi,
　　　　晚上-每　　嚎叫-現
　　　　成夜家嗷，（四15a5-6）

10-332　hori-qi gv-mbi hvwaita-qi giyang-si-mbi,
　　　　圍-條　狗惡聲嚎叫　拴-條　　狗急叫-堵住-現
　　　　圈著怪聲浪氣的拴著喊叫，（四15a6）

1　finqure：意不詳，語法標注據漢字部分出。
2　giyangdalambihe：此種結構非常罕見，語法標注姑且如此劃分。

10-333　kerki-re　　　ger se-me tadure-re gvwa-ra mudan urui de gemu
　　　　狗低聲怒吼-未 吵鬧貌 助-并　撕扯-未　狗叫-未　腔調 往往 位 都
　　　　waka,
　　　　不是
　　　　呲著牙惡狠狠的争競叫喊的樣子都不是，（四15a6-7）

10-334　qukvle-qi abura-ra-kv bime,
　　　　嗉狗-條　揪扯-未-否　而且
　　　　抽他去不咬，（四15a7-8）

10-335　amasi unqehen hafira-fi yohoron uxa-mbi.
　　　　往後　尾巴　夾着-順　溝渠　拉-現
　　　　夾著尾妃拉鈎兒。（四15a8）

10-336　aqiha.
　　　　行李
　　　　駝子。（四15b1）

10-337　aqiha be ebubu jajin be sudami,
　　　　行李 賓 卸下.祈 嚼子 賓 褪嚼子.祈
　　　　卸下駝子來退了嚼子，（四15b2）

10-338　futa ilere-fi suwangkiyabu,
　　　　繩子　拴-順　　啃草.祈
　　　　繩子縻著爽爽草，（四15b2）

10-339　nixa　haijung se-me aqi-fi darama gida-bu-mbi,
　　　　結實　馱載很重貌 助-并 馱-順　腰　　壓-被-現
　　　　結結實實的馱著駝子壓著脊梁，（四15b3）

10-340　enggemu gaisu,
　　　　鞍子　　取.祈

　　　　揭鞍子,（四15b3）

10-341　fuhexe-me beye isihi-kini,
　　　　打滾-并　身體　抖-祈

　　　　打個滾兒抖抖毛,（四15b4）

10-342　tuwa-qina xeterxe-me,
　　　　看-祈　　　彎腰-并

　　　　你看腰都壓弯了,（四15b4）

10-343　uju seshete-mbi.
　　　　頭　馬晃腦袋

　　　　布摔腦袋。（四15b4）

10-344　futa.
　　　　繩子

　　　　繩子。（四15b5）

10-345　uda-fi udu goida-ha,
　　　　買-順　多少　長久-完

　　　　買了能幾日,（四15b6）

10-346　kes　kes lakqa-bu-fi,
　　　　咔嚓 咔嚓　斷-被-順

　　　　一段一段拆的,（四15b6）

10-347　kengse waliya-ha-bi,
　　　　果斷　　丟-完-現

　　　　一節子一節子的撩了,（四15b6-7）

10-348　taqibu-me angga inu xada-ha,
　　　　教導-并　　嘴　　也　勞乏-完
　　　　說的嘴也乏了，（四15b7）

10-349　tere sinde donji-qi ai bai-re,
　　　　他　你.與　聽-條　什麼　求-未
　　　　聽話少什麼，（四15b7-8）

10-350　tes tes　lashala-fi lasha lasha[1] makta-mbi,
　　　　扯斷繩子聲 斷絶-順　決斷　決斷　　甩-現
　　　　一股子一股子扯斷了半節半節的揉了，（四15b8）

10-351　fonji-qi,
　　　　問-條
　　　　問他呢，（四15a1）

10-352　da-qi　teke-he-ngge hvsun akv,
　　　　原本-從　受潮-完-名　　力量　　否
　　　　原是糟繩子不壯，（四16a1）

10-353　mana-me geseje-fi,
　　　　磨爛-并　　朽爛-順
　　　　磨的麻花了，（四16a1）

10-354　tata-qi pes pas　se-mbi,
　　　　拉-條　布緞破裂貌 助-現
　　　　扯一[2]扯披吃趴吃的斷了，（四16a1-2）

10-355　si damu donji,
　　　　你　祇是　聽.祈
　　　　你聽麼，（四16a2）

1　lasha lasha：二酉堂本、雲林堂本作masha aska。
2　一：二酉堂本、雲林堂本作"的"。

10-356　nememe ini gisun uru o-ho-bi.
　　　　更加　他.屬 話語 正確 成爲-完-現
　　　　他到有了狠是的理性了。（四16a2）

10-357　mangga beri.
　　　　硬　　弓
　　　　硬弓。（四16a3）

10-358　beri qira amtala-qi qang se-mbi,
　　　　弓　結實　嘗試-條　金屬聲 助-現
　　　　弓有靭彈一彈似鉄條，（四16a4）

10-359　tata-me tuwa-qi uli be inu muse-mbu-qi o-jora-kv,
　　　　拉-幷　看-條　弓弦 賓 也　變彎-使-條　成爲-未-否
　　　　拉著弦也不弯，（四16a4-5）

10-360　tebke de tuhene-re-ngge　tab　se-mbi,
　　　　墊子　位　有着落-未-名　弓落於弓墊子之聲　助-現
　　　　吊墊子一响兒，（四16a5-6）

10-361　agvra baxa-mbi,
　　　　器械　催-現
　　　　狠催箭，（四16a6）

10-362　hiyong hiyong qikten guwe-mbi,
　　　　箭快速飛貌　　箭杆子　鳴響-現
　　　　錚錚的箭杆子响，（四16a6）

10-363　dethe-i asuki hiyor hiyor se-me,
　　　　翎子-屬 聲音　箭翎作響貌　　助-幷
　　　　翎子聲颯颯的，（四16a6-7）

10-364　haha sain mujangga,
　　　　男人　好　　果真
　　　　漢仗好是實，（四16a7）

10-365　terei beri keifu aqabu-ha be tuwa-qi,
　　　　他.屬　弓　大披箭　匯合-完　賓　看-條
　　　　瞧他的弓大箭齊節，（四16a7-8）

10-366　banitai gardaxa-ki faxxa-ki se-me aqabu-ha-bi.
　　　　禀性　　大步疾走-祈 努力-祈　助-并　適合-完-現
　　　　生成是個慣戰能征的材料。（四16a8-b1）

10-367　gabta-ra-ngge.
　　　　射箭-未-名
　　　　射箭的。（四16b2）

10-368　gabta-ra mergen,
　　　　射箭-未　賢能
　　　　善射，（四16b3）

10-369　mangga be urulde-me,
　　　　優異　賓　比賽-并
　　　　賭强逞能，（四16b3）

10-370　gemu da tolo-mbi,
　　　　都　　頭　數-現
　　　　都是箭箭著箭，（四16b3）

10-371　　tas tis¹　　elen elei,
　　　　　箭擦過箭靶聲 十分 差不多
　　　　　不離左右²，（四16b3-4）

10-372　　kas　　se-me　dari-bu-ra-kv　o-qi　　tas　　se-me
　　　　　箭略擦過物品聲 助-并　　擦-使-未-否　成爲-條 箭擦過箭靶聲 助-并
　　　　　hisha-bu-mbi,
　　　　　緊貼-使-現
　　　　　試一試兒的要不是拐著就是傍著，（四16b4-5）

10-373　　tos　　tondo tuqi-re-ngge tuqi-me,
　　　　　直接穿過聲 正直　出去-未-名　出去-并
　　　　　照直³出去的出去，（四16b5）

10-374　　pos　　fondo unggi-re-ngge unggi-mbi,
　　　　　物體被穿透聲 穿透　發出-未-名　　發出-現
　　　　　雙貫透的雙貫透，（四16b5-6）

10-375　　ji　kob tomortai goi-re-ngge emken qi emke ure-he-bi.
　　　　　直 完全 正射中 射中-未-名　一個 從 一個 熟練-完-現
　　　　　著鼓子一個比著一個的熟練。（四16b6-7）

10-376　　bahana-ra-kv-ngge.
　　　　　學會-未-否-名
　　　　　不會射的。（四16b8）

1　tis：聽松樓本、先月樓本作taka。
2　右：聽松樓本、先月樓本後有"的"。
3　直：聽松樓本、先月樓本作"值"。

10-377　lahv-ta inu feniyen aqa-fi gabta-xa-mbi[1],
　　　　拙者-複　也　成群　見面-順　射箭-常-現
　　　　俫貨們也會成夥兒學射，（四17a1）

10-378　emu da pok se-me amasi fifa-fi,
　　　　一　頭　碰撞聲　助-并　返回　箭反彈-順
　　　　一箭射了個倒硼子，（四17a1-2）

10-379　emu da balai iqi so-me fata-fi makta-mbi,
　　　　一　頭　妄自　順應　拋-并　摘-順　甩-現
　　　　一箭射了個亂馬交槍，（四17a2）

10-380　toyen baha goi-re sain,
　　　　準頭　得到.完　射中-未　好
　　　　有準頭肯[2]著，（四17a3）

10-381　gashv-fi esei dolo akv,
　　　　發誓-順　他們.屬　裏面　否
　　　　起下誓他們堆垛兒裏沒有亂箭，（四17a3）

10-382　siri-ha sirdan i[3] adali,
　　　　擠-完　箭　屬　一樣
　　　　攢的是的，（四17a4）

10-383　damu meni meni jabdu-re be bodo-mbi.
　　　　祇要　我們.屬　我們.屬　妥當-未　賓　籌算-現
　　　　只要各自顧各兒。（四17a4）

1　gabtaxambi：聽松樓本、先月樓本作gabtahabi。
2　肯：聽松樓本、先月樓本作"也好"。
3　i：聽松樓本、先月樓本無此詞。

10-384　gabta-ra-ngge.
　　　　射箭-未-名
　　　　射箭的。（四17a5）

10-385　kaqilan singgiya-fi　sar se-me ibebu-fi,
　　　　披子箭　　披-順　快速完成貌 助-并 推進-順
　　　　披上箭齊節節的上去，（四17a6）

10-386　solbi-fi fehere-fi,
　　　　搭扣-順　皺-順
　　　　搭上扣子捏住了，（四17a6）

10-387　dara-mbi,
　　　　拉滿弓-現
　　　　張弓，（四17a7）

10-388　jalu-mbu-me tata-fi,
　　　　滿-使-并　　拉-順
　　　　拽滿了，（四17a7）

10-389　tokto-bu-fi uksala-mbi,
　　　　確定-使-順　開脱-現
　　　　定準了撒放，（四17a7）

10-390　meiren akdun,
　　　　肩膀　　結實
　　　　膀子結實，（四17a7-8）

10-391　tata-ra sulfa,
　　　　拉-未　舒展
　　　　開弓鬆泛，（四17a8）

10-392　uksala-ra-ngge bolho,
　　　　撒手放箭-未-名　乾净
　　　　撒放乾¹净，（四17a8）

10-393　jorin sain,
　　　　目標　好
　　　　指的好，（四17a8）

10-394　toyen baha,
　　　　準頭　得到.完
　　　　有準頭，（四17b1）

10-395　durun saikan o-qi sonjo-bu-mbi.
　　　　規範　好看　成爲-條　選-被-現
　　　　樣法好看入挑選。（四17b1）

10-396　gefehe.
　　　　蝴蝶
　　　　蝴蝶兒。（四17b2）

10-397　ambakasi gefehe,
　　　　稍大　　蝴蝶
　　　　大蝴蝶，（四17b3）

10-398　buyasi dondon,
　　　　小　　小型蝴蝶
　　　　小粉蝶，（四17b3）

1　乾：二酉堂本、雲林堂本作"幹"。

10-399　　ilha-i borhon be bai-me,
　　　　　花-屬　簇　　賓　尋求-并
　　　　　只找花叢，（四17b3）

10-400　　debse debse geri gari sabu-mbi,
　　　　　扇翅膀　扇翅膀　影影綽綽　看見-現
　　　　　搧著翅一個半個的罕見，（四17b4）

10-401　　urui gemu niuri niuwari,
　　　　　往往　都　　綠色　深綠色
　　　　　嘗在花紅柳綠，（四17b4）

10-402　　fulari xari fulhure-ke fushu-he ba-de,
　　　　　紅色　鮮豔　發芽-完　　綻開-完　地方-位
　　　　　盛開的去處，（四17b5）

10-403　　wa amtan bisi-re ba-be tere ende-ra-kv,
　　　　　味道　趣味　有-未　地方-賓　那個　欺瞞-未-否
　　　　　再不錯有滋有味的香所，（四17b5-6）

10-404　　beye-i gubqi kuri kari feniyen feniyen dergexe-mbi[1].
　　　　　身體-屬　整個　五彩斑斕　　成群　　成群　　上升-現
　　　　　渾身斑兒點兒的成群打夥兒展翅兒。（四17b6-7）

10-405　　bara-ra-ngge.
　　　　　攪和-未-名
　　　　　拌東西的。（四17b8）

1　dergexembi：意不詳，或爲dergixembi之變體，語法標注據後者出。

10-406　　fumere-bu-fi uqu-bu-ha manggi,
　　　　　攪拌-使-順　混雜-使-完　之後
　　　　　攪和著拌了，（四18a1）

10-407　　kvthv-me kvrda-mbi,
　　　　　混攬-并　攪和-現
　　　　　攪的一堆兒，（四18a1）

10-408　　dasa-me olho-bu-fi henqe-me nijara-fi sui-mbi,
　　　　　改變-并　曬乾-使-順　搗-并　研碎-順　研磨-現
　　　　　從新晒乾了搗了研了合的一堆兒，（四18a1-2）

10-409　　uyan o-qi olhon ningge majige seshe-me suwaliya-mbi,
　　　　　稀　成爲-條　乾燥　東西　稍微　亂灑-并　合并-現
　　　　　稀呢洒些乾的攬上，（四18a2-3）

10-410　　tumin o-ho manggi muke kvta-mbi.
　　　　　濃　成爲-完 之後　水　混合-現
　　　　　濃呢著些水兒攪上。（四18a3）

10-411　　je-tere-ngge.
　　　　　吃-未-名
　　　　　吃東西的。（四18a4）

10-412　　sai-re de kufuyen ningge kufur se-mbi,
　　　　　咬-未　位　脆　東西　咀嚼脆物聲　助-現
　　　　　咬著脆的脆生生兒的，（四18a5）

10-413　　fusur se-re-ngge hvsun baibu-ra-kv axu-me we-mbi,
　　　　　酥軟　助-未-名　力量　需要-未-否　含-并　融化-現
　　　　　酥的到口就化，（四18a5-6）

10-414　kifur　　se-re-ngge be buge niyaniu-re gese jayen xada-mbi,
　　　　咀嚼脆骨聲 助-未-名 賓 軟骨　 嚼-未　樣子　牙關　勞乏-現
　　　　堅硬的嚼脆骨似的牙關都乏，（四18a6-7）

10-415　guwejige niyanggv-re adali　　keser　se-re-ngge bi,
　　　　胃　　　嚼-未　　樣子 咀嚼硬脆物聲 助-未-名 有
　　　　嚼肚子似的脆生生的肐咥肐咥的，（四18a7）

10-416　hvwaliya-ka-kv buda-i adali,
　　　　調和-完-否　　飯-屬 一樣
　　　　沒煮到的飯似的，（四18a8）

10-417　fasar　　　se-re-ngge be dulin je-fi dulin waliya-mbi,
　　　　東西弄碎貌 助-未-名 賓 一半 吃-順 一半　　丟-現
　　　　發撒喳煞膀子吃一半撩一半的，（四18a8-b1）

10-418　jai niyamana-ha qakiri buda-i gese,　kaqar　se-re-ngge be,
　　　　再　飯夾生-完　夾生飯 飯-屬 樣子 咀嚼硬物貌 助-未-名 賓
　　　　還有有米心子的夾生飯磣牙的，（四18b1）

10-419　bi tuwa-ha-kv,
　　　　我　看-完-否
　　　　我沒大瞧，（四18b2）

10-420　suwe gama se-me,
　　　　你們 拿去.祈 助-并
　　　　你們拿了去罷，（四18b2）

10-421　gemu tese de bu-he-bi.
　　　　都　 他們 與 給-完-現
　　　　都給了他們去了。（四18b2）

10-422　kesike.
　　　　猫
　　　　猫。（四18b3）

10-423　deken lakiya-qi tere kaja-mbi,
　　　　稍高　挂-條　他　啃咬-現
　　　　高處挂著他去啃，（四18b4）

10-424　makta-me sinda-qi ji-fi gedu-mbi,
　　　　甩下-并　放-條　來-順　啃-現
　　　　撩搭著他來嚼，（四18b4）

10-425　uba-de　kvwak　tuba-de qak se-me,
　　　　這裏-位 棍棒相打貌 那裏-位 亂打 助-并
　　　　這裏湴那裏湃的，（四18b5）

10-426　simbe aika tontoko amga-bu-mbi-o?
　　　　你.賓　什麼　確切　睡覺-使-現-疑
　　　　他給你個好覺睡麼？（四18b5-6）

10-427　kemuni erin de aqabu-me mujakv ulebu-mbi-kai,
　　　　還　　時候 與 符合-并　所有　給吃-現-啊
　　　　也還應著時兒多給他吃，（四18b6）

10-428　aimaka we terebe omihon -i wa-me,
　　　　好像　誰 他.賓　餓　工 殺-并
　　　　到像誰餓著他，（四18b7）

10-429　edun ukiye-bu-re adali,
　　　　風　喝-使-未　一樣
　　　　只教他喝風似的，（四18b7）

10-430　uttu¹ simbe niubo-me fanqa-bu-mbi.
　　　　這樣　你.賓　戲弄-并　生氣-使-現
　　　　那們樣的嘔著你生氣。（四18b8）

10-431　gasa-ra-ngge.
　　　　抱怨-未-名
　　　　抱怨的。（四19a1）

10-432　inenggi akv o-ho,
　　　　日子　　否　成爲-完
　　　　没了日期了，（四19a2）

10-433　yamji qimari fakqa-fi jura-mbi,
　　　　晚上　明天　離別-順　啓程-現
　　　　早晚要離別了起身，（四19a2）

10-434　mini dolo faqa-ha sirge gese farfa-bu-ha-bi,
　　　　我.屬　心裏　散-完　絲綫　樣子　打亂-被-完-現
　　　　我如今心裏刀子攪似的心亂了，（四19a2-3）

10-435　si mini funde emu gvnin tuqi-bu-reu se-me，
　　　　你 我.屬 代替 一　主意　出-使-祈　助-并
　　　　你替我出個主意兒，（四19a3-4）

10-436　bene-qi majige axxa-bu-me aqinggiya-bu-ha-kv oso,
　　　　送-條　稍微　動-被-并　搖動-被-完-否　成爲.祈
　　　　送了去呢聞風兒没動，（四19a4-5）

1　uttu：聽松樓本、先月樓本作agatu。

10-437　kemuni da bene-he songgoi bixukan -i amasi,
　　　　還　　原本　送-完　　沿襲　　原樣　工　返回
　　　　還是照舊原封兒送回來，（四19a5）

10-438　sinde benji-he-bi ere absi.
　　　　你.與　送來-完-現　這　怎麽
　　　　這是怎麽説。（四19a6）

10-439　usin.
　　　　田地
　　　　種地的。（四19a7）

10-440　da-qi emu farsi -i hali douran ba bi-he,
　　　　原本-從　一　　塊　　屬　荒地　未開墾　地方　有-完
　　　　是一塊野廠荒地來著，（四19a8）

10-441　si bi aqan sasa suksala-ha-bi,
　　　　你我　合并　一起　開墾-完-現
　　　　大家你我一同開墾了，（四19a8-b1）

10-442　teisu teisu meni meni aqan -i ba-de qalu,
　　　　各自　各自　我們.屬　我們.屬　合并　屬　地方-位　倉庫
　　　　各自各自的交界處刨下邊，（四19b1）

10-443　juwe ujan de hexen ilibu-ha,
　　　　二　　邊界　位　繩子　建立-完
　　　　攔兩頭兒立下疆界，（四19b2）

10-444　neneme hono yangsa-me ete-he-kv o-fi,
　　　　先　　　還　　耕地-并　承受-完-否　成爲-順
　　　　先前没鋤到，（四19b2）

10-445　xune-mbihe,
　　　　長荒草-過
　　　　肯長荒草，（四19b3）

10-446　we ya uthai fulu majige ejele-qibe o-mbihe,
　　　　誰 哪個 就 多餘 稍微 占據-讓 成爲-過
　　　　就是那個多占些兒使得來著，（四19b3）

10-447　te tari-hai ure-he usin o-joro jakade,
　　　　現在 播種-持 熟-完 田地 成爲-未 因爲
　　　　如今成了熟地了，（四19b4）

10-448　urhun ba seme we we-de anabu-mbi.
　　　　一指厚度 地方 雖然 誰 誰-與 讓-現
　　　　就是寸地誰肯讓誰。（四19b4-5）

10-449　morin.
　　　　馬
　　　　說馬的。（四19b6）

10-450　hvwaita-ha ba sula o-fi gunire-ke-o?
　　　　拴-完　　地方 鬆散 成爲-順 鬆扣-完-疑
　　　　拴的鬆了是怎的回了靷兒了？（四19b7）

10-451　fita mampi-ha-kv de guleje-he-bi-o?
　　　　結實 打疙瘩-完-否 位 鬆開-完-現-疑
　　　　結的圪跶[1]不結實鬆了扣兒了是怎的？（四19b7-8）

---

1 圪跶：聽松樓本、先月樓本作"扣子"。

10-452　ukqa-fi　tuila-ra　jakade　aibi-de　bahana-mbi,
　　　　脫開-順 牲口驚跑-未 因爲　哪裏-位　懂得-現

　　　　開的驚的跑了望那裏去找，（四19b8）

10-453　juwan juwan -i mudan xan uli-me inde ala-ha,
　　　　十　　十　　屬 次數 耳朵 揪-并 他.與 告訴-完

　　　　再三扯著耳朵告訴過他，（四19b8-20a1）

10-454　ere morin　ilmere-ke-de jafa-ra mangga se-qi,
　　　　這個　馬　　脫開繮繩-完-位 拿-未　　難　　助-條

　　　　這個馬若是溜了繮拿他費事，（四20a1-2）

10-455　tere sinde donji-qi aba.
　　　　他　 你.與　聽-條　在哪裏

　　　　他聽你也好。（四20a2）

10-456　qeqike.
　　　　小鳥

　　　　鳥兒。（四20a3）

10-457　fiyasha qeqike[1] konggolo de be bi-qi,
　　　　牆壁　　小鳥　　　嗓子　 位 賓 有-條

　　　　家鵲兒嗓子裏有了食，（四20a4）

10-458　jak jik　se-me,
　　　　嘰嘰喳喳聲 助-并

　　　　叫的安閑，（四20a4）

1　fiyasha qeqike：此爲固定用法，意爲"麻雀"。

10-459　　ba　　ba-de deye-mbi,
　　　　　地方 地方-位　飛-現
　　　　　各到處裏去飛,（四20a4-5）

10-460　　feniyele-he manggi jar jir　elje-me jorgi-mbi,
　　　　　成群-完　　之後 唧唧溜溜聲 抵抗-并 吵鬧-現
　　　　　成了群兒了嚌嚠喳喇的鬧林兒,（四20a5）

10-461　　deberen feye de gahvxa-me,
　　　　　幼崽　　巢　位　張口-并
　　　　　鵓子在窩兒裏盼食,（四20a6）

10-462　　giyar gir　asha debder-je-mbi,
　　　　　飛禽急叫貌 匆忙 雛鳥展翅-常-現
　　　　　嘰兒喳兒的不住的抖翅兒,（四20a6）

10-463　　deberen waliya-bu-qi per par　debsite-me, giyar giyar se-mbi.
　　　　　幼崽　　丟-被-條　抖動翅膀聲 不停扇動-并 飛禽急叫貌　助-現
　　　　　丟了鵓子拍兒拍兒的喳喳的搧翅子。（四20a7）

10-464　　asuki.
　　　　　聲音
　　　　　聲氣。（四20a8）

10-465　　toko-qi　limqi　dosi-ka,
　　　　　刺-條　刺入物體聲　進入-完
　　　　　攮一下子雙管兒透,（四20b1）

10-466　　dorgi de horgi-me tuwa-qi kowor se-mbi,
　　　　　裏面　位　旋轉-并　看-條　搖動聲　助-現
　　　　　望裏頭攪著瞧空膛兒,（四20b1-2）

10-467　muke de makta-ha de dekde-mbi dere se-he,
　　　　水　位　甩-完　位　漂-現　吧　助-完
　　　　撩的水裏當是漂著來，（四20b2）

10-468　ara qende-qi,
　　　　驚訝貌　試驗-條
　　　　奇事試他一試，（四20b2-3）

10-469　poqok　se-me xumqi xumqi tuhe-ne-mbi.
　　　　物體落水聲　助-并　陷入　陷入　跌入-去-現
　　　　撲忒兒的沉下水去了。（四20b3）

10-470　jeku.
　　　　糧食
　　　　糧食。（四20b4）

10-471　turi hohono-ho manggi,
　　　　豆子　結豆角-完　之後
　　　　豆角兒成了，（四20b5）

10-472　jeku jihana-mbi,
　　　　糧食　農作物-現
　　　　都魯了糧食纔開花，（四20b5）

10-473　fahana-ha manggi teksile-fi ure-mbi,
　　　　結籽-完　　之後　齊整-順　熟-現
　　　　結子兒一概纔熟了，（四20b5-6）

10-474　suihe mandu-fi lakdahvn -i suhara-ka se-he-de,
　　　　穗子　長大-順　下垂　工　穗下垂　助-完-位
　　　　成了穄兒滴溜搭喇的擂槌吊挂的，（四20b6-7）

10-475　teni baha-ra-be ere-qi o-mbi.
　　　　纔　　得到-未-賓　這-從　可以-現
　　　　纔指望得。（四20b7）

10-476　banda-ra-ngge.
　　　　倦怠-未-名
　　　　撒懶兒的。（四20b8）

10-477　ili-qina,
　　　　站-祈
　　　　起來罷，（四21a1）

10-478　abka ulde-ke-bi,
　　　　天　發亮-完-現
　　　　天發亮了，（四21a1）

10-479　qira muru ilga-bu-me alin jakara-ha ba-de,
　　　　臉　樣子　辨別-被-并　山　開始亮-完　地方-位
　　　　分別出人的模樣濛濛亮了，（四21a1-2）

10-480　ai-be si te gersi fersi unde se-mbi,
　　　　什麼-賓 你現在 黎明　清晨　尚未　說-現
　　　　你還說東方未亮，（四21a2）

10-481　baji　gehun gere-fi,
　　　　一會兒　明亮　天亮-順
　　　　待好大亮了，（四21a2）

10-482　xun foso-ro isi-ka,
　　　　太陽　照-未　到-完
　　　　日頭出來了，（四21a3）

10-483　on be oyom-bu-ki jugvn toukabu-mbi se-qi,
　　　　路程實 趕路-使-祈 道路 延誤-現 説-條
　　　　説是要攢多路程耽擱了走道兒，（四21a3-4）

10-484　si aina-ha-bi.
　　　　你 怎麼做-完-現
　　　　你是咱的哩。（四21a4）

10-485　haqin.
　　　　節令
　　　　節令。（四21a5）

10-486　aniya sira-ra fe yamji[1] qi,
　　　　年 連接-未 舊 晚上 從
　　　　從舊年的除夕起，（四21a6）

10-487　niulhun haqin de isibu-me,
　　　　元宵節 節令 與 到達-并
　　　　直到元宵佳節，（四21a6）

10-488　qa-me huweje-me yangsangga be tuqi-bu-fi,
　　　　支起-并 遮蔽-并 俏麗 實 出-使-順
　　　　閃列著屏風光輝奇玩，（四21a6-7）

10-489　seheri sahari faidari heyeri hayari,
　　　　隱隱約約　　　 并排 盤繞 纏繞
　　　　堆積著杯盤吊挂飄飄，（四21a7-8）

1　fe yamji：二詞連用意爲"除夕夜"。

10-490　lekse fe be gvwaliya-mbu-me iqe hala-mbi,
　　　　一齊 舊 賓　變-使-并　新　改-現
　　　　普天下改舊煥然一新，（四21a8-b1）

10-491　bou tome elgiyen sulfa¹ be tuwa-bu-me, banji-re be tukiyeqe-mbi,
　　　　家　每　寬裕　泰然 賓 看-使-并　生活-未 賓　誇耀-現
　　　　家家逞豪賣富，（四21b1-2）

10-492　niyalma tome ele mila be elje-re be,
　　　　人　　每　愈發 敞開 賓 對抗-未 賓
　　　　人人爭強，（四21b2）

10-493　tuwa-me o-ho-de,
　　　　看-并　成爲-完-位
　　　　瞧起來，（四21b2-3）

10-494　gemu waka o-ho-bi,
　　　　都　不是 成爲-完-現
　　　　都不是了，（四21b3）

10-495　haqin se-re baita,
　　　　節令 稱爲-未 事情
　　　　節令這件事，（四21b3）

10-496　gvni-qi inu suila-ra be erge-mbu-re,
　　　　想-條　也 辛苦-未 賓　安逸-使-未
　　　　想來也只是惜苦，（四21b3-4）

10-497　jobo-ro be tohoro-mbu-re gvnin,
　　　　勞苦-未 賓　安定-使-未　心
　　　　安勞之心，（四21b4）

1　sulfa：二酉堂本、雲林堂本作selfa。

10-498　ainu　ubu-i　fulu jobo-ro be nonggi-bu-mbi.
　　　　爲什麼 加倍-工 多餘 勞苦-未 賓　　增加-使-現
　　　　爲什麼反到要加倍操勞。（四21b4-5）

10-499　muruxe-re-ngge.
　　　　大致理解-未-名
　　　　約模的。（四21b6）

10-500　xun darhvwal-me mukde-ke-de ili-kini,
　　　　太陽　套車-幷　　上升-完-位　站-祈
　　　　打算日高起來著，（四21b7）

10-501　etuku mahala dasata-me waji-tala,
　　　　衣服　帽子　整理-幷　完成-至
　　　　趕整理了衣冠，（四21b7-8）

10-502　buda je-tele,
　　　　飯　吃-至
　　　　吃了飯，（四21b8）

10-503　inenggisahvn o-mbi,
　　　　臨近正午　成爲-現
　　　　到傍晌了，（四21b8）

10-504　tob inenggi dulin xun kelfi-ke de,
　　　　正　日子　一半 太陽 偏斜-完 位
　　　　算著正午晌午錯，（四21b8-22a1）

10-505　jura-mbu-fi axxa-kini,
　　　　啓程-使-順　動身-祈
　　　　纔起身去，（四22a1）

10-506　xun urhu-fi aina-ha isina-ra,
　　　　太陽 偏-順 怎麼做-完 到達-未
　　　　下午未必到得去，（四22a1-2）

10-507　embiqi xun dabsi-fi,
　　　　或者　太陽　西斜-順
　　　　只好是日頭落，（四22a2）

10-508　akvqi xun tuhe-ke-de,
　　　　否則　太陽　落-完-位
　　　　要不是沒日頭，（四22a2）

10-509　gerhen mukiye-re,
　　　　光　　　入暮-未
　　　　黃昏時，（四22a2-3）

10-510　yamji farhvn de isi-bu-mbi.
　　　　天黑　昏暗　位　到-使-現
　　　　晚了黑了到得去。（四22a3）

10-511　niyamniya-ra-ngge.
　　　　騎射-未-名
　　　　學射馬箭的。（四22a4）

10-512　ure-he-kv,
　　　　熟練-完-否
　　　　不慣，（四22a5）

10-513　morin sonjo-mbi,
　　　　馬　　挑選-現
　　　　馬上不熟，（四22a5）

10-514　　mumur-xe-me jabdu-ra-kv ududu julhv feksi-mbi,
　　　　　垂頭-常-并　　來得及-未-否　許多　繮繩　　跑-現
　　　　　乾見他打抹抹兒不得射有幾彎頭跑，（四22a5-6）

10-515　　fusur　　se-re feksi-re neqin,
　　　　　跑得平穩貌 助-未　跑-未　平
　　　　　跑的圓泛平穩，（四22a6）

10-516　　jurgan tondo,
　　　　　路綫　　直
　　　　　盪子直，（四22a6）

10-517　　julhv daha-ra morin　se-me inu tere,
　　　　　繮繩　跟隨-未　馬　　稱爲-并 也 他
　　　　　就是隨手兒轉的馬也是個他，（四22a6-7）

10-518　　dosi-ka milara-ka mudan be hono ai-se-he,
　　　　　進去-完 敞開-完　次數　賓　還　什麼-說-完
　　　　　且莫說是裏了張開的遭數兒，（四22a7-8）

10-519　　dalbaki-qi sinda sinda se-hei,
　　　　　旁邊-從　　放.祈　放.祈　助-持
　　　　　旁邊只是教放箭，（四22a8）

10-520　　urui　wen　tori-bu-fi,
　　　　　一味 弓箭扣子 轉-使-順
　　　　　只要到脫落了扣子，（四22a8-b1）

10-521　　mahala be dule-fi,
　　　　　帽子　賓 通過-順
　　　　　過了帽子，（四22b1）

10-522　amasi　yoro　makta-mbi.
　　　　向後　箭頭　拋-現
　　　　只好丟個末鞦兒。（四22b1）

10-523　manggala-ha-ngge.
　　　　病情加重-完-名
　　　　著了重的。（四22b2）

10-524　faiju-me¹,
　　　　怪異-并
　　　　不大好了，（四22b3）

10-525　ujele-he,
　　　　加重-完
　　　　重了，（四22b3）

10-526　bubunggiya-me gisun gemu fuli-mbu-ra-kv o-ho,
　　　　口吃-并　　　話語　都　 成形-使-未-否　成爲-完
　　　　嘴裏打嗚嚕語言都不清了，（四22b3）

10-527　meiren hiyakv,
　　　　肩膀　哮喘
　　　　抖膀子，（四22b4）

10-528　bilha her har tan hergi-mbi,
　　　　喉嚨　喘鳴聲　痰　纏繞-現
　　　　嗓子裏呼嚕呼嚕的痰响，（四22b4）

1　faijume：先月樓本作faiqume。

10-529　oforo ferten axxa-me,
　　　　鼻子　鼻翼　動-并
　　　　鼻子膁都一揸一揸的動,（四22b4-5）

10-530　kvr kar ergen hebtexe-mbi,
　　　　咳嗽聲　呼吸　喘氣-現
　　　　喉嘍喉嘍的痰喘的不得命,（四22b5）

10-531　inu¹ yamji qimari -i ton o-ho,
　　　　也　晚上　明天　屬　數　成爲-完
　　　　也只在早晚之間的數兒了,（四22b5-6）

10-532　jalan de udu goida-ra,
　　　　世間　位　幾　長久-未
　　　　在世上能有幾日陽壽,（四22b6）

10-533　helen burubu-re isi-ka-bi,
　　　　舌頭　消失-未　到-完-現
　　　　待終説不出話來了,（四22b6）

10-534　te　juye-ke gvwaliyaxa-ra ba-de.
　　　　現在 無法開口-完　變-未　地方-位
　　　　如今牙關都緊了發昏。（四22b7）

10-535　duri-bu-he-ngge.
　　　　奪-被-完-名
　　　　奪了去的²。（四22b8）

1　inu：聽松樓本、先月樓本作damu。
2　奪了去的：二酉堂本、雲林堂本作"著了重的"。

10-536　hvr　　se-me ji-fi mini gala qi　qas se-me duri-fi gama-ha,
　　　　氣衝衝貌 助-并 來-順 我.屬 手 從 突然貌 助-并 奪-順 拿-完

　　　　跑了來劈手奪了去，（四23a1）

10-537　ai　koro geri　bi-kini,
　　　　什麼 傷害 瘟疫 有-祈

　　　　好不教人虧心，（四23a2）

10-538　dembei fanqaqu-ka,
　　　　甚是　　發火-完

　　　　狠氣人，（四23a2）

10-539　sakda-me gai-qibe gvnin gehenakv,
　　　　老-并　　取-讓　　心　　卑鄙

　　　　年老了心混張，（四23a2-3）

10-540　baibi buya　juse-i　adali,
　　　　祇是　小　孩子.複-屬 一樣

　　　　只像小孩子是的，（四23a3）

10-541　tuttu geli sofin akv[1] arbuxa-mbi-ni.
　　　　那樣　又　暴躁 否　行動-現-呢

　　　　那們輕不正經的行事。（四23a3-4）

10-542　jori-re-ngge.
　　　　指示-未-名

　　　　指東西的。（四23a5）

---

1 sofin akv：二詞連用意爲"不穩重"。

10-543[1]　salibu-me hvda -i teisu tehere-bu-he-bi,
　　　　　估價-并　價格 屬 相稱　平等-使-完-現
　　　　　價值估的相符對品，（四23a6）

10-544　jortenggi enggele-bu-fi jabxa-bu-me hvlaxa-mbi,
　　　　　故意　　昂貴-使-順　得便宜-使-并　交換-現
　　　　　故意兒的給便宜兒換，（四23a6-7）

10-545　ede si geli o-jora-kv o-qi,
　　　　　這.位 你 又　可以-未-否 成爲-條
　　　　　這上頭你再不依，（四23a7）

10-546　belhe-bu-he nemehen eri　bi umai daru-me gama-ra-ngge waka,
　　　　　預備-使-完　添頭　在這裏 我 完全　賒-并　拿-未-名　不是
　　　　　預備的添頭兒在這裏我并不是賒了你的去，（四23a7-8）

10-547　jaka be koikaxa-fi jaka fuhaxa-mbi,
　　　　　東西 賓　混攪-順　東西　倒換-現
　　　　　叨登著東西換東西，（四23a8-b1）

10-548　inu daqi mini jaka se-me jolda-mbi,
　　　　　也 起初 我.屬 東西 稱爲-并　贖-現
　　　　　也只爲原是我的東西我[2]纔贖，（四23b1-2）

10-549　ede aiseme si labdu kenehunje-mbi.
　　　　　這.位 爲什麼 你 多　怀疑-現
　　　　　這上頭你何苦的多疑。（四23b2）

1　10-543至10-547的"jaka be叨登著東西"一段內容，聽松樓本、二酉堂本將其置於10-542之後。

2　我：聽松樓本、先月樓本無此字。

10-550　lifada-ra-ngge.
　　　　陷入-未-名
　　　　陷泥。（四23b3）

10-551　na sulhu-ha lifahan qifahan de sejen kakvng kikvng se-me
　　　　地　酥軟-完　爛泥　　泥　　位　車　　車輪嘎吱聲　　助-并
　　　　gvlada-mbi¹,
　　　　向内深入-現
　　　　地翻漿了爛泥插水的車輛东倒西歪的窄窩大，
　　　　（四23b4-5）

10-552　fara uxa-ra xohoda-ra ulha -i sui,
　　　　車轅　拖-未　　拉車-未　牲畜　　罪
　　　　駕轅拉套的牲口苦腦子，（四23b5）

10-553　fodo-me darma guniyere-fi hebde hebde hebdexe-mbi.
　　　　大喘-并　　腰　　使勁拉-順　上氣不接下氣　　　抇氣-現
　　　　氣喘跋竭的箍魯著這個腰死的活的挣命。（四23b6）

10-554　qoko.
　　　　鷄
　　　　鷄。（四23b7）

10-555　fiuha xorho -i dolo,
　　　　小鷄　雛鷄　屬　裏面
　　　　笋鷄兒小鷄兒裏頭，（四23b8）

1　gvladambi：意不詳，或爲gvldurambi之誤，語法標注據後者出。

10-556　hoiho yali labdu,
　　　　禿尾鷄　肉　多
　　　　臕露子鷄的肉多，（四23b8）

10-557　fusen amba,
　　　　繁殖　大
　　　　種子大，（四23b8）

10-558　umhan bile-re erin de, kiyari-re jilgan inu enqu,
　　　　蛋　下蛋-未　時候　位　鷄嘎嘎叫-未　聲音　也　區別
　　　　下蛋時噶嗒的聲氣也各別，（四24a1）

10-559　ere-i umhan be isabu-me asara-fi gida-mbi,
　　　　這個-屬　蛋　賓　積累-并　存-順　覆蓋-現
　　　　趕著收著伏鷄兒，（四24a1-2）

10-560　fuli-bu-fi orin emu-qi inenggi jalu-qi,
　　　　成形-使-順　二十　一-序　日子　滿-條
　　　　成了形兒滿二十一日，（四24a2）

10-561　ini qisui dorgi-deri huwengkiye-mbi,
　　　　他.屬　任意　中間-經　啄破蛋殼-現
　　　　自然而然的打嘴兒，（四24a3）

10-562　fehu-he-kv umhan de funggaha akv o-fi,
　　　　禽類交配-完-否　蛋　位　羽毛　否　成爲-順
　　　　沒扎戎兒的寡蛋，（四24a4）

10-563　fuli-bu-ra-kv ulu umhan be buju-fi,
　　　　成形-使-未-否　孵不出鷄的蛋　蛋　賓　煮-順
　　　　煮了，（四24a4-5）

10-564　notho niyersun be hvwakiya-fi,
　　　　外殼　嫩皮　賓　剝-順
　　　　剝了硬皮兒嫩皮兒，（四24a5）

10-565　xoho yoho be je-mbi.
　　　　蛋清　蛋黃　賓　吃-現
　　　　吃他的青兒黃兒。（四24a5-6）

10-566　defelingge.
　　　　整匹布
　　　　尺頭。（四24a7）

10-567　ere suje ai suje,
　　　　這個 緞子 什麼 緞子
　　　　這是個什麼緞子，（四24a8）

10-568　bohon umai getuken akv,
　　　　顏色不亮 完全　清楚　否
　　　　顏色不鮮明，（四24a8）

10-569　tumin gelfiyen be ume tuwa-ra,
　　　　深色　淺色　賓　不要　看-未
　　　　別管顏色的深淺，（四24a8-b1）

10-570　buljin emu boqongge be tuwa-me gaisu,
　　　　純色　一　顏色　　賓　看-并　拿.祈
　　　　揀著普裏一色的要，（四24b1-2）

10-571　dushun ningge qi tulgiyen,
　　　　暗色　東西　從　除外
　　　　除了沒花兒素的，（四24b2）

10-572　yaya algari bulgari, giltarxa-ra gilmarja-ra-ngge o-qi　o-kini,
　　　　諸凡　花紋　忽然貌　　閃爍-未　　放光彩-未-名　成爲-條 成爲-祈
　　　　凡是花黎胡韶的耀眼精光的也罷，（四24b2-3）

10-573　boqo biyahvn bi higan-akv[1].
　　　　顏色　淡色　我　稀罕-否
　　　　顏色不現豁的我不希罕。（四24b3-4）

10-574　morin.
　　　　馬
　　　　馬。（四24b5）

10-575　xan qukquhun,
　　　　耳朵　招風耳
　　　　竹簽似的耳朵，（四24b6）

10-576　beye kektehun -i giratu,
　　　　身體　駝背　屬 骨骼大
　　　　乾吃呼喇的個大骨膀子，（四24b6）

10-577　dalan,
　　　　脖頸
　　　　脖頸子，（四24b6）

10-578　nikden tulu julkun -i ba gemu sain,
　　　　鞍　　馬前胸 繮繩　屬 地方　都　好
　　　　銀鞍前夾膀胸脯子都生的好，（四24b6-7）

1　higanakv：聽松樓本、先月樓本作higakakv。

10-579　damu ilan jaifan karhama bojihe,
　　　　祇是　三　叉骨　后胯　　醜
　　　　就只是三岔骨屁股梁子醜，（四24b7）

10-580　udu enqu haqin -i erdemu akv bi-qibe,
　　　　多少　另外　種類　屬　技術　否　有-讓
　　　　雖没有另一樣的本事，（四24b7-8）

10-581　silemin daso-mbu-re niyanqangga,
　　　　皮實　　忍耐-使-未　　有耐性
　　　　頗皮練長硬朗，（四24b8-25a1）

10-582　akdun aibi-de gene-mbi,
　　　　忠信　哪裏-與　去-現
　　　　結實有他的，（四25a1）

10-583　xan labdahvn tuhete banji-qi ai hendu-me sinde banji-mbi.
　　　　耳朵　下垂　　略下垂　生長-條　什麽　説-并　你.與　養育-現
　　　　要是個担杖¹耳朵的好送給你。（四25a2）

10-584　morin.
　　　　馬
　　　　馬。（四25a3）

10-585　kisari　　geu jolgoqu-me giyagalqa-me qodoli,
　　　　不產子的馬 母馬　馬扯繮繩-并　　敏捷-并　　輕捷
　　　　飄沙騾馬性氣靈泛活動，（四25a4）

---

1 担杖：聽松樓本、先月樓本作"搭拉着"。

10-586　kiyab　kib　se-me ijangga,
　　　　整齊　着實踏地聲　助-并　舒服
　　　　溜撒可人心兒，（四25a4-5）

10-587　ildamu julhv daha-me hebengge,
　　　　靈便　　繮繩　跟隨-并　順從
　　　　風騷嘴熟隨手，（四25a5）

10-588　okson　alkvn,
　　　　跨步　牲畜的步子
　　　　跨步大，（四25a5）

10-589　julhv bu-ra-kv o-ho-de saiburu gemu tuqi-mbi,
　　　　繮繩　給-未-否　成爲-完-位　小步走　都　出-現
　　　　不鬆扯手亂踹步兒都有，（四25a6）

10-590　gurgu se-he-de fanqa-mbi,
　　　　野獸　認爲-完-位　生氣-現
　　　　見了野牲口，（四25a6-7）

10-591　uye-me bukda-xa-ra de buhi daha-mbi,
　　　　揉搓-并　屈膝-常-未　位　膝蓋　順從-現
　　　　加靳兒揉搓擺布他隨人的胇羅蓋子，（四25a7）

10-592　angga julhv ure-he,
　　　　嘴　　繮繩　熟練-完
　　　　嘴狠熟，（四25a7-8）

10-593　qihai nei-me gida-mbi,
　　　　隨意　打開-并　壓-現
　　　　由著揆他壓他，（四25a8）

10-594　hairan yongkiya-bu-ha-ko-ngge[1] damu gala de julhv bi.
　　　　可惜　　齊備-使-完-否-名　　祇是　手　位　繮繩　有
　　　　可惜不齊全的就只是脖子紖些。（四25a8-b1）

10-595　jeku.
　　　　糧食
　　　　庄稼。（四25b2）

10-596　usin -i boihon gakara-me dukdure-ke-bi,
　　　　田　屬　土　　裂開-并　　隆起-完-現
　　　　庄稼纔裂的拱土兒了，（四25b3）

10-597　tari-ha　jeku teni qikjala-me suja-ha-bi,
　　　　播種-完　糧食　纔　發芽-并　　支撐-完-現
　　　　種的庄稼纔頂著土兒冒嘴兒，（四25b3-4）

10-598　goida-ra-kv argana-mbi,
　　　　久-未-否　　發芽-現
　　　　不久的發芽兒，（四25b4）

10-599　arsu-me deribu-qi tetendere,
　　　　長苗-并　開始-條　　既然
　　　　一遭長了苗，（四25b4-5）

10-600　yasa tuwa-hai fulhure-me mutu-mbi,
　　　　眼睛　看-持　　萌發-并　　生長-現
　　　　眼瞧著長的拔節兒，（四25b5）

1　yongkiyabuhakongge：或爲yongkiyabuhakvngge之誤，語法標注據後者出。

10-601　udu aniya-i haran se-qibe,
　　　　即使　年-屬　　原因　　説-讓
　　　　雖説是要年景，（四25b5-6）

10-602　labdu inu niyalma-i hvsun de-bi.
　　　　多　　也　　人-屬　　力量　　位-有
　　　　多也在人力取齊。（四25b6）

10-603　nehu.
　　　　婢女
　　　　奴材老婆。（四25b7）

10-604　ahasi inu muwaxa-mbi,
　　　　衆奴僕 也　做粗活-現
　　　　奴才也打草兒，（四25b8）

10-605　fatan　uxe-re,
　　　　鞋底子 納鞋底-未
　　　　納底子，（四25b8）

10-606　harha sabsi-mbi,
　　　　鞋幫子 納鞋幫-現
　　　　納綁子，（四25b8）

10-607　obo-fi geli niyanqa-mbi,
　　　　洗-順　又　漿洗衣服-現
　　　　洗乾净又漿，（四26a1）

10-608　fu-me mabula-me, ehe sain be iqihiya-me dasata-mbi,
　　　　擦-并　抹-并　　壞　好　賓　整理-并　　　治理-現
　　　　擦了抹了打掃好歹的，（四26a1-2）

10-609　banji-re-de uttu sasa axxa-ra-kv faxxa-ra-kv o-qi,
　　　　生活-未-位　這樣　一起　動-未-否　努力-未-否　成爲-條
　　　　過日子的人家要不這樣齊動手，（四26a2-3）

10-610　sini　fulu baitakv anggala be we uji-mbi.
　　　　你.屬　多餘　無用　　人口　賓　誰　養-現
　　　　你那多少不中用的家口誰養活。（四26a3）

10-611　buta-ra-ngge.
　　　　打魚-未-名
　　　　打魚的。（四26a4）

10-612　nimaha elgiyen ba,
　　　　魚　　　豐富　　地方
　　　　魚多的地方，（四26a5）

10-613　sabjen gisure-re qi tulgiyen,
　　　　歡樂　　說-未　　從　除外
　　　　不用說的樂，（四26a5）

10-614　jibin asu be bira de gama-qi heqe-mbi,
　　　　細密　網　賓　河　位　拿去-條　徹底-現
　　　　拿著密網去河裏打魚打個罄盡，（四26a5-6）

10-615　asu sargiyan oqi sulhu-mbi se-re,
　　　　網　稀疏　　若是　酥軟-現　助-未
　　　　要是稀綱又怕漏魚，（四26a6）

10-616　tetun ahvra jalu nixa gaiji-mbi,
　　　　器　　皿　　滿　充實　拿來-現
　　　　器皿裏滿載結結實實的拿來，（四26a7）

10-617　welmiye-ki se-qi,
　　　　釣魚-祈　　助-條
　　　　要釣魚，（四26a7）

10-618　damu hokton makta-me,
　　　　祇是　浮漂　　拋-并
　　　　只撩下票子去，（四26a8）

10-619　qob qob uthai seke-nji-mbi,
　　　　超出水面貌 就　魚上鈎-來-現
　　　　叭嗒叭嗒的魚就來餐食，（四26a8）

10-620　umai mergen　lahv de akv,
　　　　完全　巧妙　不善漁獵 位 否
　　　　并不在能與不能，（四26a8-b1）

10-621　gene-dari simbe se sela-bu-mbi[1].
　　　　去-每　　你.賓 歲數 暢快-使-現
　　　　遭遭去教你爽快。（四26b1）

10-622　aga.
　　　　雨
　　　　雨。（四26b2）

10-623　tuktan aga-ha mudan de uthai da-ha,
　　　　起初　下雨-完 一次 位 就 干涉-完
　　　　起初下那一遭就下透了，（四26b3）

1　se selabumbi：二詞連用意爲"讓人很爽快"。

10-624　derbehun hafu-ka,
　　　　潮濕　　通透-完
　　　　接著潮了，（四26b3）

10-625　sirkede-hei daba-na-fi usin bexe-ke,
　　　　連綿-持　超過-去-順　田　浸透-完
　　　　連陰過了地都糊濃了，（四26b4）

10-626　jeku huweki,
　　　　糧食　飽滿
　　　　庄禾肥，（四26b4）

10-627　aga sime-ke,
　　　　雨　浸潤-完
　　　　雨水調和，（四26b4）

10-628　geli aga be aina-ki se-mbi,
　　　　又　雨　賓　做什麼-祈　助-現
　　　　又要雨做什麼，（四26b5）

10-629　niyangniya tuqi-ke-de aga jela-ha se-qi, aba?
　　　　晴天　　　出-完-位　雨　雨稍停-完　助-條，哪裏
　　　　雲裂開口兒只道是雨要隔了，那裏呢？（四26b5-6）

10-630　tugi dasame geli mungne-he-bi[1].
　　　　雲　　再　　又　迷漫-完-現
　　　　雲彩已舊漫得黑呼呼的。（四26b6）

---

1 mungnehebi：意不詳，語法標注據漢字部分及該詞結構出。

10-631　ersun.
　　　　可怕
　　　　可嗔的。（四26b7）

10-632　angga xakxahvn,
　　　　嘴　　露齒
　　　　口裏白吃喇的，（四26b8）

10-633　bi inu ainqi gakahvn angga badara-ka-bi se-he,
　　　　我 也 想必 張大嘴　嘴　擴大-完-現 助-完
　　　　只道是大張著口兒來著，（四26b8-27a1）

10-634　dule femen kamni-qi o-jora-kv mehete bi-he-ni,
　　　　原來 嘴唇 窄口子-從 可以-未-否 上唇短 有-完-呢
　　　　原來是個對不上嘴唇的短嘴子，（四27a1）

10-635　oforo kapahvn eimerquke ekqin jolo fuhali[1].
　　　　鼻子　扁　　臭肉　　醜鬼　醜　全然
　　　　塌[2]著個鼻子可嗔活脫兒是個牛頭馬面。（四27a1-2）

10-636　elintu-re-ngge.
　　　　觀望-未-名
　　　　幌漢子的。（四27a3）

10-637　eigen -i dere be mahvla-ra hehe,
　　　　丈夫　屬 臉 賓 難堪-未 女人
　　　　擦漢子臉彈子的個老婆，（四27a4）

1　fuhali：聽松樓本、先月樓本作funmei。
2　塌：聽松樓本、先月樓本無此字。

10-638　jortanggi nanggixa-me yarkiya-mbi,
　　　　故意　　賣俏-并　　勾引-現
　　　　竟意兒的賣風流招漢子，（四27a4）

10-639　nungnekv tou-me firu-me ibahaxa-me,
　　　　騷擾　　罵-并　咒罵-并　亂折騰-并
　　　　寒賤快嘴多舌的瘋張，（四27a5）

10-640　yasa sibisita-me miyasita-mbi,
　　　　眼睛　擠眉弄眼-并　晃腰走路-現
　　　　丟眉扯眼的裂喇¹，（四27a5-6）

10-641　uttu jobolon bai-me boli-qi,
　　　　這樣　災難　尋求-并　引誘-條
　　　　像這樣招災惹禍的誘人，（四27a6）

10-642　fisa amala ladura-ra-ngge atanggi hoho-mbi.
　　　　背後　後面　争着拉扯-未-名　何時　　離開-現
　　　　幾時纔脫得過後頭人踪著。（四27a6-7）

10-643　halhvn.
　　　　熱
　　　　熱天²。（四27a8）

10-644　amba halhvn -i inenggi,
　　　　大　　熱　屬　日子
　　　　大熱的個天道，（四27b1）

1　喇：二酉堂本、雲林堂本作"刺"。
2　熱天：二酉堂本、雲林堂本無此二字。

10-645　lok　　　se-me fiyakiya-me teliya-mbi,
　　　　忽然發生貌 助-并　　曬-并　　　蒸-現
　　　　烏塗烝殺個人，（四27b1）

10-646　gvngka-me fanqa-ra de yebe,
　　　　悶熱-并　　散開-未 位 稍好
　　　　乾燥熱的還好些，（四27b2）

10-647　hami-ra-kv-ngge tere-i emu haqin -i derbe-me hvkta-ra[1] de kai,
　　　　忍耐-未-否-名　那個-屬 一　種類　屬 潮濕-并　悶-未　位 啊
　　　　受做不得的是他那一番的潮都嚕的燥熱，（四27b2-3）

10-648　serguwexe-ki se-mbi-kai,
　　　　乘涼-祈　　　助-現-啊
　　　　要乘涼，（四27b3）

10-649　aibi edun be gana-mbi.
　　　　哪裏 風　 寶 去拿-現
　　　　那裏去討風。（四27b3-4）

10-650　dule-mbu-he-ngge.
　　　　過去-使-完-名
　　　　經過的。（四27b5）

10-651　niyalma ebere-re-ngge, inu se be daha-mbi,
　　　　人　　　衰弱-未-名　是 歲數 寶 跟隨-現
　　　　人弱隨著年紀，（四27b6）

1　hvktara：聽松樓本、先月樓本作hvnkananra。

10-652　sakda-sa kemuni se de goqi-mbi se-re gisun bi-he,
老人-複　　還　　歲數　位　抽-現　助-未　話語　有-完
老家兒嘗說年末了的話來著，（四27b6-7）

10-653　antaka antaka angga mangga urse,
怎麼樣　怎麼樣　嘴　　硬　　人們
多少多少嘴巴狼譏口¹強的，（四27b7-8）

10-654　ede　isinji-fi angga gaibu-ha-kv,
這.與　來到-順　嘴　　輸-完-否
到這裏沒輸嘴，（四27b8）

10-655　bi geli tuttu o-joro mujangga-o se-fi,
我　又　那樣　可以-未　確實-疑　助-順
我豈有個到那個田地的理麼？（四27b8-28a1）

10-656　amala oyo-fi emke be se-bu-qi emken uju lasihi-mbi.
後來　縮短-順　一個　實　助-使-條　一個　頭　摔打-現
到後來縮²縮的見一個一個搖頭兒。（四28a1-2）

10-657　xahvrun.
冷
冷天道。（四28a3）

10-658　talma-ha wasi-re erin-de bolori waji-mbi,
下霧-完　降下-未　時候-位　秋天　完結-現
降天絲秋期盡了，（四28a4）

1　巴狼譏口：聽松樓本、先月樓本無此四字。
2　縮：聽松樓本、先月樓本作"裉"。

10-659　sukdun suman na¹ be buri-fi geqen o-mbi,
　　　　空氣　霧氣　地面 賓 覆蓋-順　霜　成爲-現
　　　　氣嵐遍地結成霜，（四28a4-5）

10-660　tere uthai fo-me geqe-re inenggi mejige kai,
　　　　那個 就　皴-并 下霜-未　日子　消息　啊
　　　　那就是衝風冒雪的信息兒，（四28a5-6）

10-661　uttu obo-me niyanqa-bu-fi,
　　　　這樣　洗-并　漿洗衣服-使-順
　　　　說給他們洗了漿了，（四28a6）

10-662　salu sungke xorgi-re edun be belhe-mbi.
　　　　鬍鬚 凍成白色 催促-未　風 賓 準備-現
　　　　豫備著凍鬍鬚哨子風的時候子。（四28a6-7）

10-663　aba.
　　　　圍場
　　　　圍場。（四28a8）

10-664　aba sara-fi,
　　　　圍場 散開-順
　　　　撒開了圍，（四28b1）

10-665　qi banji-bu-fi teng se-me teksile-bu-me faida-mbi,
　　　　間隔 産生-使-順 堅實 助-并　整齊-使-并　排列-現
　　　　分擋兒擺列個齊齊節節的，（四28b1）

1　na：聽松樓本、先月樓本、二酉堂本作a。

10-666　uturi　　　aqa-ha de,
　　　　打圍隊伍兩頭 見面-完 位
　　　　對了門，（四28b2）

10-667　qak　se-me bargiya-bu-me gama-hai,
　　　　整齊貌 助-并　收斂-使-并　處置-持
　　　　旗緊恰恰的收將來，（四28b2）

10-668　kiyab　se-me tama-mbi,
　　　　整齊貌 助-并　收攏-現
　　　　可可兒的攢攏個圈兒，（四28b2-3）

10-669　kvwara-bu-fi hori-qi,
　　　　圍住-被-順　圈-條
　　　　圈裏住了，（四28b3）

10-670　tuqi-rahv se-me,
　　　　出-虛　　助-并
　　　　恐闖出去，（四28b3）

10-671　teisu teisu ho hai se-me kaiqa-mbi,
　　　　各自　各自　吶喊貌 助-并　吶喊-現
　　　　到那塊兒吶喊搖旗的喊，（四28b3-4）

10-672　wa-me waji-ha manggi teni emu hoihan faqa-mbi.
　　　　殺-并 完結-完 之後　纔　一　圍子　散-現
　　　　殺完了纔散一圍場。（四28b4-5）

10-673　muke.
　　　　水
　　　　水。（四28b6）

10-674　yala jeqen dalin akv yunggvr se-me amba muke,
　　　　果然　邊界　岸邊　否　悠長聲　助-并　大　水
　　　　果是沒邊沒岸瀰天瀰地的大水，（四28b7）

10-675　yumbu　se-me elhe neqin,
　　　　廣大無邊貌 助-并 安穩 平穩
　　　　漫天漫地的涌將來，（四28b7-8）

10-676　eye-me gene-hei lumbu se-me majige ilinja ilinja,
　　　　流-并　　走-持　流速緩慢貌 助-并　稍微　暫停.祈　暫停.祈
　　　　流著流著趷蹬的略停一停[1]，（四28b8）

10-677　hou se-me julesi bai-me hvwanggar se-me dergi baru mudali-mbi,
　　　　昂然 助-并 向前 尋求-并 嘩嘩水聲 助-并 東方 向 拐彎-現
　　　　萬馬奔騰的似的一直朝南劃的望東拐，
　　　　（四28b8-29a1）

10-678　tere muke be tuwa-fi,
　　　　那個　水　賓　看-順
　　　　看了那個水，（四29a2）

10-679　tereqi sini tere　yur　se-re,
　　　　從此 你.屬 那個 細水長流貌 助-未
　　　　其餘那個長流水緊水有聲水，（四29a2）

10-680　hvwalar se-re asukixa-ra muke be we yasa de bi, bireme gemu fiyok
　　　　嘩啦水聲 助-未 發聲-未　水 賓 誰 眼睛 位 有 一概 都 荒誕
　　　　se-mbi.
　　　　助-現
　　　　都[2]藐視的不著在眼裏。（四29a2-4）

1　略停一停：二酉堂本、雲林堂本作"各亭一亭"。
2　都：聽松樓本、先月樓本作"那"。

10-681　juhe.
　　　　冰
　　　　冰。（四29a5）

10-682　ilgiyan galju -i juhe be bai-me,
　　　　光滑　滑　屬 冰　賓　找-并
　　　　找著溜油兒光滑的去處，（四29a6）

10-683　sakda asigan feniyen aqa-fi nisu-me,
　　　　老　　年輕　　人群　見面-順 滑冰-并
　　　　老少成群打夥的會著，（四29a6）

10-684　niulhvda-mbi,
　　　　滑倒-現
　　　　溜冰打滑擦[1]，（四29a7）

10-685　kaltara-ra kanggarxa-ra de ili-me tokto-ra-kv baldasita-mbi,
　　　　打滑-未　　脚下滑動-未　位 站-并　固定-未-否　水多打滑-現
　　　　一滑一疵的站不住只是打出溜，（四29a7-8）

10-686　genggiyen de niyalma getuken sabu-re ba-de,
　　　　明亮　　　位　人　　　清楚　　看見-未 地方-位
　　　　明亮都照得見人，（四29a8）

10-687　tede esi niyalma kub kub tuhe-qi.
　　　　那.位 自然 人　　倒地貌　　跌倒-條
　　　　那上頭怎不教人一交一交的跌。（四29a8-b1）

1　擦：聽松樓本、先月樓本作"嚓"。

10-688　tuwanqiya-ra-ngge.
　　　　修正-未-名
　　　　正人的。（四29b2）

10-689　niyalma daribu-re jakade,
　　　　人　　沾親帶故-未　因爲
　　　　因有個沾親帶故的緣故，（四29b3）

10-690　ishun de majige siren tatabu-ka-kv¹ aina-ha,
　　　　將來　位　稍微　脉絡　掣肘-完-否　做什麼-完
　　　　豈有没個拉扯兒的道理，（四29b3-4）

10-691　fiyan ara-ra-ngge waka,
　　　　臉色　做-未-名　不是
　　　　不是面子情，（四29b4）

10-692　gemu gvnin qi tuqi-ke unenggi gisun,
　　　　都　　心　從　出-完　真實　　話語
　　　　都是打心裏的實話，（四29b4-5）

10-693　si aika huwexe-me gvni-qi,
　　　　你 如果　烙-并　　想-條
　　　　你若心裏猶疑不定，（四29b5）

10-694　tere be gaji-fi fonji-ha de,
　　　　他　賓　取來-順　問-完　位
　　　　叫了他來，（四29b5）

10-695　mini ba getukele-bu-mbi.
　　　　我.屬　地方　察明-使-現
　　　　一問就見明白我了。（四29b6）

1　tatabukakv：聽松樓本、先月樓本作tatabukokv。

10-696　weilen.
　　　　活計
　　　　活 計。（四29b7）

10-697　juse-i　　kouli tonggo tousela-bu-me sibere-bu-me taqibu-mbi,
　　　　孩子.複-屬　規矩　　綫　　捻綫-使-并　　　撮-使-并　　教導-現
　　　　孩子們規矩學打綫拈綫，（四29b8）

10-698　ijin　　　enihun be ulhibu-fi,
　　　　綫捻得緊 綫鬆散 賓　通曉-順
　　　　知道了綫的緊鬆，（四30a1）

10-699　kubun sekte-bu-mbi,
　　　　棉花　　鋪-使-現
　　　　絮棉花，（四30a1）

10-700　hergi-me herqi-bu-re,
　　　　圍繞-并　纏繞-使-未
　　　　纏綫網綫，（四30a1）

10-701　sise-me　　ule-mbi,
　　　　稀疏地縫-并 直針縫-現
　　　　學繃學鈎，（四30a2）

10-702　fime-me goqi-me,
　　　　折叠縫-并　絎-并
　　　　學撩學行，（四30a2）

10-703　siji-me　　wangna-mbi,
　　　　倒扣針縫-并 刺繡-現
　　　　學緝網雲子，（四30a2）

10-704　hvthvri hada-me,
　　　　雲子　　釘-并
　　　　釘雲子，（四30a2-3）

10-705　tobqila-bu-me sese tabu-mbi,
　　　　打結-使-并　　金絲　鈎-現
　　　　打結子搯金，（四30a3）

10-706　ufi-me bahana-ha dube-de,
　　　　縫-并　學會-完　末端-位
　　　　學會縫針綫了，（四30a3）

10-707　faita-me hasala-ra be taqibu-mbi.
　　　　裁-并　　剪-未　　賓　教導-現
　　　　教裁鉸。（四30a4）

10-708　faksi.
　　　　巧
　　　　巧的。（四30a5）

10-709　mergen gala weilen faksi,
　　　　聰明　　手　　活計　巧
　　　　人能手巧，（四30a6）

10-710　ai-be bahana-ra-kv,
　　　　什麼-賓 學會-未-否
　　　　什麼兒他不會，（四30a6）

10-711　faita-ra kiri-re,
　　　　裁-未　 裁齊邊-未
　　　　裁撩，（四30a6-7）

10-712　haya-me bitu-mbi femen aqabu-re jofoho aqabu-re,
　　　　鑲邊-并　沿邊鑲-現　接合處　相接-未　接縫　相合-未
　　　　上領子鑲邊子摀湊，（四30a7）

10-713　jilbi-me kubu-mbi,
　　　　沿金邊-并　包鑲-現
　　　　鑲沿，（四30a8）

10-714　buri-re dokomi-re nemki-me maqi-mbi joman aqabu-re,
　　　　吊皮襖-未 吊裏子-未　銷邊子-并　向內捲邊縫-現　壓縫　合適-未
　　　　吊面子放裏子撩皮子放套兒合式，（四30a8）

10-715　tamin　　aqabu-re,
　　　　毛皮的毛梢 相合-未
　　　　對毛片，（四30b1）

10-716　ada-me fusere-mbi,
　　　　拼接-并　鑲邊-現
　　　　摀皮子鑲風毛，（四30b1）

10-717　hiyada-ra heje-re ilada-me hasala-mbi,
　　　　結網-未　織補-未 交錯着裁-并　剪-現
　　　　網窟窿織窟窿三幅子裁，（四30b1-2）

10-718　jafa-ha hasha kas kas se-re jilgan tuqi-qi,
　　　　拿-完　剪刀　剪裁聲　助-未　聲音　出-條
　　　　手裏拿的剪子有了聲氣，（四30b2）

10-719　baha-me waji-ha be simhun fata-mbi.
　　　　得到-并　完結-完　賓　指頭　掐-現
　　　　掐著手兒打日期。（四30b3）

10-720　jeku.
　　　　糧食
　　　　庄禾。（四30b4）

10-721　usin -i baita jobo-mbi,
　　　　田　屬 事情　煩惱-現
　　　　庄稼的事辛苦，（四30b5）

10-722　umgan xugi waji-mbi,
　　　　骨髓　津液　完結-現
　　　　民的脂膏，（四30b5）

10-723　yangsa-qi fisin jeku be sarkiya-mbi,
　　　　鋤草-條　稠密　糧食 賓　分苗-現
　　　　鋤耗密苗，（四30b5-6）

10-724　xune-he orho-i hara be isi-mbi,
　　　　荒廢-完　草-屬　莠草 賓　拔-現
　　　　拔荒草，（四30b6）

10-725　holo-i boihon be da -i ergi-de hukxe-mbi,
　　　　壟溝-屬　土　賓 根 屬 方向-位　培土-現
　　　　壟兒裏的土培苗的根兒，（四30b6-7）

10-726　jeku be geli dabgi-mbi,
　　　　莊家 賓　又　清除-現
　　　　鋤净了留好苗，（四30b7）

10-727　niyalma ili-fi suqile-he-de daha-bu-hai suihene-fi faha sinda-mbi.
　　　　人　　　立-順 抽穗-完-位 順從-使-持 秀穗-順 顆粒 結籽-現
　　　　攛了心子打包兒跟著秀穟兒結子粒。（四30b7-8）

10-728　gurgu.
　　　　野獸
　　　　走獸。（四31a1）

10-729　aihada-me miyehude-re erin　o-ho manggi,
　　　　野獸跳躍-并　撒歡-未　時候 成爲-完 之後
　　　　到了撒花兒撩蹶兒的時候發騷，（四31a2）

10-730　gvyandu-me sihexe-mbi　seke,
　　　　一齊鳴叫-并　搖頭擺尾-現　皮毛
　　　　搖頭布摻腦袋的作性，（四31a2-3）

10-731　xosiki mou-i gargan de　ulbi-mbi,
　　　　急躁　木頭-屬　枝杈　位 在樹上跳躥-現
　　　　五道眉兒串樹皮，（四31a3）

10-732　buhv ninki-mbi,
　　　　鹿　　發情-現
　　　　鹿喚母鹿，（四31a3）

10-733　hiyanqila-fi lifagan qifagan de　mumana-mbi[1].
　　　　鹿成群-順　泥濘　　泥　　位 鹿在泥上打滾-現
　　　　成群打夥的糞土兒。（四31a4）

10-734　bele.
　　　　米
　　　　米。（四31a5）

---

[1] mumanambi：聽松樓本、先月樓本、二西堂本作mumkambi。

10-735　niuhu-he bele ehe,
　　　　舂米-完　米　壞
　　　　碓搗的米不好，（四31a6）

10-736　dasa-me neme-kini,
　　　　整理-并　糧食去皮-祈
　　　　再串串，（四31a6）

10-737　youni ajila-ha suksu-me,
　　　　全都　碾粗皮-完　簸-并
　　　　都是去了糙皮的簸的時候，（四31a6-7）

10-738　saikan sara,
　　　　好　散開.祈
　　　　好鬆煞，（四31a7）

10-739　ere-be waji-qi,
　　　　這個-賓 完結-條
　　　　這個完了，（四31a7）

10-740　sira-me turi hujure-mbi,
　　　　接續-并　豆子　碾-現
　　　　拉豆子，（四31a7）

10-741　buya bele mosela-ha manggi ufa ufa-mbi,
　　　　碎小　米　磨-完　之後　麵粉　磨麵-現
　　　　磨了碎米子矼麵，（四31a7-8）

10-742　sise-me damna-mbi,
　　　　篩-并　重新篩-現
　　　　細細的篩，（四31a8）

10-743　fuhali jabdu-ra-kv,
　　　　完全　能趕上-未-否
　　　　死趷踏的不得閑，（四31a8-b1）

10-744　usin -i haha-si de ai xolo.
　　　　田　屬　男人-複 位 什麼 空閑
　　　　庄家人兒是那裏的空兒。（四31b1）

10-745　doigomxo-bu-re-ngge.
　　　　預先做-使-未-名
　　　　趕早兒的。（四31b2）

10-746　fudeje-me fudele-re be aiseme aliya-mbi,
　　　　接縫綻開-并　拆開-未　賓　爲什麼　等-現
　　　　綻了爲什麼只等拆開的時候，（四31b3）

10-747　sekeje-me mana-me deri-bu-me,
　　　　磨損-并　　破爛-并　開始-使-并
　　　　麻花兒破動頭兒了，（四31b3-4）

10-748　uthai bargiya-mbu-me dasa-fi ufi-mbi,
　　　　就　　收-使-并　　　整理-順 縫-現
　　　　就收攬起來整治縫，（四31b4）

10-749　subkeje-me debkeje-hei,
　　　　抽絲-并　　拆繩子-持
　　　　碎的鋪拉開了，（四31b4-5）

10-750　uthai gene-mbi-kai,
　　　　就　　離開-現-啊
　　　　就不中用了，（四31b5）

10-751 weile-he se-me ai baita,
做-完　助-并 什麼 事情
做他怎麼，（四31b5）

10-752 elen de isina-fi xa-ma¹ tuwa-ra anggala,
足夠 與 到達-順 眺望-并 看-未 　與其
與其到跟前白看著，（四31b6）

10-753 si² majige doigomxo-ho de aina-mbi.
你　稍微　　預先做-完　位 怎麼做-現
你預³先趕早些兒罷咱不好麼。（四31b6-7）

10-754 ganju mergen.
稍繩　　智者
射箭的魁首。（四31b8）

10-755 tuktan da de kalumi-me goi-ha,
起初 箭頭 位 穿透獸皮-并 射中-完
開手一箭射了個夾皮子，（四32a1）

10-756 nerebu-qi orgila-me goi-ha,
再射-條　蹭着表面-并 射中-完
復一箭串了皮兒了⁴，（四32a1）

10-757 sekseri hada-qi tere aibi-de gene-mbi,
釘住目標 釘-條 他 哪裏-與 去-現
釘上箭他望那裏走，（四32a2）

1　xama：意不詳，或爲xame之誤，語法標注據後者出。
2　si：聽松樓本、先月樓本作gei。
3　你預：聽松樓本、先月樓本無此二字。
4　了：聽松樓本、先月樓本作"子"。

10-758　damjala-me goi-ha-ngge tuhe-ra-kv-ngge bi,
　　　　挑-并　　　射中-完-名　　倒-未-否-名　　有
　　　　橫担著的還有不倒的牲口，（四32a2-3）

10-759　lifa　　hib　　se-me daha,
　　　　深　箭深入肉體貌　助-并　得到.完
　　　　著了重的，（四32a3）

10-760　banihvn ningge,
　　　　可獲獵的　東西
　　　　不得活的，（四32a3）

10-761　baha-me waji-ha,
　　　　得到-并　完結-完
　　　　算是得了，（四32a4）

10-762　oihorila-ha-ngge be nerebu-fi tuhe-ra-kv o-qi,
　　　　忽略-完-名　　　　賓　再射-順　倒-未-否　成爲-條
　　　　傷輕的復一箭不倒，（四32a4-5）

10-763　lib　　　　se-me gidala-mbi.
　　　　利器刺入肉體貌　助-并　刺扎-現
　　　　著實的給他一槍。（四32a5）

10-764　weqe-re-ngge.
　　　　祭祀-未-名
　　　　跳神的。（四32a6）

10-765　hvduri bai-me fodo weqe-mbi aise,
　　　　福　　求-并　柳枝　祭祀-現　想必
　　　　想是祈福跳柳枝子神，（四32a7）

10-766　tuwa-qi siren futa¹ tata-fi,
　　　　看-條　脉絡　繩子　拉-順
　　　　看他們拉著忌諱繩子，（四32a7）

10-767　ilhari　hvwaita-ha-bi,
　　　　五彩紙條　拴-完-現
　　　　拴五色紙條兒，（四32a8）

10-768　toholiyo efen -i sori saha-ra-ngge saha-me,
　　　　銅錢狀麵食餅　屬　供品　壘-未-名　壘-并
　　　　擺忌諱水團子餑餑，（四32a8-b1）

10-769　juse　de　targa hada-me,
　　　　孩子.複位　忌諱補丁　釘-并
　　　　給孩子們釘忌諱補釘，（四32b1）

10-770　sorko futa monggoli-bu-mbi,
　　　　頂針　繩子　挂於脖項-使-現
　　　　挂壽索兒，（四32b1）

10-771　uba-i amsun teni waji-me,
　　　　這裏-屬　祭品　纔　完結-并
　　　　這裏的祭祀纔完，（四32b2）

10-772　adaki bou-de saman gaji-fi daixa-mbi,
　　　　鄰居　家-位　薩滿　帶來-順　鬧-現
　　　　隔壁子請了巫者來胡鬧，（四32b2-3）

10-773　doboniu fudexe-fi,
　　　　晚上　送祟-順
　　　　足足兒的跳了一夜，（四32b3）

1　siren futa：二詞連用專指祭祀求福時，使用的各色布條繩子。

10-774　buxukv baxa-me,
　　　　鬼魅　　催-并
　　　　捻鬼祟，（四32b3）

10-775　urge faita-mbi.
　　　　紙人　切割-現
　　　　割替身兒。（四32b4）

10-776　iqihiya-bu-re-ngge.
　　　　處理-使-未-名
　　　　拾掇東西的。（四32b5）

10-777　baksala-fi fulmiye-fi sinda,
　　　　打捆-順　捆束-順　放.祈
　　　　一攢兒一把兒的捆下，（四32b6）

10-778　borha-me muhaliya,
　　　　圍聚-并　堆積.祈
　　　　攢的一堆兒，（四32b6）

10-779　orho -i bulun mou-i noron -i hanqi yaha guwelke,
　　　　草　屬 草垛 木頭-屬 停留 屬 近　炭　小心.祈
　　　　垛著草垛柴堆兒跟前看仔細火，（四32b6-7）

10-780　saha-ha bethele-he buktali-ha,
　　　　壘-完　根朝下立起來-完　堆積-完
　　　　堆著戳著垛著[1]，（四32b7-8）

---

1 著：二酉堂本、雲林堂本作"薔"。

10-781　jajila-ha-ngge be youni saksali-bu,
　　　　交叉堆積-完-名　賓　全部　支撐-使.祈
　　　　交叉瑪兒的圈起來搶著，（四32b8）

10-782　giya-ra mou be enqu bargiya.
　　　　劈-未　木頭　賓　另外　收.祈
　　　　劈柴提另收拾。（四32b8-33a1）

10-783　ilha.
　　　　花
　　　　花兒。（四33a2）

10-784　ilha jaksa-ka,
　　　　花　紅豔-完
　　　　花兒開紅了，（四33a3）

10-785　fushu-fi gebkelje-mbi,
　　　　綻開-順　鮮豔-現
　　　　開的鮮明，（四33a3）

10-786　kalu mulu bongko geri gari sabu-mbi,
　　　　將要貌　　花苞　　隱約貌　　看見-現
　　　　影影朝朝的見幾個希離不拉兒的花臕都，（四33a3-4）

10-787　ilha fiyente-he jofoho jibsi-ha-bi,
　　　　花　裂開-完　縫隙　重疊-完-現
　　　　纔開的花瓣兒角兒閒的緊恰恰的，（四33a4）

10-788　siga-fi,
　　　　凋謝-順
　　　　花謝了，（四33a4）

10-789　　hethe　　tuta-ha be tuwa-qi,
　　　　　植物的茬兒 留下-完 賓 看-條
　　　　　看那剩下的花蒂兒，（四33a5）

10-790　　gemu muke aqabu-ha-kv ofi,
　　　　　都　　水　匯合-完-否　因爲
　　　　　都是澆水不到的緣故，（四33a5）

10-791　　abdaha xubure-fi laifara-ka-bi,
　　　　　葉子　　縮小-順　萎謝-完-現
　　　　　葉兒捲了搭拉著棯了，（四33a6）

10-792　　jilha ele elei olgo-ho-bi,
　　　　　花蕊 愈發 愈發 乾-完-現
　　　　　花心兒設一設兒都乾了，（四33a6）

10-793　　emu aga labda-ka qi ana-me,
　　　　　一　雨　下垂-完　從 擴展-并
　　　　　一場雨垂了頭兒的，（四33a7）

10-794　　lekse weiju-fi saniya-me sidara-fi xetere-ke-bi.
　　　　　一齊 復蘇-順　伸展-并　舒展-順 萎葉逢雨恢復-完-現
　　　　　普裏都活了滋生起來了。（四33a7-8）

10-795　　suje.
　　　　　絹
　　　　　紬緞。（四33b1）

10-796　　defe-i juwe ujan -i hiyatu be tuwa,
　　　　　一幅-屬 二　盡頭 屬　機梢　賓 看.祈
　　　　　尺頭瞧兩頭兒的機稍，（四33b2）

10-797　fisin　o-qi　gubqi　fijir se-mbi,
　　　　稠密　成爲-條　整個　芝麻籽　助-現

　　　　機稍躋密到底魚子兒似的,（四33b2-3）

10-798　sarhvn¹ semehun o-qi　dube-de isi-tala　gei　se-mbi,
　　　　楷木　　稀疏　成爲-條　末端-與　到-至　綢緞很薄貌　助-現

　　　　希拉的到底兒嚚薄,（四33b3-4）

10-799　jiramin o-qi　kikvr　se-mbi,
　　　　厚　　成爲-條　布帛稠密貌　助-現

　　　　厚的似牛皮梃硬,（四33b4）

10-800　sirhe mangga o-qi　kaqar se-mbi,
　　　　絲　　硬　成爲-條　物品堅硬貌　助-現

　　　　絲兒硬的生性,（四33b4-5）

10-801　kengqe-re mangga,
　　　　磨損-未　　善於

　　　　肯折,（四33b5）

10-802　putur　se-me hebune-re,
　　　　疙瘩不平貌　助-并　起疙瘩-未

　　　　跲踏馬杓的,（四33b5）

10-803　judura-na-ha-ngge ehe,
　　　　沿山路走-去-完-名　壞

　　　　有道子的不好,（四33b5-6）

10-804　ai　boqo qi iqe-he be　sa-ki se-qi,
　　　　什麼 顏色 從 染色-完 實 知道-祈 助-條

　　　　要知是什麼顏色染的,（四33b6）

---

1 sarhvn：此詞意義或與前後文意不符,姑且作此。

10-805　　nixan de-bi.
　　　　　染記　位-有
　　　　　看機頭。（四33b6）

10-806　　dou-re-ngge.
　　　　　渡過-未-名
　　　　　過河的。（四33b7）

10-807　　bira-i bajila emdubei gala elki-mbi,
　　　　　河-屬　對岸　衹管　手　招手-現
　　　　　河那邊儘著招手兒，（四33b8）

10-808　　bira-i ebele etuku fosomi-re-ngge fosomi-me,
　　　　　河-屬　這邊　衣服　挽衣服-未-名　挽衣服-并
　　　　　河這邊搵衣裳的搵衣裳，（四33b8-34a1）

10-809　　fomin-ra-ngge[1] fomila-mbi,
　　　　　撩衣服-未-名　撩衣服-現
　　　　　撩衣裳的撩衣裳，（四34a1）

10-810　　bi isina-fi je,
　　　　　我　到-順　驚訝貌
　　　　　我到去，（四34a1-2）

10-811　　aiseme ishunde tuwaxa-ha-bi,
　　　　　爲什麼　互相　顧慮-完-現
　　　　　怎麼說爲甚麼大家呆著看景兒呢，（四34a2）

1　fominrangge：意不詳，或爲fomilarangge的變體，語法標注據後者出。

10-812　morila-fi omila-ra yafagan olo-ro　be sabu-ha-kv-o?
　　　　騎馬-順　騎馬蹚水-未　步行　　蹚水-未　賓　看見-完-否-疑

　　　　没看見人家騎著馬盪水步行盪水麼？（四34a2-3）

10-813　bengsen ere-o?
　　　　本事　　這個-疑

　　　　這一落兒的本事麼？（四34a3）

10-814　nukqibu-me haqihiya-ra jakade,
　　　　刺激-并　　激勵-未　　因爲

　　　　一陣子激發攛掇他們，（四34a3-4）

10-815　tereqi teni teisu teisu ebixe-me selbi-me warda-me faqihiyaxa-mbi.
　　　　他.從　纔　各自 各自　下水-并　浮水-并　游泳-并　　努力-現

　　　　他纔各自各自的赴水分水狗跑兒著急。（四34a4-5）

10-816　mou.
　　　　木頭

　　　　木頭。（四34a6）

10-817　si geyen akv ali-me gai-ra-kv,
　　　　你 刻痕　否　承認-并 接受-未-否

　　　　你刻了刻兒不承認，（四34a7）

10-818　gvwa de ana-mbi,
　　　　別人　位 推托-現

　　　　推別人，（四34a7）

10-819　si tuwa hoxo gemu murki-ha-bi,
　　　　你 看.祈 棱角　都　　削圓-完-現

　　　　你瞧稜角兒都滾圓了，（四34a7-8）

10-820　sinqi tulgiyen uba-de jai we bi,
　　　　你.從　除外　這裏-位 再 誰 有
　　　　除了你這裏還有誰，（四34a8-b1）

10-821　si aika hvwala hvwala kiyari kiyari,
　　　　你 倘若 劈開.祈 劈開.祈 剝開.祈 剝開.祈
　　　　你若是劈劈砍砍，（四34b1）

10-822　deiji-he biqi waji-mbihe,
　　　　燒-完 若有 完結-過
　　　　燒了也就完了，（四34b1-2）

10-823　baita aibi-qi tuqi-mbi.
　　　　事情 哪裏-從 出-現
　　　　事情可打那裏出來呢。（四34b2）

10-824　tukiye-re-ngge.
　　　　抬-未-名
　　　　抬的。（四34b3）

10-825　xoro be emu gala erhele-he-bi,
　　　　筐子 賓 一 手 挎-完-現
　　　　筐兒著一個手跨著，（四34b4）

10-826　juwe niyalma emu boufun be sibkele-he-bi,
　　　　二 人 一 包袱 賓 扛-完-現
　　　　兩個人搭著一個包袱，（四34b4-5）

10-827　ai bi-he se-me ferguwe-me nei-fi tuwa-qi,
　　　　什麼 有-完 助-并 驚奇-并 打開-順 看-條
　　　　是什麼呐噓打開瞧時，（四34b5）

10-828　ehe sain managan xaniya-ha sisi-me toko-me jalu tebu-he-bi.
　　　　壞　好　尿布　衣服破損-完 插入-并 扎-并 滿 裝載-完現

好歹的破鋪陳爛補釘壓壓把把的裝載了個滿。
（四34b5-6）

10-829　morin.
　　　　馬

馬。（四34b7）

10-830　gisan hala-ha,
　　　　牲口毛 換毛-完

脫了毛了，（四34b8）

10-831　foyono-fi unqehen,
　　　　馬尾粘連-順　尾巴

鏽尾子，（四34b8）

10-832　aidaha sika bi-o,
　　　　馬尾上粗而短的毛 有-疑

有了賊尾子了，（四34b8）

10-833　adarame emdubei hisga-mbi,
　　　　怎麼　　祇管　　蹭-現

怎的不住的只管蹭，（四34b8-35a1）

10-834　inu emu o-joro morin katara-ra,
　　　　也　一　可以-未　馬　馬顛步跑-未

也是個好些兒的馬掯，（四35a1）

10-835　xodo-ro okson gemu bi.
　　　　來回走-未 步子　都 有

滉掂搭尉步兒都有。（四35a1-2）

10-836　halhvn.
　　　　熱

　　　　熱天。（四35a3）

10-837　fuhali xun -i elden be sabu-qi o-jora-kv,
　　　　全然　太陽 屬 光　賓　看見-條　可以-未-否

　　　　總見不得日頭，（四35a4）

10-838　hoto　finta-mbi,
　　　　頭蓋骨　脹痛-現

　　　　腦漿子疼，（四35a4）

10-839　nei　tab tab sabda-me,
　　　　汗　液體滴落貌　滴-并

　　　　不住點兒滴搭汗，（四35a4-5）

10-840　hvmbur　se-re nei de,
　　　　出大汗貌　助-未 汗 位

　　　　撲頭撲臉的汗，（四35a5）

10-841　etuku gemu¹ xebte-he-bi,
　　　　衣服　都　濕透-完-現

　　　　衣裳都塌透了，（四35a5）

10-842　liyar　se-me beye latu-me hvsi-fi,
　　　　稀粘貌　助-并　身體　粘合-并 包裹-順

　　　　棯肷吮兒的粘身子裹身子，（四35a6）

10-843　niyalma he fa heje-me hebtexe-me,
　　　　人　　喘氣貌　喘氣-并　捯氣-并

　　　　人喘²噓吁的不得命，（四35a6）

1　gemu：聽松樓本、先月樓本作kemu。
2　喘：聽松樓本、先月樓本作"喏"。

10-844 ulha　for for amqabu-fi fodo-mbi¹.
牲畜　牲畜噴鼻聲　趕上-順　喘氣-現

牲口一口氣趲不得一² 口氣的喘成一堆兒。（四35a7）

10-845 buyasi.
碎小

零碎的。（四35a8）

10-846 keqer　se-me ambula,
布片碎小貌　助-并　甚

魚子兒似的稠，（四35b1）

10-847 piqir　se-me labdu　bajar　se-me jalu-ka-bi,
碎而多貌　助-并　多　小東西堆滿貌　助-并　滿-完-現

抹板兒抹的似的多擠擠扎扎的一大堆，（四35b1）

10-848 ilga-me sonjo-me yali gemu waji-ha,
辨別-并　挑選-并　肉　都　完盡-完

挑選的受了罪了，（四35b2）

10-849 murakv ba-de　ji-fi　sui bai-me,
格外　地方-位　來-順　罪　求-并

沒影兒的去處，（四35b2）

10-850 nei tuqi-mbi.
汗　出-現

尋個罪受。（四35b3）

1　fodombi：聽松樓本作fontombi。
2　一：先月樓本無此字。

10-851　iqihiya-ra-ngge¹.
　　　　處理-未-名
　　　　料理的。（四35b4）

10-852　agvra tetun be dasihiya-fi mabula,
　　　　器具　器皿　賓　撣-順　　抹.祈
　　　　把這個器皿撣了抹，（四35b5）

10-853　getere-bu-me fu,
　　　　洗净-使-并　擦.祈
　　　　乾乾净净的擦，（四35b5）

10-854　te-he hukun bura-ki be eri,
　　　　沉澱-完 灰塵 澆水-祈 賓 打掃.祈
　　　　灰塵掃了，（四35b5-6）

10-855　muke fusu,
　　　　水　灑水.祈
　　　　噴了水，（四35b6）

10-856　fiseme foso-ro de gele-qi, gala fisihi-qina,
　　　　斜飄　濺水-未 位 怕-條　手　甩水-祈
　　　　白²濺白崩時拿手撩罷咱，（四35b6-7）

10-857　ilha de muke bu-ra,
　　　　花　位　水　給-未
　　　　花兒上澆水，（四35b7）

10-858　hungkere-qi aqa-ra ba-de hungkere,
　　　　澆灌-條　　應該-未 地方-位 澆灌.祈
　　　　灌的地方灌，（四35b7-8）

1　iqihiyarangge：二酉堂本、雲林堂本作iqikiyarangge。
2　白：底本原作"白"，後用手寫體改作"怕"。該行後一"白"亦同。

10-859　suta-qi aqa-ra ba-de suita.
　　　　潑水-條 應該-未 地方-位 潑水.祈
　　　　倒水的去處倒。（四35b8）

10-860　hvwala-ra-ngge.
　　　　打破-未-名
　　　　打破了的。（四36a1）

10-861　yehere ningge,
　　　　瓷器　　東西
　　　　是磁器，（四36a2）

10-862　saikan jafa,
　　　　好　　　拿.祈
　　　　好好兒的拿著，（四36a2）

10-863　guwelke endebu-fi,
　　　　小心.祈　出差錯-順
　　　　看仔細失錯脫落了，（四36a2）

10-864　gala turibu-he-de feser se-me hvwaja-mbi,
　　　　手　落下-完-位 摔得粉碎貌 助-并 破-現
　　　　手打個粉碎，（四36a2-3）

10-865　si da-qi oilohon,
　　　　你 原本-從 輕浮
　　　　你原楞，（四36a3）

10-866　tontoko akv bi-he,
　　　　確切　　否　有-完
　　　　不底實，（四36a3-4）

10-867　sini jakade isina-ha jaka gulhun muyahvn funqe-bu-he-ngge komso,
　　　　你.屬　跟前　到-完　東西　整個　完整　　剩餘-被-完-名　少
　　　　到你跟前的東西整的囫圇的少，（四36a4）

10-868　nikqi-bu-ra-ko[1] o-qi, xaxun nakv meije-bu-he-de,
　　　　碎-使-未-否　　成爲-條　稀爛　之後　粉碎-使-完-位
　　　　不是弄個希碎就是粉碎，（四36a5）

10-869　si teni kekse-mbi.
　　　　你　纔　如意-現
　　　　你纔快活。（四36a5-6）

10-870　na.
　　　　地
　　　　地。（四36a7）

10-871　te na sulhu-he,
　　　　現在 地 滋潤-完
　　　　如今翻了地了，（四36a8）

10-872　muke fusihvn te-fi sengse-ke-bi,
　　　　水　　往下　沉澱-順　略乾-完-現
　　　　水都滲下去乾鬆了，（四36a8）

1　nikqiburako：意不詳，或爲nikqaburakv之誤，語法標注據後者出。

10-873　derbehun usihin -i ba gemu olgo-ko,
　　　　潮濕　　濕　屬 地方 都　乾-完
　　　　潮濕的去處都乾了，（四36a8-b1）

10-874　te umesi kata-fi kengke-he,
　　　　現在 完全 變乾-順 渴求-完
　　　　如今响乾的渴透了，（四36b1）

10-875　aga muke bai-re erin,
　　　　雨　水　求-未　時候
　　　　要水的時候，（四36b2）

10-876　buraki toron burhaxa-me bur bar se-mbi.
　　　　塵土　飛塵　繚繞-并　物多貌　助-現
　　　　灰塵爆土的樸頭撲面的灰土。（四36b2）

10-877　nimanggi.
　　　　雪
　　　　雪。（四36b3）

10-878　emu nerhun -i ududu inenggi labsa-ha,
　　　　一　連續 工 很多　日子　飛雪片-完
　　　　一連子下了好幾日的大雪，（四36b4）

10-879　tereqi umai naka-ha-kv,
　　　　從此　完全 停止-完-否
　　　　從下雪并沒個清潔，（四36b4-5）

10-880　xun -i muru sabu-mbime buraxa-mbi,
　　　　太陽 屬 模樣　看見-而且　飛雪-現
　　　　帶著日頭下雪片，（四36b5）

10-881 hvngniyoula-mbi se-he-ngge ere-be-o?
出着太陽下雪-現　助-完-名　這個-賓-疑

風攪雪的話想是說的是這個麼？（四36b6）

10-882 nime-re-ngge.
患病-未-名

病的。（四36b7）

10-883 tur tar niyaman fekqe-re tuksi-re nimeku fukjin nonggi-bu-ha-bi,
心驚貌　心　跳動-未　心跳-未　病　開始　增加-被-完-現

新添了發慌騰騰的心跳的病，（四36b8）

10-884 dorgi gemu waji-ha,
裏面　都　完結-完

裏頭傷透了，（四37a1）

10-885 an -i soroqo-ro, gosi-re,
平常 屬　痛-未　刺痛-未

不是平常這些刺撓，（四37a1）

10-886 qaksi-re nime-re jergi nimeku waka,
手脚痛-未　病-未　等級　病　不是

蜇得一陣一陣疼的病，（四37a1-2）

10-887 muharxa-me o-ho-de ergen gemu baha-ra-kv.
脚疼-并　成爲-完-位　命　都　得到-未-否

裏頭翻滾起來命都不得。（四37a2）

10-888 tugi.
雲

雲彩。（四37a3）

10-889　algata　farsi¹　farsi,
　　　　五顏六色　成片　成片
　　　　雜雲彩希離巴拉兒的,（四37a4）

10-890　heni heni heyene-mbi,
　　　　稍微 稍微　生眼眵-現
　　　　一點子半點子眦抹糊似的,（四37a4）

10-891　kvbuli-fi esihe-i adali hitere-ne-mbi,
　　　　變化-順　魚鱗-屬　一樣　皺-去-現
　　　　變成個魚鱗雲,（四37a4-5）

10-892　niyengniyeri adali　　fik　se-me bombono-ro tugi komso,
　　　　春天　　　　一樣　堆積很滿貌 助-并　雲集-未　雲 少
　　　　春天漫天駕海的大塊雲少,（四37a5-6）

10-893　dartai samsi-fi uthai uhu-me hete-mbi.
　　　　瞬間　散開-順　就　捲-并　疊-現
　　　　一會兒散收的天晴了。（四37a6）

10-894　jadagan.
　　　　殘疾
　　　　殘疾的。（四37a7）

10-895　ai　haqin -i bi-he?
　　　　什麼 毛病　屬 有-完
　　　　什麼緣故呢？（四37a8）

1　farsi：二酉堂本作fansi。

10-896　je-ke se-me,

　　　　吃-完　助-并

　　　　干吃，（四37a8）

10-897　umai qira aitu-ra-kv,

　　　　完全　臉　復蘇-未-否

　　　　臉上不長肉[1]，（四37a8）

10-898　gaitai gaitai durgeqe-me toko-bu-me nime-mbi,

　　　　突然　突然　振動-并　　刺-被-并　　疼-現

　　　　一陣一陣跳著窩著的疼，（四37b1）

10-899　tere emgeri　sir　se-me fungge de,

　　　　那　一次　手足發麻貌　助-并　麻木　位

　　　　那一遭兒一下子麻，（四37b1-2）

10-900　menere-fi sara-kv o-ho,

　　　　發麻-順　知道.未-否　成爲-完

　　　　木的不知道了，（四37b2）

10-901　luksi-me wenje-he se-he-de,

　　　　刺痛-并　醉-完　助-完-位

　　　　說是熱將起來，（四37b2-3）

10-902　tere emu haqin -i haksa-ra gilaqa-ra,

　　　　那個　一　種類　屬　發燒-未　燥熱-未

　　　　那們一樣的發燒乾燥，（四37b3）

10-903　meifen tong se-me aimaka bukta-ka adali.

　　　　脖子　極硬　助-并　好像是　落枕-完　一樣

　　　　脖子皺的到像落了枕的似的。（四37b3-4）

1　肉：二酉堂本無此字。

10-904　sain akv-ngge.
　　　　好　　沒有-名
　　　　身上不好的。（四37b5）

10-905　jeku -i amala toktofi jo banji-mbi,
　　　　飯食 屬 後來　 必定 反酸 產生-現
　　　　飯後一定要醋心，（四37b6）

10-906　ohorxo-me eyerxe-me, fuyakiya-mbi,
　　　　欲吐-幷　 惡心-幷　　乾嘔-現
　　　　乾嘔惡心吐，（四37b6-7）

10-907　si damu tuwa,
　　　　你 祗是　看.祈
　　　　你只瞧著，（四37b7）

10-908　uttu juxe-me joho-me gene-hei qun qun -i ebere-me gene-fi,
　　　　這樣 發酸-幷 吐酸水-幷 去-持 逐漸 逐漸 工 衰弱-幷 去-順
　　　　這樣的發酸望上漾漸漸而的弱了去，（四37b7-8）

10-909　fuda-ra oksi-re nimeku o-mbi.
　　　　嘔吐-未 吐-未　 病　 成爲-現
　　　　吐嘔著要成噎膈病。（四37b8-38a1）

10-910　jeku.
　　　　糧食
　　　　庄稼。（四38a2）

10-911　aniya o-ho-de,
　　　　年　 歸於-完-位
　　　　若是遭年景，（四38a3）

10-912　belge niyaman sahahvri jalu akv ulune-mbi,
　　　　粟　　中心　　漆黑　　滿　否　黃銹病-現

　　　　籽粒漆黑的不成實都成秕子，（四38a3）

10-913　umiyaha banji-me temne-mbi,
　　　　蟲子　　生長-并　生蟲-現

　　　　生虫螯虫拿，（四38a4）

10-914　suihe de belge akv yahana-mbi,
　　　　穗子　位　米粒　否　穀物變黑-現

　　　　穗子不長籽粒變鳥煤，（四38a4）

10-915　akvqi qikten narhvn,
　　　　否則　　莖　　細

　　　　要不是杆子細，（四38a5）

10-916　boqo ehe ilhana-ra-kv dorgolo-mbi.
　　　　顏色　壞　開花-未-否　發育不良-現

　　　　顏色不好不開花成禾子。（四38a5）

10-917　kemun.
　　　　尺寸

　　　　尺寸。（四38a6）

10-918　golmin foholon -i mutun be kemne-fi,
　　　　長　　　短　　屬　尺寸　賓　測量-順

　　　　比了長短的尺寸，（四38a7）

10-919　urgen weile-fi sinda-mbi,
　　　　尺寸　做-順　　放-現

　　　　做一個製子放著，（四38a7）

10-920　durum baha-qi aqabu-me onqo isheliyen be miyali-mbi,
　　　　標準　得到-條　相合-并　寬　窄　賓　測量-現

　　　　得了樣子比著量寬窄，（四38a8）

10-921　hoxonggo durbejen banji-na-ra-ngge be enqu tuqi-bu-fi,
　　　　方　　　　四方　　産生-去-未-名　賓　另外　出-使-順

　　　　成方的四楞兒的另放著，（四38b1）

10-922　isi-re baningga be sonjo-mbi.
　　　　够-未　剛好够　　賓　選-現

　　　　成材料的挑出來。（四38b1-2）

10-923　juhe.
　　　　冰

　　　　冰。（四38b3）

10-924　sohin eye-fi bombono-me geqe-he saksan,
　　　　冰塊　漂流-順　堆積-并　　凍-完　冰凌

　　　　淩凌積成的冰堆，（四38b4）

10-925　te inu heni majige wene-me niyekse-ke-bi,
　　　　現在 也 略微 稍微　融化-并 略微融化-完-現

　　　　如今一點半點的鎔化了，（四38b4-5）

10-926　hvrhan¹ -i fejile kemuni　batun　bi,
　　　　淤泥　屬 下面　還　泥土底下的冰層 有

　　　　紫泥底下還有底冰，（四38b5）

---

1 hvrhan：意爲"大網捕魚"，但與此處前後文不符，或爲harhuu之誤，語法標注據後者出。

10-927　we-fi　weng-ke juhe be inu ai oyombu-mbi se-me gvni-ha,
融化-順　融化-完　冰　賓　也　什麼　要緊-現　助-并　想-完
冰化了的水想來濟得什麼事，（四38b5-6）

10-928　ajaja,
驚嘆貌
好利害，（四38b6）

10-929　isa-me gene-hei　nimaxan　muke wasi-mbi.
聚集-并　去-持　春天融化的雪水　水　降下-現
積趲起來竟成桃花水下來了。（四38b6-7）

10-930　geqe-he-ngge.
結冰-完-名
說凍的。（四38b8）

10-931　ere aniya yaya aniya qi beikuwen,
這個　年　任何　年　從　冷
今年比往年都冷，（四39a1）

10-932　sihin -i fejile sixana-ha-ngge dabkiya-fi hohono-ho-bi,
屋簷　屬　下面　凍成冰錐-完-名　重疊-順　結豆角-完-現
房簷底下的凌錐子都結成纍垂吊挂的，（四39a1-2）

10-933　orho-i oilo buri-me¹ geqe-he ungka,
草-屬　表面　覆蓋-并　結冰-完　草上結成的冰
草上結成的冰，（四39a2-3）

1　burime：聽松樓本、先月樓本作borime。

10-934　nimanggi geqe-he　undan　de,
　　　　雪　　結冰-完　雪水溶化后地面的冰　位
　　　　雪上結成的冰,（四39a3）

10-935　butha-i urse teisu teisu suntaha etu-fi undaxa-mbi.
　　　　打獵-屬 人們 各自 各自 滑雪板 穿-順 穿滑雪板打獵-現
　　　　獵户們脚下拴上木滑擦跑冰。（四39a3-4）

10-936　efule-re-ngge.
　　　　破壞-未-名
　　　　拆東西的。（四39a5）

10-937　bila-qi bija-ra-kv,
　　　　折-條　折斷-未-否
　　　　撅不傷,（四39a6）

10-938　moksolo-qi mokqo-ra-kv-ngge be,
　　　　撅折-條　　斷-未-否-名　賓
　　　　闕不折的,（四39a6）

10-939　gemu mokso mokso bila-fi waliya-ha-bi,
　　　　都　截斷　截斷　拆-順　抛弃-完-現
　　　　都一節子一節子的撅撩了,（四39a6-7）

10-940　agu　ai-be buta-me gaji-ha se-me,
　　　　兄長 什麼-賓 挣錢-并 拿來-完 助-并
　　　　阿哥你挣了什麼来了,（四39a7-8）

10-941　uttu sudunggiya-me daixa-mbi,
　　　　這樣　糟蹋-并　　搗亂-現
　　　　這們糟蹋胡鬧,（四39a8）

10-942　jai　ai　bi,
　　　　再　什麼　有

　　　　還有什麼,（四39a8）

10-943　ere-qi amasi agu　si damu fede,
　　　　這-從　以後　兄長　你　都　努力.祈

　　　　這往後阿哥只請這們著,（四39a8-b1）

10-944　muse we we-be tuwa-ra-kv aibi-de gene-mbi.
　　　　咱們　誰　誰-賓　看-未-否　哪裏-與　去-現

　　　　咱們誰不睄誰望那裏跑。（四39b1-2）

10-945　indahvn.
　　　　狗

　　　　狗。（四39b3）

10-946　ere　taiha be nuhere niyagan fonqi gaiji-ha-ngge,
　　　　這個 長毛狗 賓　幼崽　小狗　時候　拿來-完-名

　　　　這個長毛耳朵的細狗從七八個月脖子時拿了來,
　　　　（四39b4）

10-947　meifen　qakv angga oforo balda,
　　　　脖子　　白脖子　嘴　鼻子　白毛

　　　　白脖兒鼻子口花,（四39b4-5）

10-948　uju yasa de xanggiyan funiyehe akv bime,
　　　　頭　眼睛　位　白　　毛　　否　而且

　　　　頭眼上沒白毛,（四39b5-6）

10-949　inu　mangkara　se-me gebu bu-he-bi,
　　　　也 牲畜頭眼鼻處長白毛貌 助-并 名字 給-完-現

　　　　也叫他是個花頭的名字,（四39b6）

10-950 qikiri yasa,
　　　　眼珠灰白 眼睛
　　　　是個玉眼，（四39b6）

10-951 eniyehen akv,
　　　　母狗　　　否
　　　　没有母狗，（四39b6-7）

10-952 aqa-ra erin o-ho-o aina-ha,
　　　　見面-未 時候 成為-完-疑 怎麼樣-完
　　　　走食的時候子了怎的，（四39b7）

10-953 tuwa-qi gari-mbi inu morin -i adali kiru-mbi.
　　　　看-條　嗚嗚亂叫-現 也 馬　屬 一樣 馬發情-現
　　　　只見他起陽怪叫也像馬一樣的起騾。（四39b7-8）

10-954 boihon.
　　　　泥土
　　　　土。（四40a1）

10-955 banin adali akv,
　　　　性質　一樣　否
　　　　土牲[1]不一樣，（四40a2）

10-956 handu boihon yeye liyar se-mbi,
　　　　膠　　泥土　 粘　爛軟 助-現
　　　　膠泥糁的如膠條，（四40a2）

---

[1] 牲：聽松樓本、先月樓本作"性"。

10-957　banin sula boihon, muke-i sasa　fusur se-mbi,
　　　　性質　鬆散　泥土　　水-屬　一齊　酥軟　助-現

　　　　瀉黃土著了水跟著水流，（四40a2-3）

10-958　yungga sar　se-mbi,
　　　　沙土　散開貌　助-現

　　　　砂土發散，（四40a3）

10-959　dekde-he buraki,
　　　　飄起-完　塵埃

　　　　起的灰，（四40a4）

10-960　tokto-me te-he hukun,
　　　　落定-并　沉積-完　糞土

　　　　落的塵，（四40a4）

10-961　mukde-ke toron haqingga hala-ngga[1] banin bi.
　　　　上升-完　飛塵　各種　　變化-名　性質　有

　　　　刮上去的塵土各是各樣兒的土性兒。（四40a4-5）

10-962　sirge.
　　　　絲

　　　　絲。（四40a6）

10-963　sirge emu jilkin,
　　　　絲　一　縷

　　　　絲一縷兒，（四40a7）

1　halangga：意爲"熱"，但與此處文意不符，或爲halarangga之誤，語法標注據後者出。

10-964　olo hvnta emu haqa,
　　　　麻　麻繩　一　綹
　　　　檾麻綫麻一肘兒，（四40a7）

10-965　hvna-me farfa-bu-qi,
　　　　亂成一團-并 打亂-被-條
　　　　繞亂了，（四40a7）

10-966　elhei debtele-me dasa,
　　　　慢慢　整理-并　修改.祈
　　　　慢慢的解開打掃，（四40a8）

10-967　emu dangxan se-me fomoro-bu-qi o-mbi-o,
　　　　一　　根　　助-并　雜亂-被-條 可以-現-疑
　　　　一根鏽住[1]了也使不得，（四40a8-b1）

10-968　ilbi-fi[2] hergitu de hergi-fi asara.
　　　　攄-順　　幌子　位 纏繞-順 收存.祈
　　　　攄順了挄在挄子上收起來。（四40b1）

10-969　jeku.
　　　　糧食
　　　　糧食。（四40b2）

10-970　handu -i sijin,
　　　　粳米　屬 去掉糠麩的
　　　　粳米的碎米子，（四40b3）

1　鏽住：二酉堂本、雲林堂本作"繡生"。
2　ilbifi：意不詳，語法標注據漢字部分及該詞結構出。

10-971　xuxu -i bohomi,
　　　　高粱　屬　秕子
　　　　小粒兒膏粱，（四40b3）

10-972　sisa -i jinjima,
　　　　小豆　屬　小而煮不熟的豆子
　　　　小粒兒的小豆串米，（四40b3）

10-973　bele-i nijihe,
　　　　米-屬　碎米渣滓
　　　　迸出來的，（四40b3）

10-974　siga-ha sidan -i jeku,
　　　　脫落-完　幼嫩　屬　糧食
　　　　米心子煞下的米粒子，（四40b4）

10-975　mere-i xuhuri,
　　　　蕎麥-屬　蕎麥皮
　　　　蕎麥皮兒，（四40b4）

10-976　jeku-i wekeji,
　　　　糧食-屬　麩皮
　　　　穀殼兒，（四40b4）

10-977　uttu amtan hala-me ulebu-qibe,
　　　　這樣　味道　更換-并　給吃-讓
　　　　這們樣調換著味兒給他吃，（四40b4-5）

10-978　simbe aika sain se-mbi-o?
　　　　你.賓　什麼　好　說-現-疑
　　　　也說你個好麼？（四40b5）

10-979　niyalma inu gasa-mbi.
　　　　人　　也　抱怨-現
　　　　還是抱怨。（四40b5-6）

10-980　akja.
　　　　雷
　　　　雷。（四40b7）

10-981　talkiyan gilta gilta,
　　　　閃電　　閃亮貌
　　　　爛電一爛一爛的，（四40b8）

10-982　fulari fularila-ra de niyalma xan be gida-fi uju buheliye-mbi,
　　　　閃光　閃光-未 位　人　　耳朵 賓 掩-順　頭　蒙-現
　　　　電光一紅人都掩著耳朵蒙著頭，（四40b8-41a1）

10-983　kiyak kik se-re akjan,
　　　　巨物斷裂聲 助-未　雷
　　　　乾擦拉的迅雷，（四41a1）

10-984　niyalma de gvnin baha-bu-ra-kv,
　　　　人　　　位　主意　得到-使-未-否
　　　　不教人得主意，（四41a1-2）

10-985　sirene-me durge-me,
　　　　接連不斷-并 震動-并
　　　　不斷頭的沉雷，（四41a2）

10-986　fere-mbu-re akjan de gele-qibe yebe,
　　　　震暈-使-未　雷　位　怕-讓　稍好
　　　　震的人怕怕的還好些兒，（四41a2-3）

10-987　kiyatar se-me xan siqa-me,
　　　　雷鳴貌　助-并　耳朵　震耳-并
　　　　刮喇的震人耳朵的，（四41a3）

10-988　kiyarkire　dari-ra akjan de niyalma uju silgi-mbi.
　　　　吵鬧令人厭煩貌 雷擊-未 雷 位　人　頭　鑽頭覓縫-現
　　　　霹靂唬的人鑽頭沒縫兒。（四41a3-4）

10-989　wehe.
　　　　石頭
　　　　石頭。（四41a5）

10-990　wehe-i haqin labdu,
　　　　石頭-屬　種類　多
　　　　石頭的樣數多，（四41a6）

10-991　an　wehe,
　　　　平常 石頭
　　　　木變石[1]，（四41a6）

10-992　tan -i amba deli wehe,
　　　　河灘 屬 大　磐 石
　　　　灘裏的大塊石，（四41a6）

10-993　giyalu fiyartun akv gulhun ginqihiyan ayan wehe,
　　　　龜裂　瘡疤　否　完整　光潔　貴重 石頭
　　　　沒重皮沒疤拉囫圇光滑的鵝卵石，（四41a6-7）

---

[1] 石：二酉堂本、雲林堂本作"下"。

10-994　jusu-qi xanggiyan toron bi-sire musi wehe,
　　　　劃道子-條　白色　　飛塵　有-未　滑　石
　　　　畫有道兒的畫石，（四41a7-8）

10-995　boihon -i dorgi sekse saksa hada wehe,
　　　　泥土　屬　裏面　高低不平貌　薑　石
　　　　土裏頭三楞八怪的薑石，（四41a8-b1）

10-996　feser se-me hvsun akv -i sisa wehe,
　　　　粉碎貌　助-并　力量　否　屬　麵　石
　　　　肯粉碎不結實的麵兒石，（四41b1）

10-997　obonggi melme-ne-me anggatana-ha ufuhu wehe,
　　　　泡沫　凝結-去-并　到處出孔-完　海沫　石
　　　　水沫子結成窟窿眼睛的擦腳石，（四41b1-2）

10-998　alin -i sula seksu wehe,
　　　　山　屬　閑散　碎　石
　　　　山上的閑散碎石，（四41b2）

10-999　bira-i hanqi jahari wehe,
　　　　河-屬　近　碎小　石
　　　　近河的渣滓石，（四41b2-3）

10-1000　geli leke hirha wehe bi.
　　　　　又　砥石　火石　石頭　有
　　　　　還有蕩石與火石。（四41b3）

10-1001　ku.
　　　　　煤灰
　　　　　煤子。（四41b4）

10-1002　jun gvla-mbi,
　　　　　灶門　倒風-現
　　　　　灶火倒風，（四41b5）

10-1003　dergi-de yolonggi,
　　　　　上面-位　順火焰飛起的灰
　　　　　上頭的煤子，（四41b5）

10-1004　orho-i fulenggi,
　　　　　草-屬　　灰
　　　　　草的灰，（四41b5）

10-1005　lakdahvri fosonggi,
　　　　　下垂　　　濺出物
　　　　　縹垂吊挂的塌灰，（四41b5-6）

10-1006　suwan -i yalmanggi,
　　　　　炕洞　屬　灶烟
　　　　　炕洞裏的黑烟子，（四41b6）

10-1007　hvlan -i hosori,
　　　　　烟囪　屬　烟釉子
　　　　　烟筒裏的烟油子，（四41b6）

10-1008　defe-ke-de¹ tuqi-ke tuwa yaha.
　　　　　飛-完-位　　出-完　火　炭
　　　　　犯風出的火星子。（四41b6-7）

1　defekede：意不詳，或爲deyehede之變體，語法標注據後者出。

10-1009　na.
　　　　地
　　　　地。（四41b8）

10-1010　sulhu-fi axxa-ra be sumbulja-mbi se-mbi.
　　　　滋潤-順　動-未　賓　地返漿-現　　助-現
　　　　開了的地顫多梭的，（四42a1）

10-1011　be uhuken be kambulja-mbi se-mbi,
　　　　也　柔軟　也　　發軟-現　　助-現
　　　　漿 地 軟 顫 顫 的，（四42a1-2）

10-1012　uyan uhuken ba-be¹ lumburja-mbi se-mbi,
　　　　稀　　柔軟　地方-賓　潮濕發軟-現　助-現
　　　　濃 地 裏 的 稀 粥，（四42a2）

10-1013　dekde-re xungku-re be tenggelje-mbi se-mbi,
　　　　升起-未　塌陷-未　賓　顫動-現　　　助-現
　　　　行起行落的僵了皮兒的軟地，（四42a3）

10-1014　bexe-ke na be　loso se-mbi,
　　　　浸透-完　地 賓 極濕的地 助-現
　　　　下 透 了 的 糊 濃 地，（四42a3-4）

10-1015　lifada-ra be lebenggi se-mbi.
　　　　略塌陷-未 賓　泥濘　　助-現
　　　　插 泥 帶 水 的 陷 泥 地。（四42a4）

1　babe：聽松樓本、先月樓本作baba。

10-1016　jeku.
　　　　糧食
　　　　田禾。（四42a5）

10-1017　bargiya-ra aniya aga muke erile-mbi,
　　　　收穫-未　年　雨　水　及時-現
　　　　收成的年景雨水調勻，（四42a6）

10-1018　aqabu-me edun nesuken,
　　　　符合-并　風　温良
　　　　風也順當，（四42a6）

10-1019　aga-qibe,
　　　　下雨-讓
　　　　總然下雨，（四42a7）

10-1020　ser　se-me kor se-mbi,
　　　　微小貌 助-并 呼嚕聲 助-現
　　　　細雨一陣緊似一陣，（四42a7）

10-1021　talude hvwanggar se-me,
　　　　偶然　嘩嘩水聲　助-并
　　　　幾里可里的瓢潑似的大雨，（四42a7）

10-1022　hungkere-me tura-mbi,
　　　　傾注-并　　傾倒-現
　　　　直頃直倒，（四42a8）

10-1023　guksen guksen -i hukside-me honggono-mbi.
　　　　一陣　一陣　工　下暴雨-并　水面起泡-現
　　　　急一陣慢一陣的發喘起泡兒。（四42a8）

10-1024　sonjo-re-ngge.
　　　　選-未-名
　　　　揀選的。（四42b1）

10-1025　waiku moqikv be emu jergi,
　　　　歪斜　不周正　賓　一　等級
　　　　歪的偏的一等兒，（四42b1）

10-1026　hari mudangga emu duwali,
　　　　斜　　彎曲　　一　類
　　　　斜的灣的一類兒，（四42b2）

10-1027　milahvn gahv emu hoki,
　　　　敞口　向前彎曲　一　幫派
　　　　撇的曲的一夥兒，（四42b3）

10-1028　teksin tondo ningge be aqule,
　　　　整齊　直　東西　賓　另外
　　　　齊節直的另放著，（四42b3）

10-1029　eden ekiyehun ningge aina-ki se-mbi,
　　　　欠缺　缺少　東西　做什麼-祈　助-現
　　　　殘缺的要他怎麼，（四42b4）

10-1030　qihangga demun -i gama-qi gama-kini.
　　　　自願　詭計　屬　拿去-祈　拿去-祈
　　　　由著他們拿就拿了去罷。（四42b4-5）

10-1031　juhe.
　　　　冰
　　　　冰。（四42b6）

10-1032　qang　se-me　geqe-he,
　　　　　盡是　助-并　結冰-完
　　　　　凍了個梃硬，（四42b7）

10-1033　akdun　tung　se-mbi,
　　　　　結實　鐘鼓聲　助-現
　　　　　結結實實的堅固，（四42b7）

10-1034　ere　gese　tang　se-re　mangga　de,
　　　　　這個　樣子　堅實　助-未　硬　位
　　　　　像那樣的堅冰甚麼，（四42b7-8）

10-1035　ai-be　se-me　ete-ra-kv,
　　　　　什麼-賓　助-并　忍受-未-否
　　　　　觔不動，（四42b8）

10-1036　fiyere-me siqa-ka, gakara-me xanaha be tuwa-qina,
　　　　　裂縫-并　震動-完　裂開-并　山海關　賓　看-祈
　　　　　只看那橫三豎四裂的十字八道凍的罷，
　　　　　（四42b8-43a1）

10-1037　muluno-me dukdure-fi ne de isi-tala aka-ha-bi.
　　　　　起大梁-并　　隆起-順　地面　與　到-至　凍-完-現
　　　　　當中起脊兒凍了個徹底。（四43a1-2）

10-1038　gurgu.
　　　　　野獸
　　　　　走獸。（四43a3）

10-1039　emu　buhv　alarame　hejihele-me　ji-mbi,
　　　　　一　鹿　順山崗走　喘氣-并　來-現
　　　　　一個鹿擦著上岡子來，（四43a4）

10-1040　bi　geule-me　haiharame　　hekdereme　arqa-qi,
　　　　　我　捉-并　　順半山腰走　沿山腰不平處走　截斷-條
　　　　　我悄悄兒的從山腰裏橫去截他的岔兒，（四43a4-5）

10-1041　fiyelfin　-i　ba-de　lola,
　　　　　慢坡　　屬　地方-位　没料想
　　　　　在山懷裏可可兒的撞見，（四43a5）

10-1042　niuro-fi　　gabta-qi untuhun,
　　　　　神魂顛倒-順　射箭-條　空
　　　　　慌手慌脚的射了¹個空，（四43a5-6）

10-1043　ai　hvdun　seheri　sehehuri,
　　　　　什麽　快速　山峰　　高聳
　　　　　什麽空兒孤零零的上，（四43a6）

10-1044　fiyeleku gvlakv hada ninggu de　sekseri　tafa-ka.
　　　　　陡峭　　峭壁　碎石　頂上　位　箭插在目標上 往上爬-完
　　　　　在椏椏叉叉黑乎乎的懸崖峻嶺的峰頭上。（四43a6-7）

10-1045　ibagan.
　　　　　妖怪
　　　　　狐媚子。（四43a8）

10-1046　uyalja-me sunggelje-re beye-i giru,
　　　　　悠悠晃動-并　嫋娜-未　身體-屬　體態
　　　　　嬝娜的個身才，（四43b1）

---

1 了：聽松樓本、先月樓本無此字。

10-1047　haiharxa-me kiyolorjo-ro hoqikon saikan,
　　　　　搖晃着走-并　裝模作樣-未　俊美　好看
　　　　　喬樣俏皮的好看,（四43b1-2）

10-1048　ijarxa-me　uyurxe-re angga,
　　　　　笑盈盈-并　笑起來嘴好看-未　嘴
　　　　　笑吟吟的個紅嘴唇兒,（四43b2）

10-1049　gelmelje-me irgaxa-re hojo faha,
　　　　　發光-并　　送秋波-未　嬌媚　眼珠
　　　　　水汪汪的個風騷眼珠兒,（四43b2-3）

10-1050　bumbulja-me yumbur-je-re yali jun,
　　　　　鼓脹-并　　　滋潤-常-未　肉　經脉
　　　　　臕膨滋潤的個皮膚,（四43b3）

10-1051　enqu haqin niulhvngga,
　　　　　異樣　種類　光滑
　　　　　異樣刁鑽的個丰[1]韻,（四43b3）

10-1052　waka-i　hala-i iqangga,
　　　　　錯誤-屬　乖謬-屬　順當
　　　　　千伶百俐的個順當,（四43b4）

10-1053　boiholo-bu-re hutu,
　　　　　自由走-使-未　鬼怪
　　　　　掇弄人的個妖精,（四43b4）

10-1054　xuhabu-re[2] fayangga,
　　　　　風流-未　　靈魂
　　　　　風流不了的個冤家[3],（四43b4）

1　丰：聽松樓本、先月樓本作"手"。
2　xuhabure：意不詳,語法標注據漢字部分及該詞結構出。
3　冤家：聽松樓本、先月樓本作"精神"。

10-1055　uju　gedu-me　usingge,
　　　　　頭　　啃-并　　孤單人
　　　　　啃人腦瓜的個孽根，（四43b5）

10-1056　eigen tori-me banji-ha.
　　　　　丈夫　飄轉-并　生活-完
　　　　　慣換漢子的個材料。（四43b5）

10-1057　ailungga.
　　　　　俊俏
　　　　　喬浪的。（四43b6）

10-1058　bixukan daxokon -i etu-fi,
　　　　　平展　　舒展　工　穿-順
　　　　　舒眉展眼的穿著，（四43b7）

10-1059　der dar　se-me dasata-ha,
　　　　　打扮豔麗貌　助-并　打扮-完
　　　　　嬌嬌媚媚[1]的打扮，（四43b7）

10-1060　kuku kaka[2] -i koisikv[3],
　　　　　笑不出聲貌　屬　嬌樣
　　　　　不笑不說話的個喬樣，（四43b7-8）

10-1061　ilenggu ilbaxa-me haihvngga,
　　　　　舌頭　　抿嘴笑-并　柔軟
　　　　　吐舌咂嘴的個風騷，（四43b8）

1　嬌嬌媚媚：聽松樓本、先月樓本作"嬌嬈妭媚"。
2　kaka：聽松樓本、先月樓本作aka。
3　koisikv：意不詳，語法標注據漢字部分出。

10-1062　miusirla-me¹ ildamu,
　　　　　微笑-并　　　風流
　　　　　抿著²嘴兒笑的個風流，（四43b8-44a1）

10-1063　uxa-me tata-me ailungga,
　　　　　扯-并　拉-并　俊俏
　　　　　扯著拉著的個喬浪，（四44a1）

10-1064　kiyamna-me kiyalma-me buheliye-fi,
　　　　　鑲-并　　　鑲嵌-并　　蒙-順
　　　　　鑲著嵌著，（四44a1）

10-1065　sifi-me　sisi-me jibsibu-ha.
　　　　　戴簪子-并 插入-并　重疊-完
　　　　　插金帶銀的攢著。（四44a2）

10-1066　muke.
　　　　　水
　　　　　水。（四44a3）

10-1067　xeri labdu de,
　　　　　泉　多　位
　　　　　泉眼多，（四44a4）

10-1068　baba-qi muke bulhv-mbi³,
　　　　　到處-從　水　　冒水-現
　　　　　到處裏冒水，（四44a4）

1　miusirlame：二酉堂本、雲林堂本作miusirlame。
2　抿著：二酉堂本、雲林堂本無此二字。
3　bulhvmbi：聽松樓本、先月樓本作bulhombi。

10-1069　aga muke erin　o-ho manggi jolho-me debe-mbi,
　　　　　雨　水　時候　成爲-完　之後　　噴-并　　溢-現
　　　　　到雨水時候望上漾漲出來，（四44a4-5）

10-1070　delixe-me bilgexe-mbi,
　　　　　水滿晃動-并　蕩漾-現
　　　　　耀眼晶光的明亮，（四44a5）

10-1071　muke hargi de yungga furgi-bu-fi quwan be ton akv⁴
　　　　　水　　湍流　位　沙土　潮涌-被-順　船　賓　數量　否
　　　　　hvfuhvwabu-mbi,
　　　　　擱淺-現
　　　　　水緊淤的砂子嘗嘗兒的淺住船，（四44a5-6）

10-1072　ekqin dalan be kori-me,
　　　　　岸　　堤　賓　挖-并
　　　　　浣涯坍堤，（四44a7）

10-1073　xorgi-me dende-je-me uleje-mbi.
　　　　　穿孔-并　分開-常-并　坍塌-現
　　　　　衝坍的到處裏坍出豁口子來。（四44a7）

10-1074　muke.
　　　　　水
　　　　　水。（四44a8）

10-1075　xeri akv muke,
　　　　　泉　否　水
　　　　　没泉的水，（四44b1）

4　ton akv：此爲固定用法，意爲"不時、時常"。

10-1076 oilo niuhon niumon buri-ha-bi,
表面　綠色　青苔　蒙-完-現
水皮兒上一層录蓁蓁的，（四44b1）

10-1077 ba nuhaliyan derbehun de,
地方　窪地　潮濕　位
打那地窪潮濕上石頭一帶，（四44b1-2）

10-1078 mou wehe qi ana-me funtana-fi niyamala banji-mbi,
木頭　石頭　從　擴展-并　起白醭-順　青苔　生長-現
都長出青苔來，（四44b2-3）

10-1079 te muke fusihvn te-fi sengse-ke,
現在　水　下　沉積-順　略干-完
如今水下去滲乾了，（四44b3）

10-1080 na gemu giyapina-me kobqi-fi burene-he-bi,
地　都　重疊-并　脫落-順　地面起皮-完-現
地都爆裂的起重皮，（四44b3-4）

10-1081 anta muke-i erin se-me,
果真　水-屬　時候　稱爲-并
就是雨水[1]的時候，（四44b4）

10-1082 kemuni duranggi akxan taga qanggi.
還是　渾濁　被水冲散的雜草　浮草　盡是
還是渾河阿裏不咱的全是些亂草。（四44b5）

10-1083 silmen.
鷂子
鷂子。（四44b6）

---

1 雨水：聽松樓本、先月樓本作"宋發"。

10-1084　ebte　o-mbi-o,
　　　　窩雛　可以-現-疑

　　　　我説窩鵰也罷，（四44b7）

10-1085　hukxen　baha-mbi-o,
　　　　長期飼養的鷹　能够-現-疑

　　　　籠鷂子也罷，（四44b7）

10-1086　emke isibu se-qi,
　　　　一　　送.祈　助-條

　　　　帶一個[1]來，（四44b7）

10-1087　emu lebdehun jafata benji-he-bi,
　　　　一　　呆滯　　小黃鷹　生存-完-現

　　　　送[2]了個待死布拉活的個秋黃，（四44b7-8）

10-1088　do-bu-qi[3]　aya-mbi,
　　　　落脚-使-條　撲扇翅膀-現

　　　　落的架子上，（四44b8）

10-1089　xoxon -i　bo-qi geli ehe,
　　　　鷹糞　屬　直下-條　又　壞

　　　　會撲拉打的條又不好，（四44b8-45a1）

10-1090　isibu-re de　　fiyele-mbi,
　　　　送-未　　位　鷹不抓獵物而高飛-現

　　　　滾他不拿飄野兒，（四45a1）

1　帶一個：聽松樓本、先月樓本作"拿一夬個"。
2　送：聽松樓本、先月樓本無此字。
3　dobuqi：聽松樓本、先月樓本作daboqi，二酉堂本、雲林堂本作doboqi。

10-1091　kali-bu-ha hairakan be,
　　　　　遠飛-使-完　可惜　賓
　　　　　放了生了可惜了的食,（四45a1）

10-1092　tere gesengge be uji-fi aina-ki se-mbi.
　　　　　那樣　一樣　賓　養-順　做什麼-祈　助-現
　　　　　那樣的要他做甚麼。（四45a2）

10-1093　giyahvn.
　　　　　鷹
　　　　　黃鷹。（四45a3）

10-1094　minde emu sain giyahvn bi,
　　　　　我.與　一　好　鷹　有
　　　　　我有一個好鷹,（四45a4）

10-1095　ulhvma be don ba-de isibu-ra-kv,
　　　　　野鷄　賓　一翅　地方-與　到-未-否
　　　　　野鷄不容到一翅子,（四45a4-5）

10-1096　lakdari gemu oilori tabu-mbi,
　　　　　正好　都　上面　拉扯-現
　　　　　倒提搊著懸扯,（四45a5）

10-1097　suksure-me inu jafa-mbi-qibe,
　　　　　鷹打椿-并　也　拿-現-讓
　　　　　雖是雲起來罩著也拿,（四45a5-6）

10-1098　gvlmahvn be emke-de emken fori-qi burhari,
　　　　　兔子　賓　一個-與　一個　擊打-條　消散
　　　　　兔子見一個是一個翻白兒,（四45a6）

10-1099　damu　　orhon　　-i honggon -i jilgan kalar se-qi,
　　　　　祇是　猛禽尾部的翎　屬　　鈴　屬　聲音　叮噹響 助-條
　　　　　只聽那飄鈴兒的聲响，（四45a7）

10-1100　ai　hvdun de xoforo-fi aliya-ha-bi.
　　　　　什麼 快速　位　鷹抓物-順　等-完-現
　　　　　什麼空兒拿住了等著你呢。（四45a7-8）

10-1101　jibegun.
　　　　　被子
　　　　　被。（四45b1）

10-1102　tuku mangga geli niyanqa-ha doko,
　　　　　表面　硬　又　有耐性-完　裏子
　　　　　面子硬又是個漿的裏子，（四45b2）

10-1103　sekte-he kubun jiramin o-joro jakade,
　　　　　鋪-完　　棉花　豐厚　可以-未　因爲
　　　　　鋪的棉花厚，（四45b2-3）

10-1104　kikvr　se-me dasi-re de nenggele-bu-me,
　　　　　布帛稠密貌 助-并 掩蓋-未 位　架起-使-并
　　　　　皺牛似的蓋著枝楞著，（四45b3）

10-1105　tere-i　kuxun iqakv de aika emu ji-mbi-o?
　　　　　那個-屬 不舒服 不合意 位 什麼　一　來-現-疑
　　　　　那個不自在不受用的上那裏有個覺來？（四45b3-4）

10-1106　tede　bi hono beye beye-be wakaxa-me,
　　　　　那個.位 我 還　身體　身體-賓　責怪-并
　　　　　因爲那麼著我還自己怪自己，（四45b4-5）

10-1107　agu si atanggi bi-he,
　　　　兄長 你 何時　有-完
　　　　哥兒你是多儧個來著，（四45b5）

10-1108　tuttu tangsu taqi-ha,
　　　　那樣　嬌生　習慣-完
　　　　那們嬌生愛養慣了，（四45b5-6）

10-1109　si we-de uttu fiyangguxa-mbi,
　　　　你 誰-與 這樣　撒嬌-現
　　　　你望著誰這們撒嬌兒，（四45b6）

10-1110　gisun de jabxa-bu-fi,
　　　　話語 與 幸運-被-順
　　　　得了話的濟，（四45b6）

10-1111　amala majige sula-ha,
　　　　後面　稍微　保留-完
　　　　後頭略鬆一鬆兒，（四45b7）

10-1112　sakda-sa -i gisun absi akdun,
　　　　老人-複　屬 話語 哪裏 堅實
　　　　老家兒的話有信，（四45b7）

10-1113　jobo-ro be doso-mbu-qi o-mbi, jirga-ra be doso-mbu-qi o-jora-kv
　　　　辛苦-未 賓 忍耐-使-條 可以-現 安逸-未 賓 忍耐-使-條 可以-未-否
　　　　se-mbihe,
　　　　助-過
　　　　人耐得苦不耐閑，（四45b8-46a1）

10-1114　baha-fi sa-ha-ngge inenggi teni.
　　　　得到-順 知道-完-名 日子　纔
　　　　今日纔得知道。（四46a1）

10-1115　niyarhvla-ha-ngge.
　　　　坐月子-完-名
　　　　做了月子的。（四46a2）

10-1116　nike-he,
　　　　倚靠-完
　　　　睡倒了，（四46a3）

10-1117　sain -i beye isihi-ha,
　　　　好　屬　身體　分娩-完
　　　　安頓頓的分娩了，（四46a3）

10-1118　huhun sida-ka-kv de, jui mujakv suila-ha,
　　　　乳房　舒展-完-否　位　孩子　很　辛苦-完
　　　　奶不下來孩子苦腦了，（四46a3）

10-1119　tetele kemuni niyanggv-me fo ulebu-mbi,
　　　　至今　還　嚼-并　給嬰兒喂食-現
　　　　到如今還是嚼著東西他哑，（四46a4-5）

10-1120　emhe mergen,
　　　　婆婆　賢慧
　　　　婆婆賢慧，（四46a5）

10-1121　obo-me se-me obo-me,
　　　　洗-并　助-并　洗-并
　　　　洗是洗，（四46a5）

10-1122　hvsi-me se-me hvsi-mbi,
　　　　纏裹-并　助-并　纏裹-現
　　　　裹是裹，（四46a5-6）

10-1123 bou-i hehe-si kvtu fata tuqi-re dosi-re,
家-屬　女人-複　急忙迅速貌　出-未　進-未

家下女人殷勤進來出去的，（四46a6）

10-1124 jodo-hoi banji-mbi,
來往-持　　生活-現

搗緶似的，（四46a7）

10-1125 geli weqeku de gida-me,
又　　神位　　位　壓-并

又壓神，（四46a7）

10-1126 aji　　　ofi,
頭一個孩子　因爲

因頭生頭長的，（四46a7）

10-1127 managan benji-re be,
小孩尿布　送來-未　賓

預備著送粥米，（四46a8）

10-1128 doigomxome gemu onggolo giyan fiyan[1] belhe-bu-me afabu-mbi.
預先　　　　都　　以前　　道理　顏色　　預備-使-并　交付-現

預[2]先就安排備的停停當當的了。（四46a8-b1）

10-1129 amsun.
供品

祭祀。（四46b2）

1　giyan fiyan：此爲固定用法，意爲"按照順序"。
2　預：二酉堂本、雲林堂本作"湏"。

10-1130　amba taman,
　　　　　大　　公猪
　　　　頭號大猪，（四46b3）

10-1131　namkiya-me¹ tarhv,
　　　　　奢侈-并　　肥
　　　　翻肥，（四46b3）

10-1132　hor har jungxun suita-fi,
　　　　　呼吸聲　灌猪耳的酒　灌-順
　　　　呼兒呼兒的耳朵裏澆酒²，（四46b3-4）

10-1133　weqeku uli-ha manggi,
　　　　　神主　獻祭-完　之後
　　　　祖宗接了，（四46b4）

10-1134　tekde-fi tuwa-qi,
　　　　　死-順　　看-條
　　　　簽了猪瞧時，（四46b4）

10-1135　eimerquke fisin yali fuhali sabu-ra-kv,
　　　　　可厭　　稠密　肉　全然　看見-未-否
　　　　肥的可嗔不見個精肉，（四46b5）

10-1136　nimenggi qanggi nimenggi,
　　　　　油　　盡是　　油
　　　　一片都是油，（四46b5-6）

10-1137　bilhaqungga niyalma o-ho-de,
　　　　　貪吃　　　　人　　成爲-完-位
　　　　食嗓大的人³，（四46b6）

1　namkiyame：意不詳，或爲mamgiyame之誤，語法標注據後者出。
2　酒：二酉堂本作"洒"。
3　人：聽松樓本、先月樓本無此字。

10-1138　je-qi je-ke dabala,
　　　　　吃-條 吃-完　罷了
　　　　　要吃吃了罷了，（四46b6-7）

10-1139　bilha bixun,
　　　　　咽喉　不饞
　　　　　吃食尊貴，（四46b7）

10-1140　jada-ha niyalma o-jora-kv,
　　　　　殘疾-完　　人　　可以-未-否
　　　　　殘疾人不中用，（四46b7）

10-1141　inu bai xa-me tuwa-mbi,
　　　　　也　平白　瞧-并　看-現
　　　　　也只乾看著，（四46b8）

10-1142　manggai je-qi o-qi,
　　　　　不過　　吃-條 成為-條
　　　　　就吃，（四46b8）

10-1143　fiyenggu jun yali,
　　　　　腹部肉厚處 經脉　肉
　　　　　也只是些厚肚兒燒猪皮兒，（四46b8-47a1）

10-1144　moloho[1],
　　　　　大腸
　　　　　大腸頭兒，（四47a1）

10-1145　buge -i jergi,
　　　　　軟骨　屬　種類
　　　　　脆骨之類，（四47a1）

1　moloho：聽松樓本、先月樓本作oloho。

10-1146　ai   je-mbi,
　　　　什麼 吃-現

　　　　什麼是吃，（四47a1）

10-1147　gebu gai-me keser keser udu mangga.
　　　　名字　拿-并　咀嚼硬脆物貌　幾　　口

　　　　耽著名兒嚼叉幾口。（四47a1-2）

10-1148　qamangga.
　　　　難對付

　　　　要調的。（四47a3）

10-1149　dolo yeduhvxa-qi,
　　　　裏面　餓-條

　　　　肚裏要是餓，（四47a4）

10-1150　xangga buda bi,
　　　　水　　 飯　有

　　　　有水飯，（四47a4）

10-1151　fiyor   se-me usihiye-qi,
　　　　喝粥吸氣貌 助-并　喝粥-條

　　　　希離呼嚕的喝了，（四47a4-5）

10-1152　inu emu alban waji-mbi,
　　　　也　一　公務　完結-現

　　　　也完個差使，（四47a5）

10-1153　aiseme yasa bultahvn -i hada-hai xa-qa-me ili-ha-bi,
　　　　爲什麼　眼睛　露出　 工　盯-持　瞧-常-并 起來-完-現

　　　　眼睛提嚕都魯的儘著看的是什麼，（四47a5-6）

10-1154　xaru-ka buda se-mbi-o?

　　　　　加湯-完　飯　　説-現-疑

　　　　　你説是投的飯麼？（四47a6-7）

10-1155　waka,

　　　　　不是

　　　　　不是，（四47a7）

10-1156　haha niyalma,

　　　　　男　　人

　　　　　漢子家，（四47a7）

10-1157　teike teike baita ai boljon,

　　　　　一會　一會　事情　什麼　定準

　　　　　一會兒一會兒的事情有甚麼捆兒，（四47a7-8）

10-1158　agvra iqihiya-ra-ngge,

　　　　　器具　　整理-未-名

　　　　　收拾家伙，（四47a8）

10-1159　damu simbe teile jing aliya-ha-bi.

　　　　　祇是　你.賓　唯獨　正在　等-完現

　　　　　就自獨獨兒的儘著等著你呢。（四47a8-b1）

10-1160　gasha.

　　　　　鳥

　　　　　飛禽。（四47b2）

10-1161　herquhekv de,

　　　　　不留意　　位

　　　　　不理論，（四47b3）

10-1162　silmen be tuhe-ke,
鷂子　賓　落下-完
鷂子狠扣食，（四47b3）

10-1163　emdubei aya-mbi,
祗顧　　撲扇翅膀-現
不住的撲拉，（四47b3）

10-1164　inu hukxe-re erin o-ho,
也　感激-未　時候　成為-完
也該籠的時候子了，（四47b4）

10-1165　bujan gemu yaksi-ka-bi,
樹林　都　　關閉-完-現
林木茂盛了，（四47b4）

10-1166　kali-ka manggi, hairakan,
往上飛-完 之後　　可惜
飄了可惜了的，（四47b5）

10-1167　emile-bu-he-de si te aibi-de baihana-ra,
遮住-被-完-位　你 現在 哪裏-位　找-未
遮住了你可望那裏尋去，（四47b5）

10-1168　debsi-re sain,
振翅-未　好
飛的快，（四47b6）

10-1169　tuqi-dari dehi susai gala waka o-qi,
出-每　四十 五十　手 不是 成為-條
每遭兒出去不著四五十拳，（四47b6-7）

10-1170　bi qongki-bu-ra-kv.
　　　　　我　啄食-使-未-否
　　　　　我不餐他。（四47b7）

10-1171　xahvra-ka-ngge.
　　　　　變冷-完-名
　　　　　心寒的。（四47b8）

10-1172　majige manggala-me hendu-he biqi,
　　　　　稍微　加重-并　　說-完　若有
　　　　　重言語說了他幾句，（四48a1）

10-1173　jui miyarsirla-mbi[1],
　　　　　孩子　撇嘴欲哭-現
　　　　　孩子就撇嘴兒要哭，（四48a1）

10-1174　mini beye-be bi wakaxa-me,
　　　　　我.屬　自己-賓　我　責怪-并
　　　　　我自己怪自己，（四48a1-2）

10-1175　buktan hala akv ainu uttu yabu-mbi-ni se-me,
　　　　　堆　　樣子 否　怎麼 這樣　行事-現-呢　助-并
　　　　　我怎麼有一搭兒沒一搭兒的這們個行事，（四48a2-3）

10-1176　aliya-me gvni-ha,
　　　　　後悔-并　想-完
　　　　　好不後悔，（四48a3）

1　miyarsirlambi：意不詳，或爲miyasirilambi變體，語法標注據後者出。

10-1177　erebe bi beye-i jui qi enqu tuwa-ha ba akv,
　　　　他.賓　我　自己-屬　孩子　從　別的　看-完　地方　否
　　　　把他比著自己的孩子没兩樣看，（四48a3-4）

10-1178　dulemxe-me gama-ra-kv,
　　　　過去-并　　　處置-未-否
　　　　不放過界兒，（四48a4）

10-1179　taqihiya-hai ji-he-ngge yargiyan,
　　　　教導-持　　　來-完-名　　真實
　　　　時嘗教導他是實，（四48a4-5）

10-1180　tere hami-ra-kv[1],
　　　　他　忍受-未-否
　　　　他受作不得，（四48a5）

10-1181　korso-ro be we bodo-ho bihe,
　　　　悔恨-未　賓　誰　籌算-完　過
　　　　誰想道他虧心，（四48a5-6）

10-1182　foihori,
　　　　忽略
　　　　忽略得狠，（四48a6）

10-1183　mini hvlhitu ba-be fanqa-me,
　　　　我.屬　糊塗　地方-賓　生氣-并
　　　　我的那渾的去處，（四48a6）

10-1184　bi ton nakv niyalma de ala-mbi.
　　　　我　數量　否　人　　與　告訴-現
　　　　氣得我時嘗告訴人。（四48a6-7）

1　hamirakv：聽松樓本、先月樓本作gamirakv，二酉堂本、雲林堂本作kamirakv。

10-1185　korso-ro-ngge.
　　　　後悔-未-名
　　　　虧心的。（四48a8）

10-1186　emu gisun de uthai dokdorila-ha,
　　　　一　話語　位　就　嚇一跳-完
　　　　一句話唬了我一多縮，（四48b1）

10-1187　ise-he niyalma,
　　　　畏懼-完　人
　　　　憽了的人，（四48b1）

10-1188　dule yaya de o-jora-kv,
　　　　原來　任何　位　成爲-未-否
　　　　原來無論那裏不中用，（四48b2）

10-1189　tede ai giyanakv tuttu o-qi aqa-mbi,
　　　　那.位 什麼 能有多少 那樣 成爲-條 應該-現
　　　　那上頭你有什麼應該那們著，（四48b3）

10-1190　budun waji-ra-kv,
　　　　懦弱　完結-未-否
　　　　屢行子，（四48b3）

10-1191　minde bi labdu usa-ka,
　　　　我.與　我　多　灰心-完
　　　　自己吊了味兒了，（四48b3）

10-1192　si bai de hono uttu kai,
　　　　你　平白　位　還　這樣　啊
　　　　不怎麼的上頭你還這麼著的，（四48b4）

10-1193　unenggi ba-de bi-he bi-qi.
　　　　　誠然　地方-位　有-完　有-條
　　　　　到個四角臺兒上怎麼著好。（四48b4）

10-1194　erdele-he-ngge.
　　　　　趁早-完-名
　　　　　穿早了的。（四48b5）

10-1195　agu　goho bi-sire be tukiyeqe-me,
　　　　　兄長　好裝飾　有-未　賓　誇耀-并
　　　　　阿哥俏皮逞富貴，（四48b6）

10-1196　erin waka de,
　　　　　時候　不是　位
　　　　　不是時候子，（四48b6）

10-1197　gathvwa nere-he-bi,
　　　　　稀毛皮襖　披-完-現
　　　　　披上個小毛兒的皮袄，（四48b7）

10-1198　koitonggiu waka o-qi　ai?
　　　　　怪樣多　　不是　成爲-條　什麼
　　　　　可不是要調麼？（四48b7）

10-1199　hara　　　seke ningge se-re,
　　　　　秋天的短毛皮貂皮　東西　助-未
　　　　　説是個秋板兒貂獵的作怪，（四48b8）

10-1200　demesile-me tamin　aqabu-ha-kv ba-be,
　　　　　怪異-并　　毛皮的毛梢　符合-完-否　地方-賓
　　　　　毛杪不齊不齊的去處，（四48b8-49a1）

10-1201　gemu goholo-me gai-ha-bi,
　　　　　都　　鉤住-并　取-完-現
　　　　　都著釣子鉤的去了，（四49a1）

10-1202　ai se-mbi tuttu anggala,
　　　　　什麼 助-現 那樣 與其
　　　　　知道什麼強是那們的，（四49a1-2）

10-1203　inemene kangsa-me niltubu-qina.
　　　　　索性　　過於誇大-并 把毛剃光-祈
　　　　　索性精光的把毛禿捋了罷咱。（四49a2）

10-1204　bene-bu-re-ngge.
　　　　　送-使-未-名
　　　　　送去的。（四49a3）

10-1205　qak se-me uhu,
　　　　　狠狠貌 助-并 裹.祈
　　　　　裹緊著，（四49a4）

10-1206　fita qirala-ra-kv o-fi,
　　　　　結實 弄緊-未-否 成為-順
　　　　　裹不結實，（四49a4）

10-1207　jugvn de tuhe-bu-ra-kv,
　　　　　路　 位　落-使-未-否
　　　　　仔細路上吊了，（四49a4-5）

10-1208　te-he-ngge goro,
　　　　　住-完-名　遠
　　　　　住的遠，（四49a5）

10-1209 aibi-de bi-sire-ngge,
　　　　哪裏-位　有-未-名
　　　　老大的遠，（四49a5）

10-1210 dolo youni jinkejiri janjiri¹ asikasi buyasi jaka,
　　　　裏面　全是　參差不齊貌　小物件　小　東西
　　　　裏頭都是些零星碎東西，（四49a6-7）

10-1211 togan,
　　　　腰帶
　　　　鞓帶，（四49a7）

10-1212 kanggiri,
　　　　櫃子鎖口
　　　　櫃子的雲頭，（四49a7）

10-1213 gvrgi,
　　　　扣環
　　　　搯子舌頭，（四49a7）

10-1214 erhe uju, meiren, ulenggu,
　　　　念珠　頭　串珠　佛臍珠
　　　　佛頭，佛肩，佛脚，（四49a7-8）

10-1215 oqir jergi haqin,
　　　　佛塔　等級　種類
　　　　背雲之類，（四49a8）

10-1216 emken waliya-bu-qi,
　　　　一　　　丟-被-條
　　　　要丟一件，（四49a8）

1　janjiri：二酉堂本、雲林堂本作janqiri。

10-1217　tereqi gvwa gemu baitakv o-mbi,
　　　　　其他　別的　都　無用　成爲-現
　　　　　其餘別的都不中用了，（四49b1）

10-1218　si　da-qi heulen qalahari.
　　　　　你　原本-從　散漫　迂腐
　　　　　你原喇呼舛錯。（四49b1-2）

10-1219　gasa-ra-ngge.
　　　　　抱怨-未-名
　　　　　抱怨的。（四49b3）

10-1220　ere-be tere-be se-hei,
　　　　　這-賓　那-賓　想-持
　　　　　只顧這般那般的，（四49b4）

10-1221　onggo-tai elekei　giu turi-bu-he,
　　　　　忘-極　差一點兒　狍子　失去-完
　　　　　忘了差一點兒旗杆底下誤了操，（四49b4-5）

10-1222　bi inu muke-i hanqi muqen dobo-qi ja se-mbihe,
　　　　　我 也　水-屬　近　鍋　供奉-條 容易 助-過
　　　　　我也是趁水好和泥來著，（四49b5-6）

10-1223　holkonde uthai kvbuli-re be we tuttu gvni-mbi,
　　　　　突然　就　變化-未　賓　誰　那樣　想-現
　　　　　猛個丁的誰想有這們一變，（四49b6-7）

10-1224　erebe ja　de boli-me gaji-ha-bi-o?
　　　　　他.賓 容易 位 引誘-并 帶來-完-現-疑
　　　　　把他好容易的誘的來了麼？（四49b7）

10-1225 jaqi serebe,
　　　　　太　　小心
　　　　　太蒼，（四49b8）

10-1226 tere aika sinde tontoko ji-qi ai bai-re.
　　　　　他　如果　你.與　確切　來-條　什麼　求-未
　　　　　他若順當當的來少什麼？（四49b8-50a1）

10-1227 goiman.
　　　　　風流
　　　　　浪的。（四50a2）

10-1228 niyengniyeri -i haron¹ adarame,
　　　　　春天　　　　屬　原因　怎麼
　　　　　春氣的過失怎的，（四50a2）

10-1229 baibi niyalhvnja-me beye lushun,
　　　　　祇是　　發昏-并　　身體　疲乏
　　　　　只是酸軟的身子懈怠，（四50a3-4）

10-1230 qele-bu-me xada-shvn,
　　　　　倦怠-使-并　困乏-弱
　　　　　越閑越覺乏的懶動彈，（四50a4）

10-1231 erge-mbu-me jirga-ra be bodo-qi,
　　　　　安歇-使-并　安閑-未　賓　料想-條
　　　　　若論安閑，（四50a4-5）

1　haron：意不詳，或爲harun之誤，語法標注據後者所出。

10-1232　bi　ai　jobo-ho,
　　　　我　什麼　受苦-完
　　　　我受了甚麼辛苦，（四50a5）

10-1233　ainu　uttu　sanggv,
　　　　怎麼　這樣　稱人心
　　　　怎麼這們稱人的怨，（四50a5）

10-1234　tebiqi　kiri-hai bi,
　　　　到如今　忍耐-持　現
　　　　到如今我只捫著，（四50a5-6）

10-1235　ala-qi　gisun -i fesin,
　　　　告訴-條　話語　屬　話柄
　　　　告訴人又是話靶兒，（四50a6）

10-1236　oforo de emu haqin -i wa　su ehe,
　　　　鼻子　位　一　種類　屬　味道　氣味　壞
　　　　鼻子裏異樣刁鑽的氣味不好，（四50a6-7）

10-1237　erin waji-fi　te isi-ka.
　　　　時候　完結-順　現在 到-完
　　　　時候不好了待終了。（四50a7）

10-1238　menen.
　　　　癡傻
　　　　傻子。（四50a8）

10-1239　alin koqo -i eihun,
　　　　山　偏僻　屬　愚昧
　　　　山噶喇子裏的山傻子，（四50b1）

10-1240　fuhali niyalma waka,
　　　　　全然　　人　　不是
　　　　　再不是個人，（四50b1）

10-1241　turgun akv-de sabu-ha masi¹ hoho　inje-mbi,
　　　　　緣故　否-位　看見-完　甚　呵呵笑貌　笑-現
　　　　　無故的見了人只是呵呵的笑，（四50b1-2）

10-1242　terei uju-i hukxe-he bethe fehu-he ba-be,
　　　　　他.屬　頭-屬　頂-完　　脚　　踩-完　地方-賓
　　　　　你把他頭頂的脚趾的去處，（四50b2-3）

10-1243　bai qende-me si² tede fonji-me tuwa,
　　　　　白白　試-并　你　他.與　問-并　看.祈
　　　　　白試試你問他看，（四50b3-4）

10-1244　jabxan-de uju gehexe-qi,
　　　　　幸福-位　頭　點頭-條
　　　　　高興點頭兒，（四50b4）

10-1245　inu tumen de akv baita,
　　　　　也　一萬　位　否　事情
　　　　　也是再也没的事，（四50b4-5）

10-1246　tuttu bime,
　　　　　那樣　雖然
　　　　　雖是那們的，（四50b5）

10-1247　tede inu emu gai-qi aqa-ra　ba-bi,
　　　　　他.與　也　一　取-條　應該-未　地方-有
　　　　　他也有可取的地方，（四50b5-6）

1　masi：意不詳，二酉堂本作asi，語法標注據後者出。
2　si：聽松樓本、先月樓本作i。

10-1248　alin de deiji-re mou gana-bu-re de,
　　　　　山　位　燒-未　木頭　去拿-使-未　位
　　　　　山裏取燒柴去，（四50b6-7）

10-1249　fuhali aqiha,
　　　　　完全　　垛子
　　　　　總說是個垛¹子，（四50b7）

10-1250　baran alin -i adali,
　　　　　情勢　山　屬　一樣
　　　　　堆垛兒像個山，（四50b7-8）

10-1251　meihere-fi gaiji-mbi.
　　　　　抗-順　　拿來-現
　　　　　抗了來。（四50b8）

10-1252　ele-bu-ra-kv-ngge.
　　　　　足夠-使-未-否-名
　　　　　不彀人的。（四51a1）

10-1253　yaya onggolo pampu etu nakv,
　　　　　全部　提前　　棉襖　穿.祈　之後
　　　　　來不來的穿上個朧袄，（四51a2）

10-1254　ele-ra-kv dabki-me kokoli　jibsi-mbi,
　　　　　足夠-未-否　貼-并　幔頭套衣服　重疊-現
　　　　　還不彀加上個緊身兒，（四51a2-3）

1　垛：聽松樓本作"馱"。

10-1255 laku be kuxun iqakv se-me,
厚棉褲 賓 不舒服 不如意 助-并
嫌厚棉褲皺不舒服，（四51a3）

10-1256 aduhi baitala-mbi,
皮褲　　用-現
用皮褲，（四51a4）

10-1257 du de hebtehe hvsi-fi,
胯骨 位 圍裙　包-順
腰裏圍著個寬帶子，（四51a4）

10-1258 ture-i qelin be telkin de tata-ha-bi,
靴韈子-屬 扯靴帶 賓 褲帶 位 拉-完-現
靴韈子的扯拉兒扯的褲帶兒上，（四51a5）

10-1259 gvlha de mangga niyeqen akv,
靴子 位 難　　補丁　否
靴子不著主跟子，（四51a6）

10-1260 fehu-hei guye te-he-bi,
踏-持　脚後跟 坐-完-現
踹的都坐跟了，（四51a6-7）

10-1261 haqin geren,
種類　多
要樣，（四51a7）

10-1262 meihere-re damjala-ra alban akv bime,
扛-未　　挑-未　　官差 否 而且
又没個抗挑的差使，（四51a7-8）

10-1263　hibta emke weile-fi　lolo se-mbi.
　　　　墊肩　一　製作-順　没完没了 説-現
　　　　做下個肩搭兒嘮大話。（四51a8）

10-1264　fiyakiya-ra-ngge.
　　　　曬熱-未-名
　　　　熱天。（四51b1）

10-1265　halhvn -i erin galman ija dekde-he-bi,
　　　　熱　屬　時候　蚊子　虻　生出-完-現
　　　　該熱的時候起了蚊虻了，（四51b2）

10-1266　ulha sai-re de hami-ra-kv,
　　　　牲畜　咬-未　位　忍受-未-否
　　　　牲口咬的受不的，（四51b2-3）

10-1267　uju seshete-me,
　　　　頭　抖動-并
　　　　布摔腦袋，（四51b3）

10-1268　uqehen lasihida-mbi,
　　　　尾巴　摔打-現
　　　　搖尾妃，（四51b3-4）

10-1269　yabu-re niyalma juquma buheliye-fi,
　　　　走-未　人　臉罩　蒙-順
　　　　行人蒙著罩子，（四51b4）

10-1270　arfukv be gala qi hokobu-ra-kv,
　　　　拂塵撣子　賓　手　從　離開-未-否
　　　　手裏不離整尾妃的蠅刷兒，（四51b5）

10-1271　xuwak sik　se-hei banji-mbi,
　　　　一齊鞭打聲　助-持　發出-現
　　　　嘗嘗不住的摔打，（四51b5-6）

10-1272　bilha fa-fi gahvxa-me,
　　　　咽喉　口渴-順　張口-并
　　　　嗓子乾渴的要命，（四51b6）

10-1273　katur kitur juhe baha-qi ergen.
　　　　嚼冰貌　　冰　得到-條　命
　　　　喇咥噶咥的把冰當命。（四51b7）

10-1274　amtan wa.
　　　　滋味　味道
　　　　味道。（四52a1）

10-1275　erin halhvn de,
　　　　時候　熱　位
　　　　天道熟，（四52a2）

10-1276　yaya jaka be asara-qi mangga,
　　　　凡是　東西　賓　收-條　難
　　　　一且東西難收，（四52a2）

10-1277　buda nikde-ke-bi[1],
　　　　飯　　餿-完-現
　　　　飯呢餿，（四52a3）

---

[1] nikdekebi：意不詳，或爲niyekdekebi之誤，語法標注據後者出。

10-1278 ufa ebe-ke-bi,
麵粉 黴爛-完-現
麵呢糟，（四52a3）

10-1279 yali weru-ka-bi,
肉 解凍-完-現
肉呢臭，（四52a3）

10-1280 nimenggi hakxa-ka-bi,
油膩 燒焦-完-現
油膩哈喇，（四52a4）

10-1281 jusihvn ningge gvwanqihiyan o-fi gvwaxa-ka-bi,
醋 東西 味道嗆 成爲-順 變味-完-現
酸的呢變，（四52a4-5）

10-1282 ede-ke manggi gemu baibi waliya-mbi,
食物變質-完 之後 都 祇是 丟弃-現
改變了都白撂，（四52a5）

10-1283 je-ki se-qi,
吃-祈 助-條
要吃呢，（四52a6）

10-1284 juken isingga,
足够 充分
剛彀，（四52a6）

10-1285 kemne-me gaisu,
較量-并 拿.祈
可著買，（四52a6）

10-1286 funqe-bu-qi derhuwe jabqa-fi sen waliya-mbi.
　　　　剩下-被-條　蒼蠅　群聚-順　洞　產卵-現
　　　　剩下了蒼蠅綜著下胙。（四52a6-7）

10-1287 sejen.
　　　　車
　　　　車。（四52a8）

10-1288 tebu-he be suwe tuwa,
　　　　裝載-完　賓　你們　看.祈
　　　　你們睄裝的，（四52b1）

10-1289 yasa gemu bija-ha-bi,
　　　　眼睛　都　挫傷-完-現
　　　　眼都瞎了，（四52b1）

10-1290 genggu-ke kai,
　　　　車轅重-完　啊
　　　　轅重了，（四52b1）

10-1291 si sabu-ra-kv-o?
　　　　你 看見-未-否-疑
　　　　你看不見麼？（四52b2）

10-1292 majige henu-bu-ra-kv xakxan,
　　　　稍微　說教-使-未-否　刁鑽人
　　　　一點不教人説牛奔兒，（四52b2）

10-1293 hendu-qi mada-fi,
　　　　說-條　發脾氣-順
　　　　說了他發作了，（四52b2-3）

10-1294　sinde sejen be kangtara-ka,
　　　　你.與　　車　賓　抬起車轅-完
　　　　他會給你個轅輕，（四52b3）

10-1295　ambara-me nimara-ra-de,
　　　　加大-并　　下雪-未-位
　　　　大雪裏，（四52b3）

10-1296　ume tuqi-re se-qi,
　　　　不要　出-未　助-條
　　　　教他別出去，（四52b4）

10-1297　mur se-me o-jora-kv,
　　　　執拗貌 助-并　可以-未-否
　　　　降著不肯依，（四52b4）

10-1298　sejen -i muheren fuhexe-re fuhexe-ra-kv be herse-ra-kv,
　　　　車　屬　車輪　滾動-未　滾動-未-否　賓　理睬-未-否
　　　　也不理論車輪轉[1]不轉，（四52b4-5）

10-1299　farada-hai baxa-me gama-ha.
　　　　車陷入泥濘-持 催-并　拿去-完
　　　　拖床子似的直趕了去了。（四52b5-6）

10-1300　arki.
　　　　燒酒
　　　　酒。（四52b7）

---

1 轉：聽松樓本、先月樓本後有"與"。

10-1301　sixa labdu o-qi　wa gai-bu-mbi,
　　　　　酒梢子 多　成爲-條 味道 取-被-現
　　　　　稍子大了奪酒的味道，（四52b8）

10-1302　amba beikuwen inenggi fahala nure,
　　　　　大　　寒冷　　日子　濃厚　酒
　　　　　大冷天戀黃酒，（四52b8-53a1）

10-1303　kaki arki de,
　　　　　暴烈 燒酒 位
　　　　　乾酢燒酒，（四53a1）

10-1304　nimaha be tuwa de　talka-fi,
　　　　　魚　　賓 看.祈 位 燒魚至半熟-順
　　　　　就著帶血津兒的燒魚吃，（四52a1-2）

10-1305　bouhala-me omi-qa-me o-ho-de¹　damu sokto-qina,
　　　　　吃菜-并　　喝-齊-并　成爲-完-位　祇是　　醉-祈
　　　　　大家只請醉，（四53a2）

10-1306　tuttu se-me,
　　　　　那樣 説-并
　　　　　説雖如此，（四53a3）

10-1307　labdula-qi o-jora-kv,
　　　　　增多-條　可以-未-否
　　　　　多了使不的，（四53a3）

10-1308　dufe　　o-qi inu giyan waka,
　　　　　盤桓無度 成爲-條 也 道理　不是
　　　　　絮了也不是禮，（四53a3-4）

---

1 ohode：聽松樓本、先月樓本作jaki。

10-1309　sebken qi sebjen ningge akv.
　　　　初次乍到 從 歡樂 東西 否
　　　　没有比乍吃的樂。（四53a4）

10-1310　buju-re-ngge.
　　　　煮-未-名
　　　　煮東西。（四53a5）

10-1311　yali be bafi buju,
　　　　肉 賓 將肉多扎幾刀 煮.祈
　　　　把肉扎了煮，（四53a6）

10-1312　buranggiya-ra adali oilohodo-me gai-rahv,
　　　　在滾燙里涮肉-未 一樣 輕浮-并 拿-虛
　　　　樺裏樺挣的別打個滾就撈起來，（四53a6-7）

10-1313　kuwele-me fuye-he sukv be farsila,
　　　　連皮帶油剥-并 剥開-完 皮 賓 分成塊.祈
　　　　把帶著油的猪皮子切成塊，（四53a7）

10-1314　oilorgi nimenggi be algiya-me gaisu,
　　　　表面 油 賓 撇去浮油-并 取.祈
　　　　撇了浮上的油，（四53a7-8）

10-1315　siseku herge-he manggi,
　　　　篩子 濾-完 之後
　　　　簸羅子過了，（四53a8）

10-1316　sile aqabu-mbi,
　　　　肉湯 調和-現
　　　　對湯，（四53b1）

10-1317　buda aba,
　　　　　飯　哪裏
　　　　　飯在那裏呢，（四53b1）

10-1318　bele hono sura-ra unde ba-de,
　　　　　米　還　淘米-未　尚未　地方-位
　　　　　米還未淘，（四53b1-2）

10-1319　tura-ka suran be gama-fi ko de tura,
　　　　　澄湯水-完　泔水　賓　拿去-順　陰溝　位　傾倒.祈
　　　　　澄了甘水拿到陽溝眼兒裏倒，（四53b2）

10-1320　fahala ningge be isabu-fi ulgiyan labsi-me dunda-kini.
　　　　　濃厚　東西　賓　積累-順　猪　狼吞虎咽-并　喂猪-祈
　　　　　蠟脚子戀的積起來給猪搭拉敦嗒。（四53b2-3）

11-1　　xoxohon（四54a1）
　　　　總綱

11-2　　fe sakda-sa waji-ha,（四54a2）
　　　　舊時　老人-複　完盡-完

11-3　　sakda-sa be amqabu-ha[1] niyalma inu sakda-ka,（四54a2-3）
　　　　老人-複　賓　追趕-完　　　人　也　老-完

11-4　　ese-i beye ne bi-fi,（四54a3）
　　　　這些人-屬　身體　現在　有-順

11-5　　fe doro hono[2] ba be dahame hala-ra ba-de,（四54a3-4）
　　　　舊　道理　還　地方　賓　順應　改-未　地方-位

---

[1] amqabuha：聽松樓本、先月樓本作sireboha。

[2] hono：聽松樓本、先月樓本作geyan i。

11-6   sirandu-hai waji-me gene-qi,（四54a4）
        繼承-持   完結-并 去-條

11-7   elei gvwaliyanda-ra be ai hendu-re,（四54a4-5）
        愈發 變化-未   賓 什麼 説-未

11-8   ulhiyen ulhiyen -i manju gisun wasi-me ebere-re de,（四54a5）
        逐漸   逐漸   工 滿   語   衰敗-并 衰弱-未 位

11-9   ilibu-me bibu-ki se-mbi-kai,（四54a6）
        建立-并 留存-祈 助-現-啊

11-10   sakda-sa be amqabu-ha-kv,（四54a6）
        老人-複 賓 追趕-完-否

11-11   amala banji-ha urse de ai arga,（四54a6-7）
        後來 生活-完 人們 位 什麼 方法

11-12   uttu o-fi te sakda-sa dubeheri o-ho be amqa-me,（四54a7-8）
        這樣 成爲-順 現在 老人-複   末尾   成爲-完 賓 追趕-并

11-13   funqe-he tuta-ha¹ fe gisun -i ujan xala be xufa-me gai-fi,
        剩下-完 留下-完 舊 話   屬 角落 邊角 賓 收集-并 取-順
        （四54a8-b1）

11-14   iqi muru be tuwa-me yohi o-bu-fi meyen banji-bu-ha-bi,
        順應 模樣 賓 看-并   成套 成爲-使-順 段落 産生-使-完-現
        （四54b1-2）

11-15   udu afaha fiyelen banjina-ra-kv bi-qibe damu baha-qi,（四54b2-3）
        幾   篇   章   産生-未-否   有-讓   祇是 得到-條

---

1 tutaha：聽松樓本、先月樓本作manju。

11-16 seibeni banji-ha angga hoxo-i ergi hvturi¹ be burubu-ra-kv,
　　　曾經　出生-完　嘴　角-屬　方向　福　賓　埋没-未-否
　　　（四54b3-4）

11-17 dasame iletule-bu-ki se-mbi,（四54b4）
　　　再次　顯露-使-祈　助-現

11-18 aika taxara-ha,（四54b4-5）
　　　如果　錯-完

11-19 akvmbu-ha-kv ba bi-fi,（四54b5）
　　　竭盡-完-否　地方　有-順

11-20 se lakqa-ha ahv-ta tuwa-me tuqibu-fi,（四54b5-6）
　　　年歲　斷絕-完　兄長-複　看-并　顯出-順

11-21 ilga-me faksala-me²,（四54b6）
　　　辨別-并　分開-并

11-22 si-he urho³ be tata-me neile-qi,（四54b6-7）
　　　頂替-完　草　賓　拔-并　啓發-條

11-23 nergin de jabxa-bu-re teile waji-ra-kv,（四54b7）
　　　機會　位　幸運-使-未　僅僅　完結-未-否

11-24 mohon akv bibu-me tuta-bu-re tusangga ba-be,（四54b7-8）
　　　盡頭　否　留存-并　留下-使-未　有益　地方-賓

11-25 gubqi de baha-bu-qi o-mbi,（四54b8-55a1）
　　　所有　位　得到-使-條　可以-現

1　hvturi：聽松樓本、先月樓本作harturi。
2　faksalame：聽松樓本、先月樓本後有dasataran。
3　sihe urho：聽松樓本、先月樓本無此內容。

11-26　　gisun se-re-ngge muse aqan sasa uhele-he-ngge,（四55a1）
　　　　　話語　稱爲-未-名　咱們　關係　一起　統一-完-名

11-27　　geren -i adali akv angga senqehe de isina-fi,（四55a2）
　　　　　大衆　屬　一樣　否　嘴　言辭　與　到達-順

11-28　　waka-i hala-i ferguwequke ba fisembu-me,（四55a2-3）
　　　　　不同-屬　樣式-屬　非凡　地方　述説-并

11-29　　badara-mbu-me tuqi-nji-fi selgiyebu-he-de,（四55a3-4）
　　　　　擴大-使-并　　出-來-順　　傳播-完-位

11-30　　fe durun inu burubu-ra-kv gehun tuqi-nji-mbi,（四55a4）
　　　　　舊　樣子　也　消失-未-否　明亮　出-來-現

11-31　　iqe tamin aqana-bu-me fali-ha xu yangse de inu eldengge,
　　　　　新　朝向　符合-使-并　刻-完　書　文采　位　也　有光彩
　　　　（四55a5）

11-32　　saikan nonggi-mbi,（四55a6）
　　　　　美麗　增添-現

11-33　　gisun be dolo somi-fi,（四55a6）
　　　　　話語　賓　裏面　隱藏-順

11-34　　gvnin be asara-ra,（四55a6）
　　　　　心意　賓　儲藏-未

11-35　　baibi hefeli dolo niyabu-re jalin-de aiseme haira-mbi,（四55a7）
　　　　　平白　肚子　裏面　腐爛-未　原因-位　怎麼　愛惜-現

11-36　　siden -i gisun be,（四55a8）
　　　　　見證　屬　話語　賓

11-37　　siden -i ba-de tuqi-bu-fi,（四55a8）
　　　　　見證　屬　地方-位　出-使-順

11-38   enteheme ulandu-ha de,（四55a8-b1）
         永遠   流傳-完   位

11-39   siden -i jalin banji-nji-ha be hukxe-re dabala,（四55b1）
         見證 屬 原因 產生-來-完 賓 感激-未 罷了

11-40   erin inenggi goidabu-ra-kv beye be haqihiya-ra-ngge,（四55b2）
         現在 日子 延遲-未-否 自己 賓 努力-未-名

11-41   geri fari mukiye-re hvdun,（四55b2-3）
         恍 惚 消失-未 快

11-42   guku-re hahi,（四55b3）
         消亡-未 急速

11-43   talkiyan -i elden,（四55b3）
         閃電 屬 光

11-44   hirha-i tuwa-i adali,（四55b4）
         火石-屬 火-屬 一樣

11-45   nasa-me¹ jabqa-bu-re² baita be ainu waji-ra-kv o-bu-mbi.
         抱怨-并 責怪-被-未 事情 賓 爲什麼 完結-未-否 成爲-使-現
         （四55b4-5）

---

1 nasame：二酉堂本、雲林堂本作nesame。
2 jabqabure：聽松樓本、先月樓本作jaujamenre。

漢文詞彙索引

A

阿哥　　B1-7, B4-1, B4-5, B4-9,
　　　　B5-12, 1-267, 1-279, 2-53,
　　　　10-940, 10-943, 10-1195

阿裏不咱　10-1082

B

巴巴兒　4-230

扒拉　　9-193, 10-45

跋拮/拔拮/跋結/扒跐/扒結/巴結
　　　　1-4, 2-63, 2-295, 3-132,
　　　　3-137, 7-60, 9-834, 9-1047

罷/把咱 [助]
　　　　B5-11, B6-5, A7-6, 1-98,
　　　　1-183, 2-57, 9-76, 9-92,
　　　　9-197, 9-357, 10-159,
　　　　10-294, 10-304, 10-753,
　　　　10-856, 10-1203

罷了 [助]　B3-8, A8-5, 1-56, 1-90,
　　　　1-167, 1-170, 1-210,
　　　　1-219, 1-231, 1-257,
　　　　1-398, 2-92, 2-113, 2-271,
　　　　3-33, 4-48, 4-266, 4-298,
　　　　4-430, 4-469, 4-536, 6-17,
　　　　7-61, 9-11, 9-201, 9-225,
　　　　9-430, 9-662, 9-924,
　　　　9-944, 9-950, 9-1029,
　　　　9-1064, 10-13, 10-149,
　　　　10-1138

罷哩 [助]　B4-1, 1-145, 9-152

白 [副]　A3-4, 1-225, 1-255, 8-51,
　　　　9-95, 10-752, 10-1243,
　　　　10-1282

白白 [副]　9-448

半拉　　9-4, 9-231, 9-382, 9-875

傍晌　　10-503

背噶喇/拉子
　　　　1-144, 1-293, 8-42

編泒　　9-416

別 [副]　A1-1, 1-117, 1-268, 2-231,
　　　　4-88, 4-177, 4-284, 4-473,
　　　　9-14, 9-179, 9-337, 9-528,
　　　　9-673, 9-675, 9-676,
　　　　9-786, 10-250, 10-569,

	10-1296, 10-1312	疤拉	10-993
冰查兒	9-535	攦掇	10-814
冰零查見	9-537	矬	9-585, 9-589
餑餑	10-229, 10-768		
膊羅蓋子	9-956	**D**	
捕拉	5-9	搭/搭撒	1-186, 2-19, 2-320
		搭拉	1-16, 2-181, 4-438, 6-36, 6-130, 10-791, 10-1320
C		搭著	2-52, 2-126, 2-135, 3-174, 4-539, 9-41, 9-987
攙和	2-120, 10-406		
扯手	10-194, 10-589		
成日家	8-99	達子	9-969
成夜家	10-331	打〔介〕	B1-2, 1-105, 1-239, 1-325, 1-364, 1-366, 2-49, 2-99, 2-109, 2-157, 2-207, 2-323, 2-356, 3-27, 3-58, 3-112, 4-83, 4-139, 4-464, 4-488, 7-24, 8-84, 9-228, 9-449, 9-538, 9-631, 9-826, 9-878, 9-885, 9-955, 9-1000, 9-1034, 9-1084, 10-128, 10-692, 10-823, 10-1077
抽抽	1-75, 2-286, 5-94, 5-96, 9-939		
抽答	9-621		
出溜	10-685		
闖搭	4-289		
吹搭	9-576		
呲答	1-165		
呲牙咧嘴	2-360		
眦抹糊	10-890		
刺撓/腦	1-128, 4-325, 9-516, 10-885	打（了個）沉兒	A2-4
湊手	1-275, 1-360		
醋心	10-905	打草兒	10-604

打蹬/登兒	5-27, 1-288, 10-226	敦嗒	10-1320
打哈勢	9-564	多咎/偺/儹	
打掜兒	10-191		1-165, 1-258, 1-410, 2-73, 2-121, 4-118, 10-1107
打磨磨兒	9-549		
打抹抹兒	10-514	掇弄	10-1053
打兀嚕兒/打嗚嚕	2-10, 10-526	**E**	
打墜溜兒	9-255	耳朵底子	10-151
待見	4-215, 4-459	耳根台子	4-492
待死布拉活	10-1087	**F**	
盪盪兒	9-143	翻蹬/登	9-8, 9-519
叨登	10-547		
搗（了）手	2-191, 9-206, 9-354	**G**	
		敢是	9-252
得 [助動]	A1-3, B4-9, 5-60, 9-75, 9-178, 9-803, 9-952, 9-975	干叉拉	9-274
		乾吃乎拉	4-303
~的慌	6-131, 9-481	肐滓兒	10-158
蹬莟	1-319	咯叨	2-378, 4-24, 9-145
抵溜	9-86	哥兒	1-138, 2-148, 10-1107
底當	9-15	胳肢	4-181
掂多	9-22	胳肢/支窩	3-164, 9-625
定規	4-412	隔壁子	10-772
堵頭兒	9-381	膈星兒	5-26
堆垛兒	9-684	膈肢窩	4-438, 5-16

各兒	9-251, 10-383	黑嘎拉子	8-42
跟前	A1-7, 1-69, 1-98, 2-179, 2-270, 2-289, 3-83, 3-124, 4-169, 4-215, 4-492, 5-3, 9-149, 9-191, 9-544, 9-722, 10-752, 10-779, 10-867	黑孤搭	9-381
		狠 [副]	B3-6, 1-95, 1-256, 2-124, 2-143, 3-7, 3-36, 3-176, 3-186, 4-196, 4-458, 5-26, 5-112, 7-44, 8-83, 9-175, 9-217, 9-338, 9-659, 9-834, 9-1003, 10-90, 10-205, 10-217, 10-356, 10-361, 10-358, 10-592, 10-1162
咕噥	2-10, 2-195, 2-227, 4-84, 5-101, 9-220		
孤丢丢	2-195, 9-139, 9-383		
箍魯	5-97		
股魯	9-521	狠嘟	9-147, 9-466
鼓盗	4-374, 7-12	胡裏馬裏	9-809
掛搭	1-184	胡周	9-389
歸籠	9-15	虎敦炮兒	9-587
		護犢	1-195, 5-3
		花臕都	10-786
H		花黎胡韶	10-572
哈喇	9-905, 10-1280	話靶兒	10-1235
哈帳	4-435	黃姑魚兒	2-201
還崩子	1-126	幌子	9-213, 9-214
憨喇子	6-114	豁口子	10-1073
含糁	6-101, 6-133, 6-134	豁喇	10-65
漢仗	10-364	火施	7-41
盉盉拌拌	9-511		
黑搭呼	10-172		

J

幾日家	2-333
擠咕	2-144
家裏人	B5-5
家鵲兒	10-457
家下人	9-476, 9-906
肩搭兒	10-1263
嚼叉	10-1147
攪河	2-269, 9-174
盡着/儘着/儘著	B9-6, 1-157, 1-172, 1-175, 1-290, 2-177, 4-49, 4-84, 4-471, 4-517, 9-464, 9-807, 9-962, 9-1061, 10-256, 10-807, 10-1153, 10-1159
撅根子	1-354
蹶子	1-360

K

搕牙	10-418
可不是	B9-1, 9-523, 10-1198
可可兒的	10-668, 10-1041
可憐見兒	7-27, 9-284
可惜了兒	2-279, 9-200, 10-86, 10-1091, 10-1166
可著	9-215, 10-1285
克化	9-503
坑頭子	9-445
空落落	9-382
空膛兒	10-466
口外	9-532
扣扣搜搜	2-126, 6-27, 7-15
扣婁	1-405
款兒	1-15, 4-535
虧心	1-5, 1-215, 2-85, 10-537, 10-1181, 10-1185

L

拉嘎	9-396
拉胯	9-957
拉撒	6-104, 6-124
喇呼	10-1218
臘勢	9-873
來着/著	B2-6, A4-4, B5-8, 1-32, 1-67, 1-77, 1-165, 1-189, 1-245, 1-258, 1-356, 1-383, 1-387, 2-12, 2-17, 2-41, 2-86, 2-250, 2-383, 3-5, 3-102, 4-11, 4-217,

	4-229, 4-271, 4-351,	冷个丁	9-1035
	4-427, 5-20, 5-76, 6-9,	理會	9-1040, 9-1042
	8-67, 8-91, 9-87, 9-270,	利害 [形]	1-408, 4-25, 4-39, 9-533,
	9-279, 9-285, 9-317,		9-937, 10-928
	9-373, 9-391, 9-458,	善查兒	1-409
	9-561, 9-564, 9-582,	兩下裏	2-35, 9-735
	9-663, 9-709, 9-726,	亮掃	5-37
	9-851, 9-902, 9-1032,	撩	B3-8, B5-4, B5-9, 1-266,
	10-32, 10-80, 10-90,		4-99, 4-378, 4-509, 8-54,
	10-139, 10-240, 10-440,		9-92, 9-225, 10-293,
	10-446, 10-500, 10-633,		10-347, 10-417, 10-467,
	10-652, 10-1107, 10-1222		10-618, 10-809, 10-856,
撈/澇叨	2-93, 2-98		10-939
嘮	2-21, 2-157, 9-563,	撩搭/答	2-116, 4-140, 10-424
	10-1263	撩倒	4-242, 9-436, 9-465
老瓜	9-391	撩蹶兒	10-729
老家兒	1-379, 1-387, 1-393,	撩開手	A4-7, 1-92, 1-225, 2-223,
	2-294, 3-5, 3-19, 3-45,		2-329, 3-84, 4-329, 6-86,
	3-86, 3-96, 3-99, 3-157,		6-141, 8-60, 9-295, 9-490,
	5-71, 5-75, 10-80, 10-652,		10-146
	10-1112	裂喇/拉	6-104, 10-640
了不得/的	9-269, 9-927, 9-1042	溜搭	10-474
累墜	8-85	擄膈脖	9-399
楞頭青	9-699	落（了）炕	

轉寫本　863

	9-500		1-260, 1-267, 1-326,
落（了）枕			2-174, 2-247, 2-277,
	10-903		2-332, 2-375, 2-376, 4-46,
			4-69, 4-280, 4-291, 4-351,
	M		4-388, 4-403, 4-417,
媽搭	8-100		4-417, 4-469, 4-512,
媽里媽郎	9-1039		4-528, 6-17, 6-39, 6-50,
媽裏媽搭	4-452		6-64, 8-7, 8-16, 8-20,
媽裏媽楞兒			9-41, 9-146, 9-154, 9-174,
	9-535		9-389, 9-449, 9-507,
麻花	6-104, 10-353, 10-747		10-175, 10-430, 10-541,
毛攪雞	2-124		10-902, 10-1108, 10-1189,
冒嘴兒	10-597		10-1202, 10-1246
沒溜兒	1-295, 4-268, 4-457, 9-412	嚷嚷嘟嘟	9-220
沒囊兒	2-180, 2-300	嚷/嚷包	1-3, 2-50
沒影兒	1-28, 1-197, 4-523, 6-23,	嚷/嚷嗓	4-432, 6-120, 6-134, 9-244
	9-543, 9-703, 10-849,	呢（表"确认""提醒"）	
猛個丁	4-444, 10-1223		A4-6, 1-132, 2-18, 2-210,
密蜂兒屎	4-108, 4-479		2-218, 2-240, 2-383, 4-96,
磨牙	B9-6		4-110, 4-178, 4-180, 4-495,
磨嘴	10-145		4-540, 6-81, 7-40, 8-13,
			8-16, 8-20, 9-29, 9-560,
	N		9-579, 9-812, 9-862,
那們	A3-1, A8-5, 1-59, 1-73,		9-891, 9-908, 9-956,
	1-97, 1-106, 1-108, 1-207,		10-174, 10-1159

念叱	10-257	乾吃呼喇	10-576
念想	3-19	強派	1-80, 1-244
娘母子	4-403	悄没聲兒	1-132
扭搭	2-353	呲	4-491, 9-155
努嘴兒	8-96	呲叉	2-100, 4-232, 9-465
		輕慢	9-401
		嚷嚷/穰穰	9-97, 9-1053, 10-136

P

皮喇	10-229
撲拉	10-1089
普裏	2-349, 9-539, 9-639, 10-102, 10-153, 10-570, 10-794
普歷	1-253, 2-179, 3-54

R

日頭	7-26, 10-47, 10-48, 10-482, 10-507, 10-508, 10-837, 10-880

Q

齊搭乎	8-10
齊打呼/乎	1-133, 7-50
齊打夥	9-643, 10-144
齊節	9-590, 10-17, 10-365, 10-665, 10-1028
齊節節	10-385
齊齊接接	9-811
起根	1-79
氣香兒	9-436
乾吧	10-25

S

撒潑	9-479, 9-895
腮膀子	4-200
喪搭	4-42
傻悶兒	2-30, 2-94, 9-465, 9-487
山噶喇子	10-1239
晌午錯	10-504
上落	9-166
拾掇	10-776
食嗓	6-125, 10-1137
~是/似的	1-62, 1-154, 1-158, 1-242, 1-299, 1-300, 1-314,

	1-352, 2-213, 2-215,	數落	9-147
	2-245, 2-269, 2-296,	數囉	2-194
	2-307, 3-74, 3-116, 3-148,	死搭	1-398
	4-22 , 4-31, 4-58, 4-91,	死個荅/搭	1-212, 6-147, 7-25
	4-98 , 4-220, 4-223, 4-273,	死咕答/荅/搭	
	4-287, 4-302, 4-312,		1-244, 1-281, 2-79
	4-321, 4-385, 4-425,	死故丁	9-665
	4-450, 4-464, 4-467,	死其白裏	9-91
	5-109, 6-89, 7-44, 9-86,	屎	2-181, 2-285, 2-356,
	9-98, 9-142, 9-164, 9-298,		2-379, 9-36
	9-416, 9-480, 9-498,	屎/屎行子	1-310, 9-287, 10-1190
	9-519, 9-562, 9-640,		
	9-720, 9-785, 9-845,		**T**
	9-859, 9-874, 9-877, 10-21,	忒	2-176, 2-238, 2-306, 4-26,
	10-74, 10-103, 10-188,		4-121, 4-195, 6-54, 6-97,
	10-229, 10-382, 10-414,		7-41, 8-40, 9-38, 9-90,
	10-415, 10-416, 10-429,		9-176, 9-481, 9-914,
	10-434, 10-540, 10-575,		10-469
	10-677, 10-797, 10-846,	提搯	10-1096
	10-847, 10-890, 10-903,	提嚕都魯	10-1153
	10-1021, 10-1104,	涕噴	10-256
	10-1124, 10-1299	添頭兒	10-546
受用	1-306, 2-79, 4-398, 8-26,	跳塔/搭	1-299, 1-388, 4-34, 4-270,
	9-105, 10-1105		9-212
數勞/嘮	B8-3, 4-505	頭裏	2-67, 2-363

頭一遭兒	9-260	希離不拉兒	10-786
腿丁骨	4-474	希離呼嚕	10-1151
腿肚子	9-770	稀罕	9-52, 9-1080
拖床子	10-1299	稀喊	9-708
脫滑	9-617	溪溜花拉	9-579
駝子	10-336, 10-337, 10-339	下巴嗑子	2-139, 6-130
		蝎蝎唬唬	4-473
		邪頭摸角	4-433, 7-16

W

歪拉骨	4-440	絮叨	2-75
外道	B4-1, A8-4, A8-5	靴鞡子	10-1258
望 [介]	4-282, 8-52, 10-452, 10-466, 10-677, 10-757, 10-908, 10-944, 10-1069, 10-1167	尋稱	4-327

Y

押/壓派	A7-1, 1-280

望著/着 [介]	1-14, 1-161, 2-19, 8-96, 9-97, 10-74, 10-248, 10-253, 10-1109

		牙襯/嗔	4-463, 10-39
		牙花子	10-152,
		腌臢	4-378, 6-87
		憪纏	9-497
兀噥	5-102	眼岔	9-175
兀禿	8-89	眼頭裏	2-67
		厭物點心	2-252, 4-456
		陽溝眼	10-65, 10-1319

X

希拉	10-798	養活	3-12, 3-17, 4-533, 9-45, 9-348, 10-610
希離巴拉兒	10-889	腰板兒	1-407

腰眼兒	2-352		4-337, 4-345, 4-535,
腰眼子	1-179		4-537, 6-146, 7-42, 8-5,
鷂子	10-1083, 10-1085, 10-1162		8-73, 9-65, 9-70, 9-321,
一澇兒	1-101, 1-351, 1-402,		9-322, 9-404, 9-465,
	4-333, 4-537, 8-6, 9-124		9-838, 9-942, 10-113,
一落兒	10-813		10-944
影影綽綽/影影朝朝		糟心	9-324
	9-819, 10-786	揸/渣/扎巴	
硬氣	1-7, 4-195, 9-129		1-106, 1-279, 2-359,
有一搭兒沒一搭兒			2-367, 9-189, 9-735
	4-99, 10-1175	炸/乍廟	2-175, 9-898
約模	10-499	折餅	9-519
雲子	10-703, 10-704	折個子	9-785
啞嘴	10-1061	折過子	9-519
		這們	B5-12, B6-7, A8-1, 1-108,

Z

			1-157, 1-161, 1-167,
仔細	9-679, 10-1207		1-180, 1-267, 1-304,
咱	1-353, 2-258, 4-529,		1-325, 1-387, 2-71, 2-91,
	9-210,		2-103, 2-109, 2-277,
咱/偺們	A1-2, A3-2, B4-6, B5-2,		3-143, 4-102, 4-134,
	B6-3, A7-5, A8-1, A8-6,		4-201, 4-279, 4-330,
	1-92, 1-101, 1-119, 1-139,		4-339, 5-62, 5-74, 5-118,
	1-165, 1-253, 1-304, 2-88,		6-98, 9-149, 9-196, 9-243,
	2-152, 2-174, 2-195,		9-259, 9-285, 9-445,
	2-272, 4-205, 4-333,		10-941, 10-943, 10-977,

	10-1109, 10-1175,	重落	9-337
	10-1223, 10-1233	主搶骨兒	2-307
真個的	9-1041	自己個兒	9-772
挣命	2-162, 10-553	嘴巴骨	2-6
整日家	4-28, 9-846, 9-977	嘴媽子	4-490, 9-283
枝楞	10-1104	嘴頭子	A5-2, 6-90, 9-702
終日家	4-24, 4-327